Parag Khanna

亞洲未來式

The Future is Asian

全面崛起、無限商機，翻轉世界的爆發新勢力

帕拉格・科納——著　吳國卿——譯

獻給我的五十億名鄰居

Asian

Contents

推薦序

顧長永（文藻外語大學東南亞學系教授）

本書最大的特色就是作者的博學與多聞！對研究社會科學而言，每一位學者大都有一個專門研究的學術領域（例如政治學、經濟學、社會學），或是專門研究的特別國家（例如中國、日本）或特定的區域（例如東南亞、南亞），或是一個特定的主題（例如國際關係、經濟發展）。鮮少有學者的研究可以跨越二個以上不同的學門、或二個以上不同的國家或區域、或二個以上不同的主題。

可是，本書所涵蓋的內容不僅跨越好幾個不同的學門（經濟學、政治學、人類學、社會學等），亦跨越許多國家（亞洲國家、美國、歐洲國家等），更包含好幾個不同的議題（歷史、經濟、政治、文化、移民、區域關係等）。本書不僅有令人驚訝的廣度（涵蓋不同的國家及領域），更有無比的深度（延伸到各種不同的議題）。例如，作者不僅論及亞洲各國的歷史及文化，以及各國政治與政情的變遷，甚至以移民人數、貿易數據、大型企業的投資、旅遊觀光趨勢、留學人數等，說明亞洲興起的現象。因此，作者在本書所呈現的豐富知識，就是讀者最大的收穫。

其次，本書有非常明確的中心思想，就是亞洲世紀的來臨！作者從各種不同的角度（經濟影響力、流行文化及區域關係等）說明亞洲已經崛起，而且亞洲化不僅已經在亞洲發生（例如亞洲國家之間的人口流動增加、貿易及投資擴大等），在美國、歐洲，甚至非洲都已經出現亞洲化的現象（例如亞洲電影、食物及語言的流行）。因此，閱讀本書不僅可擴大認識亞洲國家自從本世紀以來發生的變化，更可了解亞洲以外人士如何增加對亞洲國家的互動，以及學習亞洲的文化及生活方式。

第三，作者在本書最後亦深入思考亞洲化與全球化的相關性。亞洲國家曾經影響全世界（例如中國的元朝曾經征服歐洲），西方帝國主義興起後，開始領導全球的走向（包括科技、文明及政治制度）。如今亞洲化的興起，雖然目前仍處於全球亞洲化的早期階段，但是作者指出現在已是一個多文明、多區域、多極權力的世界秩序。亞洲國家如何面對這個新的現象、歐美國家如何面對這個新的秩序，將是未來值得關注的議題。

最後，本書仍有未竟之處，作者既然明白地指出亞洲化現象，又多次提到中國在各方面所帶來的影響（包括經濟、科技、文化、語言等），但是卻未指出中國在亞洲化及全球化帶來的主導性，似有所缺憾。另外，作者指出亞洲化的興起，卻未探索亞洲化興起的原因。亞洲國家及歐美國家都曾經風騷引領全球，現在既然亞洲化再度興起，這是一個潮流趨勢？或有可能永續性發展？本書所呈現的亞洲化現象，大都是以外在的經濟實力及科技發展為主，這些都曾經是歐美國家主宰全球的基礎；如今亞洲化興起，將來是否會再出現循環的現象？本書亦呈現亞洲化的軟實力現象，例如流行文化、語言、食物、宗教信仰、生活方式等，這些是否會永續性的發展？這些深層的思考，作者及所有讀者都應該有所回應。

給台灣的建言

在新冠疫情過後，世界將比以往任何時候都更加以亞洲為中心。數百萬人死亡、數千萬人染病。感染率和死亡率最高的國家是像美國和俄羅斯這類老年化社會，以及醫療體系不足和醫療價格高昂的國家。它們的經濟將遭到破壞，且需要更多亞洲移民進入醫療體系以照顧病人。台灣在因應疫情危機、政府透明度與溝通，以及提供全民醫療照顧和治療上，樹立了全球性的標竿。

就全球經濟而言，只有亞洲的成長將恢復到新冠疫情前的水準，而西方經濟體則顯得搖搖欲墜。很重要的是，過去多年來流行的警語是亞洲國家將受制於「中國依賴」（Sinodependency），指亞洲國家仰賴與中國的貿易，因為中國是它們最大的貿易夥伴。但由於中國正在領導經濟復甦，所以中國依賴不再是壞事，關鍵是亞洲國家要維持與中國的貿易平衡。

美國與中國的貿易戰對台灣、南韓和日本的出口商有幫助，使它們得以在美國對中國實施貿易限制時，取代美國公司出售工業和科技產品給中國。正如我經常對美國人解釋的，美國的地緣政治夥伴也是其地緣經濟的競爭者。

另一方面，美國對台灣施加強大壓力以阻止出口半導體科技給中國客戶，因而減少了台灣公司的獲利。此外，由美國、歐盟、印度、日本、澳洲和其他由大國領導所組成的國家聯盟，正快速地撤出中國的電信、汽車零件、醫療設備、太陽能等關鍵部門的供應鏈。鴻海（富士康）已把在中國的產線分散到印度、印尼和其他國家。

這將協助東南亞進一步走出中國的陰影。在新冠疫情前，東南亞國協獲得的外來投資已經和中國不相上下。我在本書把這些國家稱為亞洲成長的「第四波」。儘管在疫情中受挫，這些國家有強勁的外匯準備部位、開放的經濟和富於韌性的社會政策，它們將比中國以外的其他地區更快速地恢復經濟成長。

雖然中國和美國以及許多鄰國的地緣政治緊張升高，但亞洲必須務實地尋找合作的機會。亞洲國家必須繼續保持最小的地緣政治歧異，同時最大化地緣經濟的互補性，這將有賴於進一步擴大近來在外交上的成熟表現。在南韓與日本為敏感技術、智慧財產權分享和歷史宿怨爭議的例子中，我呼籲首爾和東京的領導人以兩國的全球信譽為念。只要亞洲仍需要美國來仲裁爭議，亞洲強權就不會被認為已經發展成熟。這一代的亞洲領導人不應重蹈歷史覆轍，未能永久解決的衝突可能輕易地再度爆發。

美國的選舉顯示其社會極其分裂。美國總統並沒有領導全球的強力職權，而亞洲也不應該依賴它。如果世界的前途確實屬於亞洲，亞洲人必須解決自己的歧異，當然包括朝鮮半島。中國近來宣布考慮支持宣告朝鮮戰爭正式結束，是一個令人鼓舞的發展，這一步可望為朝向統一邁進的努力提供必要的動力。我向來強烈倡議這個外交手段，並相信儘管成本高昂，它將為韓國經濟提供十分正面的動能。

這只是我稱為亞洲「技術官僚和平」的例子之一。西方的理論在有共同歷史、文化和政府類型的國家間有「民主和平」的概念，但亞洲的情況不同。亞洲有著各式各樣互異的文明，各以自己的歷史自豪，並有從民主到獨裁的各種政府。只有透過務實的方法解決爭端，亞洲才能實現集體性的進步。

台灣可以從中汲取哪些教訓？川普政府把台灣納入其目標的核心，並加倍承諾提供台灣軍事硬體、技術支援和外交承認；但拜登政府可能有不同的看法，它將繼續阻止中國的擴張主義，但不希望升高直接軍事衝突的風險。台灣將再度需要專注在政治上的自立自強，並發展抗拒中國蠶食的策略。如果台灣恢復馬英九總統時期和平共存與互利架構的雙邊對話，整體情勢將較為穩定，前總統馬英九曾與習近平在新加坡有過正面的會談。

台灣領導人和產業將需要比以往更多的創造力，才能安度未來的挑戰。台灣必須創新，才能在如電子和軟體等領域領先美國、日本、南韓和中國等競爭對手。當台灣人延伸自己的企業足跡以確保其產業能量的韌性時，已對更宏觀的亞洲成長與繁榮的脈絡做出重大貢獻。

即使競爭在亞洲內部出現，未來仍然是屬於亞洲的。

帕拉格．科納

新加坡

二〇二〇年十二月

前言 亞洲優先

Asian

亞洲的世紀是從什麼時候開始的？

有關亞洲崛起到稱霸全球的預測，可以追溯到拿破崙據稱對中國的警語：「讓她睡吧，因為當她醒來時將搖撼世界。」

近一世紀前的一九二四年，德國將軍豪斯霍夫（Karl Haushofer）曾預測「太平洋時代」的來臨。但亞洲不只是環太平洋的國家。就地理上來說，亞洲從地中海和紅海延伸佔歐亞大陸三分之二的地區到太平洋，涵蓋五十三國[1]和近五十億人口——只有十五億人是中國人。當亞洲的各部分融合成一個比單純總和還大的整體時，便是亞洲世紀的起始，而此過程是現在進行式。

當我們在二一〇〇年回顧一個亞洲領導世界秩序的里程碑何時開始時，那個時間將是二〇一七年。在那年五月，代表三分之二世界人口和一半世界國內生產毛額（GDP）的六十八個國家，聚集在北京參加第一屆一帶一路高峰論壇。這場聚集亞洲、歐洲和非洲領袖的會議，象徵了人類史上最大基礎設施合作投資計畫的啟動。參與會議的政府集體承諾在未來十年投資數兆美元，把世界最龐大的人口連結在緊密的商務和文化交流中，一個新絲路的紀元。

一帶一路倡議是二十一世紀最重大的外交計畫，媲美二十世紀中葉聯合國和世界銀行的創立與馬歇爾計畫的加總。最重要的差別是：一帶一路倡議是於亞洲發想，於亞洲啟動，而且將由亞洲人領導。

這是一則發生在地球上亞洲這一邊的故事，而它將對二十一世紀的世界帶來衝擊。

在有記載的大部分歷史中，亞洲向來是世界最重要的區域。正如已故英國經濟學家麥迪森（Angus Maddison）論證，過去二千年來，直到十九世紀中葉，中國、印度和日本創造的ＧＤＰ總和（以購買力平價〔ＰＰＰ〕計算）大於美國、大英帝國、法國、德國和義大利的總和。但西方社會藉工業革命達成其經濟體的現代化，擴展其帝國，並征服了大多數亞洲國家。世界經過兩世紀的歐洲統治後，美國藉由在美西戰爭獲勝（取得對古巴和菲律賓的控制）和在終結第一次世界大戰中扮演決定性的角色，而崛起成為全球強權。

但直到第二次世界大戰後，亦即當西方強權停止嘗試征服彼此後，一個穩定的西方秩序才出現。它體現為美國的軍事和經濟強權、跨大西洋的北大西洋公約組織（ＮＡＴＯ）聯盟，以及聯合國、世界銀行和國際貨幣基金（ＩＭＦ）等國際機構。七十年前，沒有人知道那些協議和機構可以持續多久，特別是因為冷戰讓世界大部分國家分隔的緣故。直到冷戰結束後，西方才得以對它的自由、民主和資本主義系統有信心。而且直到一九九〇年代，眾多前蘇聯共和國加入歐盟和北約，加上數十個開發中國家加入世界貿易組織（ＷＴＯ）等宣揚自由貿易和開放經濟原則——所謂的「華盛頓共識」（Washington Consensus）——的機構，世界秩序才真正全球化。西方的法律、干預、金錢和文化決定了全球的目標。

但從二〇〇一年九月十一日的恐怖攻擊和二〇〇三年的伊拉克戰爭，到二〇〇七至二〇〇八年的金融危機，再到二〇一六年十一月川普（Donald Trump）當選美國總統的近二十年，在後世的記憶將是一段與之前的西方霸權分道揚鑣的時期。阿富汗戰爭和伊拉克戰爭的挫敗，金融（華爾街）和真實經濟的脫節，無法把俄羅斯和土耳其併入西方，以及民主被民粹主義者劫持——這些都是讓許多西方菁英質疑他們的政治、經濟和社會價值觀點的例子。今日西方社會飽受國內的病症折磨：債務激增、不平等升高、政治極化和文化戰爭。美國的千禧世代已在反恐戰爭、中位數所得下降、種族緊張升高、槍枝暴力氾濫和政治煽動的環境中長大；歐洲的年輕人與經濟緊縮、高失業率和政治人物與現實脫節抗爭。西方曾扮演從通訊到醫藥等神奇科技進步的先驅，但它的人口未能平均地享受其利益。

在西方忙著打冷戰和贏得冷戰時，亞洲開始急起直追。在過去四十年，亞洲人貢獻了全球經濟成長的最大比率，而西方人、尤其是西方中產階級的工業勞工創造的比率卻最少，這是一股由亞洲製造業興起推動的趨勢。[2]過去二十年成長的數十億亞洲人經歷了地緣政治穩定、繁榮快速擴展和國家尊嚴提高的景況，他們所知的世界不是西方稱霸的世界，而是亞洲崛起的世界。一九九八年，我的新加坡同事馬凱碩（Kishore Mahbubani）出版一本聳動的文集，書名為《亞洲人會思考嗎？》（*Can Asians Think?*），警告西方人全球潮流正在改變，亞洲有著同等份量的東西可以反過來教導西方[3]。隨著亞洲人開始採用一些似乎是世界共通的觀點，現在該探討的不是亞洲人會不會思考，而是他們思考什麼。

亞洲人再度看待自己是世界的中心、世界的未來。亞洲經濟體——從西方的阿拉伯半島和土耳其其到東方的日本和紐西蘭，和從北方的俄羅斯到南方的澳洲——現在代表五〇%的全球ＧＤＰ和三分之二的全球經濟成長[4]。從二〇一五到二〇三〇年，估計全球的中產階級消費將成長三十兆美元，其中只有一兆美元來自今日的西方經濟體，其餘大部分將來自亞洲[5]。亞洲製造和出口的產品以及進口和消費的產品，將超過其他任何地區，而且亞洲對亞洲的貿易和投資，將超過對歐洲和北美的貿易和投資。亞洲有數個世界最大的經濟體，擁有世界大部分的外匯存底，有許多最大的銀行和工業與科技公司，也擁有大多數世界最強大的軍隊。亞洲也佔世界人口的六〇%，是歐洲人口的十倍、北美人口的十二倍。當世界人口邁向約一百億人的高原時，亞洲居住的人將永遠超過世界其他地區人口的總和。現在他們說話了，準備從亞洲的觀點看世界吧。

亞洲是什麼？

《國家地理雜誌》的探險家沙拉佩克（Paul Salopek）十年徒步環繞地球追隨早期人類足跡的任務已來到半途，我在他跨越吉爾吉斯的帕米爾山脈時連絡上他。這位現代馬可波羅（他的成就更甚於馬可波羅）以他的報導文章受到無數讚譽（包括兩座普立茲獎），但他的「走出伊甸園」（Out of Eden Walk）是他最雄心勃勃的壯舉，之前很少有人嘗試過，而且沒有人完成過。他已經走過亞洲這麼多地方——前面還有更多地方等著探索——我問他對這個區域的看法，他告訴我：「亞洲如此廣大和複雜，我感覺好像走進一幅巨大的微世界馬賽克織錦，由超乎我認識的力量隨意地拼織在一起。」這個既有形又抽象的描述，優雅地捕捉了亞洲結合了龐大規模和神祕的一體性。

大多數人即使身在亞洲，還是幾乎不了解亞洲是什麼。亞洲的遼闊和自成一格的各個文明，加上晚近由西方或內部問題支配的近代歷史，意味大多數今日的亞洲人對亞洲的特性和他們國家的依屬有鮮明的矛盾看法[6]。然而儘管亞洲是世界上最具異質性的區域，它令人眩目的多樣性卻正在日趨一致：一些心理的共同基礎、一些美學的熟悉度、一些貫穿亞洲各地的文化淵源，並且讓它有別於其他區域。

從幼兒園到軍事學院，亞洲仍然被錯誤地教導是一個大陸，嚴格地說它是一個從日本海跨越到紅海的巨型區域[7]。亞洲的陸地涵蓋半數世界最大的國家，包括俄羅斯、中國、澳洲、印度和哈薩克[8]，世界二十個最多人口的國家大多數也位於亞洲，包括中國、印度、印尼、巴基斯坦、孟加拉、日本、菲律賓和越南。一些以人均財富計算最富裕的國家也在亞洲，例如卡達和新加坡，但也有幾個最小（馬爾地夫、諾魯）、人口最稠密（吐瓦魯、帛琉）和最貧窮（阿富汗、緬甸）的國家。

「亞洲」（Asia）首要的是一個地理描述詞。我們往往方便地使用假地理標籤來順應自己的偏見。近幾十年來，俄羅斯、土耳其、以色列和高加索國家，都自稱是文化上和外交上的西方國家（並且在聯合國與歐洲成為一個集團）。但只因為俄羅斯人和澳洲人（大多數）來自與歐洲人相同的種族，並不表示他們不能是亞洲人。即使透過種族的透鏡看，俄羅斯人和澳洲人也應該被視為——並被自己視為——白種亞洲人。許多專家把「亞洲」視為「遠東」的同義詞，但亞洲不能狹隘地定義為只有中國和東亞。中國與其他主要亞洲的「次區域」（subregion）毗鄰，這並不是亞洲恰當的定義，因此我們應該用「東亞」這個詞來指稱環太平洋地區。畢竟，美國人使用「遠東」這個詞特別奇怪，因為這個地區位於他們西方的太平洋對岸。「東」應該被用作相對的指向，而「亞」則是一個地理區域。同樣的，「中東」經常被用來指涉從摩洛哥到阿富汗的所有地方，跨越從北非到中亞的眾多次區域（連「半島電視台英語頻道」主播也用「中東」這個詞——因為他們說英語）。但從埃及以西的北非國家與亞洲沒有多大關係，雖然它們的人民大多數是阿拉伯人，以西亞和西南亞來稱呼土耳其、伊朗、波斯灣國家和介於它們之間的國家應該合理得多。中性的地理標籤終究比殖民時代的產物更真實。

亞洲人的亞洲

兩千多年前，亞洲的各個文明已經建立商務關係，並發生從地中海到裏海、再到印度河流域各地的爭戰。到了十五世紀，亞洲是一個外交、商務和文化上連結的區域，從安那托利亞延伸到中國。不過，歐洲殖民主義撕裂了亞洲，讓它淪為一個眾多毗鄰領土的集合體，因為太貧窮和屈從於西方強權而無法有效地凝聚。冷戰進一步將亞洲分裂成為互相競爭的勢力範圍，長期下來，阿拉伯人和土耳其人認為自己是「中東」，而中國人和日本人認同自己為「遠東」。亞洲不再是一個一致的整體[9]。

經過兩世紀的分裂，今日的後冷戰期標記了一個亞洲重新組合成連貫系統的新階段。「系統」是連結在一起的國家集合，不僅是地理連結，也是外交、戰爭和貿易等力量的連結；系統的成員都是獨立的主權國，但也緊密地在經濟和安全上相互依賴。系統是透過結盟、體制、基礎設施、貿易、投資、文化和其他模式形成的。當國家從共同的地理區提升至有意義的交互作用，一個系統就此誕生。

正如英國學者布贊（Barry Buzan）在《世界史上的國際系統》（*International Systems in World History*）中的闡釋，人類歷史相當大程度是各個區域系統的故事[10]。古代美索不達米亞平原的城邦、雅典人領導的提洛同盟（Delian League）和中國的戰國，都是小規模系統的例子。對照之下，蒙古帝國和大英帝國等帝國統治了廣大的區域和國際系統。直到近幾世紀才有全球系統出現，但這種全球系統某種程度上是由許多區域系統的關係組成，其中歐洲、北美洲和亞洲是其中最重要的系統。

歐洲是今日整合最佳的區域系統。歐洲國家不僅從二次世界大戰的廢墟中重建了實體國家，而且透過歐洲煤鋼共同體熔合了重要的工業。當時沒有人知道初始的六個成員國（包括互相競爭的法國和德國）會擴大到近三十個成員國，並設立跨國家的體系和共同貨幣，甚至建構聯合的軍事力量。今日的歐洲是一個強大的系統，而不僅只是一個區域。

北美是整合程度第二高的系統。美國、加拿大和墨西哥是戰略夥伴，也是彼此最重要的貿

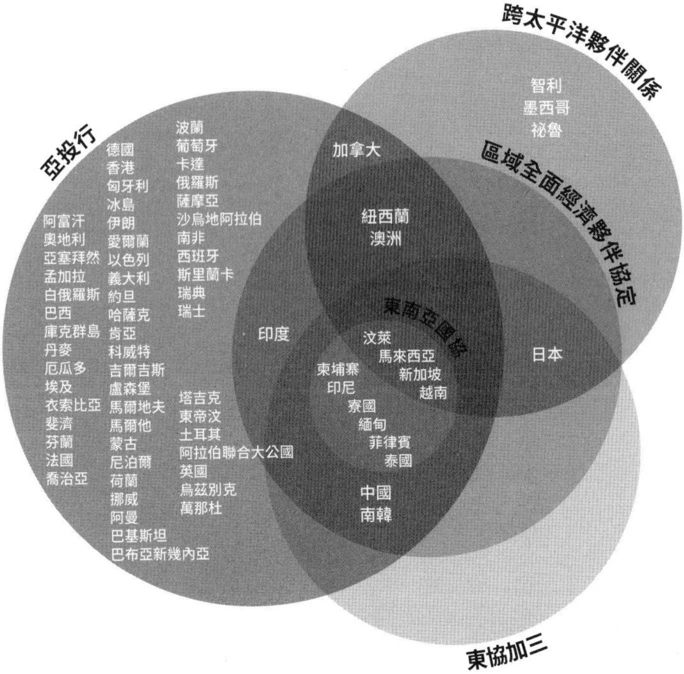

亞洲打造自己的外交系統

亞洲國家正迅速建立自己的外交機構，以協調、規範和管理像是貿易、基礎設施和資本流動等事務。亞洲基礎設施投資銀行（亞投行）有近三十個會員國，而區域全面經濟夥伴協定以 GDP 和貿易量來看，已躍升為世界最大的自由貿易區。

易夥伴。[11]它們也有兩個世界最繁忙的邊界關卡。即使在已有二十幾年歷史的北美自由貿易協定（NAFTA）重新協商時，更廣義的經濟、人口、文化和其他關係也使這個區域實際上已成為一個北美聯盟，儘管該區域並未使用這個名稱。

雖然亞洲有廣大的地理區和多樣的文化，不過它正從疏遠的歷史和文化連結演進為穩固的經濟相互依賴，並邁向戰略性的協作關係。一九九三年，日本學者兼新聞記者船橋洋一在《外交事務》（*Foreign Affairs*）期刊發表一篇有先見之明的文章，談論「亞洲的亞洲化」[12]。他談及一種新的區域意識，並未聚焦於回顧過去的反殖民主義，而是積極因應美國的冷戰必勝主義和歐洲的單一市場。他正確地評論，全球化的競爭將讓亞洲必須亞洲化，首先從「筷子」文化區開始，包括中國、日本、南韓和越南等國家，最後往外擴及印度等改革中的國家。船橋洋一相信，結合經濟成長、地緣政治安定和技術官僚務實主義，將使亞洲獨樹一幟的世界秩序觀念得以興起。

這個時機已經到來。工業主義、內部安定，和尋求全球市場等曾推動歐洲帝國興盛以及美國躍居超級強權地位的相同條件，如今正在亞洲匯聚。就在過去幾年間，中國已超越美國成為世界最大經濟體（以購買力平價計算）和貿易強權；印度已變成全球成長最快的大型經濟體；東南亞獲得的外來投資已超過印度和中國。亞洲主要強國維持穩定關係，拋下彼此的歷史嫌隙。它們已創設共同的機構如亞洲開發銀行（ADB）、東協區域論壇、東亞共同體（EAC）、區域全面經濟夥伴協定（RCEP）和亞投行，目的都是促進產品、服務、資本和人員在區域各國間的流動，在建設跨邊界的商務走廊總共將投入數兆美元的融資。在美國贏得冷戰並領導亞洲秩序四分之一世紀後，現在它幾乎已被排除在所有這些機構外。

東亞和南亞的崛起已迫使西亞重新發現它的亞洲地理學。我祖父是一位印度退休公務員和外交官，他總是稱呼波斯灣國家為「西亞」，而從不說「中東」。由於波斯灣石油君主國與其他亞洲國家的貿易遠超過與西方的貿易，所以「西亞」這個稱呼似乎格外貼切[13]。事實上，在一九九〇年代末期，阿拉伯產油國開始與能源匱乏的亞洲強國敲定長期合約，如同過去對歐洲和美國的作法。在東亞和南亞驅動全球經濟成長，以及西亞重新轉向的潮流下，亞洲的失能國家如伊拉克和阿富汗也已結束它們的美國佔領時期，並開始規劃其在亞洲系統內的未來。

這些各自覺醒的亞洲國家正開始凝聚起來。二〇一四年，中國國家主席習近平在上海的亞洲領袖集會上宣布：「亞洲事務應該由亞洲國家主導解決，亞洲國家有能力、有智慧透過加強合作來維護和促進亞洲的安全。」[14]雖然中國的鄰國畏懼中國的快速崛起和野心，但它們也與習近平有相同的想法。亞洲人不想照外國人的規則做事。沒有一個亞洲國家會為了美國而將自身的利益拋在腦後，即使是美國的盟邦日本、南韓和沙烏地阿拉伯亦同，就像亞洲人所說的「亞洲優先」。美國總統川普膾炙人口的口號「美國優先」是為了激發美國經濟是受害者的情緒——主要的加害者是對美國有龐大貿易順差的亞洲經濟體。亞洲人一樣希望確保全球規範符合他們的優先順序，不願因為盲目追隨而遭剝削。

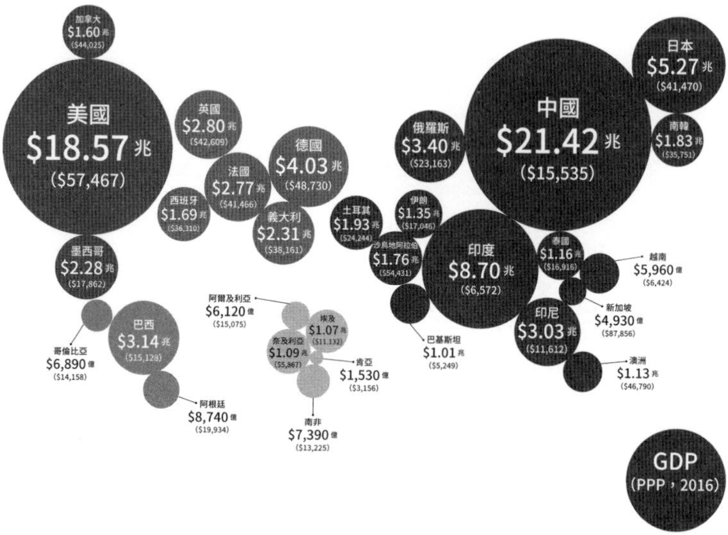

以 PPP 思考取代 GDP

亞洲人為亞洲產品支付亞洲價格

以購買力平價（PPP）衡量，中國已超越美國成為世界最大經濟體，同時亞洲整體佔全球 GDP 達到約一半。亞洲經濟體彼此貿易愈多，它們就愈能保持產品較低的價格。

但今日西方和亞洲間存在重大的世界觀差異。西方評論家往往描述目前的地緣政治局勢為「全球失序」，並指出他們自己的錯誤政策是西方影響力式微的原因——暗示一旦美國和歐洲再度聯合行動，西方將重回霸主地位。對照之下，亞洲人認為他們恢復自己的歷史主宰權是必然的命運，不管美國或歐洲怎麼做。這並非失序，而是重新建構一個涵蓋世界大多數人口且由亞洲領導新秩序。

這不表示亞洲將不再有衝突。世界的主要地緣政治引爆點大多數在亞洲，從沙烏地阿拉伯和伊朗的遜尼派—什葉派對立，到朝鮮半島等。中國與印度、越南和日本有領土和領海爭議。阿拉伯國家和以色列為俄羅斯與伊朗介入敘利亞而對峙，脆弱的伊拉克則陷在中間。看似矛盾的是，鄰國彼此激烈爭鬥是造就一個系統的過程之一，而不是要靠外力來節制它們。戰爭是系統的一部分，正如貿易或外交。摩擦證明了一個系統的成員對彼此有多重要，不管它們是盟友或對手。回顧歷史，歐洲國家是在經歷二次世界大戰的恐怖後才凝聚成歐洲聯盟，所以亞洲的戰爭——包含過去、現在和未來的——與其解決是打造一個亞洲系統必經的過程。

不過，儘管亞洲的衝突俯拾皆是，近幾十年來亞洲整體上保持相對的穩定。亞洲三大強國：中國、印度和日本，都有任期長且強而有力的領導者。他們懷抱民族主義，大舉投資在各自的軍備，並曾為領土或領海發生小衝突。但他們也避免讓爭議升高到無可挽回的地步。美國仍然協助它的盟友阻礙中國，同時亞洲強國如日本、印度、澳洲和越南，也強化它們的關係以對抗中國的侵略。在此同時，新機制讓中國保持在對其鄰國和對手節制的模式。亞洲國家愈投入這種運作，亞洲系統將變得愈生機勃勃也愈複雜。

這種在亞洲國家雙邊互相不斷進行的多方向避險，就是亞洲的外交系統從下往上形成的方式。亞洲系統沒有、未來也不會有像歐洲國家已正式化的規則，亞洲沒有超越國家的亞洲議會、中央銀行或軍備，也沒有澳洲總理陸克文（Kevin Rudd）曾經大膽提議的「亞洲聯盟」[15]。相反的，亞洲整合的方式牽涉建立彼此的互補性和推遲危險的問題。基本上，亞洲人不追求征服，而是尊重。對他國利益有相當程度的尊重就已足夠。

不過，歐洲戰後數十年的經驗，顯示出形成一個穩定系統最根本的面向之一：政治菁英、企業、學術界、智庫、新聞媒體、運動俱樂部、年輕人團體和其他社群的社會化。長期以來，許多亞洲國民被教導仇視鄰國的歷史論述，雖然懷疑和負面刻板印象仍很強烈，尤其在印度人和巴基斯坦人間、中國人和日本人之間、沙烏地阿拉伯人和伊朗人之間更是如此，但亞洲人正透過外交、商務、觀光、交換學生和區域媒體而逐漸了解彼此。透過從「半島電視台」到「中央電視台」，亞洲年輕人對其亞洲同胞的認識已愈來愈深，對他們的亞洲性也更自在。假以時日，觀感將會轉變，利益將會趨同，政策將會改變，同時合作將愈來愈深。亞洲人彼此交往的程度愈深，他們對一起解決共同的問題將愈有信心。

全球秩序下的亞洲

二〇一七年秋季，德國總統史坦邁爾（Frank-Walter Steinmeier）邀請我參加一場以西方文明前途為題的視訊討論。他在討論的開場白後問我：「從亞洲的觀點怎麼看？」我的回答是：亞洲的觀點是，歷史並未結束，而是重演。亞洲佔世界過半的人口和經濟，正快速現代化，主要強國間維持穩定的關係，亞洲的領導人也知道他們該怎麼做、並且已經開始著手，才能讓他們的社會準備好面對一個複雜的世界。自滿的西方知識份子把現實情況和概念混為一談，儘管後者

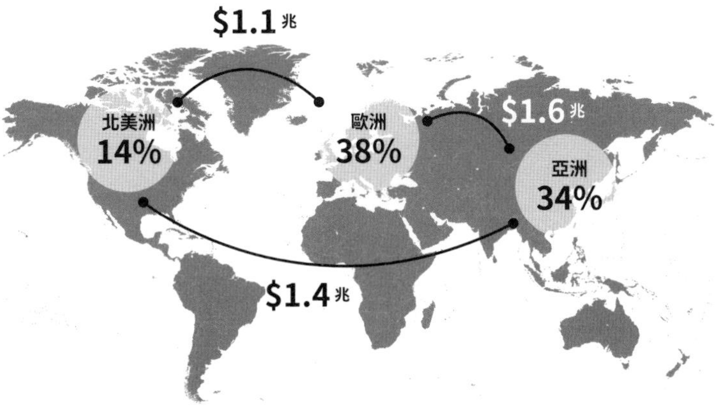

一起成長

歐洲和亞洲形成最重要的全球貿易軸心

歐洲和亞洲是全球貿易最重要的區域，它們之間的貿易超過任何其他區域間的貿易。隨著基礎設施連結和貿易協定擴張，歐亞大陸的貿易正在加速，且遠遠超越這兩個區域個別與北美的貿易。

不再符合前者，仍舊堅信後者必勝。但概念無法在真空中競爭，而是必須以它們對真實世界的影響程度來檢驗。

過去三十年來，最重大的地緣政治現象接連發生：蘇聯解體、歐盟益加鞏固、中國崛起、美國頁岩油能源革命，以及現今的亞洲系統成形。全球秩序主要是有關權力分配和權力的治理。全球秩序的基礎未必是單一國家或一組價值觀，像是目前日趨式微的西方自由國際秩序。相反的，新興的全球秩序基礎是美國、歐洲和亞洲的系統三者同時並存。每一個系統對全世界提供重要的服務，例如軍事保護、金融投資，以及基礎設施發展。世界不再是一個超級強權沒落、並由另一個超級強權繼承，而是我們生活在一個歷史上首次出現的真正多極和多文明的秩序中，由北美、歐洲和亞洲各佔權力的一大部分。亞洲不是取代美國或西方，但它正在塑造美國或西方，一如美國或西方曾經塑造亞洲。

要了解全球秩序的重整能有多快，只要回顧二次大戰後的年代即可。美國從其戰時盟邦大英帝國傳承了霸權衣缽，然後提供安全傘以便在冷戰下重建歐洲。今日的歐盟是一個更大的經濟體，在世界貿易扮演更重要的角色，出口的資本超越美國。美國也提供冷戰安全傘給日本和南韓，讓兩國的經濟在數十年的衝突後得以起飛。隨著經濟全球化從一九七〇年代以後加速，中國善用美國設計的全球貿易體系取代日本成為亞洲最大的經濟體，並超越美國成為世界最大的經濟體，以中國為最大貿易夥伴的國家數量是以美國為最大貿易夥伴的兩倍。雖然蘇聯崩潰意味美國變成世界唯一的超級強權，但美國從一九九〇到二〇〇〇年代的「單極時期」十分短暫，因為戰爭的挫敗和金融危機已把天下無敵的浮誇轉變成對帝國擴張的恐懼。另一方面，歐洲和亞洲這兩個由美國在戰後保護的區域，現在都已完全自主。今日歐洲和亞洲的貿易遠超過它們各自與美國的貿易。兩個區域都把一帶一路倡議視為提振歐亞巨型大陸的絕佳機會，而且無視於美國對這項倡議的猜忌，因為美國是個局外者。曾經是全球秩序基石的跨大西洋關係，現在已成為令人不適的陳年往事，就像一面開車向前、一面看後視鏡。這說明了地緣政治世界的變化有多迅速。

今日亞洲是重塑世界秩序最強大的力量。它正建立一個以亞洲為中心的商業和外交體系，橫跨印度洋到非洲，重新導引美國和歐洲的經濟體和策略的方向，並提升亞洲的政治和社會標竿對世界各地社會的吸引力。地緣政治預測師喜歡勾勒明確的全球位階順序，總是在問：「誰是第一？」但權力無法只靠比較靜態的尺度來衡量。美國仍然是全球第一的軍事力量，並有深廣的金融市場和最大的能源產量。歐洲在市場規模、民主機構的品質和整體生活水平上仍然領先世界。整體亞洲、特別是中國，擁有最多人口和最多軍隊、最高的儲蓄率和最大的外匯存底。美國、歐洲和亞洲各有不同類型、不同數量和不同地理上的權力。誰是第一並沒有明確的答案。

有趣的是，中國崛起的影響性不像美國當年身為世界獨大的超級強權那麼大。數十年來，美國擁有最強大的軍力和最大的經濟體；數十年來，美國保護全球公共資源，是消費的最大後盾，並掌握世界唯一的主要貨幣。對照之下，今日的美國、歐元區和中國各有逾十兆美元的ＧＤＰ，只有十幾個其他國家有超過一兆美元的經濟體。許多國家有強大的軍隊，能憑藉己力或與他國結盟以保護自己的領土。中國是一個超級強權，但它的崛起確認了世界的多極化，而不是取代美國。

同樣重要的是，正如全球風景線是多極的，亞洲的風景線也是多極的。日本一度是亞洲最強大的國家，今日最強大的國家是中國。印度有較年輕的人口，且人口數量很快會超越中國。俄羅斯和伊朗正展現它們的力量。在杭廷頓（Samuel Huntington）的《文明衝突與世界秩序的重建》示意圖中，大部分的世界文化區是亞洲文化區——印度、佛教、中華、伊斯蘭和日本文化區——大部分的東正教地區也涵蓋在內。這些文化中沒有一個文化曾被彼此支配超過很長的時間。亞洲系統從來不是一個亞洲集團；相反的，在大部分歷史時期，許多亞洲的次區域一直很穩定，且保持流動性甚於階層化。因此未來將不會出現中國的單極——不管在全球或在亞洲範圍內皆是如此。亞洲人比美國人更能接受全球多極的概念，而對美國人（和大多數學者）來說，近代的歷史一直專注在單極次序——尤其是美國的歷史。但隨著世界變得愈來愈多極，全球的未來也會與亞洲的過去愈來愈相似。

正確了解亞洲

現在該是從亞洲內部了解亞洲動力的時候了。亞洲人的歷史和現實不應該從外人的觀點看待，亞洲人也不應該自覺抱歉。西方人甚少必須短暫地退一步想像，有五十億亞洲人不在乎西方人怎麼想，而西方人必須向亞洲人證明西方人的重要性，而不是反過來。

美國人才剛開始注意到把美國拉向亞洲是漫長而複雜的反饋循環。美國把工作外包到亞洲，以及美國工業基地遭到侵蝕，是把川普（Donald Trump）推進白宮的勞工階級充滿怨怒最明顯的原因。成千上萬的美國軍人性命仍牽繫在伊拉克、敘利亞和阿富汗戰線；東亞的日本和南韓駐紮的美軍人數還更多。亞洲現在是美國能源的主要出口地，跨太平洋的石油出口從二〇一一到二〇一六年增長了五倍——特別是出口到中國（事實上，如果不是石油出口增加，美國對亞洲的貿易逆差將遠為惡化）。這些現實與美國人想轉移重心到國內的主流情緒明顯相違背。

雖然美國最大的戰略問題圍繞著亞洲，亞洲人卻渴望享有北美人已經享有的東西：高度的自給自足。美國對沙烏地阿拉伯、印度和日本的軍售逐漸增加，但亞洲國防支出的驅力是想把美國推出區域之外（例如中國），或是想減少對美國的依賴（例如南韓和其他國家）。亞洲人正努力擴大從北極圈、俄羅斯、中亞和非洲的能源供應來源，並且投資在自己的替代能源和再生能源，如天然氣、核能、太陽能、風能和生物質能。美元仍然是世界的主要準備貨幣，但亞洲人已開始增加以自己貨幣計價的貿易，並拋售部分的美元準備。從亞馬遜到蘋果的美國公司獲利都高度依賴亞洲的銷售，但亞洲的監管當局和企業將在亞洲地區以及全世界，為自己搶佔更大的市場佔有率。

這些例子反映亞洲人如何看待美國：美國不是一個霸權，而是服務供應者。美國的武器、資本、石油和技術是全球市場上的公用品。美國是一個販售商，而亞洲已變成既是它的最大顧客，也是最大競爭者。過去美國曾是安全、資本和技術唯一的選項，但亞洲國家正逐漸依賴彼此來供應這些服務。美國已變得愈來愈不像它自認的那樣不可或缺。

從亞洲的觀點看世界必須克服數十年來所累積、以及一廂情願培養的對亞洲的無知。在今日之前，亞洲觀點往往透過西方稜鏡的扭曲，只能依照難以搖撼的主流西方論述來描繪，其他觀點無法立足。「全球金融危機」並不是全球的：亞洲的成長率持續飛躍，而世界幾乎所有成長最快速的經濟體都在亞洲。在二〇一八年，世界最快速的成長率出現在印度、中國、印尼、馬來西亞和烏茲別克。雖然美國和歐洲已停止實施刺激經濟方案和超低利率，這些措施在亞洲仍持續不墜。相同的，西方的民粹政治從英國脫歐到川普現象都未曾感染亞洲，亞洲務實的政府仍專注於具有包容性的成長和社會凝聚。美國和歐洲都開始築牆，但亞洲各國卻紛紛拆除藩籬。數十億亞洲人並未向後看、畫地自限和悲觀，而是向前看、向外發展和樂觀。

這些盲點是外國人分析亞洲時經常可見的疏漏，更具體地說就是美國人對亞洲的分析。這些分析大多假設亞洲（事實上每個其他地區也一樣）不願意、也沒有能力為自己做戰略性的決定，而在等待美國的領導階層告訴他們怎麼做。但從亞洲的觀點來看，過去二十年美國展現的是小布希總統的無能、歐巴馬總統的光說不練，以及川普總統的無法預測。美國認知的威脅清單都在亞洲，包括從伊斯蘭國（ＩＳＩＳ）、伊朗、北韓到中國，但美國並未擬訂解決這些威脅的全面戰略。在華盛頓，提倡「印太」海上戰略以對抗中國一帶一路倡議很受歡迎，但卻未能看清亞洲的陸地區和海洋區無法截然區隔的現實。儘管彼此之間有許多差異，亞洲人已意識到他們共有的地理是永久的現實，遠超過美國不可靠的承諾。這裡的教訓是：美國是一個太平洋強權，在亞洲的海洋有強大的存在感，但美國並不是亞洲強權。

西方對亞洲的觀念中影響最大的誤解，是過度以中國為中心。正如許多地緣政治預測師一直在尋找「第一」，許多人也掉入簡化美國和中國兩大集團競逐世界領導權的陷阱。但整體世界或亞洲並不是一個正邁向中國式「天下」（即以中國儒家理念為本的和諧全球系統）的區域。雖然中國目前展現出比鄰國更強的實力，但它的人口已進入高原期，且預料到二〇三〇年將觸頂。在亞洲近五十億人中，有三十五億不是中國人。中國的龐大債務、令人憂慮的人口結構，和國內市場逐漸排擠外國的競爭，正把全球注意力推向更年輕、人口更多，且市場對西方產品比中國更開放的亞洲區域。完整的圖像呈現出：中國只佔亞洲人口的三分之一、亞洲GDP的不到一半、亞洲對外投資佔約一半，以及對亞洲投資的一半不到。因此，亞洲不只是「大號的中國」（China plus）。

所以亞洲的未來遠不止於中國的渴望。在歷史上，中國不是一個殖民強權。和美國不同，中國對與外國交往極其審慎。中國想要外國的資源和市場，但不想要外國殖民地。中國從南海、阿富汗到東非的軍事行動，是以保護其廣大的全球供應線為前提，但它建設全球基礎設施的宏偉戰略，是以降低依賴任何外國供應國為目標（中國大舉投資替代能源也基於此一目標）。中國發起一帶一路倡議無法證明它將統治亞洲，但它提醒我們，中國的未來一如它的過去，乃是深植於亞洲之中的。

一帶一路倡議在西方普遍被描繪成中國的霸權設計，但它似非而是的一點，是它正加速許多國家的現代化和成長，就像美國在冷戰期間對歐洲和亞洲夥伴國家的作法。一帶一路倡議將為所有人帶來示範，包括中國，看殖民主義的邏輯會多快走到盡頭。其他亞洲國家藉由加入一帶一路倡議，已技巧性地承認中國是一個全球強權——但霸權的門檻非常高。和對美國的干預一樣，我們不應該太快假設中國的恢宏規劃會一帆風順，以及其他強權不會同樣大膽地提出自己的倡議。核子強權印度和俄羅斯正高度戒備，提防中國侵犯它們的領土和利益，區域強權日本和澳洲也是如此。儘管中國從二〇〇〇到二〇一六年，在區域各國已投資五百億美元於基礎設施和人道計畫，卻沒有收買到任何有意義的忠誠。「中國領導的亞洲」這個詞因此對大多數亞洲人來說是無法接受的，正如歐洲人對「美國領導的西方」的感覺一樣。

中國在其他亞洲和西方投資人猶豫不決的地方有先行者的優勢，但沒有國家比巴基斯坦和後蘇聯共和國如烏茲別克和哈薩克等後殖民國家，更深刻了解中國的新重商主義潛在的不利影響。它們不需要西方媒體的尖聲警告來提醒其記憶猶新的歷史，許多國家正逐一延遲和重新協商中國的計畫和債務。因此未來較可能的情況是：中國進取的計畫確實促進了這些國家的現代化和進步，協助它們獲得抗拒未來中國進一步蠶食的信心。此外，中國的作法已刺激一波基礎設施「軍備競賽」，促使印度、日本、土耳其、南韓和其他國家，也在協助較弱的亞洲國家強化彼此的連結和對抗中國的操縱上大舉投資。到最後，中國的地位將不是一個亞洲或全球霸權，而是亞洲和歐亞大陸超體系的一個東方基柱。

因此，我們如果更加前瞻地展望未來，就能更清楚亞洲的樣貌是一個多極的區域，一如亞洲歷史大部分時期所呈現的常態，有著許多自信的文明、循著大體上獨立於西方政策之外的路徑演進，但彼此相輔相成地共存。西方自信和活力的重新振作將受到歡迎，但它將無法削弱亞洲的復興。亞洲的崛起是結構性的，而不是循環性的。現在仍有一些傲慢的無知之徒圍繞倫敦和華盛頓，他們堅信隨著中國經濟減緩，或各國民族主義國家的彼此對抗，亞洲的崛起終將失敗。這些對亞洲的意見既無法改變大局，也不正確。隨著亞洲國家效法彼此的成功經驗，它們將運用累積的財富和信心，使它們的影響力擴展到地球每個角落。亞洲的亞洲化只是世界亞洲化的第一步。

世界的亞洲化

世界在十九世紀歐洲化和二十世紀美國化的遺緒是，大多數國家都被西方以明顯可見的方式重新塑造：歐洲的殖民國界和管理、美國的入侵或軍事援助、與美元掛勾的貨幣、美國的軟體和社群媒體等。數十億人與西方建立個人和心理的連結，他們以英語或法語作為第一或第二語言，有親戚住在美國、加拿大或大英國協，為英國的足球超級聯賽球隊加油，從不錯過由他們最愛的好萊塢明星主演的電影，並追蹤美國總統政治活動的來龍去脈。

在二十一世紀，亞洲化正崛起成為全球文明地理學的最新沖積層。和歐洲化與美國化一樣，亞洲化採取許多形式，但全世界都能清楚看到：出售商品到中國、召募來自印度的軟體工程師、向沙烏地阿拉伯購買石油、到日本或印尼度假、召募來自菲律賓的護士、管理來自南韓的營建工人、到阿聯酋實習執業，以及無數種其他關係。亞洲生意人暢遊世界，因為他們的護照獲得更多免簽證優惠。新加坡和日本已在恒理（Henley & Partners）「最好用護照」指數趕超德國，南韓排名也領先大多數歐洲國家，馬來西亞護照也超前許多歐洲護照。一抹新的亞洲性（Asian-ness）正悄悄摻入人們的身分認同以及日常生活。在世界各地，學生紛紛學習中文和日文，創業家在亞洲都會區創立事業，旅客湧入從阿曼到菲律賓的海灘，婚姻仲介業在印度和泰國欣欣向榮，年輕人皈依伊斯蘭教，電影院放映寶萊塢電影，不勝枚舉。

亞洲式的方法正散播到各地。政府採取更強硬的手段以指導經濟的優先順序，民主的衝動被技術官僚的指導平衡。西方的社會話語（social discourse）不僅鼓吹權利，也開始談論責任。西方的官員、企業人士、新聞記者、學者和學生紛紛前往亞洲，觀察如何建立大規模的世界級基礎設施和未來城市，學習政府如何利用假設情況和資料來結合產業與大學，以及檢驗促進國家團結的社會政策。在許多方面，現在「他們」不再渴望像「我們」，而是我們渴望像他們。新加坡李光耀公共政策學院招牌刊物的名稱《全球亞洲化》（*Global-is-Asian*）雜誌，貼切地翻譯了這個新典範。

另一方面，變得更亞洲化不一定意味變得比較不美國化或歐洲化。亞洲化好像在一幅原已色彩繽紛的畫布加上一層顏料，因而增添了質感和色調。正如英國歷史學家湯恩比（Arnold Toynbee）寫道，文明不會只是取代彼此、拋棄對手的思想，並以自己已定形的意識形態取而代之。在這個精神下，亞洲化在注入其理念到既有世界的同時，也借用同樣多的過去經驗。十九世紀的歐洲化帶來世界經濟的殖民同化、現代形式的政府治理，以及自由開明哲學的普及。這些影響在殖民地尋求成為獨立國家時，助長了民族主義的興起——這個理念獲得正崛起成為世界主要強權的美國強力支持。二十世紀的美國化，透過像聯合國等多邊組織確立了民主自決原則，並激勵人們相信不受節制的自由具有巨大潛力。亞洲化吸收但也挑戰之前時代的各個面向。亞洲人實行新重商主義工業政策而非自由市場資本主義，透過政府和企業的協力以爭取最大份額的商業合同。亞洲也透過新創立的亞洲導向機構高度地技術官僚化和多邊化，這些機構既補足西方機構的缺點，也與西方機構競爭。許多亞洲國家有繼承而來的西方國會制度，但也嫁接更技術官僚式的機制以追求社會福利。因此，亞洲化主要不是取代過去，而是修改它。

歷史時代堆疊的方式不允許一種模式完全強加於其他模式之上。反而是亞洲的體制和標準正和西方的體制和標準並行，它們合成一種變成全球標準的形式。全球西方化的某些面向將持續是全球生活的中心，尤其是英語、資本主義，以及追求科學卓越和技術革新。但長期來看，其他面向將消退，例如美國式的民主和無法永續的消費主義。問題不在於哪些秩序將獲勝，而是亞洲將以何種方式重塑涵蓋所有人的新全球秩序？

我們還只處在亞洲像西方過去幾個世紀那樣滲透到所有其他文明的早期階段。正如我們當年無法預見歐洲人的商業探險深入亞洲或跨越大西洋，以及美國加入第一次世界大戰，亞洲崛起過程的結果也難以逆料。與過去幾世紀的歐洲化和美國化相同，亞洲化是一把雙面刃。你可能喜歡或不喜歡全球亞洲化的一些（或許多）面向，正如世界上必須接受美國化的數十億人勢必也有同樣的感受。儘管如此，許多人發現美國已經設法按照它的形象來重新塑造世界。現在亞洲正在做同樣的事。每個人都能明確說出自己有多「美國」或「歐洲」，現在我們也正在學習分辨我們有多「亞洲」。你有多亞洲？

過去四十年來，我親身觀察全球亞洲化的開始。我出生在印度，全家在一九七〇年代移民到阿聯酋，和無數其他印度人和巴基斯坦人一樣，協助支援阿拉伯石油的榮景。然後在紐約的十年期間，我的家庭從小鎮上唯一的印度裔美國人家庭變成十多個印度裔家庭之一。就讀大學的每一年，我都看到愈來愈多亞洲學生主修亞洲研究，或在學生節慶中表達他們對自己文化的驕傲。接著，在華盛頓智庫和外交政策的小世界裡，我看到愈來愈多亞洲人扮演主流角色。我在柏林、日內瓦和倫敦任職期間，亞洲人在學術界和日常生活的能見度顯著地提升。現在我住在亞洲的非正式首都新加坡，這是一個展示亞洲善用過去的歐洲化和美國化，以及更重要的，體現今日和明日亞洲化潛力的熔爐。

我也曾目睹世界多麼迫切需要更多對亞洲的了解。從敘利亞到伊朗，從中國到北韓，亞洲佔據西方媒體的頭版新聞，但政策制訂者和公眾卻對亞洲的歷史缺少一貫的知識。亞洲的經濟政策數十年來已重塑美國的工業，然而即使在它們躍上美國政治舞台的中心時，美國的領導人仍未充分了解美國和亞洲經濟體系間的動態反饋迴圈。美國和歐洲的公司已把中國擺在第一位，但對中國民眾的偏好所知無幾，對作為其最新成長邊疆的其餘三十五億亞洲人市場更是知之甚少。亞洲人也有很大的知識落差需要填補。中國人正投資數千億美元於亞洲的新項目，在一些地方收買影響力，但也在其他地方蓄積反彈，事情會發生在何處，以及事態會如何演變仍是未定之數。印度人、阿拉伯人、土耳其人和波斯人也在亞洲合縱連橫，面對不熟悉的政治和社會體系。我們確實很健忘！多少世紀以來，亞洲人藉由絲路沿線的持續互動了解彼此，西方人則透過殖民主義發現並吸收亞洲。所以，在探索亞洲的未來之前，讓我們重溫對亞洲過去的記憶。

Chapter

1

亞洲觀點的世界史

Asian

一般西方世界的歷史教科書會從介紹古美索不達米亞和埃及的文明開始，接著的章節是希臘人和羅馬人、中東和文藝復興、哥倫布和哥白尼、拿破崙和啟蒙運動、英國殖民主義和美國獨立，並以兩次世界大戰結尾。當學生逐年升級，教材重溫古代、中古和現代時期，不但解說得更詳細，也介紹更多歷史人物：凱撒（Caesar）和克麗奧佩脫拉（Cleopatra）、神聖羅馬帝國和黑死病、馬丁·路德（Martin Luther）和路易十四（Louis XIV）、奴隸貿易和工業革命、維也納會議和克里米亞戰爭、富蘭克林·羅斯福（Franklin D. Roosevelt）和史達林（Josef Stalin）……然後接續的是各種社會研究。

一般而言，非西方社會只在它們與西方接觸時才出現在歷史書上。畢竟，蒙古人確實在一二四一年挺進到維也納門口。但佛陀和孔子的生活和年代、蒙兀兒帝國的遺緒、中國明朝的海上探險，和亞洲傳承的許多其他根源，即使在大學層次的歷史課仍可能一片空白。歐洲人往往比美國人了解外國地區多得多，因為他們從十五到二十世紀曾殖民全世界。儘管殖民主義讓西方變富裕，它在西方對過去的教導中仍然著墨不多。當然，亞洲的教科書也專注於它們自己的國家史和文明史，通常犧牲的是埃及人和希臘人。此外，中國人、日本人和韓國人也和歐洲人一樣，樂於漂白或刪除他們對彼此的征服或罪行。不過，因為殖民主義的緣故，亞洲歷史無法像西方教育抹除亞洲那樣地抹除西方。

西方和東方深入的連結，凸顯出我們必須更平衡地記述全球歷史。不過，正如康拉德（Sebastian Conrad）在他的著作《何謂全球史》（*What Is Global History*）中很有說服力地論述，歷史研究仍受到歐洲中心主義和以民族—國家為中心的透鏡箝制，因而貶抑了非歐洲文明和維繫跨區域連結的資本主義等全球過程的角色[1]。對照之下，全球歷史的基本目的是敘述多樣文化的交互演進，並認識它們相互的影響。別忘了，今日的歷史和明日的規則是由贏家來撰寫的，而亞洲正逐漸佔上風。隨著亞洲的地位持續提升，西方歷史知識的最大缺口將由亞洲人以自己的話語來填補。從亞洲的觀點望去，歷史是什麼樣子？

古代亞洲：文明的肇始

我們今日所知的人類文明誕生於西亞。在美索不達米亞和安納托利亞，基本農耕工具出現於新石器革命，使人類得以從狩獵採集部落演進到更固定的農業社群，並馴化馬和狗等動物。黎凡特（Levantine）地區東部的納圖夫人（Natufian）是狩獵採集者，但他們在近一萬五千年前開始碾磨和烘焙小麥成為麵包。在拜布羅斯（Byblos）、阿勒坡（Aleppo）和耶利哥（Jericho）發現的防禦工事，可以追溯到西元前七千年的聚落，使這些地方變成世界最古老且持續定居的城市。現代土耳其哥貝克力石陣（Gobekli Tepe）和加泰土丘（Catalhoyiik）的考古挖掘已發現有圖紋的陶器、格式磚塊的房舍，甚至宗教偶像。到西元前三千八百年，烏爾（Ur）、基什（Kish）和巴比倫的巨大蘇美人城邦，已在底格里斯河（Tigris）和幼發拉底河（Euphrates）的匯流處附近欣欣向榮。

史前文明也在東亞繁榮發展。農業已普及於西元前三千五百年的東南亞半島、約西元前五千年日本的繩紋時代，以及約西元前四千年的中國。到西元前三千五百年青銅時代初期，古世界最大的中心是印度河流域（今日的巴基斯坦）的哈拉帕（Harappa）和摩亨佐—達羅（Mohenjo-Daro），那裡有寬闊的街道、沐浴平台、排水溝和蓄水庫。印度人崇拜多樣的神祇，包括女神莎克蒂（Shakti）的赤陶雕像。在約西元前一千八百年雅利安（意即「高貴的」）人從中亞移入後，印度雅利安文明逐漸往南擴展到恆河平原，它的田園傳統和社會結構於世界最古老的宗教經文吠陀經的梵語中唱誦，成為印度教的根源。

在青銅時代中期約西元前二三〇〇年，蘇美人城邦讓位給強大的阿卡德帝國（Akkadian Empire）及其繼承者亞述人（Assyrians），他們在征服安那托利亞的鄰國赫梯人（Hittites）後統治了史上最廣大的疆域，而赫梯人當時已發展用來鑄造工具和武器的鐵。亞述人和巴比倫人（特別是在漢摩拉比王統治時）發展了管理社會生活和規範勞工階層精細分工的複雜法典，他們也與埃及建立外交和貿易關係，出口橄欖油、葡萄酒、香柏木和製作木乃伊的樹脂。到西元前六六七年，亞述人已征服埃及，終結了埃及的金字塔時代。

亞洲的文明往所有方向散播它們的進步。到西元前一五〇〇年，地中海東岸航海的腓尼基人發明的字母系統已出現在埃及的草紙上，並被地中海的主要貿易夥伴希臘人採用。在內陸的裏海地區，擅長騎乘戰鬥的遊牧民族斯基泰人（Scythians）佔領中亞草原地區，並劫掠定居的文明如米底人（在今日的伊朗），還統治一個龐大的貿易網，並與在西元前八世紀後興盛的希臘人、波斯人和印度人連結。

這些陸上的商業和文化路線最遠達到中國，而中國從西元前一千年以後已鞏固了它在長江流域的管轄權。夏朝、商朝和周朝透過結盟和征服擴大了中國文明的領域，同化了西部邊疆的蠻族戎人。另一方面，周朝與南西伯利亞的各遊牧民族，以及巴克特里亞（Bactria）較定居的部落從事零星的貿易，這些部落以使用雙輪戰車著稱。位居西方的周朝最早明確表達「中國」的概念，以區別他們建立的帝國和北方平原上強大的封邑諸侯。周朝也創建中國人的宇宙論《易經》，是一本以自然循環模式解釋人類行為的經典[2]。

在三千年前，商業、衝突和文化的勢力潮起潮落，以愈來愈緊密的交流模式從地中海跨越遼闊的領域到達中國。大約在西元前五五〇年，遊牧民族阿契美尼德人（Achaemenid）趕走斯基泰人，定居在波斯地區，並建立從巴爾幹半島橫跨到印度河流域的帝國，成為古世界最大的帝國。居魯士大帝（Cyrus the Great）的皇家大道從蘇薩（Susa）到安那托利亞西部薩里斯（Saris），延伸一千七百哩，以馬車的速度只要花七天就可走完，堪稱古代速度最快的郵遞服務。居魯士和大流士一世建立了波斯波利斯（Persepolis）等豐饒的城市，他們的管理權威成為地中海各部族欽羨的對象（對希臘歷史學家希羅多德〔Herodotus〕來說，波斯代表一般人所知亞洲的大多數事物）。阿契美尼德人和南亞使用梵語的民族有共同的語源，也有相同的祭師、統治者、戰士和農民的社會階層。

他們信仰的祆教（Zoroastrianism）是一種哲學性的一神教，影響了該地區的宗教信仰，如居住在地中海東岸介於美索不達米亞和尼羅河間的猶太人。

西元前六世紀中葉，印度是新宗教覺醒的震央。在東部的恆河地區（今日的比哈爾省和尼泊爾南部與孟加拉西部），古老王國欣欣向榮，不同於北方的印度雅利安要塞。在摩揭陀國，悉達多．喬達摩（Siddhartha Gautama）脫離盛行的吠陀印度教法（永恒法則），成為苦行僧，後來在菩提伽耶開悟得道，並於鹿野苑第一次弘法開示。佛陀死後不久召集的佛弟子會議在摩揭陀國的首都王舍城舉行[3]。

在北方的中國，周朝從銅器轉型成鐵器，使它成為使用耕犁的國家，同時水壩、河堤和運河等水利技術的發展，也使它可以利用長江上游的水來灌溉。其他周朝的發明包括數學的十進位系統，以及有效率的蠶絲編織技術。即使周朝的穩定進入戰國時代（西元前四八一到前二〇六年），「諸子百家」的學說思想依然爭鳴。軍事理論家孫子寫出他的主張《孫子兵法》，闡述間諜戰和用兵戰術的策略。墨子、孟子和孔子等聖者賢者構思深奧的社會價值哲學。自然主義哲學如道家思想也應運而生，主張看似對立的陰陽二元性事實上歸於一。

到西元前二二一年，秦朝崛起並恢復穩定。它的第一位皇帝秦始皇統一中國的文字、度量衡、貨幣、稅制和戶籍。為了抵禦西方的遊牧民族匈奴，秦朝開始修築長城。另一方面，當秦朝鎮壓東方和南方的敵國時，許多中國人渡過鴨綠江，推翻了朝鮮半島上的古朝鮮王國。中國人和朝鮮人也渡過對馬海峽，來到日本的九州島，當時正值彌生時代的日本則已發展出獨特的陶器、銅鐘，以及神道和動物崇拜信仰。來自大陸的移民帶來中國的書簡和文字，變成日文和其他東亞文字的基礎。中國中部的漢人也大量遷移到越南北部，中國的將軍趙佗在那裡建立南越王國，領地涵蓋中國的雲南、廣西和廣東。

秦朝在秦始皇的兒子於西元前二〇七年死後迅速崩潰，經過又一段動盪期後，由更強大的漢朝取而代之。漢朝推廣儒家思想作為國教，也作為帝國官僚體系的教材。特別是在統治半世紀之久的漢武帝（西元前一四〇到前八七年）時，漢朝統一眾多分裂的王國成為一個大帝國，其中包括平定南方的南越王國。強大的漢朝使中國得以兼併叛逆的匈奴領土成為一個納貢地區，並讓肥沃的甘肅走廊接通塔里木盆地直到中亞的帕米爾山脈。漢人也打造從陸路和海上連接印度、錫蘭、埃及和羅馬的路線，形成第一個跨亞洲的貿易網絡。

漢人的西進迫使新疆的月氏遊牧民族，遷往喀拉崑崙山脈和帕米爾山脈的另一側，在那裡建立以白沙瓦為中心的貴霜帝國（Kushan Empire）。月氏人從南方的恆河流域吸收佛教文化，並往北散播到中亞，佔據阿姆河和錫爾河間土地的粟特人奠立了撒馬爾罕（Samarkand）和布哈拉（Bukhara，在今日烏茲別克境內）等大絲路城市的基礎。在此同時，來自另一個方向的阿契美尼德人繼續往東推進，進入這個戰略地區，吸收粟特成為一個轄下的省份。

不過，阿契美尼德人面對來自西方邊境的更大挑戰——馬其頓亞歷山大三世（亞歷山大大帝）

的軍隊往東侵入最遠達到印度河。亞歷山大打敗大流士三世，但保留了有效率的阿契美尼德人管理和稅務架構。東方的阿契美尼德要塞健馱邏（Gandhara）仍然是波斯祆教、印度教和恆河佛教文化集中的富裕王國，在不同時期以查爾薩達（Charsadda）和塔克西拉（Taxila）等大城市為首都。孔雀王朝從東部恆河摩揭陀國地區崛起，旃陀羅笈多國王在偉大戰略家考底利耶（Chanakya）獻策下，往北征服直到塔克西拉的領土。當孔雀王朝在塔克西拉的基地鞏固後，旃陀羅笈多的孫子阿育王在健馱邏國廣建佛塔。孔雀王朝在阿育王死於西元前二三二年後衰落，為繼承亞歷山大大帝的巴克特里亞國王德米特里一世入侵開門，後者在約西元前二〇〇年征服了健馱邏國。其後來自巴格拉姆（Bagram，位於喀布爾北方）的彌蘭王擴建大幹道（Grand Trunk Road），使它從中亞延伸到肥沃的旁遮普，直抵恆河河口。

在當時，阿契美尼德文明的後裔帕提亞人已從裏海東岸的要塞崛起，往西征服最遠達到安那托利亞，並越過幼發拉底河流域和波斯，來到東方的中國邊緣。即使在他們與羅馬人（繼承了希臘人的區域強權）於地中海盆地和高加索地區發生遭遇戰時，帕提亞人和他們的粟特中間人，仍保護絲路的貿易往來，貿易的商品則包括羅馬人購買的印度香料和中國茶葉，以及中國人購買的羅馬玻璃、銀器、象牙和黃金。中國也曾派遣張騫等外交使節到西域各地，與帕提亞人建立關係。

儘管這個區域有極為多樣的地理和文化，佛教是凝聚許多亞洲文明的黏合劑。巴米揚（Bamiyan）成為佛教徒修習的主要中心，那裡的僧侶培育一種融合伊朗、印度和健馱邏的獨特藝術形式。塔里木盆地的敦煌遺址有令人讚嘆從山壁鑿成的佛教洞窟，當年是數條貿易路線的交叉點，讓蒙古和西藏得以連結帕提亞和黎凡特。當漢族僧侶和商人在絲路上旅行尋找靈感時，他們買回由粟特人翻譯的佛教經典。佛教因此透過漢帝國延伸觸角，以鉗形的方向從西方的印度和南方的東南亞傳播到東亞。到西元一五五年，漢桓帝把佛教儀軌納入帝國的典籍中，以輔助儒家教導的不足。當時，東亞的儒家提供了以義理和仁愛為前提的社會組織，而佛教、道家和日本的神道則維繫了人們的精神信念。

連結古代亞洲系統各成分的海運航線甚至比陸路更重要。到了西元前一世紀，每年有多達一百二十艘希臘船舶航行經過紅海，順著季風抵達印度港口，回程載運來自東南亞島嶼王國如蘇門答臘和爪哇的玉石、珠寶和香料。與印度次大陸間興盛的貿易，加快了東南亞的印度化，特別是在下湄公河三角洲的扶南國和高棉，印度商人與當地人通婚，把印度教和印度經典帶進緬甸語、爪哇語和泰語之中。印度的醫學知識也沿著這條路線散播，進入中國的醫典。扶南國的繼承者室利佛逝國是著名的佛教匯集地。強大的西藏吐蕃王朝國王松贊干布，也因為他的尼泊爾和中國妻妾而尊崇佛教。

印度人與中國人、佛教與儒家經由中亞和東南亞的交流，使得古代亞洲變成一個豐饒的文化區，一直持續到第二世紀漢朝崩解。漢朝衰亡和接續的六朝混亂期，讓朝鮮的高句麗國得以從漢朝的統治中解放，建立起朝鮮半島最大的獨立王國，領土擴大到鴨綠江和遼東半島。另一個朝鮮王國百濟國也有自己的領土，並與中國貿易。百濟歡迎來自健馱邏的僧侶在第四世紀把佛教帶進國內，後來還有更多印度僧侶來到百濟教導興建僧院和廟宇。印度的阿約提亞（Ayodhya）公主甚至嫁進朝鮮皇室。

和朝鮮一樣，分隔的日本王國也已甦醒。大和民族（Yamato）聯合成一個強大的政權，從西元二五〇到七一〇年支配日本。在聖德太子（西元五九三到六二二年）統治的飛鳥時代，佛教在日本社會十分興盛，而儒教則深入官僚體制。大和民族採用中國曆法，並派遣留學生到中國研習佛法和儒家思想。同一時期，日本尋求與中國皇帝平等對待，拒絕接受臣屬地位。即使中國、朝鮮和日本互相競逐領土，持續的移民逐漸將它們結合成一個商務和跨文化學習的共同東亞體系。

南亞的思想和文化也持續進步。由迦膩色伽一世領導的貴霜帝國在孔雀王朝滅亡後崛起，但承繼之前阿育王和彌蘭王對佛教的扶持。到西元一五〇年，迦膩色伽已統治一個跨越塔里木盆地的巴克特里亞地區（今日的新疆）直到恆河的廣闊領土。西元三二〇年後稱霸恆河地區的笈多王朝，開創一個文化和科學成就的黃金時代，以摩訶波羅多史詩的完成、數學概念零，以及西洋棋的發明為代表。那爛陀大學吸引遠至中亞和朝鮮的學生，並接待第七世紀備受尊崇的中國僧侶玄奘和義淨，兩人把數十本梵文佛教經典翻譯成中文。笈多王朝也往東擴張到孟加拉，並建立與室利佛逝國的緊密貿易關係，後者則在近一世紀期間於爪哇島興建了世界最大的佛寺婆羅浮屠。笈多王朝將紡織品和香水出口到羅馬，直到笈多王朝和羅馬人在第五世紀臣服於來自裏海東部阿爾泰地區（今日的哈薩克）的匈奴人。

儘管如此，亞洲的大陸連結持續加強。紙、絲綢、火藥和奢侈品透過絲路往各方散播，哲學思想和宗教信仰也是如此。新信仰也從西亞興起。在羅馬統治的巴勒斯坦，傳道人耶穌的門徒開始把他的訊息散播到黎凡特和高加索各地；早期的傳教人如使徒聖多馬為遠至南印度喀拉拉（Kerala）的基督徒施洗禮。在此同時，拜占庭的聶斯脫里派教會脫離羅馬教會，自立於安那托利亞的君士坦丁堡，並在薩珊王朝吸引它的追隨者，進而宣揚其信仰到中亞各地和遠至中國。古代亞洲在豐富而多樣背景的文明中，透過商業、衝突和文化的力量彼此交流。

亞洲的帝國擴張

脫離羅馬之後的幾個世紀，拜占庭不是唯一往東方積極擴張的宗教帝國。在長期融合了祆教、猶太教、聶斯脫里教派和許多本土信仰的阿拉伯，先知穆罕默德於西元六一〇年麥加的天啟激勵了各地的阿拉伯人。六三二年穆罕默德逝世後，穆斯林部落統一於正統哈里發（Rashidun Caliphate）下，征服了埃及和北非各地，並打敗東方的薩珊王朝和波斯人。不過，這次早期的伊斯蘭統一因為繼承的爭議而瓦解，導致統治的伍麥亞王朝（Umayyad Caliphate）內部遜尼派和什葉派分裂。到了第八世紀初期，伊斯蘭已擴張到歐洲的伊比利半島和印度的前緣。

伍麥亞王朝的繼承者阿拔斯帝國改變了費爾干納盆地（Ferghana valley；在今日的烏茲別克）強大突厥部落的信仰，並與他們（以及統治塔里木盆地、喜馬拉雅山、孟加拉和雲南等廣大領土的強大吐蕃帝國）結盟，在西元七五一年，於今日吉爾吉斯靠近天山山脈的歷史性怛羅斯戰役中，共同打敗唐朝的軍隊（統率的將領之一是高句麗人高仙芝）。雖然對唐朝的戰事得勝，阿拔斯帝國在七五五年協助唐朝，平定由粟特人與突厥人混血的阿拔斯將領安祿山發動的叛亂。

在阿拉伯—突厥—吐蕃聯軍把中國軍團趕出中亞的同時，它（和遊牧民族維吾爾人）的軍隊和商人把中國複雜的造紙知識帶往西方。阿拔斯帝國的第二代哈里發曼蘇爾（Al-Mansur）在底格里斯河畔建立新首都巴格達（就在前薩珊王朝首都泰西封〔Ctesiphon〕北方）。後來的哈里發哈倫．拉希德（Harun al-Rashid；西元七八六到八〇九年）興建一座智慧宮，聚集像波斯數學家兼天文學家花拉子米（Muhammad al-Khwarizmi），和景教基督教博學者伊斯哈格（Hunayn ibn Ishaq）等學者；花拉子米首創代數和印度數字的研究，伊斯哈格則把超過一百本希臘哲學家柏拉圖和亞里斯多德的著作翻譯成敘利亞文和阿拉伯文。尊貴的數學家兼天文學家比魯尼（Al-Biruni）運用這些豐富的翻譯知識，站在旁遮普山丘的南達納堡壘上，計算地球在西元九九七年的圓周。這位哈里發對這個地區的貢獻涵蓋了宗教、思想和經濟各面向。

儘管唐朝在怛羅斯戰役挫敗，中國經歷了一個全球文化的大覺醒。在唐朝之前，短暫的隋朝設法統一了北方和南方的政權，並修建連接首都長安和北京與杭州等東方城市的大運河，以加速軍隊和糧食的運送。隋朝也將少數民族加以漢化，並把佛教提升為國教。然後唐朝繼續歡迎馬來亞、阿拉伯和波斯的商人，甚至邀請他們定居在中國城市的永久社區。這類移民佔廣州二十萬居民約三分之二，廣州的懷聖寺是中國的第一座清真寺。唐朝的商船反映出這種多樣性，船員的組成包括基督徒、帕西人、穆斯林和猶太人。唐朝的船隻穿過爪哇海和麻六甲海峽，載運成千上萬瓷碗和其他物品，以交換印度的布料和阿拔斯帝國的玻璃製品。

在當時，唐帝國估計有六千萬人口，佔世界人口的四分之一，且其城市規模大於任何歐洲或印度城市。唐朝運用這種力量積極擴張到北方的滿洲、西方的西藏，和南方的安南（越南）。到第八世紀，近一百個亞洲民族向唐朝皇帝進貢。唐朝的影響力也在朝鮮和日本達到最高點，日本佛教教派的勢力在第八世紀末逐漸與王室匹敵。日本的兩大佛教中心奈良和京都都依照長安的規制興建。唐朝晚期的內部傾軋帶來戲劇化的結果，包括越南和朝鮮的獨立。它也在中亞留下一個權力真空，並被遊牧民族突厥填補。突厥族如塞爾柱帝國控制了從中國邊界到整個波斯的地區。塞爾柱人在一〇五一年消滅阿拔斯帝國，並於一〇七一年在馬拉茲吉爾特（Manzikert）打敗拜占庭人，把它的波斯—突厥綜合帝國推進到安那托利亞。由突厥父親和波斯母親撫養的阿拔斯蘇丹馬哈茂德（Mahmud of Ghazni），體現了這種遜尼派伊斯蘭與塞爾柱戰士精神的融合，對興都斯坦展開狂熱的聖戰運動。德里蘇丹國的崛起更一舉消滅了佛教，轉向發展在文學、音樂和建築上融合印度—伊斯蘭的文化。

當塞爾柱入侵者劫掠北印度的各個印度教王國時，南印度正在歷來統治期間最長的朱羅王朝（Chola dynasty）治理下欣欣向榮。第九世紀時朱羅王朝以一個航海帝國達到勢力的最頂峰，曾入侵斯里蘭卡、馬爾地夫、孟加拉和東南亞，將印度教和佛教文化散播到高棉的領土和爪哇。一〇二五年朱羅王朝完成決定性的征服室利佛逝，成為印度洋航海網絡的主宰，並以商業公會和寺廟銀行來融資往來葉門和西非的恢宏商業航行。

中國的宋朝在第十世紀重新恢復中央化的掌控後，再度加入蓬勃發展印度—太平洋貿易，並分享其航海羅盤的發現和建造船艦的技術。德里蘇丹國的向東擴張和一二〇〇年征服孟加拉，把伊斯蘭教散播到麻六甲、蘇門答臘和爪哇各地。這些穆斯林的航海能力到了宋朝末期，造就出許多支配中國進出口業的貿易商。

雖然宋朝從未達到唐朝的鼎盛，它仍藉由擁抱資本主義文化和運用紙幣而日益繁榮。的確，宋朝是第一個商業化「納貢制度」的中國王朝，這套制度專注在創造與次級國家貿易的利得，而不對平民百姓課徵重稅。在此同時，蒲甘王國統一了緬甸中部與沿海和馬來半島，強化了連結孟加拉灣經由雲南到中國的陸路貿易路線。朱羅王朝、宋朝和室利佛逝都致力於競逐控制麻六甲海峽等戰略航海通道，但也擴大它們對外貿易和國內經濟間的連結。

同一時期，歐亞大陸的另一邊，歐洲在羅馬帝國滅亡後已陷於停滯數百年。十一世紀時，教皇尋求與拜占庭和解以擊退進犯的突厥人，和收復巴勒斯坦的聖地。但到了一二〇四年，西方基督徒十字軍反而劫掠君士坦丁堡，進一步分裂了基督教世界，並使塞爾柱的魯姆蘇丹國得以擴張勢力。神祕主義學者兼詩人魯米（Rumi）在這種突厥—波斯文化薰陶下成長，他的文學作品宣揚個人對上帝的愛，並崇尚音樂和舞蹈，將其作為通達精神統一的方法。在中亞，塞爾柱帝國面對遊牧突厥部落聯盟喀喇汗國的頑強抵抗，後者先是堅守喀什到撒馬爾罕，然後分裂成數個變成塞爾柱諸侯的汗國。突厥語和伊斯蘭文化在布哈拉的伊斯蘭學校被發揚光大。

不過，塞爾柱的汗國和較小的突厥雛形國家，無法抵擋蒙古強悍的軍隊。年輕的戰士鐵木真在一二〇六年統一亞洲東北方的各部落後，自封為成吉思汗，意即「宇宙統治者」，並領導對歐亞大陸各地的野蠻攻擊。到一二二七年去世時，成吉思汗已統治歷史上最大的帝國，疆域從東海（也稱為日本海）跨越到裏海。他的兒子和孫子持續征討歐亞，在一二四〇年橫掃俄羅斯並洗劫基輔，一二四一年圍攻匈牙利，並攻抵維也納城門。一二五八年，蒙古人劫掠巴格達。一二七六年，宋朝向成吉思汗的孫子忽必烈投降。十年後，整個中國、以及戈壁沙漠和北方的西伯利亞都被納入蒙古元朝的掌控，由忽必烈從上都和後來遷移的大都（北京）統治。

儘管窮凶極惡，蒙古帝國的包容性卻出人意料：四個主要汗國中的三個有大量穆斯林人口，元朝則以佛教為國教。蒙古人也擅長兼容並蓄多樣的文化，並與主要家族異族通婚。他們聚集數十萬阿拉伯人、波斯人和突厥人，送他們到中國當行政官，稀釋中國儒家官僚的影響力。波斯醫師拉施德丁（Rashid al-Din）曾在成吉思汗孫子旭烈兀的宮庭任事，他寫了三冊匯編以記述這段蒙古、波斯和其他文化融合的歷史。

蒙古人在歐亞大陸遼闊的地區提供可靠的安全，進而促進絲路沿線許多文明間興盛的貿易。遠自歐洲的商隊——包括十三世紀末期的威尼斯旅行家馬可波羅——把商品和遊客帶進忽必烈的宮廷。不過，蒙古人促進的快速連結也造成一場起源於中亞的大瘟疫迅速散播。到了十四世紀中葉，約三分之一的波斯人口已經病死；再往西歐洲的半數人口也死去。那場瘟疫削減了絲路貿易，並加速蒙古影響力的式微。

突厥族奧圖曼人因此得以在十四世紀收復美索不達米亞，並且征服巴爾幹半島、阿拉伯和北非大部分地區。奧斯曼一世在打敗拜占庭軍隊後，把拜占庭從說希臘語的基督教地區改造成說突厥語的穆斯林地區，卻保留了基督徒和猶太社群的自治權。但一個強大的對手很快崛起。自稱成吉思汗後代的帖木兒帶領他的軍隊，重建一個廣大的波斯化蒙古穆斯林王朝，涵蓋中亞和印度西北部。戰場火炮如加農炮和步槍的普及，刺激了亞洲帝國間的軍備競賽。

帖木兒的後代往南遷移到印度。從十五世紀初期，成吉思汗和帖木兒的後代巴布爾，為後來許多世代的蒙兀兒（蒙古的波斯語翻譯）統治者奠立了基礎，他們的領土從費爾干納盆地綿延到印度次大陸的大部分。儘管他們有部分突厥血統，蒙兀兒人很快與奧圖曼的蘇丹們交換外交使節。蒙兀兒人初期不如他們的奧圖曼兄弟一般包容異文化，他們摧毀印度教寺廟並迫害非穆斯林。但隨著巴布爾的兒子胡馬雍和孫子阿克巴往北和往南擴張帝國，他們也增加與歐洲人的貿易，建立現代化的宮廷官僚體制，並激進地開放宗教的包容性。阿克巴的兒子賈漢吉爾平定無數次叛亂，在十七世紀初期鞏固了帝國，而他的孫子沙賈汗則以伊斯蘭的偉大建築如泰姬瑪哈陵，提升了蒙兀兒的豐饒。

在印度的蒙兀兒時代，伊斯法罕的什葉派穆斯林薩法維王朝——他們的祖先包含突厥、庫德和亞塞拜然血統——從無數競爭的王朝中崛起，變成第一個從薩珊王朝以來統一波斯地區的本土強權，控制了東安那托利亞、高加索和西突厥斯坦。薩法維王朝促進了連接歐洲到印度的北—南貿易路線。估計有二萬名印度貿易商在薩法維王朝各地居住和工作，蒙兀兒商人在沙馬基和巴庫等主要貿易中心建立了數十個驛站，他們在這些貿易中心蒐集皮毛、銅和魚子醬，並經由阿富汗帶回印度，或藉由商船從阿巴斯港運至蘇拉特。

在中亞和南亞的帖木兒和蒙兀兒時期，中國內部的叛亂搖撼了蒙古的掌控，到一三六八年，明朝控制了長江流域並自稱為大唐的繼承者。不過，與宋朝的資本主義和蒙古的開放成鮮明對照，明太祖洪武帝限制民間對外貿易，並設置高度國家主義的貿易體制，以對西藏和朝鮮等鄰國投射其國力，使這些國家變成明朝的諸侯國，並接受文化上的中國化。對照之下，日本與中國保持距離，其皇家軍隊鎌倉幕府（曾擊退無數次蒙古海軍的入侵）和繼承者足利氏都未曾屈服於洪武帝。只有到十五世紀，日本才與明朝透過一連串外交和貿易使命重建關係。

洪武帝的第四個兒子明成祖，藉由保護維吾爾人免於帖木兒王朝侵略、併吞安南（一如唐朝的作法），以及與西藏的噶瑪巴建立關係而繼續擴張明帝國。在帖木兒死後，明成祖與波斯重修友好關係。明朝中國是世界最大出口國，從珠江的廣州港口、長江的上海與南京港口從事貿易，這些在當時有五十萬居民的地方可能是世界上最大的城市。為了展現中國令人讚嘆的財富，明成祖命令中國穆斯林將軍鄭和進行大規模航海探險，與呂宋和蘇祿（今日的菲律賓）、汶萊和蘇門答臘建立關係，並橫越印度洋到東非。在國內，明成祖重修大運河，興建紫禁城（在今日的北京），設置嚴格的儒學考試制度，並編製中國文化和歷史的完備辭典。明朝在明成祖治理下，為武器和造船樹立了全球的標竿，到一四二〇年代，明成祖專注於抵抗北方邊疆的蒙古人和突厥族韃靼人，使中國轉而向內發展農耕，並限制外國使用南方的港口。

明朝轉向內部的重大影響之一是，大量中國人移民到東南亞的王國，與當地女人通婚，融入萬丹蘇丹國（爪哇）、馬尼拉、暹羅的阿瑜陀耶、會安（位於越南）和金邊（高棉）的社會。在暹羅，中國移民往往改變他們的姓氏以更融入當地，暹羅國王拉瑪一世本人則有部分華裔血統。其結果是，從馬來半島到湄公河流域及跨海到呂宋的十五世紀東南亞，是一片混合各種族裔的區域。那裡也兼容並蓄各種宗教信仰，其中伊斯蘭教繼續從蘇門答臘往東傳播到爪哇，往北則到麻六甲，當地國王拜里米蘇拉在一四一四年皈依伊斯蘭教，並把自己的名字改為依斯甘達沙（Iskander Shah）。雖然基督教已在南印度王國喀拉拉吸引眾多信徒，來自葡萄牙和西班牙的傳教士和探險家仍大大加速了它的發展。

亞洲和西方帝國

奧圖曼人在一四五三年劫掠君士坦丁堡，征服了基督教拜占庭，當時的大多數歐洲國家則陷於內戰。為了尋找通往富裕亞洲市場更安全的路線，歐洲航海中心嘗試多條長距離的航線，希望抵達摩鹿加群島以購買肉豆蔻和丁香。到十五世紀末，義大利探險家哥倫布冒險橫渡大西洋，但抵達的不是他預期的亞洲，而是加勒比群島。幾年後葡萄牙探險家達伽瑪（Vasco da Gama）繞過好望角，與卡利卡特（Calicut）和古吉拉特（Gujarat）建立貿易和轉口的關係。一五二一年，葡萄牙探險家麥哲倫（Ferdinand Magellan）在麻六甲人翻譯員恩里克協助下，繞過南美洲頂端，並利用太平洋的季風登陸宿霧王國附近的無人島。這三個航海通道共同削弱了歐亞大陸突厥—阿拉伯—波斯絲路的重要性。到一五八〇年代，葡萄牙人遭遇並擊敗了印度洋上的奧圖曼艦隊，鞏固了歐洲人從蒙巴薩到瓜達爾的地位，以及葡萄牙人在果亞及遠至澳門的橋頭堡。

在明朝撤退其印度洋艦隊的情況下，歐洲人利用最新的造船和武器技術，於歐洲、非洲、美洲和亞洲推進貿易。當他們與日本南部琉球王國興盛的貿易網合作後，更建立了政治和宗教控制的強大灘頭堡。隨著伊比利亞人深入區域各地（荷蘭人和英國人很快尾隨而至），他們的商人把印度—穆斯林商人趕出麻六甲的根據地，開始在各地傳揚基督教，並在一五五七年向中國租借澳門。一五七一年，西班牙人殖民馬尼拉，使它成為跨太平洋的中心，以大帆船將自阿卡普爾科

（Acapulco）運來的白銀購買明朝商品，並運回歐洲[4]。當西班牙和日本減少對中國出口白銀時，明朝對白銀無饜胃納變成一大弱點，造成龐大的貨幣和貿易失衡。在中國衰弱的情況下，一五九〇年統一日本的將軍豐臣秀吉侵略韓國和中國，韓國的抵抗和明朝的韌性阻止了他的企圖。豐臣秀吉死後，江戶幕府崛起掌控大權，因為忌諱歐洲人傳教而從一六四〇年後採取鎖國政策。

到了一六四四年，明朝已經衰亡，由滿洲清朝取而代之，並平定遊牧戰士塞爾柱人和蒙古人（兩個民族都與他們有文化上的關聯），重新將分離的佛教遊牧民族和大草原的北疆穆斯林整併為新疆省。在皇太極的統治下，清朝兩度入侵朝鮮，且由中國親王求娶朝鮮公主。繼任的清朝皇帝康熙、雍正和乾隆皇帝維持了繁榮和安全，使中國成為十八世紀世界最富裕的帝國。

擺脫蒙古宰制的莫斯科大公國得以追求更擴張性的發展。在整個十六世紀，俄羅斯沙皇國向東攻佔苔原和平原，每年領土增加約一萬四千平方哩，掃蕩西伯利亞汗國以鞏固被據為領土的額爾齊斯河西岸，並且渡過勒拿河，直達太平洋沿岸。俄羅斯的商人和軍隊往南推進到黑龍江，第一次與清朝衝突，但雙方簽訂尼布楚條約，同意以黑龍江為界，而貝加爾湖以東所有土地歸於俄羅斯，以及劃定通往北京的貿易路線。俄羅斯東部和南部側翼的穩定，為彼得大帝從一六八二到一七二一年的四十年統治奠立根基，使他得以擴張進入斯堪地那維亞，並為控制黑海與奧圖曼打一連串戰爭。在後續的一世紀，俄羅斯也從波斯的卡扎爾王朝奪下整個高加索地區的控制權。

在此同時，清朝無法維繫其繁榮富裕，人口快速成長、財政壓力和貪腐使清朝瀕臨解體邊緣。

當亞洲最大的帝國和官僚勢力抗拒改變時，較小的歐洲國家以策略超越它而達成全球稱霸。從十七世紀末到整個十八世紀，荷蘭人取代了從荷姆茲到麻六甲的葡萄牙人；到一八〇〇年，更進一步把他們在巴達維亞、爪哇、蘇門答臘和摩鹿加各地的企業殖民地國有化，包括奪取在加里曼丹向清朝進貢的蘭芳國。歐洲人在東南亞經濟體的擴張，依賴中國人和印度人僑民長期建立的信用網絡，使歐洲企業得以與各地的亞洲市場連結。到了十九世紀，法國人已殖民越南、寮國和柬埔寨，並將它們合併為法屬印度支那。暹羅的拉瑪國王與其繼承者，藉由靈巧地平衡西方列強的利益得以維持王國的獨立。儘管如此，在十九世紀，歐洲強權已從殖民入侵者轉變成全球帝國。

歐洲人的征服得以持久，緣於大英帝國率先發展一系列工業技術，包括船艦的蒸汽動力、火車頭和工廠。隨著英國累積大量的棉布等成品，它開始尋求以非洲和亞洲為市場。在初期與印度西岸的蒙兀兒王侯發生遭遇戰後，英國東印度公司在孟加拉加爾各答的恆河口建立一個要塞，並透過它在更廣大的印度各地區擴張其營收站和治理機能。一七八四年，英國皇室控制了東印度公司，開啟一段直接統治從旁遮普到東南亞這片廣大次大陸的時期，涵蓋緬甸、馬來亞和新加坡港。在十九世紀的「英屬印度」統治期，印度是管理蘇伊士運河以東所有英屬亞洲殖民地的中心。在印度本身，英國興建一個國有鐵路網，並建立大學和現代行政官僚制度等機構。在此同時，英國奴役數百萬印度人，造成數千萬人死於饑饉，打擊當地產業，並煽動印度教徒和穆斯林間的分裂。

殖民主義也攪擾亞洲種族熔爐。英國派遣印度人到緬甸擔任學校教師和土木工程師，大量塔米爾人湧進馬來亞從事橡膠農場工作。數以萬計的印度人被遷移到東非並興建烏干達鐵路。同時期，估計有二千萬名居住在廣東、福建沿海英國租借地和香港的中國人遷移到東南亞，其中有許多人與當地人通婚，加深了東南亞的多種族混雜。

大英帝國對中亞也有宏大的計畫。在牢牢掌控印度和尼泊爾與不丹王國後，英國尋求與布哈拉酋長國直接通商的路線，並希望利用奧圖曼人（英國在一八五〇年代的克里米亞戰爭已與奧圖曼結盟，並阻擋俄羅斯帝國勢力）和波斯人作為防堵俄羅斯人通往印度洋的緩衝。英國人從旁遮普挺進阿富汗時，與錫克人發生遭遇戰，並把卡扎爾人趕出赫拉特。一場盎格魯和俄羅斯代理人對抗的「大博弈」（Great Game）操縱從突厥斯坦到西藏展開，帶來一八九三年兩方勢力簽訂協議，把阿富汗當作緩衝國。但在北方，俄羅斯往東迅速擴建其鐵路線，輕易拿下希瓦（Khiva）的各汗國、浩罕（Khokand）、布哈拉和塔什干。在新疆邊界伊犁河地區與清朝發生衝突後，俄羅斯也鞏固了對突厥斯坦的控制。

英國的擴張主義使清朝的劣勢加劇。為了增加貿易盈餘，英國迫使清朝進口愈來愈多來自印度的鴉片，導致普遍的成癮現象。一八三八年，英國因兩萬箱鴉片遭清朝銷毀而出兵回應，炮艦航行至珠江三角洲並摧毀中國的防禦，重演一八五〇年代的入侵。這些羞辱加速歐洲帝國主義者佔據中國的港口，把上海、天津、寧波、福州、廈門和香港納為自己的領地。中國也深受太平天國等叛亂之苦。在十九世紀末，銳意改革的光緒帝嘗試建立立憲君主政制，但遭遇保守派慈禧太后領導的政變阻礙。民兵義和團也發動激烈的暴動（義和團叛亂）以驅逐外國入侵者，但遭到西方勢力聯盟，包括英、法、德、美等國聯合鎮壓。失敗的叛亂進一步加重清朝賠款的負擔。

在日本，西方勢力來臨引發大不相同的結果。美國人在一八六八年航行進入江戶灣，開啟江戶幕府現代化改革以及大政奉還的紀元。明治把江戶改名為東京，實施中央化管理，興建一條國家鐵道，並實施重大經濟措施以建立造船等工業。隨著日本崛起成為東亞的主要勢力，它尋求效法西方競逐區域貿易的支配權。日本藉由軍事追求自主權，在一八九五年打敗中國，取得滿洲、韓國、台灣和琉球群島的控制權。美國嘗試削弱歐洲在西半球的地位也牽動亞洲的局勢。為解放古巴引發的美西戰爭，美國佔領菲律賓和西班牙在太平洋的島嶼，包括帛琉、關島和馬里亞納群島。

俄羅斯也繼續在遠東擴張主權，迫使日本將滿洲歸還給中國，以便俄羅斯的跨西伯利亞鐵路得以延伸到亞瑟港（大連）。到一九〇五年，日本在對馬海峽海戰取得對俄羅斯的重大勝利，贏回滿洲和獲得庫頁島的南半部，並迫使俄羅斯承認韓國屬於日本的勢力範圍。一九一〇年，日本進一步併吞韓國，韓國政府因而流亡上海，進而逃至重慶。在一九一一年號召革命的民族主義者推翻清朝，終結中國最後一個帝制王朝。孫逸仙被選為新共和國的首任總統，定都於南京，但軍閥勢力仍繼續在中國各地崛起。

日本戰勝俄羅斯激勵亞洲人擺脫對外國侵略者和殖民主義者的恐懼，例如，奧圖曼帝國受到日本打敗北方敵國俄羅斯，以及不靠西方完成現代化的鼓舞。日本哲學家岡倉天心高唱「亞洲一體」

的理念，以東亞人和中國人與穆斯林歷史淵源的表述，成為泛亞主義的主要倡議者。與岡倉天心齊名的印度諾貝爾獎得主泰戈爾（Rabindranath Tagore）周遊日本、韓國到波斯各國，主張回歸亞洲理想和傳統。泰戈爾在中國的東道主是著名的思想家梁啟超，梁啟超感嘆歐洲殖民主義切斷亞洲的歷史連結，讓亞洲人互相爭鬥。民權律師甘地在一九二〇年代，於印度推展對抗英國的非暴力不合作運動，緬甸的翁山（Aung San）也遙遙呼應。

到一九一四年，歐洲帝國與其代理政權間的緊張關係爆發成戰爭。在山東回歸中國的承諾下，中國與協約國（英國、法國、俄羅斯、義大利和美國）結盟。但德國一九一七年戰敗後，協約國在一九一九年的巴黎和會把中國的領土交給日本。受到這項出賣——和俄羅斯列寧在一九一七年的布爾什維克革命中為工人和農人利益推翻沙皇政權——的刺激，中國的民族主義高漲。中國人怪罪自己允許外國強權的侵侮。為了不再重蹈前一世紀的羞辱，中國官員借鏡日本十九世紀快速的工業化，並邀請許多西方學者在二十世紀初考察中國。一九二一年，包括陳獨秀和李大釗等知識分子創立中國共產黨。不過，一九二六年統一中國的人是孫逸仙的國民黨盟友蔣介石將軍，一九二八年他在南京成立政府。同時，俄羅斯革命後的內戰終於結束，新建的蘇聯社會主義帝國著手農業集體化和工業現代化。與中國簽訂協議確保了俄國東方遼闊的西伯利亞側翼。

一九一四到一九一七年的歐洲大戰結束也導致了奧圖曼帝國解體，最後一位奧圖曼蘇丹穆罕默德六世在一九二二年遜位。不到一年後，奧圖曼軍事將領兼改革家凱末爾（Mustafa Kemal

Atatürk）建立新土耳其共和國，並以安卡拉為首都。賽克斯—皮科協定瓜分東奧圖曼帝國，使敘利亞和黎巴嫩被劃入法國勢力範圍，巴勒斯坦和伊拉克劃入英國勢力範圍，其中伊拉克在一九三二年獨立，民族主義者蓋拉尼（Rashid Ali al-Gaylani）出任首相。沙烏地阿拉伯兼併奧圖曼在阿拉伯半島的領土，但科威特、巴林和卡達等英國保護的小國除外。

昏睡且內鬥的波斯人，也在奧圖曼崩潰後重新振作起來。一九二五年，李查汗被正式任命為伊朗新君主，並自封為巴勒維王朝國王。他進行基礎設施和學校的大規模現代化計畫，並宣告伊朗（該國波斯語的名稱）中立於歐洲日益對立的聯盟，雖然他仍加強與在該地區沒有殖民歷史的德國貿易，並取消盎格魯—伊朗石油公司的獨家特許權，因為伊朗只從該特許權獲得極少獲利。德國獨裁者希特勒尋求擴張以作為德國的殖民地（生存空間），並違背與蘇聯瓜分東歐的祕密協定，反而在一九四一年入侵蘇聯。英國擔心德國可能征服蘇聯，進一步控制伊朗的煉油場，因而與蘇聯策劃聯合軍事行動以打通一條美國補給品運往蘇聯的走廊。英國從印度徵召數萬名軍隊，而蘇聯則動員中亞的棉花和坦克生產，以擊敗伊朗軍隊和壓制納粹。

在一九三〇年代初，與德國建立反共產聯盟的日本，利用中國共產黨和國民黨不斷衝突的機會，再度入侵滿洲。藉由過去以泛亞主義號召區域團結的相同語言，日本炮製帝國版的「大東亞共榮圈」。當同盟國（大英國協、法國和美國）專注於在歐洲和伊朗應付納粹時，日本對亞太地區的同盟國利益展開無情攻擊，首先是一九四一年空襲夏威夷珍珠港和關島，然後日本陸軍橫掃法國印度支那、緬甸、馬來亞和新加坡，光是俘擄和囚禁在新加坡的英國、澳洲和印度士兵就有八萬人。英國首相邱吉爾哀悼新加坡在一九四二年初淪陷，是英國歷史上「最大規模的投降」，日本征服亞洲終結了歐洲帝國在亞洲的統治。

在歐洲和亞洲的戰事造成同樣的破壞。日本掠奪中國造成超過一千四百萬人死亡，逾一億人流離失所，數十萬名中國人和韓國人遭到奴役。一九四二到一九四五年的美國經濟禁運和海軍攻擊，使日本在太平洋各島嶼遭到重挫。盟軍在解放緬甸的同時，也支援中國的抗戰和韓國的解放軍，收復了中國華南和朝鮮半島。蘇聯也加入太平洋戰爭，在滿洲擊潰日本軍隊。一九四五年八月，美軍在日本城市廣島和長崎投擲兩顆原子彈，不久後日本宣告投降。

冷戰時期的亞洲

日本戰敗，加上歐洲帝國耗盡國力，在東亞製造一個很快被美國填滿的權力真空。以盟軍統治為名，由麥克阿瑟將軍指揮的美國，在日本實施新民主憲法，禁止日本攻擊性軍備的重整。美軍在日本的佔領直到一九五〇年才結束。為了阻止美國在東亞擴張勢力，蘇聯軍隊大舉進入滿洲，並進逼剛從日本解放、且南方由美國佔領的朝鮮半島。雖然美國和蘇聯透過新建立的聯合國協商託管韓國五年，但在北方受蘇聯影響的朝鮮民主主義人民共和國（北韓）和南方的大韓民國（南韓），都因剛獨立而動盪不安。當共產黨軍隊往南越過北緯三十八度線時，麥克阿瑟的軍隊展開反擊，引爆一場中國也捲入的全面戰爭。

中國的內戰在日本投降後爆發，一九四九年，由毛澤東率領紀律嚴明的共軍戰勝蔣介石的國民黨軍隊，國民黨從大陸撤退到已由日本佔領並歸還中國的台灣，延續了中華民國政權。一九五〇年，中國軍隊渡過鴨綠江救援北韓。一九五一年，中國共產黨將西藏納入統治。到一九五五年，毛澤東的軍隊攻擊並佔領台灣控制的一江山島和大陳島，但因美國第七艦隊巡航且揚言以核武報復中國的進一步進犯，方才停止。

毛澤東在中國的勝利，促使許多美國議員呼籲杜魯門總統採取「亞洲優先」策略，以防堵共產黨在東亞的進展。美國致力於增加更多在日本和南韓的駐軍，並繼續部署海軍以阻止中國大陸侵犯台灣，且在一九五一年與澳洲和紐西蘭簽訂太平洋安全保障條約（ANZUS）。美國的軸與輻（hub-and-spoke）聯盟系統變成亞洲秩序的支架。

美國軍隊也大舉進入東南亞。在越南，美國祕密提供支持民族主義者胡志明的軍隊從越南北方驅逐日本人。從一九四五年宣告脫離法國獨立起，胡志明一直希望獲得美國繼續支持，但美國反而協助南方的殖民軍隊，後者尋求維持印度支那聯邦。到一九五四年，法國被迫撤出南越，並允許寮國和柬埔寨獨立。美軍進駐越南以支援吳廷琰的南越政府對抗北越共產黨，而越共的游擊隊則獲得蘇聯和中國的支持。

在其他亞洲國家，獨立也付出高昂的代價。二次大戰後不久於一九四七年獨立的印度，根據宗教（印度教和穆斯林）分裂成印度和巴基斯坦，分別由尼赫魯（Jawaharlal Nehru）和真納（Muhammad Ali Jinnah）領導。近一千五百萬人民遷移到各自所屬的兩個新國家，估計有一百萬人在途中死亡。緬甸和錫蘭跟著在一九四八年獨立。但邊界依然動盪：印度和巴基斯坦為穆斯林佔多數的喀什米爾爆發衝突，雖然喀什米爾已讓給印度。在印尼，反殖民主義領袖蘇卡諾在日本投降後立即宣告脫離荷蘭獨立，但必須持續奮戰多年直到在一九四九年贏得完全獨立。馬來亞半島、北婆羅洲和新加坡島在一九六三年獲准獨立為馬來西亞，但在華人佔多數的新加坡港，華人與馬來人的種族和經濟緊張升高，促使馬來西亞國會一九六五年把新加坡逐出聯邦。整體來說，不管解放或分裂，獨立為亞洲人帶來勝利時刻，雖然獨立意味建立嚴格劃分邊界和互相競爭的新國家。

美國、蘇聯和中國集團透過亞洲各地無數次冷戰時期的代理人戰爭競逐影響力。美國支持反共黨獨裁政權如印尼的蘇卡諾，並協助鎮壓菲律賓的菲共。美國也領導在一九五四年簽訂區域主要安全協定東南亞條約組織（SEATO）——亞洲版的北大西洋公約組織——納入不同的區域國家如澳洲、巴基斯坦、菲律賓和泰國。超級強權的干預也鼓勵東南亞各地的獨裁政權。在緬甸，吳努總理鎮壓共黨叛亂失敗，導致一九五八年成立軍事看守政府；到一九六二年，尼溫將軍領導的政變建立正式的軍事政府。同樣的，在泰國，短暫的民主實驗繼之以一連串軍事獨裁與備受尊敬的蒲美蓬國王共存。在菲律賓，馬可仕一九六五年上任，很快地以共黨叛亂導致暴亂為名宣布國內實施戒嚴法。美國支持印尼、泰國和菲律賓這些反共黨的軍事政權，這三個國家加上馬來西亞和新加坡，在一九六七年成立反共黨的東南亞國協（ＡＳＥＡＮ）。

在西南亞，英國和法國的領地——約旦、敘利亞和黎巴嫩——到一九四〇年獲得（或者重獲）獨立。一九四五年阿拉伯聯盟成立，為泛阿拉伯民族主義發聲。阿拉伯的利益與離散的猶太人領導的猶太復國運動衝突，後者主張耶路撒冷和巴勒斯坦是他們的家園。儘管聯合國的委員會建議在巴勒斯坦創立分隔的猶太人和阿拉伯人國家，一九四八年英國託管到期引發了巴勒斯坦內戰，並且該區域的阿拉伯人對新立國的以色列宣戰。以色列擊退阿拉伯軍隊，並奪取失敗的分隔計畫原本劃歸阿拉伯人的許多土地。來自阿拉伯和鄰近阿拉伯國家的猶太人大量湧入，強化了以色列的力量，同時有超過一百萬巴勒斯坦阿拉伯人變成難民。

美國也在西南亞變成一個更加侵略性的強權，特別是在該區域的石油財富擴增之際。在英蘇入侵伊朗後，大英國協和蘇聯瓜分並佔領該國，罷黜李查汗並扶持他兒子穆罕默德—李查．巴勒維（Mohammad Reza Pahlavi），直到一九四六年才撤兵。隨後蘇聯在北伊朗支持大不利茲（Tabriz）的分離主義阿澤裡國和獨立的庫德共和國（兩個國家都維持不久），並創立伊朗的共產黨杜德黨。美國也參與其中。一九五三年美國和英國的情報機構資助一場政變，推翻把伊朗石油業收歸國有的總理摩薩台（Mohammad Mossadegh），並恢復穆罕默德—李查．巴勒維的權力。競爭的勢力在整個區域全面展開。美國保護以色列，並確保自己在伊朗和沙烏地阿拉伯的能源利益，蘇聯尋求與阿拉伯世界友好，聯合反以色列的國家如埃及、敘利亞和伊拉克（伊拉克君主政權在一九五八年被推翻）。

許多亞洲的強權拒絕成為冷戰的爪牙。中國不接受在共產集團中臣屬蘇聯的地位，在毛澤東統治下堅持獨立的農業社會主義，超過四千萬人死於一九五〇年代末的「大躍進」運動。毛澤東也高舉對抗帝國主義和資本主義的大旗，與蘇聯競爭勢力。南韓李承晚和北韓金日成也為各自的利益操弄強權政治，分別依附美國和中國以強化他們各自國家現代化的目標。在尼赫魯治理下，印度積極與印尼、南斯拉夫、埃及和其他國家推動不結盟運動，尋求不在美國和蘇聯對峙中選邊站而能達成集體安全。

印度的不結盟地位，有助於讓美國和蘇聯大體上不介入南亞，同時印度也與其最大石油供應國伊拉克結盟；但因為西藏精神領袖達賴喇嘛逃到印度而與中國關係緊張、並在一九五九年獲得庇護而升高。後續的邊界爭議在一九六二的雙戰線戰爭達到高點，中國藉以鞏固對連接西藏與新疆的戰略要地阿克賽欽的事實控制。印度與巴基斯坦的喀什米爾爭議持續不斷，一九六五年的戰爭演變成聯合國調停的僵局，戰後印度開始傾向蘇聯，而巴基斯坦則獲得中國更多援助。一九七一年，印度支援孟加拉的民族主義勢力，使東巴基斯坦獨立成為孟加拉國。

在東北亞趨於穩定下，經濟現代化變成擴大地緣政治影響力的路徑，特別是對日本而言。日本的經濟產業省等政府機構和產業團體（經連會）結合，促成電子業和機車業的起飛，推動日本經濟從一九五八到一九六五年以平均每年一〇%的速度成長。到一九七〇年代中期，距戰敗投降僅短短三十年，日本已崛起成為世界第二大經濟體。「亞洲四小龍」中的南韓、台灣、新加坡分別在朴正熙、蔣介石和李光耀領導下，和英國統治的香港都經歷了快速經濟成長，它們追隨日本的國家指導式資本主義，專注於出口導向的成長，並歡迎外來投資。

但亞洲人口最多的兩個國家仍停滯不前，甚至倒退。印度陷於準社會主義的停滯，主要原因是政府在一九五〇年代推行國有化，加強管制私人企業，並提高關稅以阻礙貿易。中國也繼續採取激進的共產主義實驗，特別是毛澤東在一九六〇年代末到一九七〇年代中期推動長達十年的「文化大革命」，他嘗試藉由摧毀歷史文物和消滅知識階級，以革除中國的舊觀念、習俗和文化。

一九七〇年代，大規模的區域地緣政治整合出現。一九六九年，毛澤東統治下的中國（已在一九六四年成為核子強權）和赫魯雪夫領導的蘇聯，在新疆邊界和蘇聯塔吉克共和國爆發衝突，但蘇聯總理柯西金（Alexei Kosygin）和中國總理周恩來透過談判避免了衝突升高。中國開始重新思考對美國的敵意，並透過與尼克森政府的祕密協商掃除了尼克森總統一九七二年訪問中國的障礙。雖然美國希望利用與中國的直接關係抑制北越，卻仍在一九七三年的挫敗後被迫從越南撤軍；北越則於一九七五年攻陷西貢後統一全國，並將西貢改名為胡志明市。同年，波布的革命軍攻克金邊並接管柬埔寨，在剛宣告創立的民主柬埔寨建立了共產黨赤棉政權。波布推行的經濟封鎖和社會均一導致普遍的饑饉和集體屠殺，直到越南在一九七九年推翻赤棉政權。一九七九年，越南和中國爆發短暫的邊界戰爭，但中國在蘇聯承諾將不協助越南後撤軍。

從一九七八年起，毛澤東的繼承人鄧小平追求混合式社會主義，以把握全球經濟的機會。他取消集體化農業，容許開設私人企業，並仿效「小龍」經濟體前十年的作法，開放外來貿易和投資。一九八〇年五月，珠江三角洲的深圳成為中國第一個經濟特區，以免稅和寬鬆的法規吸引外國資本。深圳很快達成一年三〇%的成長率，並從一個人口三萬人的小村落膨脹成一千萬人的繁忙城市。鄧小平在造就中國成為外來投資首選的開發中國家之際，也與日本簽訂劃時代的中日和平友好條約，並改變與美國和蘇聯的關係。

在冷戰凍結西方與蘇聯的關係時，土耳其加入歐洲理事會（一九四九年）和北大西洋公約組織（一九五二年），後來又申請成為歐洲經濟共同體（EEC）非正式和正式成員國，並從一九五九年開始進入審核程序。在西亞其他地方，動亂情勢升高：一九六〇年代末期和一九七〇年代初期，埃及和以色列為西奈半島爆發戰爭，敘利亞領導的阿拉伯聯軍也與以色列為戈蘭高地開戰。在一九七三年的以阿戰爭中，沙烏地阿拉伯領導的石油卡特爾阿拉伯石油輸出國組織（OAPEC；日後的石油輸出國組織〔OPEC〕）對主要西方國家實施禁運，引發全球經濟震撼。波斯灣國家利用激增的石油收入展開基礎設施現代化，來自南亞的數百萬名勞工和白領工人也投入這波建設。從一九七〇年代中期到一九八〇年代中期，一百萬名韓國人前往波斯灣國家，協助完成這些巨大的工程計畫。

其他動亂也搖撼了阿拉伯和伊斯蘭領土。一九七九年初，二千多年的波斯君主傳統隨著何梅尼（Ayatollah Khomeini）推翻伊朗巴勒維王朝、宣告創立伊斯蘭共和國而終結。同年稍晚，遜尼派極端主義者劫持麥加禁寺的十萬名朝拜者。沙烏地阿拉伯和伊朗分別開始對外擴張各自的伊斯蘭信仰，特別是在巴基斯坦。一九七九年十二月，蘇聯趁著阿富汗的政治動亂入侵巴基斯坦，並扶持親蘇政府，刺激由美國支持的穆斯林國家激烈抗拒。一九八〇年，因為擔心伊朗革命可能激勵伊拉克國內什葉派多數族群，伊拉克獨裁者海珊（Saddam Hussein）入侵伊朗，引發一場長達十年的戰爭。在戰爭中，遜尼派阿拉伯國家支持伊拉克，伊朗則在區域的其他地方支持什葉派運動，例如扶持黎巴嫩政黨真主黨。在伊拉克把國力投入戰爭，而伊朗忙著鞏固孤立的革命政權之際，沙烏地阿拉伯崛起成為世界最大石油生產國和區域安全的支柱，並在一九八一年聯合波斯灣其他產油君主國成立波斯灣合作理事會（GCC），以創造單一市場、統一軍事力量和使用共同貨幣為目標。一九八五年，伊朗、土耳其和巴基斯坦成立經濟合作組織，以加強跨境貿易和投資。

到一九八五年，阿富汗戰爭的消耗和國內的經濟困頓，迫使戈巴契夫（Mikhail Gorbachev）領導的蘇聯展開全面改革計畫，朝向更開放的政治、經濟和社會（改革重組和開放），與美國和解，並放棄過度干預東歐共產國家的政策。在波蘭、捷克斯洛伐克和其他蘇聯附庸國，草根革命蔓延和壯大。一九九一年，蘇聯本身分裂成十五個獨立共和國。冷戰終於結束，並激起有利於亞洲重返全球秩序中心地位的地緣政治與意識形態重整。

亞洲的再覺醒

隨著冷戰結束，西亞搶走歐洲鋒頭，成為世界焦點。一九八八年伊朗和伊拉克停火後，伊朗因為戰火、經濟孤立和最高領導人何梅尼去世而衰弱。伊拉克藉由侵略其南方富藏原油的盟國科威特來重建國力。美國在幾個月內派遣二十萬名軍隊防衛沙烏地阿拉伯，作為解放科威特和大規模海珊軍隊的根據地。美軍在該地區建立軍事優勢後，美國對伊拉克和伊朗採取「雙重圍堵」政策。儘管美國長期努力尋找巴勒斯坦問題的外交解決方案，以色列與阿拉伯多數人口的關係持續惡化。一九八七年，一場反抗以色列佔領的巴勒斯坦起義爆發，由巴勒斯坦解放組織（PLO）、泛阿拉伯穆斯林兄弟會和稱為哈瑪斯（Hamas）的新伊斯蘭教派領導。這場起義到五年後簽訂奧斯陸協議才平息，該協議制訂了巴勒斯坦人在被佔領的西岸（和加薩走廊）自治的原則。

一九九〇和一九九一年，蘇聯崩潰帶來許多新國家的獨立。高加索地區的喬治亞、亞美尼亞和亞塞拜然，以及中亞的哈薩克、烏茲別克、吉爾吉斯、塔吉克和土庫曼，都由其蘇聯時代的共黨領導人繼續統治。但失去蘇聯的經濟支援後，重組的獨立國協（CIS）很快陷入亞美尼亞和亞塞拜然間的衝突，以及塔吉克的內戰。阿富汗伊斯蘭聖戰者三年前戰勝蘇聯軍隊，使得附近的前蘇聯中亞穆斯林社會成為新民兵團體崛起的溫床，如烏茲別克伊斯蘭運動（IMU）和伊扎布特（Hizbut-Tahrir）。蘇聯崩潰也意味中國與交界的前蘇聯共和國比俄羅斯多。中國與這些突厥鄰國解決懸宕的邊界爭議，並利用其最大省分新疆作為取得哈薩克原料的門戶，也投資從裏海連接到塔里木盆地的新油氣管。為了與新獨立的各共和國建立區域協調機制，中國也在一九九六年成立上海合作組織。土耳其亦加強與它的中亞突厥同胞的關係，但相繼上任的務實主義土耳其總理持續專注於歐洲，在一九九五年帶領土耳其進入歐洲關稅同盟（雖然與希臘的緊張因為賽普勒斯等許多島嶼的爭議而升高）。

東亞的經濟情勢在一九九〇年代的全球化擴張中持續變化。隨著冷戰淡出，南韓與前仇敵中國和越南重建外交關係。中國繼續快速經濟自由化，但維持中央化的政治體制，並體現於一九八九年六月殘酷鎮壓北京天安門廣場的示威者。西方領導人如一九九二年當選的美國總統柯林頓，尋求制裁中國壓制政治自由，但西方的商業利益專注在通達中國廣大的消費者。在此同時，日本經濟因投資資產泡沫爆破而陷於「失落的十年」，為南韓的家族工業集團（財閥）創造出機遇，得以利用政府的稅務優惠和廉價信用，挑戰日本在重工業和電子業的支配地位。

東亞的地緣政治緊張，隨著中國的自信增長而升高。一九九五年，中國擔心台灣總統李登輝的獨立企圖，動員福建省的軍力進行飛彈試射，並在台灣海峽展開兩棲軍演，美國再度派出兩個航母戰鬥群迫使中國退讓。不過，一九九七和一九九九年，中國分別從英國和葡萄牙收回香港和澳門的主權，標記了亞洲的殖民主義正式消失。一九九〇年代中期，中國也在南海積極伸張主權，促使東南亞國協成立東協區域論壇，把中國、美國、俄羅斯、澳洲和其他強權納入同一外交機制之中。東協也在一九九五年擴大納入越南，並在一九九七年再納入寮國和緬甸。儘管區域氣氛緊張，中國與南韓展開對話，而孤立的北韓則喪失蘇聯的保護。不過，儘管承諾維持朝鮮半島的無核武狀態，北韓仍宣布退出核武禁擴條約（NPT）。

在中國之外，民主化是東亞的一大現象。南韓前軍事將領盧泰愚一九八八年贏得近二十年首度舉行的總統直選，並持續主政到一九九三年。台灣也一樣，國民黨在一九八〇年代漸進的政治改革直到一九九〇年代發展成完全的民主選舉。政治改革在東南亞各國進展不一，菲律賓的馬可仕竊盜統治政權被推翻，由一九八六年民主選舉勝出的柯拉蓉・艾奎諾（Corazon Aquino）取代；柯拉蓉被讚譽為「亞洲民主之母」，繼任者是一九九二年當選的羅慕斯（Fidel Ramos）。東南亞出口導向的成長，在一九九七年金融危機遭到重大挫敗，外匯存底匱乏迫使泰國、馬來西亞、菲律賓，甚至較成熟經濟體如南韓的貨幣大幅貶值和債務激增。地區貨幣崩盤使裙帶資本主義治理的國家如印尼暴露無遺。統治印尼三十年的蘇哈托失去軍隊的支持，一九九八年在潮湧般的示威抗議中辭職。

蘇聯崩潰也是印度在一九九〇年轉向開放經濟的主要因素。隨著過去與蘇聯龐大的貿易量銳減，加上波斯灣戰爭推升石油價格翻倍，印度總理拉奧（P V. Narasimha Rao）和財政部長辛哈（Manmohan Singh）著手逆轉尼赫魯時代的中央計畫，拆解惡名昭彰的監管「許可證統治」，並歡迎外來投資，這些努力讓印度得以超越所謂的「印度式成長率」。在同一時期，喀什米爾的叛亂和時斷時續的衝突，導致與巴基斯坦關係惡化，兩國都暗示將加快核子武器計畫，並在一九九八年進行核武測試。巴基斯坦的西部邊界也陷於動亂，阿富汗內戰導致激進的塔利班運動從白沙瓦難民營崛起，並在一九九四年接管阿富汗，進而開始藉著為蓋達組織（Al Qaeda）等恐怖組織提供庇護以散播伊斯蘭革命。

亞洲金融危機後，此一區域的經濟情勢在一九九〇年代末和二〇〇〇年代逐漸復原，主要歸功於西方公司增加委外生產和加速貿易整合。到二〇〇四年，亞洲的區域內貿易超越與已開發國家的貿易，使區域經濟體得以避免二〇〇七年西方金融危機造成的需求震撼。儘管經濟改革遲緩，印度仍持續成長，並啟動「東望」政策以把握與東亞貿易和戰略合作的機會。在此同時，印度人、巴基斯坦人和其他南亞人，大舉參與欣欣向榮的波斯灣產油國愈來愈大規模的營造工程或政府官僚機構，原因是該區對快速成長的東亞市場出口的原油和天然氣激增。中國則積極擴大中亞地區如伊朗、巴基斯坦和波斯灣國家的基礎建設計畫。

儘管二〇〇一年美國入侵阿富汗，以及二〇〇三年為報復二〇〇一年蓋達組織恐怖攻擊紐約和華盛頓特區而入侵伊拉克，引發西亞突然陷於動亂，但連結西亞和東亞的成長浪潮仍日益加深。美國雖推翻阿富汗的塔利班政權和伊拉克海珊的阿拉伯復興社會黨（Ba'th Party）政權，但地方民兵和蓋達組織領導的叛軍對抗美國領導佔領伊拉克和駐阿富汗的北約軍隊，造成重大的傷亡，並使伊拉克難民湧進鄰國約旦和敘利亞。另一方面，對抗以色列的第二次巴勒斯坦人起義在二〇〇〇年爆發，且持續到巴勒斯坦解放組織領袖阿拉法特（Yassir Arafat）二〇〇四年去世為止。在伊朗，激進敢言的艾馬丹加（Mahmoud Ahmadinejad）當選總統，並追求與美國衝突的路線，包括加速伊朗的祕密核子計畫。隨著與伊朗的緊張升高，暴力在阿拉伯地區加劇。在二〇一一年初，糧食安全和公眾反對貪腐的抗議浪潮，刺激許多阿拉伯國家的反政府暴動。內戰蹂躪敘利亞，激進組織如伊拉克和敘利亞的伊斯蘭國往西擴張，造成數百萬難民逃離敘利亞，湧進約旦、黎巴嫩、土耳其和歐洲。

大多數南亞和東亞社會在二〇一〇年代專注於政治穩定和經濟成長。中國在二〇一四年變成世界最大經濟體（以購買力平價計），日本首相安倍晉三採取大規模刺激和改革計畫，而南韓成為第一個全國升級高速網際網路的國家。二〇一四年，印度人選舉莫迪（Narendra Modi）擔任總理，以支持他投資基礎設施、簡化法規和提振國家尊嚴的目標。在東南亞，緬甸的軍政府放鬆對權力的掌控，並結束軟禁翁山蘇姬（領導緬甸獨立的翁山將軍的女兒），容許她參政；在泰國，軍政府再度領導發動推翻欽那瓦（Shinawatra）家族的竊盜統治政權，並專注於基礎建設和經濟改革；越南則快速發展成工業製造中心。東南亞的東協國家總GDP超越印度，流入東協的外來投資也超越流入中國的金額。

東亞的經濟穩定和整合協助，降低了過去因為領土爭議引發的重大地緣政治緊張，這些歷史爭議包括中國和日本的尖閣列島／釣魚台列嶼爭議，和中國與東南亞沿海國家的南沙群島和西沙群島爭議。不過，朝鮮半島的緊張情勢升高，北韓在二〇一〇年擊沉一艘南韓軍艦，並在二〇一七年進行一連串核子和洲際彈道飛彈試射。儘管如此，整體亞洲的整合仍大步邁進：幾乎所有國家加入二

○一四年中國創立的亞洲基礎設施投資銀行（AIIB），和二○一七年舉辦的一帶一路倡議高峰會，承諾將投資數以兆美元計的資金，以擴大遍及亞洲和其他地區的商務和文化交流。

Chapter

2

亞洲歷史對亞洲和世界的教訓

大多數讀者不熟悉亞洲過去的歷史記述，原因是西方的歷史記述以歐洲為中心，但也因為亞洲本身已支離破碎太久，以致於許多社會已喪失過去曾將它們繫在一起的連結。因此，簡述亞洲歷史的目的，既是建立對亞洲過去的共同了解，也是為了重建亞洲在全球歷史的中心角色。歐洲帝國變成富裕的全球強權，是因為它們征服亞洲，而美國今日的全球影響力則取決於它在亞洲的影響性。也許最重要的是，亞洲人可以憶起他們曾經有過哪些集體的歷史成就，並思考未來的種種可能性。

從亞洲觀點看世界會牽涉一些或大或小的修正，名稱是一個較容易解決的領域。阿姆河（Amu Darya River）以東的突厥部落和粟特人比西方命名的「河中地區」（Transoxiana；阿姆河以外的土地）所指涉的，有更豐富的身分意義。西方歷史稱東南亞為「印度支那」（Indochina），也是法國殖民時期對該地區的稱呼，但緬甸人和高棉人絕不會自稱為兩個大國的交界處。「中東」的名稱也是無用的殖民殘留，意指英國船艦停留以補給加油的地方。亞洲人沒有集體的「黑暗時代」，那就像西元四三五到一〇〇〇年間，從地中海到日本的廣大土地上沒有任何重要的活動。對無數亞洲文明來說，這個年代是幾個黃金時代之一。

實質內容的強調也是重點。西方歷史往往專注在亞歷山大大帝征服中亞的敘述，但孔雀王朝皇帝旃陀羅笈多（Chandragupta）和他的顧問考底利耶（Chanakya）對這個地區的歷史遠為重要。在工業革命以前的大部分歷史中，就發展指標來說亞洲遠超過歐洲，而歐洲只是一個週邊剛開發的地方。遠在歐洲十五世紀的航海之前，地中海就與中國藉由絲路從事極遠距離的貿易。非洲在歐洲殖民主義之前並非是一個未被發現的大陸，許多世紀以來它是非歐亞貿易體系不可或缺的一部分。早在歐洲擁有任何殖民地之前，蒙古人就已統治歷來最廣大的領土。

這個簡單的歷史回顧，至少提供了了解若干當前事件的基本背景。當你看到塔利班摧毀巴米揚的佛像時，你知道佛教曾盛行於一個今日被視為穆斯林基本教義派的國家；當你目睹廣交會有來自兩百國的二十萬訪客簽訂三百億美元的貿易訂單，你知道廣州過去一千多年來就是一個都會貿易中心[1]；或者如果你參加新德里考底利耶浦利（Chanakyapuri）外交區的一個花園宴會，你知道這個鄰區從何得名。但除了這些事實外，亞洲的歷史對亞洲以及世界的未來，還能提供其他教訓。

文化很重要

西亞、中亞、南亞、東亞和東南亞的整體歷史可以追溯到幾千年前，這顯示亞洲的關聯一直透過商務、衝突和文化持續發展。突厥、阿拉伯和波斯文明，以及中國、日本和朝鮮的文明，一直持續累積和分享知識近三千年。最根本的例子是語言。古印度梵語為泰語、西藏語和其他語言提供一個模式；在東亞，中國書寫系統則透過朝鮮傳到日本。阿拉伯手稿成為無數口述傳統的基礎，例如波斯語、庫德語、普什圖語和烏都語，並被寫成書寫文字。突厥、波斯和印度世界的關聯製造了數千個突厥語、波斯語和印度語的同源字。語言的影響也從西往東流：波斯語是絲路的通用語，而不是中國語。唐朝設立波斯語學校來訓練它的貿易商和中間商，以便與西方地區的同業溝通。東亞社會也歡迎絲路沿線商務帶進的文化思想，特別是佛教。

商務和衝突也促進種族和血緣透過遷移居住地和通婚而混合，中國、日本和朝鮮都有種族混合的王朝。中國性（chinese-ness）通常被視為受漢族的影響，但純粹「中國人」的基因已不復存在，原因是蒙古—突厥族的隋朝統治者、蒙古大君和滿洲王朝在歷史上的重要性。中國帝制的治理，特別是在唐朝的大都會，僱用無數來自其他亞洲文化的官僚和將領，帝國各地有阿拉伯人、突厥人和蒙古人定居的社區。在明朝，鄭和是宋朝時代穆斯林波斯移民的後代，他率領明朝著名的船隊出使最遠到達非洲。清朝的軍隊不是由漢人統率，而是由蒙古人和滿洲人。同樣的，阿拉伯人、波斯人和突厥人的融合造就阿拔斯帝國成為一個思想、文化和軍事的強國，足以入侵印度並建立德里蘇丹國。蒙古基因與無數亞洲民族有關聯。長期以來，亞洲的身分認同就是它的融合性多過於個別種族。

宗教的多樣性也是亞洲文明穩定的支柱之一。吠陀婆羅門教（Vedic Brahmanism）、祆教、神道教和佛教在基督教創立幾百年前就已是普遍的信仰，而基督教和後來的伊斯蘭教也誕生於西亞。這些宗教往往和諧共存，並且順應各地的情況。佛教與東亞的宗教和文化精神密不可分，而儒教在東亞也是一個普遍的連結，提供菁英彼此了解的媒介，即使是在敵對的關係下亦同。在中國唐朝，據稱「佛教為日，道教為月，儒教為五大行星」。在聶斯脫里基督教會及其「一神」信仰出現前，唐朝皇帝下達的詔書說：「道無常名，聖無常體，隨方設教，密濟群生。」早期的哈里發國、蒙古、蒙兀兒和奧圖曼，都是亞洲帝國藉宗教包容性減少新臣民恐懼來協助擴張的例子。雖然許多社會對少數族群實施差別待遇的課稅，但大多數情況並未達到迫害的程度。第三位蒙兀兒皇帝阿克巴下詔，任何皈依伊斯蘭的印度教徒，都可以不受懲罰地回歸印度教信仰。他對各地區信仰的著迷甚至讓他融合祆教、伊斯蘭教和印度教，自創一套綜合的教義。

要解釋一種信仰的歷史角色而不談到其他信仰幾乎不可能辦到。在南亞和東南亞，印度教和佛教的融合最為常見，例如印度教化的大乘佛教文化在許多早期的東南亞王國興起。從第九世紀到十三世紀支配東南亞半島許多地方的高棉帝國，是一個大乘佛教和印度教融合的國度。柬埔寨輝煌的吳哥窟始於一座崇拜毗濕奴神的印度教神廟，但到十二世紀已變成一座佛寺，即使是虛無主義的波布政權也不敢褻瀆它，今日它是唯一被畫在國旗上的建築。室利佛逝帝國的蘇門答臘也是一個印度教—佛教文明。

除此之外，南亞和東南亞文化離不開伊斯蘭教，乃因這是一個由阿拉伯商人透過航海網絡帶進，並與印度教、佛教和基督教共存逾一千年的信仰。雖然伊斯蘭教起源於阿拉伯，穆斯林人口是透過巴基斯坦和印度遷移到印尼最多且散布最廣的人口，如今印尼是世界上穆斯林人口最多的國家。今日世界的十六億名穆斯林絕大多數住在亞洲（非洲有三億穆斯林人口）[2]，對亞洲人來說，伊斯蘭教不被視為外來和敵對的宗教。有人可能認為，亞洲主要宗教間的根本差別是它們能穩定共存的原因：它們差異很大，但信仰人口都極其龐大，所以要征服彼此，既在精神上無法想像，邏輯上也不可能辦到。亞洲人別無選擇，只能任由它們各自生存。

整體而言，伊斯蘭教與當前的政治秩序，也變得更順應阿拉伯世界以東更遠的地區。儘管二〇一七年發生伊斯蘭國圍攻菲律賓南方民答那峨島馬拉威市，最後實施戒嚴法並殺死重要的印尼好戰團體領導人的事件，但穆斯林最多只佔菲律賓人口的五%，且事件的原因似乎牽涉毒品金錢多於意識形態。穆斯林人口佔絕大多數的印尼，仍是有關伊斯蘭教能否與世俗治理共存的辯論焦點。近幾年來，一些印尼人（和馬來西亞人）已從敘利亞戰場歸來，並宣誓對伊斯蘭國效忠。宗教在最近的印尼選舉中已成為一個政治足球，但印尼、馬來西亞和菲律賓已成立一個工作小組，專責追蹤和對抗在各島嶼運作的伊斯蘭國和其他好戰團體，而且來自穆罕馬迪亞（Muhammadiyah）和伊斯蘭教士聯合會（Nandlatul Ulama）的穆斯林教士，已公開表示反對激進主義和避開政治，以專注於社會發展（這兩個團體合起來有近一億名會員）。為順應各自國家的歷史，它們呼籲穆斯林尊重民主和宗教多元性。

亞洲的其他重要穆斯林國家，也把伊斯蘭教之服從務實治理列為要務。在沙烏地阿拉伯，沙爾曼（Mohammed bin Salman）王儲推動廣泛的自由化計畫，特別著重女性權利，同時也抑制激進的瓦哈比派教士操縱沙國的伊斯蘭認同。在巴基斯坦，政府已禁止激進伊斯蘭團體從事政治活動，同時日益增加的都市階級也採取對抗伊斯蘭恫嚇的立場。中亞國家成功地控制靠動盪的一九九〇年代擴增信眾的伊斯蘭團體。在風險最高的前蘇聯國家烏茲別克，米爾則亞耶夫（Shavkat Mirziyoyev）

總統的政府推動一項訓練政府贊助的宗教中心教長的計畫。和十四世紀不同的是，今日的西亞羨慕東亞的成功，而且正從中學習如何管理政治性伊斯蘭教從東向西擴散的教訓。

亞洲和西方

除了亞洲歷史的多元性外，亞洲在殖民時代之前的連結性也有豐富的歷史可以借鑑。亞洲的商務和世界性都市，形成一個跨越許多多種族和多語言帝國的樞紐網。在第十世紀，唐朝的帝國圖書館有八萬冊典籍，而當時歐洲北部最大的瑞士聖加侖修道院圖書館只有八百冊。歐洲探險家都親口見證印度和中國的城市比倫敦和巴黎大。在幾百年的過程中，從巴格達、德里到長安的許多城市，都扮演世界各地交換和復興知識的中心角色，且於科學和技術等重要領域中亞洲都是發明者，從灌溉、橋梁建築、製作鐘錶、軍械、造紙和航海等皆是如此，而歐洲則是第二手知識的汲取者。紙在西元七五一年阿拉伯人打敗唐朝後傳入伊斯蘭世界，被俘擄的中國造紙工匠把技術傳授給巴格達和大馬士革的穆斯林工人，進而傳入埃及和摩洛哥，最後再傳入西班牙和義大利。

在亞洲歷史的每個階段，爭奪領土和商業路線的地緣政治競爭，擴大了整個體系的範圍和強度。阿拉伯人和蒙古人的接觸，促使彼此探尋新的道路（和盟邦）以征服或逃避彼此，以及通達主要市場。在十三世紀，蒙古人已連結了當時已知的世界大部分地方。對無數宋朝中國和東南亞的航海創業家來說，對外貿易攸關地方經濟的生存。早在歐洲商人到達前，朱羅王朝、室利佛逝國和明朝就已開始競逐印度洋貿易路線的控制權。

因此，在大部分歷史中，亞洲人的活動遠超過只是相繼崛起的帝國野心，尤其是阿拉伯人、蒙古人、帖木兒人、滿洲人和其他強權的擴張主義。直到十六世紀，西方仍然是在欣欣向榮的亞洲系統的邊緣，而且在一八〇〇年以前，中國人、印度人、日本人、暹羅人、爪哇人和阿拉伯人之間的貿易流動，仍然遠盛於歐洲之間的流動。直到晚近的世紀，西方社會才成為亞洲地緣政治的問題。但即使歐洲的帝國持續存在至二十世紀，攻打環太平洋從海參崴到達爾文島的仍是日本。儘管今日美國在東亞擁有軍事力量，但是針對此地區的地緣政治預測，仍以中國的野心為主軸，而非美國。

亞洲人把歐洲人抵達亞洲並在這裡的地位上升視為憑藉運氣多於創造力。如果不是奧圖曼人推翻東羅馬帝國和東方對歐洲的威脅，歐洲人將不會有多大的動機向西探險以尋找東亞的航海路線（最後在美洲登陸）。如果不是明朝在十五世紀末選擇閉關自守，歐洲的東印度公司也無法建立對抗明朝艦隊的優勢地位。歐洲因此從亞洲的前現代全球化獲益最多，來自亞洲的武器和航海知識，被歐洲人用在印度人和中國人開闢的航海路線。因此當亞洲人回顧殖民時代時，他們看到一個自滿而非優越的時代。他們的集體教訓是，當彼此衝突時，將遭到外來強權的剝削與利用。

歐洲國家——雖然當年國土小、而且在地理上無足輕重——要想變成全球帝國，它們必須先變成亞洲強權。西班牙人首先把亞洲帶進一個全球性的跨洋貿易系統，但商務不等同於霸權。這個全球貿易體系原本可能只是一個跨大西洋體系，其中亞洲只是扮演一個消費者和供應商。只有藉貿易的軍事化，歐洲才得以主張其霸權。儘管如此，即使在歐洲帝國主義的高峰，西方強權仍無法替代亞洲的文化、宗教和語言系統。今日的英語雖是全球普及的方便語言，但未能取代任何地方的本土語言。即使在前殖民地，法語已幾乎消失。基督教會只在菲律賓取得支配地位，但在亞洲無數地方仍無影響力。對照之下，從地中海東方到伊朗、巴基斯坦、印度和印尼，伊斯蘭教在亞洲的印度洋沿海地區普及的地位仍屹立不搖。

不過，殖民主義混合的資本主義、科技和人力資源，仍讓亞洲的若干地區率先跨入現代世界。香港和新加坡崛起成為主要金融中心，吸引遠近各地的亞洲人才，波斯灣君主國透過與西方公司的合資企業善用其原油儲藏，而鐵路則協助印度建立一個較統一的印度次大陸。在移民方面，殖民主義的最後一項遺緒是讓亞洲變得更具亞洲性。從葡萄牙到英國等歐洲帝國，把數以百萬計的馬來和印度商人及奴工，遷移到更廣大的印度洋地區。十九世紀和二十世紀橫渡孟加拉灣的蒸汽船渡輪服務，激發亞洲人重新發現一種更開闊的共同政治意識。雖然殖民主義是羞辱的經驗，它卻提供一層共通的體驗，亞洲人得以透過它建造後西方的未來。亞洲人意識到他們有更多必須彼此學習的東西，多過於向西方學習。到最後，也許最大的西方遺緒將是加速亞洲的自我實現。

西方過後的亞洲：西方經驗的利用和誤用

由於亞洲有豐富的跨文化互動歷史，所以當西方學者拿歐洲歷史的類比來解釋亞洲國家的行為時顯得很奇怪。以德國十九世紀的崛起來解釋中國今日的野心，是比用唐朝和明朝歷史來解釋更好的方法嗎？當印度的黃金年代出現在縱橫大洋的航海朱羅王朝時，美國真的應該把印度當作制衡中國的大陸國家嗎？當伊朗歷史上的大多數波斯帝國疆域遠達地中海時，它會自我設限於目前的國家邊界嗎？既然我們談論的是中國、印度和伊朗，理所當然應該假設中國人、印度人和伊朗人的思考和行動會類似自己的歷史多過於西方的歷史。

不同於西方的宗教衝突是塑造體系的決定因素，亞洲人長期以來便容忍彼此的信仰系統，且展現於許多世紀以來在國際層次的種族融和與宗教共存的能力上。借用德國戰略學者赫伯格羅斯（Andreas Herberg-Rothe）的話來說，亞洲人做到了「有差異的和諧」。儘管存在差異，今日的印度與波斯灣阿拉伯國家、伊朗和印尼的軍事和商務合作關係日漸緊密。亞洲兩端的儒家和穆斯林社會對待彼此並不心存畏懼，它們並未建立地緣政治的聯盟，而是重新恢復了絲路的商務軸線。

類似的邏輯適用於地理領域。對照歐洲歷史的特性是對單一區域霸權一貫的恐懼，亞洲的地理造就它自古以來的多極特性。自然的障礙吸收了摩擦，遙遠的距離、高山和河流等自然邊界保護亞洲人免於過度的彼此侵犯。整體而言，地理、種族加上文化是亞洲毗鄰的大國間戰爭以僵局結束的主要原因，包括如中國和印度、中國和越南、印度和巴基斯坦、伊朗和伊拉克等。儘管歐洲歷史教訓是戰爭發生於敵對強權的交會，但在亞洲，戰爭發生於對敵國擁有重大優勢的感覺。因此，印度、日本和俄羅斯等中國的鄰國變得愈強大，它們之間就愈不可能發生衝突。

此外，雖然歐洲和亞洲歷史都以長期統治的大帝國為特性，亞洲的許多遊牧部落在亞洲令人眼花撩亂的語言、種族和宗教的多樣性中扮演關鍵角色。粟特人等中介性的社會和文化提供傳教士、學者和翻譯者給古代絲路，遊牧文化也擁有強大的地緣政治力量。匈人長驅直入印度和歐洲，斯基泰人和帕提亞人控制從羅馬到中國的貿易網絡，塞爾柱人馳騁在東安那托利亞和美索不達米亞的草原，阿拉伯人挺進中亞各地，並航行到印度和東南亞，而蒙古人證明遊牧民族能建立現代化世界之前最大的帝國。

當西方學者以亞洲的例證來推測未來時，往往選擇錯誤的例子，最常聽到的說法是，亞洲的未來將類似主要在十六世紀末到十九世紀中期明朝和清朝運作的中國朝貢系統。但朝貢模式的地理範圍從來都局限於東亞周遭。此外，朝貢系統環繞著貿易，中國只行使最少的政治或軍事霸權。中國從來不是像一個巨人般堅不可摧的超級強權，掌管整個亞洲。的確，中國第八世紀在怛羅斯戰役的挫敗、十三世紀臣服於蒙古人、十九世紀部份地區成為歐洲人的殖民地，以及二十世紀被日本入侵，都提醒我們中國本身也無法避免被征服。西方的抽象理論為亞洲描繪一個霸權與無政府主義間的假選擇，然而現實卻遠為根植於亞洲的多文化和多極的過去。

不過，西方殖民的影響力仍然深入亞洲的許多層面，也許只會慢慢地（如果可能的話）去除：國家主權對流動邊界、宗教，和種族的國內分隔對多種族身分，以及消費主義和物質主義對宗族和血源關係的影響。這些轉變有許多例外，但各自對塑造亞洲都有相當程度的影響。亞洲人現在必須決定，西方遺緒將亞洲化到何種程度，以及必須恢復亞洲歷史的哪些成分。

亞洲面對最切題的問題不是意識形態或霸權，而是如何劃分和共享領土。亞洲的主要緊張不是發生在文明之間，而是在國家之間。亞洲文明已維繫牢不可破的共同尊重和學習長達一千年，而二次大戰後的主權和民族主義留下的邊界爭議遺緒仍有待解決，如此亞洲才能恢復其殖民前的流動性。主權的零和性質需要釐清誰擁有那些領土或領海。現代國際法帶有定論和永久的意味，想確認領土宣告的渴望因而激發了休眠的緊張。如果印度沒有被分割，喀什米爾會變成一個從一九四七年來造成逾十萬人死亡的國際戰爭、國內衝突和叛亂的地方嗎？喀什米爾作為一個多種族的土邦，人口的組成包括佛教徒西藏人、印度教婆羅門、遜尼派和什葉派穆斯林，以及旁遮普錫克教徒。經過數世紀蒙兀兒人、阿富汗人和錫克人的粗暴統治，那裡已不再是一個管理良好的和諧社會。但很難想像還有比英國人倉促離開後以民族宗教的分而治之來接合它更壞的結果。喀什米爾和巴勒斯坦是兩個例子，說明今日亞洲仍然充滿結合了歐洲殖民主義遺緒、國家主權的急切要求，和地方民族語言分裂所帶來的衝突。即使是由外國製造的亞洲安全挑戰，也已變成區域性的安全挑戰。許多亞洲人，特別是阿拉伯人和印度人，仍繼續把未解決的邊界和宗派政治歸罪於西方，但這對解決衝突毫無助益。亞洲人若為他們長期共享的領土爭鬥，受害最早大的將是亞洲人，而非西方人。

亞洲地緣政治歷史的首要教訓是，沒有一個強權的支配可以長久持續而不遭遇內部和鄰國（或兩者）對其永久保持霸權的強力抗拒。不管是蒙古人、中國明朝或大日本帝國，亞洲互異的社會已證明太分散和太難穿透，以致於無法被其他國家吸收。在過去一千年來，突厥、波斯、阿拉伯、印度和俄羅斯的帝國都曾尋求在亞洲建立階層系統，並以自己為核心強權。亞洲將永遠是一個有許多不同而自治的文明的區域，包括中國、印度和伊朗等文明，有著根深柢固的歷史中心感和例外主義。其結果是，任何強權最多只是在多極亞洲中成為一個欣欣向榮的次區域支柱——大概和今日呈現的情況相同。

Chapter

3 重振大亞洲

Asian

在數世紀的殖民主義和冷戰分隔後，亞洲正重新恢復協調一致，所有亞洲的次區域正轉向一個共同的重心。在兩個連接西方和東方歐亞大陸的國家：俄羅斯和土耳其，亞洲的地理向來是歐洲政治方位的次要考慮。但在今日，這兩個國家正擁抱它們在亞洲系統中的角色。同樣的情況也發生在所謂的中東，馬什里克（黎凡特）和波斯灣地區，該地區的國家和王國正減少對西方的依賴，並轉向亞洲以建立未來的戰略關係。即使像伊朗、巴基斯坦、中亞和東南亞這些核心地理區，過去因為太低度開發或隔絕而未參與大亞洲的光榮，現在也變成亞洲的支柱。而區域強國如澳洲和日本，過去因為向西方傾斜而決定了它們的全球導向，現在發現也無可避免地走向亞洲化。

俄羅斯的亞洲化

二〇一七年七月，我在絲綢之路拉力賽開始比賽前夕慢跑經過莫斯科紅場。在從列寧墓延伸而下的鵝卵石路上，停著數十輛閃亮繽紛、配備巨大的輪胎、漆飾著企業圖樣的卡車，已準備好出發進行比賽，它們將從莫斯科穿過烏拉山脈和西伯利亞，經由哈薩克到中國中部的西安。在那一天，莫斯科的感覺不但是俄羅斯現在的首都，也像是北絲路的首都。

俄羅斯一億四千萬人口有超過八〇％住在烏拉山脈以西的歐洲區，不到二〇％的人口則散布於位在亞洲的八〇％領土之上，其中大部分毗鄰哈薩克、蒙古和中國。俄羅斯的聯邦首都莫斯科和戰略港口（和第二大城市）聖彼得堡都在歐洲，但俄羅斯龐大的石油和天然氣蘊藏都在西伯利亞，且供應亞洲市場。俄羅斯只是一個反覆無常的西方帝國，或者是歐洲到東亞之間的一條大亞洲通道？

從驅逐蒙古人到十九世紀對抗英國的「大博弈」、挑戰清朝，再到二次世界大戰打敗日本，以及顛覆韓戰和越戰的均勢，長期以來，俄羅斯一直對亞洲保持關注。在十年前，猜測俄羅斯似乎無可避免地在地緣政治上轉向亞洲是一個禁忌；十年後，俄羅斯對失去東方側翼的恐懼已經減輕。不像一世紀前，今日日本或中國都不再藉入侵俄羅斯以攫取現在可以輕易購買、且俄羅斯急切地想出售的石油天然氣來挑釁它。俄羅斯的亞洲化已從一個禁忌話題升格到一個清楚表達的戰略。

西方戰略家向來告訴自己，蘇聯崩潰後的俄羅斯將接受北約的擴張，並甘於做美國和歐洲的小夥伴。這種想法認為，畢竟莫斯科的最終目標是獲得美國和歐洲各國的接納。在一九九〇年代，柯林頓政府曾宣告俄羅斯是「戰略夥伴兼友邦」。二十年後的今日，西方分析師怨嘆俄羅斯拒絕基於西方規則所制訂的秩序，好像俄羅斯未替自己制訂任何秩序似的。

但俄羅斯正為自己在亞洲體系中創造支柱的地位。當歐巴馬總統和他的國務卿宣告美國「重返亞洲」時，俄羅斯已經開始執行其「重返東方」戰略，接受中國在其石油、天然氣和礦業的大舉投資，以更有效率地滿足中國無饜的需求。隨後是二〇一四年俄羅斯入侵烏克蘭和併吞克里米亞後西方對俄羅斯的制裁，加上原油價格大跌，迫使俄羅斯接受中國一連串在上游天然氣田交易的大規模投資。在俄羅斯駭客入侵美國民主黨並干預二〇一六年美國總統大選後，類似冷戰的氣氛隨之籠罩。備受尊敬的俄羅斯地緣政治學者特列寧（Dmitri Trenin）和我在莫斯科喝茶時說到，他相信俄羅斯與西方的關係從根本上是衝突的：即使希拉蕊・柯林頓贏得二〇一六年大選，因為烏克蘭、敘利亞和其他熱點引發的僵局也會持續下去。

基於地理因素，俄羅斯與歐洲仍關係匪淺。俄羅斯一半的貿易是來自歐洲國家，它最大的投資者是法國和德國。儘管俄羅斯併吞克里米亞後德國對俄羅斯姿態強硬，但前德國總理施若德（Gerhard Schroder）仍擔任俄羅斯天然氣工業石油公司（Gazprom）董事長，並出任俄羅斯石油公司（Rosneft）董事，後者有二〇％股權由英國石油（BP）持有。歐洲公司鄙視西方制裁俄羅斯，因為制裁阻礙它們的商業利益；它們也憎惡美國嘗試阻止歐洲計畫興建北溪（Nord Stream）二號天然氣管到俄羅斯，為的是美國可以增加對歐洲的液化天然氣出口。在西方對俄羅斯立場分歧的情況下，西方評論家經常、而且天真地認為俄羅斯與亞洲的互動很膚淺，因而莫斯科一心等待的是西方重開其大門。但從俄羅斯對烏克蘭到敘利亞的逾越、在英國領土使用神經毒物暗殺其反對者、侵略性的網路詐騙，以及企圖影響西方選舉來看，變得膚淺且充滿敵意的是俄羅斯與西方的關係。在俄羅斯可能被視為西方的一員前，顯然還有許多問題等著解決。

一旦制裁放鬆後，俄羅斯將歡迎大規模的歐洲投資進入其能源、房地產、金融和其他產業。但歐洲人也必須從過去俄羅斯片面中斷天然氣供應學習教訓，並努力確保從美國、阿爾及利亞、北極區和高加索地區獲得石油和天然氣，以及擴大自己的風力、太陽能和核能等替代能源的生產。歐洲可能還需要十年才能達到只從俄羅斯進口一〇%或一五%石油的目標。在此同時，亞洲正成為俄羅斯能源出口逐年增加的目的地。

俄羅斯和中國今日在戰略上已比一九五〇年代舊共黨聯盟以來任何時候都更親近。從二〇一四年起，兩國已邁向一個雙方稱為「全方位戰略夥伴關係」的協定。三分之二的中國軍事硬體從俄羅斯進口，俄羅斯出賣蘇35戰鬥機和S-400飛彈防衛系統以強化中國對南海的掌控。兩國的海軍曾在太平洋、甚至在地中海和波羅的海的北約門口進行聯合演習，而且兩國在太空軍事化上的合作日益加深。中國國防部長魏鳳在二〇一八年他的首次海外訪問時來到莫斯科，並公開表示訪俄的目的是「讓美國人知道中國與俄羅斯軍方的緊密關係」[1]。二〇一八年七大工業國（G7）在加拿大舉行高峰會，川普呼籲讓俄羅斯重新加入G7，但俄羅斯總統普京正忙著參加上海合作組織（SCO）高峰會，並在會中接受中國的最高榮譽獎章。

中俄能源關係也日益加深。日本和韓國從俄羅斯進口的能源向來比中國多，但平行的俄羅斯天然氣工業公司（Gazprom）的中俄東線天然氣管和石油運輸管道公司（Transneft）的東方西伯利亞太平洋油管，從雅庫特（Yakutia）運送能源到日本海，並在二〇一九年直接運到中國。俄羅斯的北極區地理對東亞也具有戰略重要性。挪威和加拿大是北美洲和歐洲北極區的主要外交掮客，俄羅斯則是亞洲的北極區通路守門人。這是中國進出口銀行和國家開發銀行提供一半資金協助俄羅斯開採亞馬爾半島天然氣的原因，該處是世界最大的液化天然氣計畫所在地。為了準備進口俄羅斯北極區的天然氣，日本、中國和南韓已加速生產它們的液化天然氣輪，以便從巴倫支海經由白令海峽運送天然氣到東亞。沿著這條北海路線，中國也在從莫曼斯克（Murmansk）到阿爾漢格爾斯克（Arkhangelsk）的地方投資港口和鐵路設設，以便將俄羅斯的內陸商品運送到世界市場。

俄羅斯和中國正協調各自的努力——中國的一帶一路倡議和俄羅斯的歐亞經濟聯盟（EEU）——以確保前蘇聯地區順暢的商務流動。前蘇聯共和國如白俄羅斯和哈薩克，對俄羅斯提議的關稅聯盟原本冷淡以待，直到這項倡議變得比較無關俄羅斯的霸權、而是可以從由中國到歐洲的順暢運輸抽取費用才轉為熱衷。為了強化扮演一帶一路倡議物流中心的角色，中國正投資七十億美元在農場、道路與港口的烏克蘭基礎設施更新（烏克蘭宣稱二〇一九年為「中國年」）。中國也正更新許多俄羅斯的鐵路連結，例如從莫斯科到喀山的鐵路，和著名的西伯利亞鐵路。數百萬名中國觀光客湧進滿洲里市（靠近與蒙古交界處），以前往俄羅斯優美的自然勝地如貝加爾湖；在黑龍江省的邊疆鎮，三分之一人口是俄羅斯人或中國裔俄羅斯人，以及取了中國名字的俄羅斯人。北京大學編製的一帶一路倡議會員國指數，根據各國與中國的貿易、金融和政策協調關係作排名，俄羅斯排名第一位。

雖然俄羅斯與歐洲的總貿易額，比俄羅斯與亞洲高，但後者成長的速度更快。中國最近取代德國成為俄羅斯的最大貿易夥伴，它與俄羅斯的貿易在二〇一五年已達到八百八十億美元。由於俄羅斯石油出口價格下跌，而中國電子產品價格上漲，使中國對俄羅斯有貿易順差。中國科技集團阿里巴巴創辦人馬雲經常與普京會面，儘管盧布貶值，他旗下的網路購物平台全球速賣通（AliExpress.com），從二〇一〇年以來的俄羅斯營收每年呈現雙位數成長率。二〇一七年普京召開瓦爾代國際討論俱樂部論壇前不久，馬雲宣布莫斯科將成為阿里巴巴七家新研究實驗室之一的所在地，理由是俄羅斯有實力雄厚的工程研究社群。和歐洲人不同，亞洲的投資人願意遵守俄羅斯極具亞洲風格的「地方化」法律，這些法律要求企業把技術帶進俄羅斯並創造地方就業。西方的國防承包商都不可能像中國企業那樣，在俄羅斯近郊設立發展下一代武器的合資工業園區。俄羅斯國營公司已紛紛以中國製造的電腦來取代西方電腦。

俄羅斯人知道他們的經濟和人口組成與中國的差異。對俄羅斯來說，這種不對稱是必須與中國保持良好關係的根本原因——就像加拿大與美國一樣。中國需要俄羅斯的資源，且寧可俄羅斯的核子戰略保持專注於西方而非東方。俄羅斯與亞洲的關係日深因此較與文化喜好無關，而是與經濟互補性和戰略必要性有關。雖然三分之二的俄羅斯人認為與中國的關係友善，俄羅斯官員表示，他們需要亞洲的夥伴多過於信任他們。的確，俄羅斯希望中國加入未來的軍備控制協議就是為了這個原因。

俄羅斯與亞洲國家的關係，往往被描繪成一個獨裁政權軸心，但實際情況遠為複雜。俄羅斯一樣熱衷於與日本和印度等民主國家提升關係。和中國一樣，日本尋求馴服而非喚醒俄羅斯。日本企業和歐洲企業一樣，對西方制裁傷及其俄羅斯利益感到惱火，特別是俄羅斯和日本的雙邊貿易到二〇一四年已增加到三百五十億美元。從日本的觀點來看，制裁的確只是把俄羅斯進一步推入中國的懷抱。俄羅斯也已重新恢復與印度在冷戰時期降溫的關係，俄羅斯的武器出口有整整四〇%輸往印度。儘管中國與印度的戰略關係冷淡，俄羅斯成功地遊說讓印度在二〇一七年成為上海合作組織（SCO）的一員。從二〇一四到二〇一七年，俄羅斯和印度簽訂超過四十項協議，包括護航艦、戰鬥機、核子反應爐和肥料廠，增加雙邊貿易金額近二百億美元。俄羅斯與東南亞東協國家的貿易額在二〇一四年已達到二百億美元，並且每年成長二〇%。俄羅斯尋求出口核能技術給越南，並增加對菲律賓的武器銷售以協助該國平息叛亂，數個東協國家現在購買俄羅斯的網路防護產品以阻擋中國駭客。

俄羅斯的亞洲戰略也從它進軍西南亞明顯可見。俄羅斯和伊朗在敘利亞支持阿薩德政權（敘利亞允許俄羅斯擴大在塔爾圖斯的地中海艦隊），目的在於讓敘利亞未開發的石油與天然氣產業商業化；俄羅斯也簽訂三百億美元的新能源合作協議，以保護伊朗免於西方制裁帶來的不確定性。俄伊合作在二〇一八年四月於德黑蘭舉行的俄羅斯瓦爾代國際討論俱樂部充分展現，這是該論壇首次舉行國際集會，兩國高級官員和學者藉由論壇建立溝通管道以協調戰略。一個月後，伊朗獲准加入歐亞經濟聯盟，儘管美國仍嘗試加緊對伊朗的制裁。未來數年俄羅斯將有必要舉行更多這類會議以探討區域的矛盾，例如俄羅斯出售武器給庫德人，而俄羅斯表面上的盟友敘利亞、伊朗和土耳其卻反對庫德人。雖然土耳其在二〇一五年擊落飛越土耳其領空的俄羅斯戰鬥機導致緊張升高，但普京和土耳其總統厄多岡很快修好。兩國的貿易已增加到每年二百億美元，俄羅斯出售金屬和小麥給土耳其，以交換土耳其的機械和蔬菜。俄羅斯核子反應爐也已出售給土耳其，以逐步降低土國龐大的能源成本。

雖然歷史上俄羅斯在全球石油市場與沙烏地阿拉伯是死對頭（且隨著俄羅斯與伊朗改善關係，緊張也升高），兩國已協調抑制原油生產以抬高價格，這種協調有賴於兩國為經濟的多樣化提供資金，以及合作增加聯合天然氣探勘與生產活動。沙烏地阿拉伯也必須轉移對美國產品的依賴，表示願意向俄羅斯購買從武器到核子反應爐等產品。俄羅斯出售其S-400飛彈防衛系統給土耳其，也可能出售給沙烏地阿拉伯和卡達（以及印度），顯然儘管美國對俄羅斯進行制裁，亞洲人仍熱衷於彼此進行軍事交易。

另一方面，即使俄羅斯阻擋卡達嘗試修建跨敘利亞的天然氣管，俄羅斯仍樂於接受卡達投資三十億美元在其國營能源巨人Rosneft。阿聯酋的主要主權基金之一穆巴達拉投資公司（Mubadala Investment Company），是資產六十億美元的俄羅斯直接投資基金（ＲＤＩＦ）的重要投資人，而ＲＤＩＦ主要投資於俄羅斯和中亞各國的基礎設施和成長企業。近十年來，阿聯酋駐莫斯科大使由充滿魅力的戈巴什（Omar Saif Ghobash）擔任，對這種發展大有幫助；戈巴什有一半俄羅斯血統。雖然俄羅斯和以色列對敘利亞衝突的立場相反，俄羅斯已轉向以色列購買高科技武器，且兩國仍維繫緊密的文化關係，從歷史性的移民演變到今日猶太人和東正教基督徒的宗教朝聖。「往前看，似乎所有新交易都是與亞洲人的交易。」一位歐洲外僑與我在新莫斯科市區閃亮的大樓共進午餐時信心滿滿地說，這座大樓的大部分商務住戶是阿拉伯或東亞公司。

在二十一世紀俄羅斯外交上展開與亞洲夥伴的良性互動下，俄羅斯正重新調整其方向。過去數世紀來，俄羅斯人辯論他們的文化根源究竟是歸屬於歐洲或亞洲，或者代表自己祖國的獨特價值。當西化派尋求與歐洲加深關係時，斯拉夫狂熱派希望俄羅斯維持其獨立的身分認同，反西化派則強調俄羅斯與突厥人、蒙古人和中國人的歷史連結。就俄羅斯的獨裁政府和仰賴商品的經濟來看，俄羅斯似乎較適應更廣大的亞洲架構，勝於西方的自由民主典範。普京和他的圈內人偏好專斷的統治，超過面對他們所見環伺的不確定性、風險與機會。

無疑的，許多俄羅斯人仍然視西方為他們的心理歸屬，尤其是集中在靠近歐洲心臟以斯拉夫人為主的人口更是如此。俄羅斯菁英把錢存在歐洲，把小孩送進西方的學校，透過賽普勒斯和馬爾他等國的國籍方案購買歐盟護照，並到蔚藍海岸和阿爾卑斯山脈度假。雖然歐洲可能永遠不會給他們免簽證旅遊，他們還是自認屬於歐洲。但這並不表示俄羅斯人是歐洲人，而只是讓他們在一個愈來愈亞洲的國家成為種族上的歐洲人。成千上萬的俄羅斯人已受夠西方的簽證刁難，並發現泰國是一個陽光普照、適合他們小孩和金錢藏匿的免簽證國家，果亞（Goa）——一個俄羅斯黑手黨愈來愈活躍的地方——也是。

但並非所有俄羅斯斯拉夫人都自認傳承自歐洲。列寧的祖先是十七世紀遷移到西裏海區的蒙古裔匈牙利卡爾梅克人（Zhungarian Kalmyk）。今日的俄羅斯已不是單一種族社會。從莫斯科旅行到喀山或新西伯利亞等主要城市，你將注意到社會的複雜性與俄羅斯國家冰上曲棍球隊大不相同。俄羅斯有近六百萬韃靼人，佔總人口近四%。俄羅斯也是移民的吸聚國，特別是來自貧窮的中亞共和國，這些國家的經濟在過去二十五年來幾乎未曾現代化。俄羅斯的食物市場、建築工地和等候客人的長排計程車，到處都是亞塞拜然人、烏茲別克人和塔吉克人[2]。一世代前支配這些少數民族的多語言帝國，如今已統一成一個國家，但卻以種族的區別歧視和騷擾他們，只不過這些穆斯林亞洲人和他們較高的出生率提醒了世人，俄羅斯不是單一種族國家的事實。而且隨著俄羅斯工作人口減少和生育率降低，俄羅斯將需要愈來愈多少數民族移民，不僅是為了都市消費的需求，也是為了開發構成其經濟基礎的廣大東部土地。

氣候變遷將進一步加速俄羅斯的亞洲化。全球氣溫在極地上升最快，意味世界兩個最大的國家——加拿大和俄羅斯——到二〇四〇年的氣候可能變得類似美國。在過去十年，俄羅斯的小麥收獲量增長為兩倍，穀物出口則增為三倍。俄羅斯二〇一七年的穀物出口首度超越美國和歐盟，其中出口到南亞和東亞的部份在一年內成長六〇%。隨著西南亞國家的乾旱日趨嚴重，伊拉克、敘利亞、沙烏地阿拉伯和伊朗進口的俄羅斯小麥將愈來愈多，東亞的進口國中國和韓國的情況也是如此。俄羅斯最大的私募股權基金如 Sistema 公司，不僅擴大它們的農業和基礎建設投資組合，也設立更多亞洲辦公室，以吸引對俄羅斯東部邊疆的投資。俄羅斯是亞洲二十一世紀的穀倉。

為了連結俄羅斯擴增的糧食生產和亞洲的需求，日本、中國和南韓已各自找到它們的角色，把俄羅斯的遠東首都海參崴變成一個食品加工和出口的經濟特區。海參崴位於俄羅斯東部的狹長地帶，正好圍阻中國東北部出日本海的通道，因此中國必須使用俄羅斯的港口。海參崴的另一個成長企業是賭場，由中國的旅遊業巨頭擁有和經營，招待來自附近哈爾濱的高消費顧客，且中國最近已更新哈爾濱到海參崴的鐵路。在一七〇〇年代初期，彼得大帝建設聖彼得堡為俄羅斯首都，以使俄羅斯更接近世界的中心歐洲。「如果今天他還活著，」特列寧開玩笑說：「他會把首都移到海參崴。」

俄羅斯戰略家熱衷於利用權力移向亞洲的契機，希望俄羅斯下一代的外交家有夠多說波斯語、突厥語、中國話和日本話的人才。數世紀來，俄羅斯的戰略身分認同存在著歐洲西化派和民族主義斯拉夫狂熱派間的緊張，因此無法反映俄羅斯的意圖，今日俄羅斯的意圖是追求一個「大歐亞大陸」，而位居其中的俄羅斯將跨騎於歐洲共同體和亞洲的遼闊地區中間。

土耳其東進

從匈人到塞爾柱帝國，再到奧圖曼帝國，突厥人早在一千多年前就曾敲歐洲的門。十五世紀，奧圖曼人攻陷君士坦丁堡並征服基督教拜占庭。但在二十世紀初，歐洲人拆解奧圖曼帝國，之後凱末爾（Mustafa Kemal Atatürk）的土耳其文化（而非軍事）願景是向西進，期待加入激勵二十世紀土耳其外交政策的歐洲文明國家，特別是申請成為歐洲聯盟的成員。但儘管一九九〇年代末和二〇〇〇年代初土耳其的願望似乎樂觀洋溢，但有待解決的問題是土耳其與希臘因賽普勒斯引發的爭議、土耳其與美國在二〇〇三年入侵伊拉克時使用北約在土耳其的空軍基地引發的緊張，以及厄多岡政府升高對異議人士的鎮壓使得加入歐盟的談判凍結。此後的阿拉伯難民危機，以及厄多岡強力鎮壓二〇一六年一場反對他的失敗政變，更導致關係進一步惡化。

二〇一一年阿拉伯暴動時，許多人宣稱世俗、溫和的民主土耳其可以當作其阿拉伯鄰國的典範。相反的，阿拉伯浪潮的暴力外溢，助長厄多岡轉型成現代的東方專制統治者，他囚禁軍事將領和反對人士，恐嚇知識分子和新聞記者，並放逐過去的盟友。他更進一步想藉由一套阿拉伯語的新教材和可蘭經教學把土耳其教育伊斯蘭化，以製造「虔誠的世代」。在他下台時間無法預測的情況下，這位新奧圖曼厄多岡已讓身邊圍繞一批所謂歐亞大陸派的禁衛軍，他們相信西方一心只想孤立土耳其。雖然與歐洲的關係日益惡化，土耳其仍然是歐洲理事會和歐洲關稅同盟的成員，且從歐洲吸引超過一半的國內投資，因此歐洲的銀行基於對土耳其市場的曝險而必須支持土耳其從經濟危機復甦。但土耳其已因為歐洲的政治排斥，以及東方混合著動盪和機會的情勢，而逐漸往亞洲傾斜。

和俄羅斯一樣，土耳其的大部分領土在亞洲，但與俄羅斯不同的是，大多數土耳其人口也居住在亞洲。此外，土耳其是幾近百分之百的穆斯林國家（八〇％人口為遜尼派，二〇％為什葉派），所以對它的亞洲精神比較沒有分裂感。土耳其的種族、語言和文化的淵源來自從高加索、中亞（前「突厥斯坦」）一直到蒙古。土耳其航空公司從二〇一三年開始增闢直飛蒙古航班，並已開始大規模維護其文化古蹟。土耳其對其中亞的突厥同胞主動示好，已為這個陸封地區與西方建立更多連結奠立基礎。在過去五年，協調的投資已大步邁進，把中亞和安那托利亞連結成一條二十一世紀絲路，包括興建貨運鐵路，更新裏海的港口（亞塞拜然的巴庫、哈薩克的阿克套，和土庫曼的土庫曼巴希），和從哈薩克到中國的能源走廊。土耳其已經是裏海能源經由巴庫—第比利斯—傑伊漢（BTC）油氣管運往地中海的通道，協助歐洲降低對俄羅斯的依賴。很快它也將成為土庫曼和從伊朗輸出天然氣的管道。

土耳其從一九五二年以來就是北約聯盟的東方支柱，但它即將加入許多人稱為「東方北約」的上海合作組織。無疑的，加入一個亞洲安全聯盟是厄多岡想對西方進行的報復，也是俄羅斯支持土耳其申請加入這個組織的原因。土耳其也在二〇一七年購買價值二十四億美元的地對空飛彈，儘管北約和俄羅斯的關係緊張。在華盛頓和布魯塞爾，戰略家還沒考慮這個動作將如何迫使他們重新調整對土耳其的政策，但當土耳其與奧圖曼時代的兩個前對手俄羅斯和伊朗簽訂協定，以保護他們在阿拉伯世界的利益免於美國和北約的侵蝕時，西方的戰略家無可避免地將思考政策調整的問題。

雖然很難想像中國在土耳其設立軍事基地，但土耳其加速亞洲化的經濟面已明顯可見。土耳其和中國的年貿易額，從二〇〇七到二〇一六年已翻倍至二百七十億美元，中國已佔土耳其進口的一三％（另外有八％來自其他亞洲國家）。為了矯正中國巨額的順差，中國正派遣商務代表團向土耳其購買產品，並邀請土耳其企業到中國銷售，甚至放寬土耳其人的簽證規定。二〇一五年，中國工商銀行收購Teksilbank，並挹注更多資金供其融資土耳其公司的貿易。土耳其與伊朗、南韓、印度和阿聯酋的商務也快速增長，達到和主要歐洲國家貿易額相同的水準。在與亞洲各國的廣泛關係中，土耳出口的大理石、銅和其他商品逐漸成長，進口的紡織品、電腦和其他機械也是如此。雖然土耳其和印度、日本或中國未簽訂自由貿易協議，但基礎設施連結的改善已大幅提高彼此貿易的效率。在土耳其里拉二〇一八年大幅貶值時，日本投資人扮演了關鍵的穩定角色。

在促進土耳其的東向擴張上，投資將證明比貿易更加重要。中國手機製造商中興通訊已收購土耳其電信公司近四九％股權，為兩國將聯手執行從土耳其到中國之間十多個國家的基礎建設合約舖路。土耳其國家鐵路公司已計畫舖設九千三百哩新高速鐵路和傳統鐵路，包括國內和延伸到鄰近的喬治亞和伊朗的路線，大多數將由中國公司承建。土耳其已有一條經由伊朗到巴基斯坦的貨運鐵路，而伊斯坦堡到烏魯木齊的新貨運鐵路也將開始提供服務。不意外地，土耳其熱切地加入亞洲基礎設施投資銀行（AIIB），成為十二個最大股東之一，並立即在二〇一六年獲得六億美元貸款的回報，將用以完成從亞塞拜然經過土耳其，直到南歐的跨安那托利亞天然氣管線。歐洲人可能厭惡土耳其向亞洲傾斜，但仍將從中獲益。

伊朗的開放也使土耳其得以利用亞洲門戶的有利地理位置。如今，歐洲豪華火車載著歐洲觀光客穿過土耳其到伊朗度假，且歐洲對伊朗天然氣生產的新投資（雖然有美國的制裁），意味未來將興建更多伊朗經土耳其到歐洲的油氣管。雖然土耳其和伊朗對敘利亞和伊拉克的政策不同，土耳其的銀行、企業和貨幣兌換業者早已在籌謀規避制裁，以便在能源、黃金和其他商品的以物易物交易上攜手合作。當制裁解除後，土耳其企業很可能成為伊朗境內人數最多的外國人，並將對伊朗供應更多金飾、菸草和食品。

土耳其和伊朗也已更新雙方的國防合作，以保護邊界免於阿拉伯動亂的威脅，和壓制庫德族的意圖。已收容逾三百萬名敘利亞難民的土耳其，沒有餘裕假裝它在專注於歐洲的同時又有能力防守與敘利亞共有的六百哩邊界，以及持續與庫德族民兵戰鬥。不過，隨著敘利亞展開重建，土耳其將感覺與敘利亞恢復貿易關係的壓力日增，因為伊朗已搶先爭取到重建敘利亞電力網、飲水和下水道及電信基礎設施的肥美合約。伊拉克的未來也充滿不確定性，因為伊朗的影響力已深入伊拉克軍事、政治和經濟；遭到對抗伊斯蘭國戰火摧毀的摩蘇爾等城市已經重建；庫德族持續追求獨立。未來各種情況都可能發生，加上任何單一勢力都無法控制結果，土耳其將對歐洲、美國和其他嘗試支配其利益的國家失去耐性。土耳其將同時追求與不穩定的阿拉伯鄰國間的緩衝，以及從這些鄰國的重建中獲利。

旭日東昇：「中東」往東看

在部分東亞地區的生活水準超越西方的同時，西亞一些地帶則變成廢墟。在亞洲愈往西邊走，社會的宗教、內戰和國家失能的蒸汽鍋燃燒得就愈猛烈。據估計，從美國二〇〇三年入侵後，遭殺害的伊拉克人多達二十萬人，二〇一一年以來，死於戰亂的敘利亞人估計有五十萬人。敘利亞內戰已導致國內許多城市被轟炸成廢墟，剩餘的居民在蠻荒的條件下過著乞食的生活。西亞的難民危機也是全世界最嚴重的。歐洲近幾年來面對收容一百萬難民的挑戰，比起亞洲本身的負擔微不足道。土耳其境內收容的難民達三百萬人，巴基斯坦另有一百五十多萬難民，黎巴嫩和伊朗也各有一百萬難民。

土耳其、沙烏地阿拉伯和伊朗，是重新塑造西亞地區的最主要強權。這個被稱為馬什里克（日出之地）的地區，也就是歐洲人所稱的「近東」地區，特別是指伊拉克、敘利亞、黎巴嫩、約旦、以色列和巴勒斯坦等地。這個西亞的次區域今日的遭遇，有如一九七〇年代的東南亞：後殖民分裂和外國勢力間的代理地緣政治鬥爭，反映在遜尼派阿拉伯國家和什葉派伊朗支持毫不妥協的教派民兵間的衝突。敘利亞政府和反叛軍部署的武器來自美國、俄羅斯、克羅埃西亞和卡達，但敘利亞已成為今日最恐怖的亞洲人殺害亞洲人的例子。

沙烏地—伊朗的角力，在較小和較脆弱的國家間也一樣明顯。沙烏地阿拉伯長期以來將黎巴嫩視為一個完全掌控的附庸國，當二〇一七年沙烏地懷疑黎巴嫩總理哈里里（Saad Hariri）與伊朗支持的真主黨合作過於密切時，他被召喚到利雅德提出辭呈，並遭到軟禁。另一方面，對伊朗來說，敘利亞和黎巴嫩不只是往地中海的通道，也是對抗以色列的戰略運用要地。而在葉門，沙烏地阿拉伯尋求鎮壓伊朗支持的胡塞叛軍帶來的人道災難持續發生，無數人死於饑饉。阿聯酋管理亞丁的機場和海港，由其軍方提供安全服務，而阿聯酋紅新月會（Red Crescent）則嘗試重建醫院。

在過去四分之一世紀，阿拉伯世界一直是西方的問題，亞洲人則搭上西方軍事干預和財務貢獻的便車。但現在大多數重大的長期能源合約、基礎設施計畫和外交倡議都與亞洲強權有關，亞洲－阿拉伯關係對西亞前途的影響，將遠大於來自華盛頓或倫敦的指令。隨著西方殖民遺留的痕跡淡去，例如重劃獨斷的邊界，當前混亂中唯一清楚的趨勢，是美國的角色將愈來愈不重要。在美國主要透過伊斯蘭國和真主黨的稜鏡看待這個地區的同時，區域強國正尋找一個能重建整個地區的權力平衡。近日成立的沙烏地－伊拉克協調委員會目的在促進沙烏地的利益，而伊朗支持的政黨和準軍事部隊則效忠於伊朗。在二〇一八年二月召開的伊拉克重建會議中，美國只提供三十億美元的信用額度，相對於亞洲和多邊援助組織則承諾提供三百億美元[3]。敘利亞人過去很驕傲地自稱「東地中海人」，現在他們知道自己的未來在阿拉伯和亞洲。從這裡往外一環的亞洲強權也正忙於發展經濟基礎設施，以確保這些國家未來與東方的關係比起西方更為緊密，而不管它們是否穩定。中國和印度已經是伊拉克石油最大的購買國。二〇一七年伊拉克陸軍使用中國製無人機成功地攻擊伊斯蘭國，且中國的華為科技公司已在競標中打敗歐洲公司，贏得承建伊拉克電信基礎設施的合約，將在短短十二個月後推出。亞洲商務資深觀察家辛普芬多佛（Ben Simpfendorfer）為研究伊拉克經濟的東亞企業代表提供諮詢，他認為政治風險和文化差異是可管理的障礙，他說：「生意人就是生意人，只要有賺錢的機會，他們就會去做。」

其他未能建立有意義的後殖民時代身分認同的阿拉伯國家，也把握機會加深與世界最大和成長最快經濟體的戰略關係。約旦嘗試藉由邀請亞洲投資者來建立其經濟基礎，來擺脫長期接受阿拉伯世界與西方援助的名聲。沙烏地阿拉伯已開始在其約旦邊界斥資五千億美元興建一座稱為Neom的新城市，以便把商業觸角延伸到馬什里克地區。約旦也已成為亞投行的創始成員，並因此立即獲得融資以興建新頁岩油和再生能源發電廠、戰略港阿卡巴附近的一個製造業經濟特區和物流中心，並與中國簽訂三十億美元全國鐵路網的合約。在十年內，舊奧圖曼時代的漢志鐵路將變成新亞洲絲路網絡的一部分。

以色列也致力於吸引來自亞洲各國的支持，其獨特的歷史條件造就它成為西亞最西化的社會。在這個多宗教、多政黨的民主國家，大多數猶太人口（佔人口的七五％）是第二代和第三代本土出生的國民，大半自稱是歐洲裔。儘管地區局勢動盪不安，過去十年來自法國、德國、義大利、英國和比利時的猶太移民持續增加。在歐洲的恐怖主義和反猶太情緒升高之際，以色列總理納坦雅胡（Benjamin Netanyahu）呼籲所有猶太人回歸以色列以強化其人口結構。但和土耳其和俄羅斯一樣，以色列感覺愈來愈遭到歐盟拒避，相反的，歐盟推動為巴勒斯坦阿拉伯人創設獨立國家，同時歐洲團體也發起撤資和杯葛運動以反制以色列。以色列的反應是加倍押注在非民主主義（illiberalism）：二〇一八年，以色列國會通過決議宣告其國家宗旨是作為猶太人和猶太價值的守護地，而未提到少數族裔權利。雖然美國提供充足的軍事援助給以色列——且川普承認耶路撒冷為以色列首都——以色列領袖知道許多美國猶太人質疑是否有必要與以色列建立特殊的結盟關係，因為他們感覺提供以色列政府過度的保護。

以色列因此開始積極向中國和印度示好。過去十多年來，以色列逐漸加強與印度的關係之舉，曾被描述是在充滿敵意的穆斯林獨裁國家環伺下，嘗試建立潛在的「民主軸心」。二〇一七年，莫迪成為第一個訪問以色列的印度總理，除了公開承認以色列成為印度的第三大武器供應國，也加強網路安全和飛彈防衛，以及關鍵經濟優先目標，如農業技術和水循環利用等領域的合作，這兩大領域都是以色列的強項[4]。以色列有近九萬名來自印度的猶太人，而且以色列近來實施吸引外國工程師進入其科技業的新人才簽證措施，也以新一代印度人為目標。二〇一七年，納坦雅胡到印度訪問六天，隨行的是一個一百三十名官員和企業領袖的代表團。

以色列也企盼增加對中國的出口，甚至不惜提供與美國合作開發的敏感雙用途科技。這種作法不但引發與美國國防部的摩擦，而且中國可能把這類科技轉移給伊朗，進而被用來傷害以色列。這種反饋迴圈是許多國家並存於共同的區域安全體系的證據——即使這些國家不喜歡如此。中國人在以色列的足跡日漸明確。為了紓解特拉維夫的住宅短缺，以色列已引進近一萬名中國營建工人，同時以色列的著名大學如海法大學，以及特拉維夫的以色列理工學院，每年都歡迎數百名中國新生入學。以色列理工學院在廣東省也有一所共同分校，專注在人工智慧研究。美國愈阻止中國對美國敏感科技公司的投資，中國就愈可能把興趣轉向以色列；中國在這方面對以色列已投資一百六十億美元，並已成立一個以科技創新基金，每年投資在數十家以色列新創公司之上。

中國愈在問題重重的東地中海地區紮根，它就愈必須學習在殖民主義遺緒和今日該地區重疊和衝突的利益迷宮中小心前進。中國已呼籲建立獨立的巴勒斯坦國（首都設於東耶路撒冷）以交換支持中國的外交優先目標，這個立場與美國的政策相反，也引起以色列的懷疑。但中國參與以色列的物流業可望建立以色列與其阿拉伯鄰國間的新合作管道。二〇一四年，中國港灣工程公司開始在阿什杜德興建一座新港，規模比以色列目前的主要港口海法還大。目睹該計畫的快速進展，以色列運輸部長二〇一六年對中國主管說：「你們已穿上摩西的鞋子，把海水變成陸地。」[5] 在此同時，以色列正規劃一條從阿什杜德到紅海濱艾拉特的貨運鐵路（連結紅海到地中海），可讓貨物運輸繞越蘇伊士運河。這也需要以色列大規模擴大艾拉特的容量，甚至延伸鐵路線到附近規模大上許多的約旦阿卡巴港。在同一時候，中國已變成蘇伊士運河經濟區的最大投資國，帶領一群包括馬來西亞和印尼在內的亞洲工業出口國，而它們也想利用該經濟區作為增加對地中海各地銷售的橋頭堡。

無疑的，以色列坐困於阿拉伯和亞洲鄰國環伺的安全綜合體內，在過去十年，它曾越過邊境與由獨立庫德人支持的黎巴嫩戰鬥，對敘利亞軍事設施發動數百次空襲，摧毀敘利亞境內的伊朗軍事設施，並執行更強硬的措施（包括網路攻擊、破壞和軍事行動）以阻止伊朗的核子計畫。有趣的是，這些活動讓以色列更密切地接觸它南方的波斯灣阿拉伯國家。以色列從一九九〇年代開始與卡達建立經濟關係，卡達向來也是以色列與武裝團體哈瑪斯（Hamas）溝通的重要非正式管道。二〇一五年，以色列派遣一個外交使團到阿聯酋，以代表它設於阿布達比的國際再生能源局（IRENA）的利益。二〇一七年，以色列和阿聯酋空軍（以及希臘、義大利和美國的空軍）參與一項聯合軍事演習。沙烏地阿拉伯和阿聯酋曾公開對以色列示好，承諾解除貿易限制和允許飛越領空權，以交換解決巴勒斯坦問題的進展。波斯灣國家也增加採購以色列的先進監視科技以用於反恐怖活動。這三個國家對伊朗都有共同的明顯敵意，甚至促成它們公開地舉行高階戰略協調。正如納坦雅胡二〇一八年二月在慕尼黑安全會議上所表示，伊朗的侵略促進了「阿拉伯人與以色列人前所未見的緊密關係」，且「可能為廣泛的和平鋪路」[6]。截至目前，這些正常化的例子尚未代表以色列被正式承認，但它們確實代表不久前還是誓不兩立的敵對國家，基於共同利益而展開實質互動。雖然以色列曾經試圖築起高牆以隔絕整個阿拉伯世界，並自我標榜為歐洲的前哨，但現在它已比以往任何時候都更融入為亞洲體系的一部分。

波斯灣：亞洲的西方之錨

一九八〇年代和一九九〇年代亞洲大幅成長後，阿拉伯原油流向亞洲的比例開始激增。這段長達二十年的「超級循環」，將阿拉伯的能源與亞洲的需求連結在一起，這是大宗商品價格高漲和消費激增的共生關係，使今日的東亞變成了波斯灣石油和天然氣出口國的最大市場。西亞因此展開一個與西方在經濟、甚至戰略上脫離的歷程，並明顯展現在這些國家的經濟甚至軍事事務上。

過去半世紀以來，美國軍事侵入阿拉伯世界的主要目的是，保護石油往歐洲和美國的流動。四十年前，波斯灣國家以石油作為對抗西方的武器，在美國尼克森總統取消金本位制後禁止它們的石油出口到美國。當美國在贖罪日戰爭支持以色列，波斯灣出口國把油價推升到五倍高。但愈來愈自給自足的美國和專注於發展再生能源的歐洲，對波斯灣能源的需求逐漸減少。到了美國不再需要片面保護沙烏地原油流動的「卡特主義」，美國把優先目標轉向提振對波斯灣國家的軍售、穩定伊拉克和壓制伊朗。但在鼓吹波斯灣國家把海珊的軍隊趕出科威特，並建立一個龐大的軍事基地網以提升阿拉伯軍事合作三十年後，美國發現把波斯灣合作理事會轉變成「中東北約」的努力已經失敗。

二〇一七年，沙烏地阿拉伯和阿聯酋在與同為波斯灣合作理事會成員卡達的鬥爭中，要求美國關閉在卡達的烏代德空軍基地。即使川普政府對波斯灣合作理事會國家有龐大的武器銷售，也未能讓美國更輕鬆地周旋於它的波斯灣「盟邦」之間，這個插曲也透露出地區忠誠性的亞洲化。在沙烏地阿拉伯以卡達涉及支持地區恐怖主義組織的理由，尋求說服亞洲強權減少與卡達關係的同時，土耳其和伊朗相繼開始供應卡達過去由沙烏地阿拉伯提供的糧食和其他產品。當阿聯酋從卡達撤出企業時，印度的鋼鐵和營建承包商很快就進駐卡達。美國的軍事存在為卡達的主權提供擔保，但亞洲強權也提供同樣重要的生命線。雖然美國繼續在波斯灣的軍售保持領先，並在沙烏地阿拉伯、卡達、巴林和阿聯酋維持活躍的軍事基地，沙烏地阿拉伯也變成中國飛彈系統和無人機的大主顧。沙烏地希望與中國保持良好的關係，一如中國和伊朗一樣緊密。如果伊朗跨過核武的門檻，沙烏地阿拉伯可能的反應將是從長期的亞洲盟友巴基斯坦手中，取得沙國自己發展核子武器所需的零件。

經濟的轉變反映出波斯灣地區戰略展望的變遷。每一個波斯灣合作理事會國家和美國的貿易都減少，與亞洲的貿易則激增。三分之二的東亞產品出口和五分之四的原油經過麻六甲海峽，接著不是再通過蘇伊士運河就是荷姆茲海峽。近百分之百的印度產品貿易通過蘇伊士運河或麻六甲海峽。東協的能源消耗預估從二〇一五到二〇三〇年將增長一倍，大部分增加的供應將來自波斯灣國家。因此，沙烏地阿拉伯的沙特阿拉伯國家石油公司（Saudi Aramco）和阿聯酋的阿布達比國家石油公司（ADNOC），正與伊朗、伊拉克、奈及利亞和其他產油國激烈競爭，想成為亞洲最大的石油和天然氣供應國。其結果是，一九七〇和一九八〇年代石油輸出國組織的團結一致已因協調破裂而崩潰，導致產油國競相爭取亞洲長期顧客。南亞和東亞因而得以從西亞獲得穩定的石油供應，而不致受西亞政治不穩定的牽制。

長期以來，波斯灣國家與亞洲有緊密的貿易關係。波斯灣合作理事會國家出口石油和黃金到印度，並進口金飾和紡織品，每年總值達二千億美元。中國也與波斯灣合作理事會國家有近一千七百億美元的貿易關係，且採用人民幣的交易日增，正重新點燃自由貿易協定的計畫。在過去十年來，日本和南韓也增加了與波斯灣國家的貿易，且日本正與波斯灣合作理事會磋商自由貿易協定。日本和南韓向來在提供高端工業機械和電子產品上，為波斯灣雄心勃勃的經濟轉型中扮演關鍵角色。另一方面，東協出口肉類、水果、茶葉和其他農業產品到波斯灣國家在不到十年間增長一倍，為雙方每年一千三百億美元的貿易額做出貢獻。

沿著從荷姆茲海峽到麻六甲海峽這條新海上絲路——世界上最重要的能源通道——的新投資，就是該區域每個角落正因亞洲化而結合起來的證據。二〇一七年初，沙烏地阿拉伯國王薩勒曼（King Salman）花一個月訪問馬來西亞、印尼、日本和中國，為各國從沙烏地進口原油的石化廠舉行揭幕典禮。許多他這一代的人在印度求學，現在則有成千上萬名年輕的沙烏地人在阿布都拉國王獎學金的贊助下進入印度大學。所有波斯灣國家都已推動東向的運動。科威特和卡達投資於印尼新的大型煉油廠，阿聯酋的穆巴達拉投資公司則承接在泰國和越南的天然氣探勘計畫。當然，更多東南亞本地的天然氣生產將取代進口，但波斯灣國家仍可藉由擁有這些設施的部分股權而獲利。

從反方向看，中國已藉由收購阿布達比國家石油公司的海上鑽探營運而跨入阿聯酋的油田，同時江蘇省海外投資公司和中國遠洋運輸公司（COSCO）分別租賃三十五年和五十年阿布達比哈里發港的設施。中國光是在二〇一六年就投資阿拉伯各國二百六十億美元，遠超過美國只有七十億美元。阿拉伯語是北京外國語大學成長最快的語言。跨亞洲的投資成長正激勵進一步讓石油與美元脫鉤的計畫。為了回報中國巨資投入沙特阿拉伯國家石油公司，沙烏地阿拉伯可能開始出售以人民幣計價的石油給中國。歡迎石油人民幣的到來[7]。

如果沒有東亞的支持，波斯灣經濟體將無法達成其經濟多樣化的目標。波斯灣合作理事會國家的主權財富基金管理總值三兆美元的資產，但把資金投在倫敦或低殖利率的美國債券已是愈來愈不划算的選項。因此它們正快速從美國和英國贖回數以千億美元計的資金，轉而投資在為它們興建未來運輸網和工業園區的亞洲和歐洲承包商之上。二〇一五年，沙烏地阿拉伯的公共投資基金（PIF）收購南韓浦項工程營造公司三八％股權，接著沙特阿拉伯國家石油公司委託南韓現代公司興建波斯灣最大的造船廠。二〇一八年，南韓簽約取得為阿聯酋建造核能發電廠和訓練特種部隊的合約。巴林和阿曼都轉向由東亞的銀行來提供貿易融資和進行共同投資。據估計，波斯灣合作理事會國家光是在發電和輸電網就必須投資一千三百一十億美元，而歐洲的公用事業和亞洲的核能電廠營運商已紛紛搶標這些工程[8]。不管有沒有石油牽涉其中，波斯灣地區在未來依靠亞洲的程度將日益加深。

亞洲主權財富基金和金融財團，也與亞洲的高成長國家在關鍵基礎設施計畫上攜手合作。阿聯酋的穆巴達拉投資公司與中國國家開發銀行有一項一百億美元的合資案，杜拜環球港務公司則成立三十億美元的基金，將以投資印度各地快速成長的物流業為目標。亞洲科技公司也帶頭開拓阿拉伯世界的四億名顧客，其中有半數是網際網路的經常使用者。阿里巴巴已開始在阿聯酋阿里山港附近的「科技城市」投資六億美元，將招攬機器人和行動應用軟體公司。騰訊在亞洲各地推出微信（WeChat）服務，為來自南亞的數百萬名移民工提供支付和匯款功能，而小米則開始銷售以低薪勞工為目標的八十八美元智慧手機。

在阿曼的馬斯喀特，所有話題都是該國與亞洲日漸緊密的關係。中國在阿曼濱阿拉伯海的新超級大港杜古姆投資工業園區，將協助阿曼擴展造船和汽車組裝等非石油業。隨著該國經濟上的多樣化，富裕的印度裔商人和企業家（印度人佔阿曼人口逾三分之一）將藉由提供阿曼整體經濟所需的顧問、金融、法務和科技服務，而成為最大受益者。

南亞和東亞人愈是與波斯灣地區建立關係，他們就愈想保護他們的投資。中國、印度、日本和其他亞洲強國都已加強它們在西印度洋的自由航行、反海盜和其他海軍演習。尋求恢復朱羅王朝海上霸權的印度，也將其海軍武器的購買提高到超過國防支出的四分之一，目的是成為印度洋的守門人。以「印度—太平洋自由與開放」為名，每年印度和日本與美國聯合舉行馬拉巴爾演習，美國則已把其太平洋軍力重新命名為印度洋—太平洋司令部。中國也尋求恢復明朝的光榮，派遣現代鄭和率領的小艦隊到印度洋。中國擁有的驅逐艦、護航艦和其他戰艦是印度的四倍之多（雖然仍比美國和日本少）。在未來，中國可能把更多戰艦停駐在斯里蘭卡的漢班托塔港（Hambantota port），因為斯里蘭卡政府二〇一七年因為無法償付興建該港口的貸款，而把該港租賃給中國九十九年；甚至停靠在馬爾地夫，因為馬爾地夫已同意成為一帶一路倡議的海運中樞。中國更積極介入印度的航海舞台的舉動，已使印度高度戒備。斯里蘭卡原本先求助於印度以開發漢班托塔港，但印度舉棋不定。現在印度則主動提議更新和管理漢班托塔港，以便監視中國的活動。

西南亞國家日益複雜的關係提醒世人，該地區的體系逐漸擺脫對美國的依賴，使各國間開始建立更錯綜複雜的夥伴關係：阿拉伯國家憎惡以色列，但為了各自的安全和制止伊朗而加強與以色列的關係；沙烏地阿拉伯大舉援助巴基斯坦，但為印度的能源市場和仰賴近三百萬印度勞力而與印度親善。但即便是伊朗領導階層二〇一八年也宣稱，不排除與波斯灣國家談判達成地區的和解、甚至提議設立「地區對話論壇」，條件是只要西方強權不參與。不管沙烏地阿拉伯和伊朗是否發生直接軍事衝突，阿拉伯人和波斯人間的貿易無可避免地將回到有數世紀歷史的阿拉伯帆船模式——雙方在狹窄的海峽上交換糧食和產品——即使他們永遠無法達成波斯灣（或阿拉伯灣）名稱的共識。

伊朗重新加入絲路

伊朗近四十年的孤立，對一個數千年來位處歐亞大陸絲路地理中心的國家來說很反常。不管是沙王或宗教領袖領導的伊朗，或由英國、蘇聯和美國操縱下的現代伊朗，總是尋求排除外國干預和恢復波斯霸權。伊朗向西的擴張獲得最多來自西方的關注。它在伊拉克操縱的什葉派政治、敘利亞扶持阿薩德、黎巴嫩支持真主黨，以及運送武器給葉門的胡塞民兵，都顯示它在地區大多數地方的影響力超過美國。美國官員斥責伊朗嘗試創造一條通往黎巴嫩的「陸橋」，但從伊朗的觀點來看，它從伊拉克、敘利亞和黎巴嫩到地中海的西向運動，是為了恢復薩法維王朝對底格里斯河和幼發拉底河流域的支配，多過於侵略的目的。較新的說法是，伊朗是趁著伊拉克現在的情況比當年遠為虛弱時，重啟一九八〇年代的兩伊戰爭。

在此同時，伊朗的戰略展望同樣也是指向其東方的機會。和沙烏地阿拉伯一樣，伊朗必須確保其石油和天然氣出口到東亞的通道。伊朗和中國從二〇一四年以來已定期在波斯灣海域執行海軍演習，中國的小型艦隊停靠在荷姆茲海峽的阿巴斯港。取道土庫曼的新上海—德黑蘭貨運鐵路只需要十二天就可抵達，比起海路的三十天大幅縮短。和土耳其一樣，伊朗是上海合作組織的重要成員，伊朗希望透過該組織來穩定阿富汗，以及更容易與中國貿易。伊朗和中國希望解決世界最大海洛因和其他鴉片類毒品生產地「金新月」區的問題，伊朗的毒品成癮人數在過去短短六年已激增一倍。伊朗也計畫從阿富汗的赫爾曼德河（Helmand River）獲得更多用水，該河是伊朗第二大城市馬什哈德的主要水源。在西方與阿富汗交界的大省份法拉省（Farah；也稱為「小伊朗」），伊朗建立自己的商務網和間諜網[9]。今日阿富汗最大的貿易夥伴分別是中國、伊朗和巴基斯坦，這讓人想起美國與這個國家的關係是多麼短暫、甚至痛苦。美國在穩定阿富汗上做得愈少，亞洲人做的就愈多。

西南亞各盟友與敵對國家間的合縱連橫，已製造出一個像賣座電影《諜對諜》（*Syriana*）般錯綜複雜的地緣政治情節。沙烏地阿拉伯已招募大量巴基斯坦軍人前往葉門，對抗伊朗支持的胡塞叛軍，因而製造出伊朗與巴基斯坦間的緊張；而中國則希望調停這種緊張以穩定伊朗與巴基斯坦交界的俾路支地區，避免中國在該地進行的天然氣、電力、道路和港口計畫遭到阻礙。儘管錯綜複雜，亞洲人堅持不懈地同時追求阿拉伯和伊朗的商機。即使美國制裁伊朗，亞洲各國並不避諱與伊朗交易，且似乎比西方更樂於與伊朗的伊斯蘭革命衛隊及其許多商業利益打交道。中國已融資德黑蘭——馬什哈德鐵路，且中國公司在該鐵路沿線設立工廠，以供應產品給伊朗人和中國的貿易業者。韓國人和伊朗人的銀行業聯合會二〇一七年簽訂協議，提供兩國貨幣的貿易融資，取代美元或歐元。在歐洲銀行業擔心美國報復與伊朗交易，導致許多歐洲公司無法獲得授信的情況下，亞洲人正趁機搶佔投資標的。當歐洲能源公司如道達爾（Total）屈服於美國壓力而變賣伊朗天然氣田股權時，中國石油天然氣集團便接手股權。一項從伊朗到印度的海底天然氣管計畫，將使印度從伊朗進口天然氣，比在印度國內生產更便宜。當阿拉伯人、波斯人和其他亞洲人在這個地區競逐影響力時，他們同時也在復興他們古老的關係。

中亞：新絲路的十字路口

中亞的共和國從前蘇聯脫離後，轉變成中國資助的絲路通道已經進行了一世代，最早的里程碑之一是一九九〇年代第一條從裏海經由哈薩克到中國的油管，以及上海合作組織的創立。到二〇〇五年，中國和哈薩克宣布締結「戰略夥伴關係」；十年後，一帶一路倡議在許多中亞國家展開。雖然中國是重建中亞新動脈的主要倡議者，一帶一路倡議的結果將不是中國霸權，而是一個歐亞大陸的新十字路。與美國認為中國的基礎建設計畫隱藏著新殖民主義的侵略相反，中亞國家樂於當新東—西走廊的主人。中國—哈薩克邊界的物流中心霍爾果斯（Khorgas），已成為參與該地區現代化的眾多移民工和企業人士免簽證的中繼區。與古老的過去一樣，大量伊朗人、突厥人、南亞人和中國人在中亞國家的市集處處可見。哈薩克位於烏茲別克、吉爾吉斯和中國交界的商業中心阿拉木圖，已是地區商販和貿易商的熔爐。這提醒我們許多亞洲人歡迎中國在亞洲的基礎建設倡議，因為該倡議給了他們追求自己的商業目標——而非中國的目標——的理由。

如果不是中國承擔啟動前蘇聯共和國新現代化建設的風險，今日的評論家將哀嘆這些國家是明智的投資人而不願進入的高風險落後區。但現在中國是哈薩克鐵路和油氣管、烏茲別克能源和運輸基礎建設、土庫曼天然氣田、吉爾吉斯礦業，和塔吉克水力發電廠的最大投資國。中國的資金製造的不是延續地方的貪腐，它也在這些向來以殘暴政權聞名的國家注入了自我提升紀律的動力。現在這個地區的蘇聯時代領導人大多數已逝去，這些脆弱的國家將如何建立有意義的未來？如果不是中國人投資內陸國家烏茲別克跨邊界的基礎設施，它的新政府不會宣布透過地區整合來倍增ＧＤＰ的目標，它也不會成為世界上連續多年經濟成長最快的兩個國家之一。

中國每年的鋼鐵生產超過十億公噸，和世界其他國家加起來的產量相當，每年還有二億公噸的剩餘可以出口到一帶一路倡議夥伴。一帶一路倡議國家有五十六個經濟特區，其需求將源源不絕。中國的政策銀行和亞投行將共同融資每年多達一千五百億美元的計畫，為私人投資者提供參與的初始動力和獎勵。

有人批評亞投行是世界銀行的敵手，但亞投行變得不可或缺是因為世界銀行從五十年前就已拒絕融資重大基礎建設計畫。因此，亞投行矯正了提供區域基礎建設的重大市場失靈。亞投行的樣板不是世界銀行，而是主要由日本人提供資金的亞洲開發銀行（亞銀）。總部設在馬尼拉的亞銀創立於一九六六年，並在二〇〇〇年代開始執行最遠達到高加索地區的運輸和能源計畫。今日亞銀共執行了超過一百七十個計畫，價值逾三百億美元，由亞洲和歐洲的融資機構提供資金，如歐洲復興開發銀行（ＥＢＲＤ）以及世界銀行的國際金融公司（ＩＦＣ）等多邊機構。重要的是，亞銀計畫遵守聯合國氣候變化綱要公約第二十一屆締約國大會（ＣＯＰ２１）的環境目標，例如投資再生能源。無疑的，這些既有的開發機構對亞投行抱持懷疑，但亞投行為這個地區投入的龐大資金鼓勵了數十名亞銀的資深幹部跳槽到亞投行，並帶進許多人擔心亞投行可能不足的計畫管理專業。近來，世界銀行和亞銀已開始與亞投行共同承諾為計畫提供融資。畢竟，亞銀自己估計，亞洲在二〇三〇年以前需要二十六兆美元的基礎建設投資。現在已有超過八十個國家和大多數世界的發展機構形成一個網絡，以確保達成這個目標。雖然對許多有關一帶一路倡議交易的懷疑仍會持續，但執行該倡議的程序，大體上實現了一位巴基斯坦部長形容的「凝聚誠意」的精神。

雖然一帶一路是一項多邊倡議，但它的基礎是市場導向而非意識形態。雖然投資初期可能虧損，但它是商業倡議，而非慈善倡議。中國的國有企業和銀行正在學習，與更專注於品質治理和合理投資報酬的新金融機構分擔計畫風險。雖然四百億美元絲路基金的主要股東是中國人民銀行、中國投資公司、中國國家開發銀行和中國進出口銀行，它的運作很像世界銀行的國際金融公司，其資本是向廣泛種類的合夥人籌募的，而且它追求有效率的營運和有意義的獲利。管理一帶一路資產的人民幣計價基金正準備股票首次公開發行（IPO），並在交易所上市，以吸引世界各地的投資人。

在發起時，中國國家主席習近平宣稱，一帶一路倡議「不是獨奏，而是合唱」。他正確地押注即使是中國的敵手也會投資在一帶一路倡議的願景，並了解在場外批評看起來只會像嫉妒。例如，印度不僅是亞投行的第二大股東，也是最大的貸款接受者。一帶一路倡議也與日本聯合推動一系列基礎建設計畫。美國也承認一帶一路倡議的必要性，因此有學者專家明智地向華府官員提出加入賽局的建議，用一位前國務院官員的話來說就是「強化與亞洲各國的貿易、投資和基礎建設」[10]。奇異公司（GE）決定與絲路基金合作，共同投資在一帶一路倡議各會員國的電力網。二〇一八年，川普總統簽署建設法案，以六百億美元預算成立新的美國國際開發金融公司（ＵＳＩＦＤＣ），支援在亞洲的美國商業運作。雖然這些美國投資如果實現的話，可能恢復一些美國的可信度，更根本的是它們將協助亞洲人達成其目標。整體來看，所有這些融資將為全世界數以萬計的公司服務——但特別是對亞洲公司——提供營建、製造、技術、顧問、法律和所有與計畫有關的需求。在亞洲興建的東西都將留在亞洲，而且優先為亞洲人提供最大的利益。

習近平在二〇一七年的共黨大會上演說，表示中國處理外交的方法「為其他想加速發展和保持獨立的國家和民族，提供一個新選項」。不過，在投入這麼多新投資的地方，龐大的債務也已堆積起來。中亞管理債務激增的唯一方法，是透過激進的經濟重整，這在商品價格低落的時代是一大挑戰。哈薩克是第一個要面對考驗的國家，該國的福利基金目標設定為政府佔經濟的比率要從近九〇%降低到二〇%以下，允許投資人改造銀行業、房地產和能源業的國有事業成為現代企業。由於從莫斯科到北京之間沒有主要金融中心，哈薩克快速成長的新首都阿斯塔納（二〇一七年曾舉辦阿斯塔納博覽會），正推動一個杜拜式的阿斯塔納國際金融中心（ＡＩＦＣ）計畫，以上海證券交易所為主要投資人，將為外國和本國公司扮演地區總部的角色。中國的銀行和企業已同意在當地掛牌上市，使哈薩克人擁有未來提供資金的企業持有股權。

哈薩克已率先扮演起歐洲和亞洲間樞紐國家的角色。目前中國到歐洲的鐵路貨運量有六〇%通過該國領土，相較於俄羅斯到歐洲鐵路貨運量只有三%，而蒙古到歐洲鐵路貨運量只有一〇%經過該國。哈薩克和蒙古這兩個世界最大的內陸國家有廣大的自然運輸空間，它們也是絲路走廊巨大的電力站。哈薩克不僅是石油和天然氣大國，也正密集地投資於太陽能、風能、核能和生物質能，所有這些電能將可供應規劃中連接中亞各人口中心的超高壓直流電傳輸系統。在蒙古，日本軟體銀行正協助開發其龐大的太陽能和風能潛力，這些若再加上該國的水力資源，將可減少從俄羅斯和中國進口的高價燃油（蒙古所有煤和銅幾乎全都出口到俄羅斯和中國）。

在與亞洲兩大地緣政治巨人為鄰的情況下，蒙古永遠的問題是如何不只局限於俄羅斯和中國間的緩衝國，或兩個大國競逐其礦產和鐵路特權的地點。俄羅斯軍隊一世紀前修築了蒙古的鐵路，他們的後代仍住在那裡。蒙古目前親俄羅斯的總統巴特圖勒嘎（Battulga Khaltmaa）正大力推廣該國的「第三鄰國」政策，目標是以ＡＢＣ（Anyone but China）吸引非中國投資人。不過，在晚近的礦業榮景中，支持蒙古的卻只有中國。現在蒙古必須設法現代化其非礦業的部門，為其發展戰略尋找更遠的出路。和澳洲及不丹一樣，蒙古再度著重於一些礦業發展之前的產業，例如皮革製造和有機農耕。畢竟，只有三百萬人口的蒙古有五千萬隻馬、牛、山羊，以及特別是綿羊，後者生產的羊毛可用於製造從精緻的喀什米爾毛衣到蒙古包的環保隔絕材料等各種產品。亞洲人並沒有湧向蒙古，但蒙古應該成為可永續發展的亞洲的一部分。

中國相較於許多鄰國有先行者的優勢，因為它在其他國家不願意投資這些國家時率先投資它們。但這並不表示中國鋪設了一條直線的霸權路徑。相反的，中國大舉投資這些市場提高了吸引其他能幫助其成長和償付債務給中國的條件，甚至這些投資能以更好的條件取代中國的貸款和資本。吉爾吉斯、寮國、蒙古和塔吉克等小經濟體，在一帶一路倡議之前的債務絕大部分是欠中國的，但現在它們獲得了更穩固的成長和被認可的平台。哈薩克等政府如今已有充足的信心宣告禁止外國投資的戰略商品和產業，因此得以拒絕一些中國以債務換取特許的提議。中國的鄰國將接受中國的投資和貿易以換取共同的利益，但它們不會被迫踏入戰略陷阱。它們想要在一個亞洲體系中繁榮強盛，而非中國的體系。

從山脈到海洋：亞洲的垂直軸線

巴基斯坦是一個尋找新意義的年輕國家。儘管如此，被認為是南亞穆斯林家園的巴基斯坦，穆斯林人口只和它的最大敵國印度一樣多（印度的印度教徒佔大多數）。從獨立以來的七十年間，巴基斯坦只有一任民主選舉的政府完成五年任期。雖然巴基斯坦已變成一個擁有核武的強國，國內派系暴力卻是它更大的威脅。二〇〇一年九一一恐怖攻擊後，巴基斯坦是北約補給阿富汗的主要通道，成為美國領導的「反恐戰爭」不可或缺的側翼之一，但隨著武器、資金和政治支持枯竭[12]，巴基斯坦需要一個新的國家戰略。

這個問題的答案——變成中亞進出阿拉伯海的可靠通道——已經醞釀了數十年，但現在已佔據無數巴基斯坦未來願景的中心地位。一九六〇年代初，印度和中國在喜馬拉雅山西部爆發邊界爭議後，中國開始延伸高海拔的喀拉崑崙公路，沿著印度河經過巴基斯坦到喀拉蚩。雖然這條北—南向的公路對巴基斯坦境內的運輸很有用，但對巴國東—西向從印度河以東肥沃的旁遮普，和信德省與西部荒蕪崎嶇的普什圖和俾路支地區的隔絕，卻沒有什麼幫助。美國從二〇〇一年起，對巴基斯坦的二百億美元軍事援助專注在反恐怖主義，但對長期經濟成長助益甚少：巴基斯坦紡織品出口歐洲直到二〇一四年才達到區區六十億美元，佔該國總出口不到三分之一。隨著愈來愈多巴基斯坦人從波斯灣地區的營建工地返國，帶回保守的瓦哈比派伊斯蘭教的價值觀，巴基斯坦政府與美國的任何交易都將面對日益升高的反對聲浪。

想了解巴基斯坦就必須知道阿拉、陸軍和美國的角色，這句話一度是至理名言。今日前兩項還是對的，但美國絕對已被亞洲所取代。巴基斯坦和其他亞洲國家一樣，已受夠了當一個仰望美國的乞求者。從板球明星變成國家政治領袖的巴基斯坦總理伊姆蘭（Imran Khan）說，幾乎所有巴基斯坦人都感覺，巴基斯坦應該停止當美國的「殺手」[13]，和「美國在阿富汗失敗的代罪羔羊」[14]。此外，美國愈威脅停止國際貨幣基金救援巴基斯坦債務危機的融資，就愈把巴基斯坦推入中國和其歷史贊助國沙烏地阿拉伯的懷抱；沙烏地於二〇一八年迅速地提供巴基斯坦六十億美元紓困融資。

巴基斯坦確實已完全擁抱它的亞洲化。二〇一五年，巴基斯坦與中國簽訂「全天候戰略合作夥伴關係」協議；二〇一七年川普減少對巴基斯坦的軍事援助後，巴基斯坦和中國立即宣稱兩國的所有貿易將以兩國貨幣計價，不再使用美元。巴基斯坦在上海和成都的領事館經常加班發簽證給飛越喀拉崑崙山脈，或是直飛成都與巴基斯坦城市航線的中國商人。直接指定投資於中巴經濟走廊（CPEC）的發電廠、道路、鐵路、光纖網際網路、製造業和農業計畫的總金額，即將超過六百億美元。發電廠、製革廠和生產醫療設備到太陽能板等各式產品的工業區，估計將為中巴經濟走廊創造三百萬個就業機會。八二%的巴基斯坦人對中國有好感，電視廣告上播放本地人歡迎剛遷入的中國家庭到家中享受美食佳餚。從二〇一四到二〇一六年，有超過三萬名中國人在巴基斯坦定居（而且光在二〇一六年簽發的短期居留簽證便有七萬一千件），《華商週刊》已發行巴基斯坦版，以提供中國人有關巴基斯坦事務的訊息。

中國成為巴基斯坦的主要贊助國並非出於慈善的動機，中國希望獲得到阿拉伯海的暢通管道，並要求巴基斯坦的陸軍和好內鬥的部長做好協調工作並控制貪腐。當他們做不到時，中國毫不猶豫地暫停對計畫的融資。這與西方機構要求的環保和社會標準不同，但確實是要求的條件。中國提出的豐厚獎賞為巴基斯坦注入數十年來缺少的紀律。在美國「反恐戰爭」的慷慨融資中從未帶來的是，國家發展已成為巴基斯坦全國輿論的首要和中心議題。經常訪問巴基斯坦的我，對巴國的公共論壇和媒體坦率且專注地播報各項經濟數字感到驚訝。巴基斯坦能夠承擔多少新債務？需要達成多少經濟成長率才能償付它們？勞工生產力如何才能成長、稅基如何才能擴大？這些是巴基斯坦必須提問、而且必須正確回答的問題，才能避免中巴經濟走廊淪為批評者預測的下場：巴基斯坦的殖民化和中國從中取利。

在亞洲體系中，巴基斯坦渴望從一個伊斯蘭民主國家蛻變成一個可靠而溫和的夥伴，這種自我提升的態度，是亞洲投資人對巴基斯坦寄予厚望的原因。數十年來，沙烏地阿拉伯對巴基斯坦的主要出口除了石油以外，就是激進的伊斯蘭意識形態。現在沙烏地宣稱巴基斯坦將成為其投資礦業、化學產品和牲口的首要地點。二〇一八年，中國發動大規模行銷活動，在倫敦公車兩側以巨大海報宣傳瓜達爾港將成為「新興巴基斯坦的門戶」。但在同一時間，巴基斯坦卻採取強硬姿態，取消數項重大的中國計畫，包括在吉爾吉特的發電水壩。巴基斯坦拒絕出口棉花和大理石給中國工廠，寧可專注於提振自己的紡織與石工產業和出口。巴基斯坦無意重新恢復英國的東印度公司，讓中國取代英國的角色。

中國堅持投資在巴基斯坦是亞洲東、西、南、北次系統匯聚的主要驅動力，讓兩國和數個鄰國得以雨露均霑。伊朗正積極尋求加入中巴經濟走廊，作為通達中國的安全廊道，同時傳言中國在巴基斯坦吉沃尼半島靠近伊朗邊界的海軍基地，也將強化中國和伊朗合作挑戰美國海軍以波斯灣為基地的第五艦隊。另一方面，伊朗和印度已著手建設國際南北運輸走廊（ＩＮＳＴＣ），以便印度繞越巴基斯坦並藉由貨櫃船運輸產品到伊朗的阿巴斯港，然後藉鐵路經過亞塞拜然的巴庫和俄羅斯的阿斯特拉罕運往歐洲。雖然一些觀察家將中巴經濟走廊和國際南北運輸走廊描繪成競爭對手，事實上它們代表伊朗聰明地同時利用中國和印度對其能源的興趣和其地理位置，並增加巴基斯坦保護中國和伊朗利益的負擔，尤其是伊朗攸關阿富汗的穩定。巴基斯坦的邏輯向來是削弱阿富汗以提升自身的「戰略縱深」，但在中巴經濟走廊計畫下，巴基斯坦已重新部署原本駐紮於阿富汗邊界的一萬五千名士兵，調往新的機能幹線地區以確保巴基斯坦和中國工人的安全。由於中國已成為阿富汗最大的投資人，且需要它作為通往伊朗的門戶，巴基斯坦的軍事冒險和對塔利班派系的支持已經收斂。事實上，巴基斯坦政府現在把完成伊朗—巴基斯坦天然氣管視為優先要務。

巴基斯坦順從中國和伊朗的新表現，可能預示這個紛亂而飽受戰爭破壞的國家正發生良性的轉變。經過十五年北約在阿富汗的軍事行動後，阿富汗仍然十分脆弱，但在二〇一七年的北約高峰會上，阿富汗備受忽視，反而焦點放在俄羅斯。在此同時，巴基斯坦在反恐合作上已經以俄羅斯取代美國，共同舉行大規模軍演。二〇一八年，來自俄羅斯、中國和伊朗的情報領導人在巴基斯坦開會，協調反伊斯蘭國的戰略。此外，所有阿富汗的鄰國以及俄羅斯和波斯灣國家，已放棄與塔利班的地區談判。中國已開始在阿富汗狹長崎嶇的東部邊界地區瓦罕走廊，訓練阿富汗的陸軍營。二〇一八年的中亞高峰會，哈薩克和烏茲別克同意提供阿富汗二十億美元的新鐵路和電力計畫。

中國也開始對在阿富汗的投資採取保護措施。二〇一七年，中國軍隊開始在重要邊界省分部署兵員與阿富汗陸軍單位機動巡邏，令人聯想起一千年前唐朝派駐在突厥斯坦的士兵。激進伊斯蘭組織如蓋達（Al Qaeda）和伊斯蘭國曾警告，中國侵入該地區和穆斯林維吾爾人在新疆的種族稀釋，是必須與中國開戰的原因。但中國對其西部省分的掌控十分牢固，雖然有數千名維吾爾人遭到拘禁且進入再教育營[15]。此外，怛羅斯戰役——阿拉伯人擊退唐朝的歷史戰役——的暗示，不符合阿拉伯穆斯林國家忙於自己的內戰，而未能發動聯合攻擊以收復突厥斯坦的事實。阿富汗和巴基斯坦社會發現，中國的基礎設施重建比蘇聯的壓迫和美國的操縱來得優越。

當印度、伊朗、甚至俄羅斯加強它們在阿富汗和巴基斯坦的活動時，印度感覺自己落居下風。印度長期以來尋求與中國成為文化上的兄弟之邦，卻目睹中國在經濟和軍事上遙遙領先。為了示好，中國歡迎印度與巴基斯坦一起加入上海合作組織，但中國的中巴經濟走廊計畫穿越巴基斯坦佔領的喀什米爾，承認巴基斯坦控制印度也宣稱擁有主權的領土。印度的莫迪因此杯葛二〇一七年北京舉行的一帶一路高峰會，雖然這個動作未能阻止中國人熱烈歡迎當時的巴基斯坦總理謝里夫（Nawaz Sharif）。印度毫不遲疑地對巴基斯坦境內的恐怖訓練營施以精準的攻擊，同時揚言退出印度河用水條約等重大協議。但中國和巴基斯坦結合的力量和決心，最終將迫使高傲的民族主義者莫迪接受現狀，也許在解決喀什米爾問題上讓步，以交換中國減少布拉馬普特拉河上游的築壩工程，避免印度北部和東部許多人依賴的水源受影響。印度愈想確保連結伊朗天然氣資源的通道，就愈無法逃避與巴基斯坦合作。

印度立即的要務仍然是加強對阿富汗的影響力。印度目前是僅次於中國的阿富汗第二大投資來源國，最近完成興建伊朗靠近巴基斯坦邊界的多碼頭恰巴哈爾港，印度可以從此處連接一條印度建造的公路，迅速將印度小麥運往阿富汗，協助阿富汗進出口產品而無需依賴巴基斯坦。雖然巴基斯坦懷疑印度在伊朗和阿富汗的任何活動，它仍希望推動早就應該執行的土庫曼－阿富汗－巴基斯坦－印度天然氣管，甚至孟加拉也希望加入這個正在興建的計畫。

在孟加拉，中國和當地的工程師正在首都達卡南方不遠處趕工以完成新帕德瑪大橋，這座橋將加速孟加拉的成衣產品運往南部的蒙格拉和吉大等港口，其中吉大港在印度和日本的積極發展下，已使這兩國在孟加拉的市場取得一個立足點。同樣的，緬甸在二〇〇〇年代末結束數十年的孤立後，中國開始更新該國的道路和港口，以加快通達安達曼海的速度，不再仰賴具戰略重要性的麻六甲海峽。印度向來很少與緬甸來往，因為兩國過去都是英屬印度的一部分，但現在印度正加緊發展緬甸的實兌港，以作為其商務橋頭堡。日本也把緬甸視為戰略投資優先國家，正擴建靠近仰光的迪拉瓦港。因此，中國的動作警醒了印度、日本和其他國家，促使它們在跨地區的整合上投資，進而鼓勵緬甸政府重新協商若干中國計畫的條件，以壓低過高的成本和減輕債務負擔。

這個邏輯不僅適用於孟加拉灣國家，連遠在喜馬拉雅山脈的小國也適用。中國一九五九年鎮壓西藏暴動後，不丹接受成千上萬名西藏難民，並因為擔心中國入侵而關閉邊界。二〇一七年，中國連接巴基斯坦中巴經濟走廊的南西藏公路接近完成時，鑿通進入與不丹及印度錫金省交界的爭議山谷。二〇一七年的洞朗高對峙原意義重大，因為中國挑動侵入爭議地帶，但印度堅持其主張，迫使中國退讓。不過，儘管莫迪和習近平在二〇一八年的會面中同意以外交方式解決問題，但該爭議仍可能升高並蔓延到鄰近的爭議地區。中國可能侵入附近的阿魯納恰爾邦，造成中國與喀什米爾接壤的阿克賽欽地區軍事化，並藉由與巴基斯坦在印度洋的聯合海軍演習來讓印度分心。這個假想情況說明了印度對中國如此偏執的原因，但也凸顯中國必須協調許多衝突才能轉變整個現狀。

但中國和印度都將從連結中國的東西軸線到興起的孟加拉—中國—印度—緬甸（ＢＣＩＭ）經濟走廊中獲益，為印度長期遭忽視的東北地區帶來迫切需要的發展。知道中國終將推進它的跨西藏公路（包括一條通往尼泊爾首都加德滿都的鐵路），印度已決定再藉由推動孟加拉灣多部門技術與經濟合作倡議（BIMSTEC）來加倍影響其鄰國，這個倡議排除中國但納入從斯里蘭卡到泰國等廣泛的國家。印度的押注已獲得成果。在尼泊爾，二〇一七年取消的中國水壩計畫，為印度國家水力發電公司（ＮＨＰＣ）的進入開了大門。

達賴喇嘛的流亡，也為中印雙邊關係製造另一個重大的緊張。印度目前收留達賴喇嘛和絕大多數流亡的西藏佛教徒，當中國籌謀策立北京指定的達賴喇嘛繼任者時，西藏暴亂的可能性和印度對西藏自治的支持，可能刺激中印邊界的緊張大幅升高。印度和中國有兩個解決這些衝突的選項，第一個是徒勞無功地爭議一八九〇年英中條約的條款（在印度獨立和西藏併入中國近七十年前）劃訂的錫金和西藏邊界；另一個選項是回憶這個地區是古代乃堆拉山口的同一地區，也是朝聖的佛教徒和貿易商在二〇〇六年重開貿易站的通道，那一年兩國也曾宣告為中印友誼年。哪一條路更能代表亞洲之路應該顯而易見。

許多西方甚至區域的分析師認為，中國、日本和印度在亞洲高山邊界和熱帶海岸的操作是一場零和競賽。但實際上它們揭露出一個互補的分工模式。中國的計畫已經刺激一場基礎建設軍備競賽，因為印度、日本、土耳其、南韓和其他國家，也正透過基礎建設對建立亞洲的連結性做出巨大貢獻。從阿富汗到緬甸各地，在中國融資和興建重大基礎設施的同時，印度和日本則訓練人力。加總起來，這些投資協助亞洲人不只是深化與中國的關係，也促進彼此的連結。因此，中國啟動的這個程序將使亞洲人擺脫中國的陰影。長期來看，中國和印度各自偏好的走廊將崛起、重疊，甚至彼此強化，確保亞洲內陸的產品到達印度洋，加深亞洲內部的連結，並提升亞洲人的利益。地緣政治的角力未來只會加速亞洲的亞洲化。

從被遺忘的角落到成長引擎：東南亞已經長大

東南亞，唯一一個成功實現了跨國的融合和穩定的後殖民地區，令人聯想到歐盟早期。這十幾個國家的成就因為有近七億的總人口而更顯得難能可貴，因為這個地區是地球上種族、宗教和語言上最多樣的角落。經過一千年來自印度、中國、阿拉伯和歐洲的移民後，東南亞國協國家居住了二億四千萬名穆斯林、一億三千萬名基督徒、一億四千萬名佛教徒和一千萬名印度教徒。文化的多樣性也明顯可見，包括印度教的儀式普遍傳播到穆斯林印尼和佛教泰國。綿延數世代的家族事業維繫了緊密的跨邊界關係，例如穆斯林的哈瓦拉（hawala）網絡和華人的「竹網」（bamboo network）。雖然這些傳承蝕刻在地區考古學遺址和明顯可見的混血祖先臉孔上，東南亞的後殖民邊界仍可追溯到古老的王國和語言族群，使它的現代社會呈現多樣性的分歧。

在數世紀的殖民壓迫和連續的（反）共產黨戰爭蹂躪後，半世紀前建立的東協，為該地區崛起成為亞洲未來中心支柱之一拉開了序幕。雖然東協作為一個外交實體的力量仍很薄弱，該地區內部和外部的動力都指向加速整合。一九九七年金融危機之後的二十年間，貿易、投資自由化和供應鏈整合刺激了強勁的經濟成長，憑藉的是破紀錄的外來投資和隨之而來的全球連結，遍及印度、中國、日本和澳洲，更遠達波斯灣國家、歐洲、美國，甚至拉丁美洲。

東協成員已承諾在二〇二五年時，達成整合銀行、電信和電子商務標準的遠大計畫，屆時印尼、泰國和越南可能改變它們的時區，以配合新加坡、吉隆坡和馬尼拉。亞洲航空（Air Asia）和數十家廉價航空公司已提供低廉的旅遊給大眾，帶進浪潮般的觀光客到彼此的國家，並有日益增多的大型跨亞洲公司提供跨邊界的工作。在未來幾年，大型新機場和貿易走廊將使中國和東南亞的連結更為緊密，例如從中國南方的昆明經由寮國、泰國和馬來西亞到新加坡的高速鐵路網。中國已把昆明定位為南方絲路的首府，將在昆明舉辦泛亞洲的文化節慶和石工展覽以吸引阿富汗人、斯里蘭卡人、緬甸人和越南人。

最貧窮的東協成員如寮國和柬埔寨，已改變它們的戰略自主性以吸引中國資金。在這兩個國家中，中國企業擁有從發電廠到各類工廠的重大股權、甚至控制權，且兩國都已取消與美國和澳洲的聯合軍事行動。在寮國北方的東鵬縣，普通話是廣被使用的語言、時鐘是以北京時間為準、人民幣則是最常見的貨幣[7]。中國人在寮國的特區賭博和走私野生動物，同時沿著湄公河興建水壩和使用殺蟲劑以提高水果生產，已汙染土地並危及數百萬漁民的健康和生計。中國的侵入促使寮國利用其市場日增的利益吸引日本人、新加坡人和其他投資人，以協助寮國不致淪為中國的附屬國。

在緬甸，因為中國數十年孤立期間持續支持其軍政府而享有穩固的優勢。即使緬甸過去十年來已經開放，中國仍支配其整體的貿易和投資。緬甸的陸軍已起訴對羅興亞穆斯林進行的種族清洗行動，該行動曾無情地隔離羅興亞人，並迫使他們越過納夫河進入孟加拉，走私客更趁機利用難民挾帶數千萬顆鴨霸（yaba）甲基安非他命進入該國。從其他方向逃往泰國——數十年來持續對動亂的南方穆斯林人口採取鎮壓政策——的羅興亞人最後淪為泰國漁業的契約勞工。民主的泰國二〇一四年的政變罷黜華裔塔信（Thaksin）和盈拉（Yingluck Shinawatra）兄妹政府後，倒退為軍政府統治。雖然華人佔泰國人口約二〇%，這場政變反而提高了中國的影響力，因為軍政府轉向中國購買新坦克和其他軍備。中國對緬甸和泰國兩個佛教軍事政權的種族政治動亂都保持緘默。

中國只有在其利益遭到威脅時，才會在東南亞的毒品和武裝叛亂中主張權力。數十年來惡名昭彰的金三角是鴉片的主要生產中心，這是一片位於洛克河和湄公河匯流，跨越緬甸、寮國和泰國的山區。二〇一一年底，緬甸大毒梟謀殺十三名中國漁夫並棄屍於湄公河後，中國堅持雲南省邊界警察參與聯合河流巡邏。來自緬甸、泰國和寮國的歹徒遭到逮捕、引渡到中國，並被判處死刑。香港動作片製片林超賢將事件改編為電影《湄公河行動》，使該片成為二〇一六年中國的賣座強片之一。

另外，馬來西亞和菲律賓這兩個重要的國家，過去一直是堅定的美國盟友，但近來已轉向中國。在菲律賓，上一任總統艾奎諾三世對中國佔領南海島嶼提出國際訴訟，這個動作因為艾奎諾是華裔而被中國視為一種背叛行為（雖然純華人只佔菲律賓人口二%，但有數百萬人有部分華人血統）。對中國有利的是，艾奎諾的繼任者杜特蒂也有個華裔的祖父，並且對中國有不同看法，因此中國以財務支持他的總統競選。在美國（至少川普之前）嚴厲批評杜特蒂以殘暴手段查緝毒品卡特爾和打擊伊斯蘭叛軍時，中國則以二百四十億美元的基礎建設計畫低利貸款和新軍售，獎賞他揚言關閉美軍基地的舉動。杜特蒂也在菲國已經加強防禦和軍事化的南海島嶼向中國讓步，以交換菲律賓PXP能源公司和一家中國石油公司簽訂合作開採原油的交易[18]。但杜特蒂尚未向中國完全投降。他正確地押注在解決這場菲律賓不可能獲勝的軍事爭議之上，並將因此吸引更多投資人士。菲律賓最大的投資人實際上是荷蘭、澳洲、日本、美國和南韓——中國則遠遠落後。二〇一八年，杜特蒂訪問印度，取得在菲國的科技藥品業逾十億美元的新投資，將藉以創造十萬個就業機會。地緣政治穩定使亞洲的二線國家迫切需要的成長變為可能。

馬來西亞證明，與中國關係太密切可能付出高昂的政治代價。作為一個中等所得國家、與中國未交界而且也沒有懸而未決的爭議，馬來西亞長期以來對日本、中國、印度、澳洲、韓國、沙烏地阿拉伯、美國和歐洲開放，目的是為經濟多元化引進有價值的投資。不過，上一任總理納吉過度傾向中國，為的是讓他從沸沸揚揚的貪汙醜聞中脫困，和協助收買已放棄支持他的華裔選民。但這個計畫帶來反效果，導致他在二〇一八年的總統選舉大敗並在選後遭到逮捕。中國在馬來西亞的投資計畫為馬來西亞企業注入新活力，包括在麻六甲興建一座深水轉運港，和阿里巴巴公司在新的數位自由貿易區設立物流中心，但社會大眾不願意付出出賣馬來西亞戰略自主性的代價。即便是這個地區對中國最友善的國家如馬來西亞，都因此而重新協商條件，以壓低中國計畫的成本，例如馬國東岸的鐵路計畫。

越南比其他東南亞國家更頑強地抗拒中國。儘管在意識形態上是兄弟之邦，且有深厚的經濟關係——許多人因越南人勤奮生產而稱越南為「小中國」——越南不畏懼派遣海軍衝撞踰越其海域的中國船艦和石油平台，並與埃克森美孚（ExxonMobil）等外國能源公司在爭議的地區開採天然氣。二〇一六年，美國解除對越南的武器禁運，希望在該國快速成長的國防市場取得立足之地；過去越南的軍購向來以俄羅斯的坦克、防空系統和戰鬥機為主。二〇一八年，美國把越南納入多國環太平洋軍事演習（RIMPAC）中，並把中國排除在外。越南也租用日本軍艦，購買先進的日本雷達系統，並對外國船隻開放金蘭灣的戰略港口。中國強化南海島嶼的工事，用意是恫嚇位於中南半島及沿海的鄰國，後者都仰賴麻六甲海峽作為能源和產品貿易的通道，但越南從未在衝突中退讓。不過，越南也希望與中國達成暫時的妥協，並已同意中止在爭議海域的部分油氣探勘計畫。與越南達成重大交易，可能是中國削弱美國在東南亞影響力的最強力舉措，足以讓美國、法國和英國在南海的自由航行行動變得毫無意義。如果中越兩國同意共同探勘能源和規範在西沙群島海域的漁撈，將可降低緊張情勢升高的可能性。

同樣的假想情況也適用於印尼。作為東協創始會員國和在冷戰時期堅定的不結盟國家，印尼強勁的經濟成長已給了它拒絕屈服於中國壓力的信心。局外人往往描繪中國和日本為「贏得」印尼而角力，且中國因為成功標下興建雅加達到萬隆的高速鐵路工程而略勝一籌。但佐科威政府仍然把印尼在南海的專屬經濟海域（EEZ）改名為北納土納海（North Natuna Sea），並推動東納土納天然氣田的開採，雖然它在中國宣告主權的範圍內。印尼也曾扣留進入其海域的中國漁船。印尼知道中國和日本正競逐從印尼的現代化中獲利，因此沒有必要效忠任何一方。

這種自信外交行為的原型是新加坡。這讓許多外人感到驚訝，因為新加坡是全世界除了中國以外最大的華裔國家。但基於其戰略地理位置和金融財富，新加坡是東協中最有自信的國家，長期以來皆是美國戰艦和航空母艦停泊之處。新加坡也已變成地區的中立外交中心，曾作為中國和台灣的領導人舉行重要會議的地點。數十年來，中國從新加坡學習管理和投資其工業園區的技術後，近來開始對新加坡支持透過國際仲裁解決南海爭議和跨太平洋夥伴協議（TPP）表達不悅。中國媒體開始指控新加坡為「漢奸」和「忘本」。在此同時，世故的新加坡人受夠了從二〇〇〇年代以來，超過一百萬名來自中國大陸的移民，怪罪他們不願融入新加坡說英語的都會文化，以及造成學校和公共交通的擁擠。新加坡的華人佔人口比率愈高，新加坡與中國的地緣政治關係就愈緊繃。另一方面，新加坡已承諾在一帶一路倡議中投入硬體和軟體。新加坡也擁有最優越的地位，可以投資中國最有利可圖的基礎建設和提供高品質工程，同時新加坡也是八〇%外國資金流入一帶一路倡議計畫的管道。

雖然沒有單一的模式可以描述東南亞如何因應中國的擴張主義攻勢，較富裕的國家反而是對中國心存感激。不過，沒有一個國家允許中國佔領爭議島嶼，因為那便等於任由中國霸權在這片上千年來屬於它們的海域上擴張。每一個沿海國家對其擁有的南海部分都有不同的名稱，例如「西菲律賓海」或「東海」（越南的稱呼）。而隨著該地區的戰略信心升高，它抗拒中國壓力的能力也隨之增長。雖然像東協區域論壇這類實體比條約架構更具合作性的協議，有潛力發展成真正的穩定工具，用以解決反恐和海上巡邏等複雜的問題。這些互動愈頻繁，亞洲人就愈能發展自我規範的能力。這種大型的區域整合也有可能被稀釋：因為太具包容性而無法做決策。但即使這類實體不變成超國家的歐洲式機構，它們也能扮演工作論壇的角色，以解決爭議和建立亞洲的自信心。

澳洲在地圖上發現自己

二〇一六年英國脫歐投票後，一些傲慢的英國人得意地預測，歐盟將在失去一根重要的支柱後進一步解體；反而歐洲其他國家群起拒絕英國的民粹主義，團結起來讓英國在退出歐盟的過程中做出最大的讓步，並繼續搶佔它的金融優勢。英國脫歐的挫敗對澳洲人是一大教訓，而澳洲人長期以來自認他們的國家是亞洲的大不列顛，並以一個未開發蠻荒地區的白人、說英語的老大國家自居。但其他亞洲人並非如此看待。新加坡的已故國父李光耀曾警告，澳洲人如果不改革經濟，注定要變成「亞洲的貧窮白色垃圾」。這句話應該也有助於警醒他們，如果澳洲想在亞洲變得比像英國在歐洲一般的受歡迎，它必須接受自己並非亞洲太陽系的中心，而僅是一個由礦砂構成的月球這個冷酷事實。

澳洲的精神分裂症同時發生在經濟、地緣政治和文化上。澳洲的領導人知道，他們無法承受疏遠中國所帶來的經濟後果。此外，中國人每年在澳洲的商業房地產、基礎設施、醫療照護、礦業、能源和農業上投資逾一百億美元，以及其他讓澳洲經濟即使在商品價格大跌時仍能欣欣向榮的領域。一旦澳洲對中國的出口遭遇障礙、來自中國的投資冷卻，或中國觀光客流向澳洲以外的地方，都將製造一場經濟末日。

害怕「失去」亞洲，提醒了澳洲人他們在戰略上與亞洲關聯多麼密切，而且也必須如此。澳洲仍然堅定承諾在西方安全網絡中所扮演的角色，例如與美國、加拿大、英國和紐西蘭共享情報的五眼聯盟。但澳洲與美國因為出售達爾文港——該港有一千名美國駐軍——給中國人民解放軍相關企業，和安置敘利亞難民問題的齟齬，已使英語系國家間的信任出現嫌隙。在二〇一七年最近一次聯合軍演中，澳洲邀請中國軍方作為第三夥伴，雖然付出了讓美國不以為然的代價。和其他亞洲國家一樣，澳洲正學習對美國說不，以致力於在兩大強權間取得平衡。

前澳洲首相艾伯特（Tony Abbott）曾表示，澳洲與中國的關係受到同樣強烈的恐懼和貪婪所驅策。但因為澳洲不想在經濟上過度依賴中國，也不想在軍事上過度依賴美國，所以它開始一套與日本、印度和越南培養更緊密經濟和軍事關係的新策略。東協是澳洲僅次於中國的第二大貿易夥伴，第三和第四大分別是日本和韓國——而與這些國家間簽訂新貿易協定，意味澳洲的產品和服務貿易將出現大幅成長。澳洲和印度的貿易從二〇〇〇到二〇一二年間成長六倍，但後來陷於停滯，主因是澳洲人抱怨在印度做生意的複雜性。但在印度對商品需求殷切、基礎設施改善和人口流動性上升的情況下，澳印貿易仍有強勁的成長動能。

澳洲正學習不只是把亞洲視為商品出口的地點，也是資金流入澳洲關鍵未來工業的管道。雖然澳洲的汽車製造廠已因亞洲的低工資競爭而關閉，但對中國的牛肉出口資助了澳洲的重大道路更新，以及迎合亞洲人口味的有機農場發展。澳洲也把鐵礦砂的收入再投資於礦業技術，這些技術將可賣給正在興建中的舟山島中澳自由貿易工業園區的中國人，和需要提振礦業生產的印度。

澳洲每年九百萬名的觀光客大多數來自東亞，而且有近十萬名中國學生進入澳洲各地的學校，使教育成為該國第三大出口項目。澳洲也設置數十個科技研究所，例如設在新加坡的 PSB 學院吸引印度的工程系學生。澳洲和紐西蘭是外國學生入學率最高的國家，而高等教育機構的預算削減使澳洲更有必要招攬全自費的富裕亞洲人[19]。這些日益成長的服務貿易是總理滕博爾（Malcolm Turnbull）二〇一八年三月舉辦澳洲—東協特別高峰會的主要誘因，與會的各國領袖也在這次會議中首度討論澳洲加入東協的議題。

具體來說，如果澳洲加入東協，那將鼓勵更多亞洲移民到澳洲。在二十世紀大半時候，各種「白澳」（white Australia）政策限制了該國的移民，光從這個名稱就能了解其意思。澳洲偏好歐洲移民加入它的工會及在其金礦場工作；這項政策有系統地限制或懲罰中國人。直到一九七〇年代移民的種族偏好才正式取消，此後澳洲人口組成的改變為目前的亞洲化搭起舞台。澳洲最近的人口普查透露，從二〇一二到二〇一七年，亞洲人大幅趕超歐洲人成為外國出生移民的最大來源，佔該國新人口的半數。這個差距逐年擴大。澳洲一百萬名中國人有半數出生於中國大陸，而且澳洲是百萬富翁移民——大多數中國上層階級的新富——最優先考慮的目的地。今日約五％的澳洲人口是中國裔，而二％是印度裔。約一五％澳洲人口是亞洲種族。而年長的人口大多數是白人，年輕人口則有愈來愈多亞洲人。

過去亞洲人來澳洲淘金、採珍珠、當園丁，也加入澳洲軍隊，興建國家公路和鐵路；但他們在澳洲的重要歷史上缺席，在該國的國會、董事會和媒體的比率都很低。經過數十年的政治邊緣化後，這些第一代和第二代亞裔澳洲人，終於形成一個有組織的聲音，對抗舊白人所捍衛的反移民立場。

由於有眾多中國人已經投資澳洲，一些華人逐漸超前其他亞裔澳洲人。二〇一七年爆發的醜聞揭露，擁有大批農業股權和房地產的華裔富商，曾對政治團體和學術機構捐獻，以推動它們在南海主權等敏感議題採取親中立場。雪梨的中國領事館向來是支持（或威嚇）華裔澳洲政治人物的中心，視他們對中國是否友好而定，它也呼籲華裔商店業主開除台灣人。另一方面，因為擔心中國方面的法律訴訟，批評中國滲透澳洲生活的學術書籍遭出版商撤銷出版。澳洲政府後來禁止所有外國的政治捐獻，並禁止外國投資在電力網等戰略能源資產。

澳洲人的成年禮是雲遊四方，不管是深入內地的荒野或周遊世界一年或兩年、甚至十年或二十年，二〇%的澳洲學生曾在海外求學至少一次。在過去，大多數人會到歐洲或美國，但前往中國的澳洲學生人數從二〇一〇年以來已增長為三倍到逾五千人。由於有許多受過極高教育的澳洲人在國內的傳統公司難以施展，有些人被吸引到中國科技公司工作。現在與中國出版商簽約的澳洲作者，已比與美國或英國出版商簽約的多，並在中國大陸的文藝節中受到矚目。

新加坡企業人士鄭恩里告訴我，富裕的亞洲人正利用中國服務業的蓬勃發展。他在中國從事授權西方品牌的工作幾年後，創立一家為中國銀聯和中國平安保險等大型公司設置線上訓練平台的事業。他最新的公司已在澳洲證券交易所掛牌上市，業務是接受中國客戶的委託，在澳洲製作遊戲和其他數位內容。澳洲的尖端設計和工程公司也競相追逐亞洲都市化和跨邊界基礎設施榮景的獲利機會。這類機會包含商務和金融兩方面。澳洲的麥格理集團（Macquarie Group）管理世界上最大的基礎建設資產投資組合，且正尋求設立更多押注中國和東南亞資產的新基金。澳盛銀行（ＡＮＺ）

把為澳洲企業跨邊界擴張提供更多貸款列為優先目標，而澳洲最大保險業者QBE保險集團，已把數千個工作遷移到菲律賓以節省成本和擴大營運。

澳洲正逐漸學習擁抱它的亞洲性。南半球最大的運動賽事——澳洲網球公開賽直到二〇〇〇年代才達到堪與其他網球大滿貫賽事比擬的盛況，那是從澳洲開始吸引亞洲各國球迷才發生的事，尤其是日本和中國的球迷。隨著網球快速受到歡迎，今日亞洲籍的參賽選手人數已是五年前的兩倍，有許多有潛力的亞洲年輕人在亞洲接受訓練。許多這類現狀在十年前還不是澳洲人的話題。澳洲變得愈亞洲，它就愈不會把自己視為西方在亞洲的邊遠荒村，我們也愈不應該這樣認為。

日本（再次）走向全球

在二次世界大戰戰敗投降數十年後，日本達到傲人的成長，同時贏得敬佩和恐懼。即使日本經濟在一九九〇年代進入高原期，美國的決策者和學界仍然想像東亞的秩序可以環繞日本的領導來設計。但日本地處離岸、孤立的文化、二十世紀侵略亞洲各國的歷史、戰後的和平主義，加上當時成長率不到一％，和債務激增與政治陷於群龍無首的情勢（十年內更換八位首相），使得二〇一二年安倍晉三回鍋擔任首相並嘗試推動從經濟到軍事的全方位變革，卻無法恢復日本的信心。日本的政治經濟仍然困於一種可以貼切地以「民主社會主義覆蓋在企業封建主義」之上的模式，不過，這個與經濟停滯和人口老化搏鬥的日本，仍然是世界上科技最先進的社會之一，擁有幾個生機勃勃的大都會。

安倍宣稱的經濟改革三支箭是貨幣寬鬆、財政刺激和結構改革（例如加緊放寬管制、私有化、鼓勵創業精神和婦女參與勞動力）。雖然安倍和他忠心的日本銀行總裁黑田東彥，初期在提振出口成長和降低失業率上獲得成功，卻因提高消費稅而發出矛盾的財政政策訊息，而且未能提高薪資，也無法在負利率的情況下刺激通貨膨脹和國內投資。日本的債務繼續步入前途難料的險境，且央行持有近半數的債務。即使註銷這些債務的一半，預料也難以點燃市場信心。日本的企業文化仍深陷於服從管理階層的傳統和超時工作的自虐模式，甚至嚴重到造成死亡（所謂的過勞死）的程度。日本公司一度被地區的小新創公司視為巨人，如今許多這些巨人遭到後起之秀吞併。二〇一六年，台灣富士康公司買下日本電子巨擘夏普（Sharp）。

但日本不應該被忽視。與主流的悲觀相反，全球的競爭和機會正在喚醒自滿的日本公司。在國內展望低迷不振的情況下，早在安倍當權之前，日本公司就已開始從日本以外的地方尋求成長。「走向全球」已成為鼓吹日本企業追求進步的口號，近幾年來，超過半數的日本併購活動是海外交易。日本的大銀行如三菱金融集團和瑞穗金融集團都已轉型為投資控股公司，為日本公司挺進東南亞並以它取代中國作為新生產基地提供融資。從在泰國和印度生產的豐田公司，到在緬甸興建港口，日本正大舉投資那些它曾在在一九四〇年代燒殺擄掠的國家。隨著亞洲各國所得增加和與日本的貿易關係加深，對日本高品質農業產品的需求也與日俱增。因此，日本提倡自由貿易協定的呼聲愈來愈殷切。二〇〇二年，日本與新加坡簽訂第一項自由貿易協定；二〇一七年，日本與歐盟簽訂歷來最大規模的自由貿易協定。一旦歐日自由貿易協定實施後，將有更多歐洲和日本汽車經由印度洋、歐亞大陸甚至北極區運達彼此的市場，進而提高日本投入一帶一路倡議的誘因。時尚的日本連鎖書店紀伊國屋書店，從杜拜到新加坡的亞洲大都市已成為顯著的地標。日本的舊企業文化以輩份而非用人唯才著稱，但像電子商務先驅樂天等新經濟公司，都鼓勵更創新和多樣性的員工，以便與它們在美國的 Lyft 和 Pinterest 和法國的 Price-Minister 等公司的投資接軌。樂天要求員工具備英語能力，而優衣庫（Uniqlo）則規定英語為正式職場語言。樂天創辦人三木谷浩史表示：「日本面對的最大商業風險是留在國內的風險。」[20]

日本正藉由新的公私部門合作重振精密工業的深厚優勢，在物聯網、大數據、3D 列印、機器人、生物科技、醫療照護、清潔能源、精耕農業和其他產業挹注數兆美元的資金，隨時都可出口到亞洲的高成長市場。軟體銀行已成為日本、亞洲和世界間橋樑的最佳範例，軟銀的願景基金（Vision Funds）——沙烏地阿拉伯是該基金最大投資人，其次為阿聯酋——是世界最大的科技投資組合，積極投資在世界各國的半導體、衛星、人工智慧和物聯網公司。軟銀也入股印度的電子商務公司，並持有中國阿里巴巴近三〇%股權。軟銀和阿里巴巴合夥進軍印度的電子商務市場，是中國、日本和印度崛起中商務三角的明顯例子。軟銀也將投資二百五十億美元在沙烏地阿拉伯，以刺激波斯灣國家的創新。

由於擁有眾多老年人口，日本走在以科技方法管理老年人口的最前線。日本已是工廠自動化的世界領導者，現在它正著手將人類的日常生活自動化。在長崎郊外一座最新的遊樂園中，旅館登記入住櫃檯的職員是機器人，遊樂園餐廳的主廚和侍者也是。軟體銀行的胡椒（Pepper）機器人已被各種商店採用，銷售從行動電話到披薩的各種產品。從毛茸茸的機器海豹在養老院被當成陪伴者，到有著觸控螢幕臉孔的機器人滑行在醫院裡蒐集病患資料，日本正在打造一個尖端的人類──機器人混合文明，將它的科技創新散播到亞洲各地。

但全球化的日本必須避免重蹈一九八〇年代過度往外擴張的覆轍。目前日本大規模的海外併購被認為未善加揀選，從二〇一六年中到二〇一七年中，日本郵政和東芝等企業浪費近二百億美元在失敗的併購案上[21]。此外，雖然日本有眾多令人讚嘆、善於拓展海外市場的公司，但安倍經濟學直到今日仍未喚醒一般小企業。日本對付根深柢固的保守主義採取的方法之一是從人口組成下手：以過去未曾嘗試的規模歡迎外國人。日本吸引海外日僑回流的積極作法，從每年的波士頓職涯論壇（也在洛杉磯和倫敦舉行）壯觀的場面可見一斑，該論壇吸引大批使用雙語的學生徵求日本的工作，包括中國人和美國人。亞洲人正流入日本成為移民、員工、新娘和觀光客。到二〇一六年，日本的外國移民人數創下歷來最高紀錄（近二百五十萬人），並有一百萬名外國員工。華人從一九九〇年的十五萬人增加到今日超過七十萬人，許多華人學會流利的日語，並很快地融入日本社會；日本人異族通婚也已增加，特別是中國人、菲律賓人、韓國人和美國人的配偶；在勞動力方面，越南人、泰國人，甚至尼泊爾人逐漸增加[22]，在籌備奧運會期間，日本從海外引進數千名營建工人。整體來看，亞洲人正填補日本日漸擴大的低技術勞動力缺口，他們在購物商場和藥妝店工作，在日本近來的觀光業榮景中，服務湧進日本的數百萬名亞洲人。在東京的熱點如澀谷、新宿和銀座，中國觀光客「爆買」（bakugai）現象已成為一個新詞，更在二〇一五年被票選為日本最紅的流行語[23]。此外，日圓貶值已使日本房地產成為最受地區房地產投資人歡迎的標的。中國房地產交易商、美國私募股權公司和新加坡財富基金，紛紛押注在日本穩定、精緻、寧靜的長期吸引力上。

過剩的亞洲工程和電腦科學系畢業生，也是解決日本缺少白領科技人才的重要方法，因此日本政府近來承諾對高技術外國人提供迅速的永久居留權，協助克服文化和語言的障礙。從二〇一二年起，日本向來昏昏欲睡的九州濱海城市福岡，降低新企業的稅負，並推動新創公司簽證以鼓勵僱用外國人。在截至二〇一五年的三年間，該市年齡介於十五到二十九歲的居民增加了二〇%，光是二〇一五年就有二千八百家新公司創立，在全日本高居第一位[24]。福岡市長希望該市變成新加坡式的物聯網科技「生活實驗室」。雖然日本在作為新創公司中心上仍落後於新加坡和南韓[25]，但在東京慶應、名古屋和京都附近，已有二十五所大學實驗室和創投資本基金成立，且特別著重在生物科技和藥品之上[26]。日本主要生物科技公司之一 PeptiDream 公司，便是從東京大學實驗室中誕生。

儘管日本在亞洲的科技創新領先且文化受到喜愛，日本在亞洲的戰略軍事部署，還沒有恢復到帝國時期侵略亞洲各國的水準。為了彌補這個缺憾，日本嘗試超越以美日聯盟作為東亞穩定基石的一九九〇年代邏輯。美國和日本都已嘗試恢復有十年歷史的「四國聯合」（Quad），即美國、日本、印度[27]和澳洲更頻繁的諮商與軍事合作，形成一個類似於「亞洲北約」的架構。在此同時，日本正傾向修改其戰後憲法，以允許它強化自衛武力，甚至可能核子化[28]。日本也正藉由部署陸對海飛彈系統，加強宣示它對尖閣列島／釣魚台列嶼的主權，並提高中國嘗試佔領它們的成本。與這些動作同時進行的是，日本正減少它對半永久性美軍駐紮其領土的依賴，例如藉由資助在美國領土關島興建一座一億六千萬美元的基地，以便把美國艦隊移往該處。

但日本的陸軍、甚至強大的海軍訓練和協調都不足，也不願意在沒有美國支援的情況下挑戰中國。此外，萬一中國對日本產品施加制裁並導致資本外逃，日本將面對一場經濟災難，並且折損投資中國所得到的收獲，例如伊藤忠商事入股中國中信集團公司，和軟體銀行持有阿里巴巴股權。日本與中國各省建立的商務網絡比世界各國都綿密，所有這些在發生嚴重衝突時都將遭到波及。因此，中國和日本發生戰爭唯一的好處是，數世代以來被用於煽動民族主義的島嶼爭議，或將得到最終的解決——不管是偏向哪一方的結果。如此兩國或許可以為這個歷史章節劃下句點，然後繼續往前走。在日本作為一個「日升之國」和它隕落為無足輕重之間的中庸之道是，成為亞洲系統的一根支柱。

地緣政治的柔道：亞洲安全體系的未來

今日所有亞洲的帝國和強權都在追求民族復興，沒有一個願意向他人低頭。因此，未來的亞洲地緣政治秩序，將不會由美國人或中國人領導。日本、南韓、印度、俄羅斯、印尼、澳洲、伊朗和沙烏地阿拉伯，將不會齊聚在一個霸權傘或結合在單極的力量下——既不加入中國的遊行花車，也不與中國抗衡。相反的，它們將高度警戒美國和中國過度影響它們內政的情況。

不管是在二〇〇〇年代由中國國家主席胡錦濤提出的「和平崛起」，或習近平晚近所提的「和諧世界」口號下，中國正尋求結合明朝的擴張主義和唐朝的世界主義。中國追求的世界秩序，是以它的原則為核心的秩序，正如哲學家趙汀陽在其著作中所主張的[29]，或者是以文明間的均勢取代西方階層制的秩序，正如政治科學家張維為所主張的[30]。兩種情況都不允許美國軍力在東亞的存在，因此才有中國大舉投資在反艦彈道飛彈、隱形潛艇、無人戰艦、電磁軌道砲、蜂群無人機，和軍事化南海島礁的填海造陸，一切都為了把美國軍力推到國際換日線以東。在此同時，中國知道自己並非無所不能。雖然它對大多數鄰國有巨大的影響力，但即使是在懸而未決的爭議上獲得軍事勝利，也可能引發不利的政治和經濟反彈而得不償失。中國沒有把握佔領周邊的許多爭議島嶼和山脈會不會阻礙它的一帶一路倡議計畫，或造成外來金融和工業活動大規模的外流。中國已從日本過度侵略和美國的過度延伸中學會展現克制和審慎，不追求侵略和佔領。

同時，所有亞洲國家都正追求更大的戰略自主性，使這個區域變成世界最大的武器市集。亞洲的總軍事支出到二〇二〇年預估將達到六千億美元，為歐洲的兩倍，並和美國的支出相當。亞洲人寧可花這幾千億美元在自己的軍備上，也不願意接受美國全球軍力部署的保護。從沙烏地阿拉伯到日本，亞洲人正建立自己的國防能力，以減少依賴靠美國來威懾毗鄰的敵國。亞洲國家間的威懾反過來減少了對美國延伸威懾的需求。因此，當亞洲各國對來訪的美國外交官說他們想聽的話時，那不表示希望美國軍隊永遠駐紮在它們的領土，只因為美國的角色對威懾伊朗、中國和其他威脅是不可或缺的。他們希望的是自己擁有先進的武器，和決定如何、何時或是否使用它們的能力，包括威懾中國的能力。更進一步說，中國自己出口從飛彈到無人機等先進武器愈多，它就愈不可能成功地在鄰國強加武力。反作用力和帝國一樣是普遍的真理。中國對與美國共享亞洲沒有興趣，但它將學習與其他亞洲國家共同管理它。

亞洲不是一組骨牌，而是一個動態的戰略舞台。在冷戰期間，美國人未能領悟到從伊朗的摩薩台（Mohammad Mossadegh）到越南的吳廷琰等領導人，他們的主要認同意識並不傾向西方或共產主義，而是追求自身成本效益考量的民族主義者。中國今日正在學習面對印度、日本和越南等地區強權挺身對抗中國，展現它們和中國一樣為自己的歷史感到驕傲，也敢於保護自己的主權。這些國家也正在塑造新的合作架構。這類非正式的安排包括：日本與越南和印度、澳洲與日本、印度與印尼、中國與馬來西亞和斯里蘭卡，以及中國與泰國和柬埔寨的軍事合作。即使是與中國合作的國家都希望合作的關係足夠穩固，而不必屈服於中國的壓力。中國和俄羅斯的關切日益密切，但俄羅斯最大的武器出口國是把中國視為首要安全威脅的越南。那些想在亞洲變幻的夥伴關係中尋找僵化的陣線或道德標準的人，將發現自己置身於一幅艾雪（Maurits Cornelis Escher）的畫中。因此，和亞洲的歷史一致，亞洲存在的跨文明利益重疊多過於分散的勢力範圍。這意味較少熱戰和較多如柔道般的推拉，競賽者在這種推拉中專注於防衛和借力使力，允許對手侵犯自身的領域以便讓它失去平衡。

亞洲人距離展現區域團結還有漫長的路。除了彼此的軍事爭鬥外，他們還願意庇護和煽動鄰國最窮凶惡極的武裝團體：哈瑪斯的基層組織在土耳其籌募資金、印度的納薩爾毛派叛軍藏匿在尼泊爾、緬甸的克倫族叛軍盤踞在鄰近的泰國偏遠基地，以及巴基斯坦的情報機構提供阿富汗塔利班庇護所。在聯合國，阿拉伯人要求譴責以色列，印度人要求譴責巴基斯坦。另一方面，中國已否決印度進入聯合國安全理事會和核子供應國集團，同時支持巴基斯坦的核子計畫，並保護巴基斯坦的恐怖份子免於國際制裁。

儘管如此，截至目前為止，亞洲人避免了最災難性的國際衝突情況。雖然他們對彼此的地圖還有爭議，大體上他們一直能區別自己的政治和經濟目標。特別是東亞國家已意識到，緊密的經濟整合和日益提升的富足需要地緣政治的穩定。它們不想破壞了人類歷史最了不起的大幅度經濟提升，也不想摧毀現在正花費數兆美元興建的世界級基礎設施。在中國與其鄰國間升高的各種雙邊緊張中，這個邏輯都能勝出。因此，不管彼此有什麼歧異，所有亞洲人同意這類邁向一個泛亞洲系統的試驗措施值得嘗試。安全問題的終極解決方法不是依賴外國人，而是要靠區域合作。要建立區域戰略文化和團體需要數十年——但這麼做確實有用。

隨著區域內外交關係日漸加強，亞洲國家尚未解決的爭議很可能在一個亞洲體系下解決。藉由基礎設施、貿易和金融把彼此綁在一起，亞洲國家正學習共享領土和資源，正如他們過去習慣於多縫隙邊界和軟主權的時代那樣。裏海周邊國家如俄羅斯、哈薩克、土庫曼、伊朗和亞塞拜然，正接近解決懸而未決的有關世界最大內陸水體的劃界問題，去除航行和海底管線計畫的障礙以向前邁進。這類功能性的整合，使得更廣泛的互利性亞洲化變為可能。

美國在未來回合的地緣政治柔道比賽中將如何表現？美國在亞洲地區的歷史地位正在式微，最顯著的原因是美國領導人和社會希望避免過度延伸和捲入。在西亞，美國對伊拉克、阿富汗和敘利亞政策的失敗，已展現其影響力有限，讓美國付出重大的信譽代價。在東亞，「重返亞洲」未能繼承冷戰時期的軸與輻聯盟系統，這特別表現在美國放棄了跨太平洋夥伴協議（TPP）的貿易談判。亞洲人仍然認為美國重要，但也認為美國無法預測，甚至無能。

基於日漸增長的妥協氣氛，美國繼續與東亞糾纏的正當性正在減弱。中國在外交上對台灣有明確的堅持，並確保世界上幾乎沒有國家敢於承認台灣的獨立地位，而且台灣在經濟上也愈來愈依賴中國。雖然川普政府與台灣建立更多官方關係和武器轉移，但即使是台灣目前的政府也限縮自己的政治目標，只專注於吸引外來直接投資和中國以外的觀光客，推出環繞替代能源的新工業政策，和將台灣塑造為一個類似矽谷的科技中心。和日本相同，與中國發生一場衝突，即使是在美國支援下的僵局情況，也會對台灣安全的信心造成嚴重的流失。二〇一七年香港回歸中國二十週年時，一位台灣官員告訴我，從中國如何在戰略上限縮香港和台灣來看，中國實際上已變成「一國三制」。

東北亞是另一個和解的舞台，對地緣政治前景和美國在其中的角色將有重大的影響。美國支持兩個太平洋戰爭的敵國日本和南韓展開對話，是美國亞洲外交真正的成功。兩國對中國有共同的恐懼也降低了彼此的歷史怨仇，促成對二十世紀日本帝國暴行的外交和解。日本和南韓的雙邊目標也已擴大：日本希望南韓加入跨太平洋夥伴協議（TPP），南韓則希望日本加入亞投行基礎建設基金。兩國的動作將帶給它們的出口信用機構動力，推進它們的工程、電算、電信等大企業積極擴張到區域各國。下一代也正把這三個社會推向正確的方向。現在有數千名日本學生在南韓求學；他們說南韓流行音樂幫助他們學習韓文。愈來愈多中國學生似乎也在順應學習韓文的風潮。當這三國的人聚在一起時，他們以交雜的韓語和英語說話。新世代的中國、日本和南韓年輕人，只有模糊的外國剝削和羞恥的民族記憶，他們持續的社交消弭了老一輩對彼此的負面印象。他們對美國的例外主義日漸式微也沒有鮮明的記憶。他們寧可與區域內的鄰國解決歧見，而不願依賴美國的仲裁。

北韓將成為東北亞能否從戰略猜忌前進到戰術調整的關鍵考驗。北韓向來被視為孤立的失敗國家，但它隱祕的核子計畫可以追溯到與巴基斯坦阿卜杜勒．卡迪爾．汗（A. Q. Khan）核武走私網絡的關係，其化學武器計畫則與敘利亞的阿薩德有關，它的彈道飛彈計畫牽涉伊朗，它的網路監視工具源自俄羅斯，這些都是亞洲系統無遠弗屆的證據。亞洲國家可以合作形成一個對抗美國霸權的「抵抗軸」。

南韓人大體上贊成與北韓統一，最起碼是因為他們毗鄰北韓，並且同情北方同胞遭受的苦難。他們在二〇一八年冬季奧運會時支持兩國持統一旗進場（並共組一支冰上曲棍球隊），以及總統文在寅向北韓金正恩的提議，包括雙方同意正式結束韓戰。川普後來與金正恩會面帶來美國縮簡與南韓的軍事演習，以交換北韓去核子化的保證（這被稱為「凍結換凍結」或「雙中止」策略）。另一方面，在與中國和北韓的關係有所進展下，南韓總統文在寅推遲部署美國的終端高空防禦飛彈系統（THAAD），呼應了一九八〇年代日本的一個口號，即南韓也能學習對美國說不[31]。北韓和南韓，以及中國和日本愈合作管理崛起的統一朝鮮半島，美國的存在就變得愈不必要。北韓菁英只有在他們的安全、地位、財富和其他特權獲得保證下才會接受統一。不像蘇聯崩潰時，東歐許多有知識的官僚遭到肅清，或伊拉克在二〇〇三年美國入侵後的去復興社會黨化，同意給予因害怕遭處死而為北韓政權服務的北韓人某種程度的赦免，將確保有行政背景的人可能繼續發揮作用。

整體而言，統一的韓國將從一個歷史上是中國與日本「中間」的王國，變成一個不僅是工業的經濟強權，也有豐富的農業和礦業資源，並且可以引進技術到經濟特區，以低廉的勞動力生產現代汽車和三星手機。中國國際航空公司從北京到平壤的班機上載滿了商機。中國和俄羅斯都已經建設北韓的羅先不凍港。俄羅斯二〇一七年在羅先提供渡輪服務，而中國正鋪設一條連接羅先的鐵路。更雄心勃勃的是，俄羅斯計畫把西伯利亞鐵路從海參崴延伸到北韓首都平壤，再到南韓首都首爾。俄羅斯也與南韓合作為北韓規劃天然氣管線、電力網和其他計畫。新加坡都市規劃商正在為北韓重建破敗的城市提供諮詢。

新的亞洲外交架構將需要美國更新其過時的官僚地圖學。目前，五角大廈把亞洲根據印度和巴基斯坦的邊界，劃分為中央司令部和太平洋司令部（或印太司令部），但一帶一路倡議和相關的泛亞洲連結，使這種專斷的行政劃分變得毫無意義。在此同時，美國國務院至少有三個不同的區域局處負責不同的亞洲地區：歐洲和歐亞大陸事務處、近東事務處，以及東亞和太平洋事務處。這些單位即使在川普政府的破壞之前，就不是以彼此協調著稱。最有進步思維的美國戰略家已談論到必須平衡「心臟地帶」（意指亞洲內陸）和「邊緣地帶」（意指太平洋海域）的戰略，以避免過度以中國為中心，但迄今沒有一項支持這個觀點的政策實施。

整體來說，隨著亞洲的區域貨幣借貸和貿易擴增而不再仰賴美元和美國市場，美國的金融地位正在下降。在此同時，美國的能源和科技地位則逐漸增強和成長。美國的石油和液化天然氣出口是亞洲國家能源安全的主要貢獻因素，同時美國的軍事硬體和電算軟體需求仍然強勁。即使是美國對亞洲的經濟依賴不斷升高，美國在亞洲的戰略影響力仍逐漸式微。在亞洲化的時代，亞洲將塑造美國，而非美國塑造亞洲。

Chapter

4

亞洲經濟學

Asian

中國觀察家經常有兩個兩極化的觀點：中國如果不是將吞噬全世界，就是已經瀕臨崩潰，然而這兩個觀點都不正確。儘管不停地觀察中國內部的政治和經濟運作，大多數局外人缺少對中國政治經濟的了解。有些人預測中國的經濟在西方金融危機後會直線下墜，他們沒有注意到中國與其他亞洲國家的貿易日增，且歐洲提供的緩衝使中國得以免於這種命運。另一些人警告中國過度借貸給國有企業，他們忽視了政府調整結構的努力，以及投資人甚至要求買更多這些公司的股票。還有那些批評中國鋼鐵產能過剩的人，不了解中國透過一帶一路倡議把供應轉移到鄰國的作法。這些例子顯示中國不是浮在亞洲之上的一個巨島，而是中國擁有比任何國家都多的鄰國，它以許多互賴和互利的方式深植於亞洲的經濟體系。未來是亞洲的，即使對中國來說也是如此。

亞洲的第三波成長

中國經濟的逐漸減速並不代表亞洲故事的尾聲。隨著中國減速，其他國家正在加速。我們正進入從戰後日本和南韓啟動的現代亞洲成長的第三波，接續日本和南韓之後的是大中華區（先是台灣和香港，然後是中國大陸），以及現在由南亞和東南亞推動的階段。每一波都各有一組處於經濟產出人口甜蜜點的新國家，且每一波都佔亞洲龐大人口的更大比例。在一九六〇和一九七〇年代，日本和南韓的總人口不到一億五千萬人。一九九〇年代的中國只有略超過十億人。今日從巴基斯坦到

各國年齡中位數（2015 年）
各國低於年齡中位數人口數（2015 年）

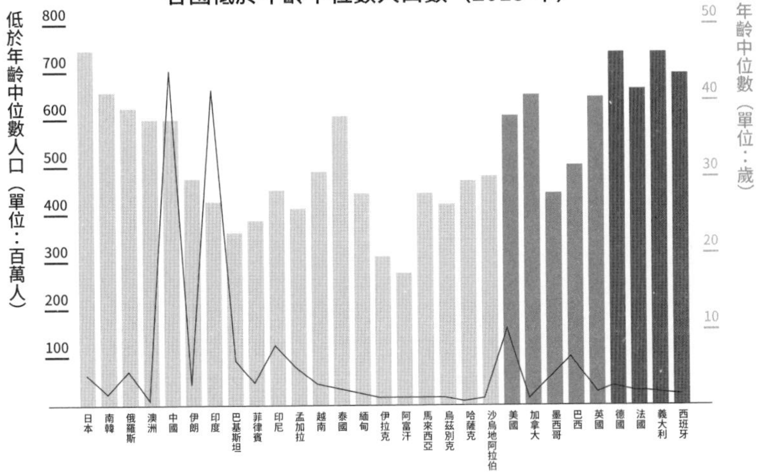

年輕人多於年老人

亞洲年齡平衡的社會正在驅動經濟和移民的轉變

大多數亞洲國家的中位數年齡低於三十歲，例外的國家如日本、泰國、南韓和中國的中位數年齡則為四十歲以上。不過，由於有龐大的人口，中國低於中位數年齡的人口仍然最多，這給了中國和印度的未來很龐大的年輕勞動人口。從較年輕的亞洲社會到較年老的亞洲社會的移民增加，平衡了勞動力短缺的問題。

印尼的高成長經濟帶涵蓋二十五億人，土耳其—沙烏地阿拉伯—伊朗三角地區的西亞高成長區則另有三億人。亞洲的五十億人口將迎來比之前經歷過的更長、也更大的成長波。

亞洲的集體韌性代表由日本、接續的小龍經濟體和中國驅動的五十年整合所累積的成功。現在隨著東南亞繼承了「世界工廠」的衣缽，一個由日本、韓國、甚至中國公司外包給這個地區的過程，意謂另一個轉型正在開始。日本、韓國和中國是高儲蓄社會，但隨著其人口老化和花費儲蓄，它們的消費正在攀升。正如日本、新加坡和南韓是中國崛起時最大的非中國投資者，它們——以及中國本身——仍然是該地區最重要的資本出口國，它們正藉由基礎建設、工業和科技協助亞洲的開發中國家升級。雖然東亞仍吸引亞洲對內總投資的逾一半，南亞和東南亞經濟體如印度、泰國、越南和印尼正快速攀升，這要感謝老化的亞洲在年輕的亞洲投資：南亞和東南亞國家的中位數年齡不到三十歲。因此亞洲的成長是增添式的，而非替代式的。

亞洲的財富也一代比一代增加。匯豐銀行（HSBC）前董事長歐智華說：「二十一世紀的美國夢正在變成二十一世紀的亞洲夢：房子、汽車、智慧手機、旅遊、銀行帳戶、醫療，與更多家庭可以不受限制地向上流動的社會[1]。」在國內生產更多產品與服務、貨幣貶值、商品價格下跌、通膨受到控制，和區域內貿易增加的情況下，亞洲人用自己的貨幣以遠低於西方人用美元或歐洲的價格買更多東西。亞洲人不需要達到美國標準的富裕就能過好生活。的確，大多數亞洲人不會趕上西方的人均所得。中國的人均所得和俄羅斯或巴西的人均所得差不多，但比不上美國或英國。但這不

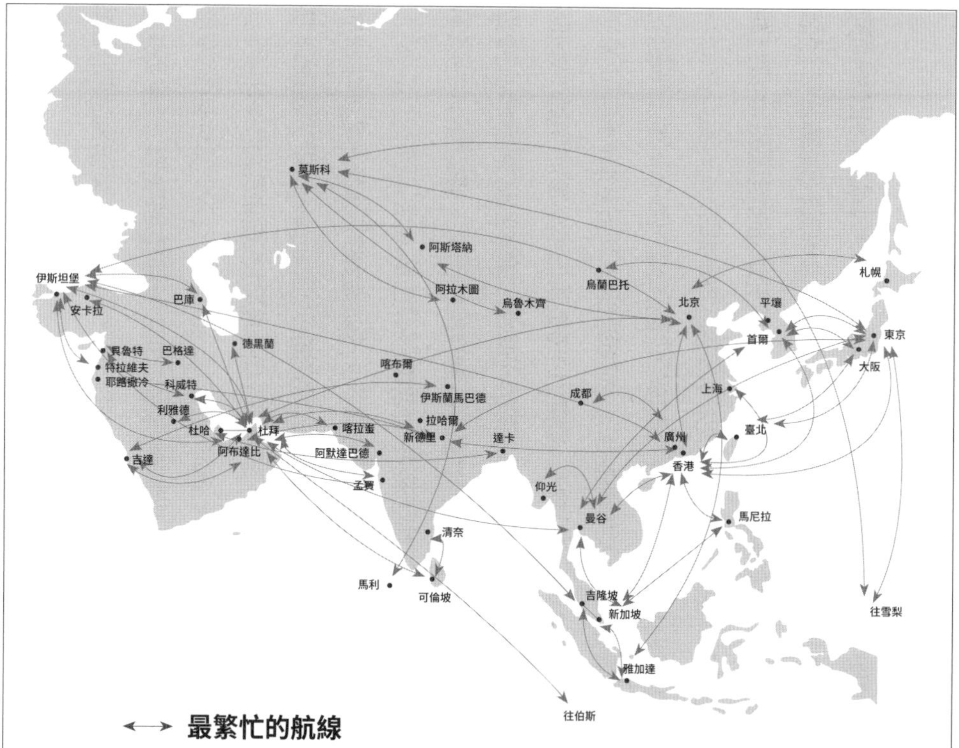

從天空看亞洲

世界最忙碌的天空

十條往來最頻繁的國際航線有九條在亞洲。雖然它們集中在波斯灣合作理事會國家和東亞，但亞洲次區域間的長途航線數量正逐年快速增加。

是重點。亞洲社會專注在維持高就業率，保持生活的成本在可管理的水準，以及提升基本服務的普及率。西方批評家說服自己說，成長減緩會拖垮中國政權，但習近平已正確地把國內的討論轉向高品質的成長。

二十一世紀的物質追求，可以用美國發明的統計度量GDP來代表，但只是成長不足以實現整體的福祉。在二十一世紀，整體的發展已變成衡量國家進步更好的標準。最近編製的包容性發展指數（IDI）不僅衡量經濟規模，也納入預期壽命、失業率、中位數所得、貧窮水準、貧富差距、家庭儲蓄、碳密集度和其他因素。在亞洲，澳洲和紐西蘭的排名最高，其次是南韓和以色列，都名列全球前二十大國。次一級的新興亞洲在包容性發展的大多數指標上都呈現大幅進步，包括亞塞拜然、馬來西亞、哈薩克、土耳其、泰國、中國、伊朗、越南、印尼和菲律賓。亞洲也是一些最落後國家所在的區域，例如阿富汗、巴基斯坦、印度、孟加拉、柬埔寨、寮國和葉門。根據亞洲開發銀行的社會保障指數（SPI），南亞、東南亞和中亞花費在協助貧民和失業者的預算，仍然只有東亞國家的約一半。但隨著亞洲體系成長，其成員國也將學會如何追求包容性的成長，並協助彼此達成。

拼湊拼圖

今日亞洲的巨型體系正在逐漸拼湊起來，就像一個有數十片或大或小拼片的巨大拼圖，在經濟的互補下創造出一個遠比部分總和來得大的整體。從一九九七至一九九八年亞洲金融危機後，亞洲國家間的貿易成長的速度比整個世界經濟的成長快；到了二〇〇七至二〇〇八年西方金融危機時，亞洲對內的貿易已強勁到足以緩衝對美國和歐盟的出口劇減。「全球金融危機」實際上並未涵蓋全球，危機後不到十年，亞洲對內貿易佔亞洲總貿易的比率已從二〇〇九年的二九%，倍增到二〇一六年的五七%，幾乎與歐洲對內貿易的水準相同。在這二十年間，西亞的石油和天然氣生產國很快被吸入亞洲經濟體系，為東亞和南亞的數十億人先是以高價，現在則以較低的價格提供燃料，同時也變成東亞產品的一大市場，並吸引東亞對西亞的新製造業和物流業的投資。

貿易向來是高度區域性的活動，即使在全球化後也是如此。截至二〇一六年，歐洲仍然佔全球貿易的三〇%，主要原因是它綿密的對內市場，其次是東亞佔二五%，和北美佔不到二〇%，東南亞佔約一〇%，世界其他地方佔略超過一〇%[2]。近期的發展是，非西方地區彼此之間貿易關係的擴展，減少了它們對出口美國和歐盟的依賴。過去二十年間，亞洲的次區域（特別是東北亞、東南亞、南亞和西亞）佔全球貿易成長的比率增加最多，北美則減少最多。有關全球貿易的最大爭論之一，是開發中地區是否能與過去它們仰賴西方作為投資來源和出口市場「脫鉤」。這個問題的答案已愈來愈肯定。亞洲經濟體的多樣化已足夠，可以供應彼此大量生產和高端的產品與服務，且有夠大的所得差距使它們只要專注於滿足彼此不斷增加的需求就能獲得最大的利益。任何兩個亞洲次區域間的貿易量都持續快速成長，包括西南亞、南亞、中亞、東南亞、東北亞等，且速度超過全球貿易的成長[3]。亞洲的主要貿易國如中國、印度和南韓都是川普政府瞄準的目標，在這種情況下亞洲國家正集體致力於加速促進彼此的貿易。的確，從二〇一三年以來提議的四十四項自由貿易協定有二十八項是在亞洲國家之間，由此可見亞洲內部的貿易勢必進一步擴增。

數十年來東北亞已形成亞洲的主要工業輸送帶，在日本、南韓和中國間形成三方的分工[4]。今日東亞的五個主要出口國和地區：中國、台灣、香港、日本和南韓（技術上只有三個國家）[5]，每年出口總值四兆二千億美元，幾乎等於歐盟和北美洲出口的總和。台灣的富士康以二〇一五年的營收計算是世界排名第三大的科技公司，組裝了全球七〇%的 iPhone 手機，其餘的三〇%大多數由同樣是台灣公司的和碩和緯創組裝。隨著中國積極進軍高科技領域，它也正以自己的零件取代日本和韓國的零件。在二〇〇〇年，中國佔亞洲科技產品出口不到一〇%；到二〇一四年它佔了四四%[6]。華為、Lenovo、海爾和比亞迪汽車公司在電信設備、筆記型電腦、電器和電動車等項目，領先其他亞洲和西方同業。但這三個國家仍然高度整合，中國仍進口大量韓國和日本的半導體[7]，且南韓仍在 LED 顯示器和記憶體晶片的生產上領先。中國正在減少對日本和南韓的龐大逆差，但在貿易量持續攀升的情況下，這三個國家都急於通過一項三邊自由貿易協定。

過去這個高生產力的東北亞三角主要出口到西方，現在它正提供更高品質、低成本的電子產品到亞洲其他地方。較少亞洲以外的人知道、但數千萬一般亞洲人每天都看到的是，從中國進口便宜的產品和出口到中國，已提高了他們的生產力和競爭力，並達到了日本和南韓已遷移大量的電子產品產線到較低工資的東南亞的程度，讓這兩國得以降低成本，同時分散到另一個高成長的大市場。一般中國工廠的勞工每日賺近三十美元，而印尼和越南勞工每日仍賺不到十美元。日本從一九七〇年代以來就是東協工業化的主要贊助國，近年來每年更加倍對東南亞投入逾二百億美元的外來直接投資（FDI），因為日本深知日產的電動車和彈性燃料（乙醇和其他生質燃料）汽車等產品未來的市場將會在這裡。南韓已藉由遷移廣泛的電子產品和汽車組裝作業，進一步推升東南亞成為重量級的製造基地。南韓和越南的貿易預料到二〇二〇年將達到七百億美元，光是三星在越南的投資就達到一百八十億美元，從那裡生產的晶片將佔該公司出口中國晶片的一半。現在有超過十萬名南韓人住在越南。阿里巴巴二〇一八年承諾投資三億五千萬美元，在發展泰國長期落後地區的東部經濟走廊（EEC）計畫，將在泰國和毗鄰的寮國和柬埔寨建立有效的物流營運。

從二〇一四年以來，隨著美國、歐洲，甚至中國公司紛紛加入日本和南韓在東協的委外生產，該地區每年吸引的投資已超過對中國的投資[8]。東協一年的總貿易量已達到近二兆二千億美元，其中四分之一是東協對內的貿易，一五%是與中國貿易，和一〇%與日本貿易。從東協—中國自由貿易區（ACFTA）二〇〇〇年生效以來，這個涵蓋最多人口的貿易協定使東協成為中國第三大貿易夥伴，每年貿易四千億美元。整體來看，東協的貿易有超過六〇%是在亞洲內部進行[9]。隨著人口眾多但較貧窮的亞洲次區域如南亞和西南亞——總人口二十五億人——的所得逐漸增加，這些次區域在東亞出口所佔的比率將日益提高，進一步降低歐洲和北美在東亞出口所佔的份額。

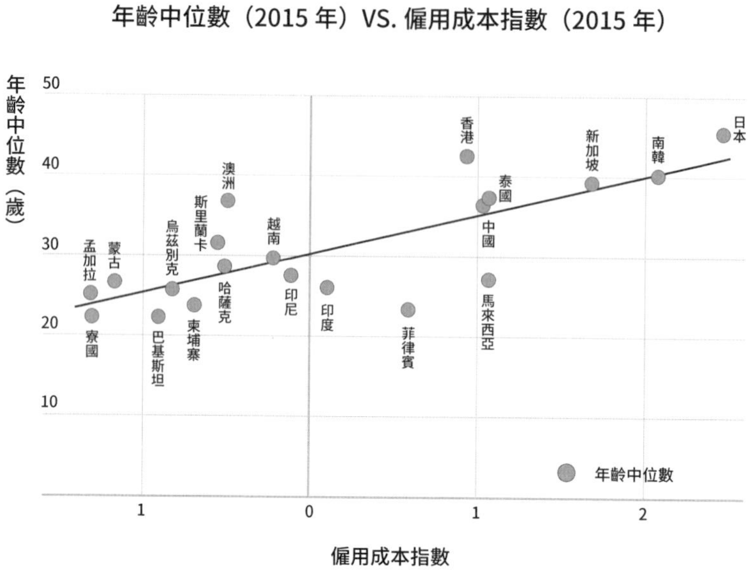

老化和複雜性：

隨著亞洲社會老化和更富裕，
亞洲經濟體正在價值鏈中更上層樓

亞洲富裕和老化的社會如日本、南韓和新加坡，也擁有從出口附加價值來說最複雜的經濟體。透過它們日增的財富和工業政策，中國、泰國和馬來西亞正快速地迎頭趕上。

印度正加緊搶搭東亞成長的列車。在莫迪總理領導下，印度認真地重新啟動它的「東望」（Look East）政策（現在已改稱為「東進」〔Act East〕），派遣商務代表團到東北亞和東南亞。印度與中國的貿易已成長到每年八百億美元，雖然它從中國的進口是出口的六倍。印度與東協的貿易成長還更快，預料在未來五年將倍增到每年七百億美元。印度與南韓和日本的貿易也分別達到近二百億美元，莫迪和安倍晉三宣稱雙邊貿易將以科技產品為優先項目。印度正大力推動更新基礎設施、工業和城市，這些措施已把商業活動從孟買等傳統中心擴散到浦那和海德拉巴等二線城市，讓它們轉型成高科技和製造業中心。印度沿海的十多項新港口計畫，將把印度工業的觸角拓展到西亞和東南亞。

亞洲快速現代化的城市也在加速區域的連結。亞洲的每個次區域都有欣欣向榮的都會中心崛起：波斯灣地區的阿布達比、杜拜、利雅德和杜哈；西亞的伊斯坦堡、特拉維夫和德黑蘭；南亞的喀拉蚩、孟買、班加羅爾和清奈；以及東亞和東南亞的大都會，從東京、上海到胡志明市，再到馬尼拉和雅加達。此外從越南到阿曼的經濟特區變成半成品和成品的進出管道。就像編織板上的孔，這些節點讓商務線得以把不同地區的亞洲人聯繫起來。世界前十條最繁忙的國際航線有九條在亞洲的城市之間，西方城市航線只有北美的紐約往返多倫多航線躋身前十名[10]。

在全亞洲各地，人們發現亞洲人現在即使不是最大，也是最出名的投資者[11]。從二〇〇一年起，亞洲五千一百億美元的外國投資，有超過半數來自區域內。日本已迎頭趕上並超越歐洲，成為東協的最大投資國，而且它在印度的投資從二〇一五年以來每年增長一倍，現在達到每年四十億美元，很快將超越美國。新加坡領先群倫，每年對印度的外來直接投資達一百四十億美元。中國也已成為印度電力、電信、營造和其他部門的主要投資國。雖然中國在印度的投資額還落後日本，但它正迅速趕上，尤其是在減少對美國的投資，並承諾提高對亞洲的投資之後更是如此[12]。

這正值一帶一路倡議上場的時機。直到不久前，中國對投入鄰國的固定投資一直有所保留。資深中國觀察家羅森（Dan Rosen）形容研究中國的投資政策就像質譜法：觀察被電離的物質顯示出其內在的質地成分。為了避免國內儲蓄過度集中在房地產和銀行，中國默許資本帳進一步開放，刺激外流資金在二〇一六年達到二千二百五十億美元的高峰，然後突然壓制對外投資，指示企業停止收購華而不實的資產，轉而專注於北京的戰略優先選項。於是在二〇一七年，中國的對外直接投資降到低於日本的一千七百億美元水準之下，但明顯地專注於一帶一路倡議國家的基礎建設。北京和上海的基金現在已投資數千億美元在被指定投資的鄰國高潛力部門，包括從基礎設施、商品、銀行到電信等產業。中國正在巴基斯坦到菲律賓等國家舖設光纖電纜，並為數億人建立 5G 行動電信營運。世界大部分最大的工程、採購和營造公司是亞洲公司，中國、南韓、日本、印度、土耳其和沙烏地阿拉伯的大型承包商，無不想跨越亞洲錯綜崎嶇的邊界以承接工程。

中國與亞洲國家的貿易已經比日本多三倍，使人民幣作為亞洲內部貿易的貨幣更具吸引力。目前，以美元計價的貿易佔全球貿易的比率，是美國的貿易實際佔世界比率的四倍。除了強勢美元使進口價格變得更昂貴外，亞洲國家還有一個以其他貨幣取代美元從事交易的誘因。雖然中國的人民幣不太可能變成亞洲唯一的貿易貨幣，但亞洲各國央行正在它們與中國貿易增加時累積人民幣。中國刻意地追求國際化，希望在人民幣開放自由兌換前，鎖定貿易夥伴進行人民幣計價的貿易。中國也設定在不久後的未來，讓人民幣計價的貿易佔所有貿易額的一半，一個如果把石油合約改成人民幣交易將可快速達成的目標。中國也在戰略上推動區塊鏈式貨幣，以便使用規避美國財政部及其長臂制裁的方式貿易。在這種區塊鏈工具快速發展的情況下，很可能所有亞洲國家將利用它們來進行以各自貨幣計價的貿易，而非把全部貿易改成使用人民幣。不管用哪一種貨幣，新加坡、澳洲和紐西蘭等國的央行已建立起金融科技橋梁，以便彼此快速採用它們推出的無縫跨境支付。在亞洲，很少國界能阻擋錢流。

亞洲特色的資本主義

亞洲國家毫不懷疑全球化是它們致富的門票。即使對西方經濟體的依賴已經愈來愈低，它們仍追求一種彼此整合、同時向四方擴展貿易關係的「開放式區域主義」。美國從貿易自由化倒退（甚至在自己所屬區域的北美自由貿易協定），並未減損亞洲與世界其他區域及美國貿易的渴望。從歷史來看，「自由貿易」向來由有貿易順差的新興強權所倡導，著名的例子是十九世紀的英國和二十世紀的美國。不過，在現實中它們追求一種新重商主義戰略，透過進口替代和政府支持的侵略性國際擴張，來達成它們的超級強權地位。今日的亞洲強權也一樣：它們想要的是經濟全球化，而不是自由貿易。

亞洲人把市場視為夥伴，而不是主人。亞洲藉由汲取東亞國家的成功經驗而變成一個強大的經濟區，這些經驗包括日本和南韓出口導向和國家指導的資本主義帶來突飛猛進的經濟成長，以及中國利用經濟特區吸引外國資本和技術，以資本管制避免短期金融資金流動失控，以漸進的貿易開放保護主要產業，和以工業政策刺激戰略性商務利基和出口。從俄羅斯到沙烏地阿拉伯，再到越南，國家支持的公司確保國家控制關鍵工業領域，每一種產業也出現全球名列前茅的公司。每一種中國最需要的商品，如石油、鋼鐵、鋁、鋰等，中國的國有企業和控股公司都已擴張到全球，並尋求持有各地供應商的支配股權。今日世界資產最多的五大銀行都是中國或日本銀行，排名第一是目前在六十個國家營運的中國工商銀行。即使在資本主義的日本和韓國，有數世代歷史的家族集團（日本的經連會和韓國的財閥）仍享受國內既有業者的保護[13]。在韓國，十家最大的集團佔股票市場市值逾一半，其中三星及關係企業就佔市值三分之一。

雖然大多數亞洲經濟體比中國開放，它們正學習中國數十年來的國家資本主義實驗的教訓。其中一個重大的教訓是，投資導向的成長是致勝的戰略，儘管它違背西方的經濟教條。中國在一九九九年加入世界貿易組織後，它從出口創造的GDP佔比從二五%躍增到二〇〇六年的六六%。在許多局外人看來，中國過度投資的工業和基礎設施毫無必要，製造出產能過剩的浪費，並使中國充斥非必要的大型計畫。此外，中國在金融危機後的刺激措施創造龐大的債務，尤其是在國有金融和工業部分，使總企業債務達到ＧＤＰ的一七〇%[14]。但工業和服務業不是非此即彼的選擇。事實上，熱門的產業如電子商務仰賴中國持續建設的高品質運輸基礎設施。今日中國的出口只佔ＧＤＰ的不到二〇%，且持續下降，而服務業佔比則超過一半[15]。有許多中國的非金融業公司違約且還有更多將走向違約，但它們不會同時發生，因此可以減輕整體的經濟和社會成本。政府在信用和貨幣市場的干預，已延遲了中國被承認是一個市場經濟體的時間，但中國已設法達成總體經濟穩定，並維持充裕的現金可供下一波刺激使用，而這很可能在二〇二一年慶祝共產黨創立一百週年之前發生。

即使有強大的創業階級興起，企業和政府的合作在亞洲也很常見。在中國，總部設在上海、並在香港註冊的最大集團之一復星國際公司，其董事長被派任為中國人民政治協商會議委員。即使是白手起家的創業家如馬雲，也已與共產黨漸行漸近，他曾稱讚共黨政權是「廉潔和正直的政府」，雖然外界普遍認為共產黨是世界最大的億萬富豪俱樂部。在亞洲的大型資本主義民主國家——印度、印尼和菲律賓——大家族集團仍盤踞主要產業，如營造、房地產、造船、商品貿易、銀行和電信。企業金字塔的頂端仍很狹窄，鉅富對政策仍有極大影響力。阿拉伯和伊朗的方法也是國家資本主義和家族財團緊密結合的模式，許多政府部會經營它們監管的產業，富裕的家族則掌控營造、進出口、農業和其他重要的利基領域。

這種情況的主因之一是，私人家族事業仍然是亞洲經濟體的主幹。世界五百大家族事業有五分之一位於東亞[16]，其中中國和印度最多。印度公司有八五％是家族事業，佔全國GDP的三分之二；這些數字在馬來西亞和菲律賓也類似。根據麥肯錫公司（McKinsey）調查，亞洲各國的家族事業在過去十年每年成長率超過二〇％，它們擅於運用強大的現金部位，投資在合資事業和提振母國勞工生產力的新技術。有人可能稱這是儒家資本主義，以指稱共產黨的中央集權性質，以及中國人的「關係」概念，也就是透過網絡享有獨特的影響力。

亞洲現在佔全世界十億美元富豪人數的三〇％，其中印度的富豪人數僅次於美國、中國和俄羅斯。波斯灣國家、伊朗和土耳其為亞洲的十億美元富豪人數增添近一百人。亞洲的富豪有八五％是第一代，所以未來二十年將出現史上最大財富的轉移潮之一。亞洲很快就會有比其他區域更多的十億美元富豪和百萬美元富翁以及中產階級。財富管理業在亞洲生意興隆，有成千上萬的家族辦公室在主要城市成立，委託銀行擔任它們的管理人。一位歐洲銀行的主管說：「在美國，美國銀行服務富人客戶時沒什麼競爭。在歐洲，歐洲和美國的銀行相互競爭市場。而在亞洲，歐洲、美國和亞洲的銀行都在競逐富人顧客。所有銀行的利潤都遭到擠壓，另一方面則有數兆美元的儲蓄釋出，可以用來投資獲利。」

不過，不是所有資金都被明智地投資。高成長市場往往貪腐很嚴重，而亞洲也不例外。越南、泰國、印度和巴基斯坦（以及較貧窮的緬甸）在亞洲的貪腐排名中名列前茅。但經濟務實主義加上較有紀律的領導階層，以及取悅投資人的渴望，已在亞洲各地集結強大的反貪瀆努力。美國的執行長可能摧毀企業價值並藉著「黃金降落傘」把他的戰利品帶回家，歐洲的主管可能必須從自己的薪酬支付罰款，而亞洲的貪腐官員和企業主管，現在終於也要進監牢或被流放外國了。在中國，習近平的反貪腐運動不管是出於何種政治動機，已經縮小了黨官員和私人鉅富中飽私囊的漏洞。在南韓，三星繼承人李在鎔因為以捐獻交換核准併購案而在二〇一七年遭定罪並入獄，同一年總統朴槿惠遭到彈劾，並於二〇一八年被判貪瀆有罪，必須服刑二十四年。在東協各國——主要在泰國和馬來西亞——領導人開除收賄的部長，獨立的反貪腐調查部門獲得更多資源，並且向大眾公布公司治理的計分表。印度總理莫迪曾取締黑箱會計作業和境外空殼公司。在巴基斯坦，巴拿馬文件的揭露迫使總理謝里夫（Nawaz Sharif）在二〇一七年辭職。

隨著亞洲逐漸從依靠關係的經濟體，演進到依法規和制度管理的經濟體，當權者將繼續引導市場往國家發展的方向前進。這是因為亞洲人普遍認為市場應該從屬於整體社會福祉，而非以市場本身作為目的。和西方不同，亞洲社會仍然支持全球化，因為它們的政府積極地引導它朝向有利於社會的方向發展。從印度到越南的調查都顯示，支持全球化的人超過八〇%（相較於美國和法國的支持率不到四〇%）。支持資本主義的比率也類似，這從主要亞洲國家的社會主義歷史來看確實有點諷刺。美國逐漸升高的反金融和反高科技情緒，凸顯出西方的意識形態正逐漸與認為銀行和科技巨人不應被允許任意剝削顧客的亞洲觀點匯流。這種觀點認為銀行和科技巨人應對國家有所助益，並為廣泛的社會需求服務，不管是財政穩定、就業創造、基礎設施更新、技術訓練或其他目標。西方政府愈紓困和支撐金融與製造等產業，它們的體制在實踐上就愈類似亞洲特色的資本主義——儘管在理論上並非如此。

與此有關的是，亞洲人在一九九〇年代學到對盎格魯—美國式的自由金融資本主義保持戒心。他們寧可採用以財政重分配推動公平的成長觀點，而非成長可以自動帶來重分配的正統資本主義觀點。據國際貨幣基金的看法，降低不平等需要提高稅賦和更多公共投資，而非減少。許多亞洲國家因此毫不遲疑地採用像是降低利率、反景氣循環投資、積極的公共支出和加稅等總經工具，以促進更大的平等和創造就業。良好的公共運輸、住宅、電力、下水道設施和其他基本服務，對提升生活品質極為重要。經濟改革不能以高失業和社會失去和諧為代價。中國政府擔心勞工被機器人取代，和企業藉裁減員工與提高生產來積累獲利的結果，但為了不讓它們把數以億計的獲利移往境外，中國對這些企業課稅和收購股權，以從它們的成長獲取資金。印尼正穩定地提高它的稅收佔GDP比率，希望在二〇二〇年達到二〇%[17]。

亞洲人也採納國際貨幣基金的「總體審慎措施」建議，例如要求銀行提高存款貸款比率、房地產市場的貸款價值比，以及對中小企業提供優惠貸款等新巴塞爾協定（Basel III）的規範。這些步驟都已協助亞洲國家脫離國際貨幣基金的紓困，並且保護它們免於其他地區發生的危機造成的金融骨牌效應[18]。另一方面，美國和許多西方經濟體反而忽視它們過去提供的ＩＭＦ智慧。此外，亞洲各國的利率現在彼此同步移動多過於跟隨美國的利率，使它們得以推動貨幣和財政的協調。當土耳其等亞洲國家需要抑制通貨膨脹和穩定貨幣的策略時，它們會尋求印度和印尼的協調。美國正逐漸學習避免過度依賴利率，轉而著力於提振投資。前瑞士銀行（UBS）銀行家兼倫敦經濟學院風險管理教授西蒂奇（Lutfey Siddiqi）說：「我們現在都是亞洲人了。」

從承銷美國到融資亞洲

來自美國和歐洲的外國資金，是第一波和第二波東亞成長期間（即從日本的經濟奇蹟到中國速度驚人的工業化），推動亞洲經濟崛起的關鍵推手。然後東亞人把他們龐大的儲蓄藉由購買歐美國債借給美國和歐洲，亞洲的資金因此變成維持美元穩定和扮演全球準備貨幣的主要力量。中國和日本仍然是美國公債最大的外國持有國，各擁有價值超過一兆美元的美國公債，香港和台灣也名列十大持有國，各自在美元準備中擁有近二千億美元美國公債。所有前十大美元準備的外國持有國，包括沙烏地阿拉伯、南韓、印度和新加坡等都是亞洲經濟體，總共持有超過五五％的美國公債[19]。

此外，美國經濟中來自亞洲的外來投資（以日本為首）總值超過一兆美元（相較於來自歐洲的外來投資為二兆美元），其中以能源、製造和房地產等產業為主。亞洲投資人在油價低迷時，協助德州的頁岩油田持續產油。中國投資公司（CIC）和韓國投資公司（KIC）都把公共股票投資組合的逾五〇%配置在美國股票，新加坡 GIC Private Limited（舊稱新加坡政府投資公司）在北美洲投資三五%的資產。亞洲的融資對支援美國基礎設施更新所需的長期債券也不可或缺。沙烏地阿拉伯的公共投資基金（PIF）承諾以二百億美元，投資在百仕通（Blackston）旗下一檔專門投資美國基礎建設的四百億美元基金。

但隨著亞洲人轉而專注於投資亞洲（和歐洲）而非美國，大規模的資金分散已經啟動。在雙邊緊張升高的情況下，中國二〇一八年對美國的投資減少了九〇%。而且隨著美國債務升高，以及亞洲人在亞洲內和對歐洲的貿易增長超過對美國，亞洲人對美國公債的胃納逐漸緊縮。社會年齡逐漸老化和儲蓄率下降，也使東亞國家購買的美國公債進入高原期。阿拉伯央行已開始拋售美元以調整它們的外匯存底、刺激國內經濟，和為降低依賴石油的轉型提供資金。

亞洲人不再承擔美元風險，反而對投資自己的債券和資本市場愈來愈有信心。過去數十年來，大多數亞洲國家（日本是明顯的例外）缺少成熟的金融市場來吸收該區域龐大的儲蓄，反而讓它們輾轉流入倫敦和紐約。但金融危機暴露出美國銀行極度依賴金融工程，而非靠經濟的基本條件來創造成長。歐洲人也因為購買美國次級房貸而受重傷，因此現在較不願意借短期美元而只是將它們轉換成為美國消費者債務，再加上他們還必須擔心歐洲自己的銀行業能否履行債務。亞洲經濟體已設法安度過去十年來西方金融的動盪和美國利率的攀升。每一次美國提高利率，西方經濟學家就預測亞洲貨幣市場將出現「退場恐慌」。但這類投資組合資金的外流已不再能打亂亞洲市場，因為現在亞洲人可以借到龐大且愈來愈容易取得的資金[20]。亞洲人已花了二十年建立換匯機制，以提高他們在危機發生時取得流動性的管道[21]。這些努力已使央行可以取得價值數兆美元的流動性，以便在需要時作為緩衝。

為了避開龐大美元計價債務日增的風險，許多亞洲政府開始發行巨額的主權債券，以自己的貨幣計價而非美元，而且投資人爭相購買。中國佔亞洲債券發行的約一半[22]。外國人只持有約二%的中國主權債券，但中國已表示它將接受約一五%的外國人持有，且已核准由英國的渣打等銀行發行境外人民幣「熊貓債券」。這可能意味到二〇二五年時，將有額外的三兆美元流動性，可以支持中國持續在國內和國外投資[23]。中國的去槓桿是外國投資人的機會：取締過度的銀行放款、影子銀行業，甚至微型放款，已為外國金融機構提供貸款給中國顧客打開大門。中國的新央行行長正推動改革，將對外國人可以持有合資事業的股權，和外資持有中國金融公司股權比率解除限制，並允許合格的外國人在A股投資。

沙烏地阿拉伯和阿聯酋也藉由發行債券籌措數千億美元，同時藉削減補貼以降低財政赤字。在二〇一七年，菲律賓發行一批甚受歡迎的二十五年期債券，其中近半數由歐洲投資人購買、三分之一由亞洲人購買，其餘則由美國人購買。整體來看，亞洲政府自己持有大部分以本國貨幣發行的債券，持有美元計價的債券只佔小部分（印尼是例外），所以亞洲政府可以保持低利率和被動地去槓桿。這是為什麼大多數亞洲國家不屬於過時的「新興市場」籠統分類，不像不斷要靠ＩＭＦ提供國際救援的阿根廷等國家。

其他重要指標也預告了亞洲將加深其金融整合，亞洲的跨邊界投資組合從二〇〇一年的三兆美元激增四倍到二〇一五年的十二兆美元，但只有二〇％的跨邊界投資組合是區域內投資（相對於六〇％投資於歐洲）[24]。雖然金融服務在大多數亞洲國家仍是戰略性保護產業，各金融管轄地正在協調法規，以便各國進行衍生性金融商品交易和在區域平台上結算，銀行業可以在彼此的市場營運，交易所彼此連結，揭露的標準趨於一致以便公司更容易跨國發行債券和服務，以及監管機構授予基金管理業者跨亞洲的「護照」以吸引投資[25]。

這些作法支持了亞洲企業債券市場的巨幅擴張。傳統上，債券市場提供亞洲企業的融資不到二〇％，遠遠落後銀行和股票的比率（在東亞，光是銀行提供的總公司債務就高達八〇％）。此外，亞洲人偏好透過「返程投資」（round-tripping）來投資於自己的市場，意即排斥配置西方股票遠多於亞洲股票的西方投資基金。美國股票市場的市值並不反映基本面的成長，也不反映美國公司在摩根士丹利資本國際世界指數（MSCI World Index）的權重，該指數的市值現在大於美國的ＧＤＰ。另一方面，日本、中國和印度的股票市值佔ＧＤＰ比率介於四〇％到七〇％。從亞洲金融、工業和科技集團的規模來看，它們在資產證券化上還有巨大的餘裕。亞洲債券市場現在以每年二五％的速度擴張。香港恆生指數是二〇一七年表現最佳的指數，而同一年美國的標準普爾五百指數（Standard & Poor's 500 Index）在全世界表現最佳指數中只排名第三十三。此外，在西方債信評級業者合理性的危機中，亞洲的債信評級機構紛紛崛起，為投資人提供更紮實的資訊以將資金配置於亞洲。分析師預測中國的資產管理業將從今日的三兆美元成長到二〇二五年的十五兆美元，根據的假設是屆時中國家庭將投資一〇%的儲蓄在金融資產上（相對於今日的四%），而東協的資產管理業也將達到四兆美元。從銀行、啤酒製造商，到營建公司和房地產業者，愈來愈多東協公司正進行首次股票公開發行。

亞洲國家已放鬆對開放資本帳給外國投資組合的過度謹慎，而西方投資人正急於搶進。在過去二十年，亞洲公司已從過度仰賴向西方銀行貸款，變成那些銀行最樂於為它們主辦ＩＰＯ的客戶。阿里巴巴二〇一四年在紐約股市的ＩＰＯ規模，創下歷來最高的二百五十億美元紀錄，而像是新加坡SEA集團和中國瑞思教育等亞洲科技公司的ＩＰＯ，也為華爾街銀行賺進可觀的主辦費。中國現在有超過五十家「獨角獸」公司市值超過十億美元（略少於美國的家數），而印度有約十二家，東協則不到十家，未來還有許多家尚未ＩＰＯ的亞洲公司正積極籌辦中。

全球資產管理業者只有約五%在亞洲有營運，而亞洲市場已成為追求高收益和固定收益投資的西方投資機構——從資產管理業者、退休基金到家族辦公室——急於追求的目標，包括亞洲的貨幣市場、主權債券和公司債等市場。騰訊、阿里巴巴和百度的市值已躋身世界最大公司之列，但它們快速擴大的顧客群和服務吸引了西方退休基金，希望把它們納為投資組合的核心元素，以強化既有的奇異和惠普等陷於困境的藍籌公司。現在ＭＳＣＩ的新興市場指數涵蓋中國和沙烏地阿拉伯的國內股票，價值數兆美元的主動型和被動型基金，將據以擴大它們的亞洲投資組合。中國已推動債券通和股票通計畫，以鼓勵全球投資人進入其金融市場。上海陸家嘴國際金融資產交易市場（Lufax；陸金所）已在新加坡設置平台，專門為了與想投資中國金融科技市場的外國投資人結盟。由於沙特阿拉伯國家石油公司決定將大部分上市股票在利雅德證券交易所發行（而不是在紐約、倫敦或香港掛牌），許多外國投資機構將提高自己購買亞洲股票的設定上限。

新興市場和邊境市場指數的情況也類似，特別是孟加拉、越南和其他人口眾多的亞洲國家。當ＭＳＣＩ在二〇一六年把巴基斯坦的地位從邊境市場升格為新興市場時，ＭＳＣＩ巴基斯坦指數股票型基金（ＥＴＦ）的交易量增加為三倍，且股價一路攀升。然後是一場收購喀拉蚩證券交易所的激烈競爭（現在它是巴基斯坦證交所的一部分），而喀拉蚩證交所的前一百大公司的股價則每年上漲二〇％。上海證交所買下喀拉蚩證交所四〇％股權（也買下達卡證交所的一大部分股權）。亞洲的股價因為需求上升和風險相對較低而被低估。晚近的評級下降已刺激各亞洲市場進行必要的結構改革，但這也壓低股價和本益比，進而創造吸引投資人的買進機會。在亞洲各國，原本只有基本上市機制的證交所現在提供遠為吸引人的股票，涵蓋電信、銀行、房地產、科技和其他產業類別。它們也要求愈來愈嚴格的公司治理報告、獨立性更高的董事，和遵循環保與社會標準。股東和利害關係人的利益都被納入考慮。

轉向彈性匯率讓亞洲政府有更多操縱空間，也使它們的市場更有吸引力。較弱的經濟體過去嘗試控制它們匯率的方法就像玩大富翁遊戲，不能把現金用於其他用途。二十年前，我第一次造訪烏茲別克時，我的外套和褲子口袋都塞滿幾乎沒有價值的索姆（soum）。現在索姆已可自由兌換且匯率穩定，而烏茲別克八％的成長率在全世界則名列前茅。阿拉伯和亞洲的投資人每週往返塔什干，尋找房地產和其他產業的投資標的。二〇一六年，該國蘇聯時代的強人卡里莫夫（Islam Karimov）去世後並未發生動亂，而是開始效法其較大、但人口較少的鄰國哈薩克的經濟務實主義。從印度到越南再到蒙古，無數亞洲國家近來都進行痛苦的貨幣改革，為經濟穩定和強調投資人利益奠定了基礎。

亞洲和全球的資金大舉湧入這個區域，將填補貸款給服務數十億亞洲人的中小企業的大缺口，非傳統或另類貸款模式如端對端（peer-to-peer）和資產負債表貸款業務也將獲得資金挹注。中國的二千二百家端對端貸款商（以被稱為中國貸款俱樂部的點融網為代表），涵蓋規模一千億美元的市場。在印度，端對端貸款到二〇二〇年估計將達到八十八億美元。類似的營運在東南亞也正快速成長。但在亞洲的銀行、非銀行機構和金融科技公司佔全球金融資產比率快速攀升，和新監管機構相對未經測試的情況下，亞洲可能成為下一波全球金融危機的震央。西方人因此必須更深入了解亞洲的監管和法規如何運作。許多西方基金經理人密切注視亞洲公司投資人的動作，就好像他們監視巴菲特（Warren Buffett）的波克夏公司（Berkshire Hathaway）股東會一般。

亞洲政府已意識到，國營企業私有化也可以吸引龐大的新資金投資在亞洲資產，以它們無法獨力辦到的方式帶進服務漸增的人口所需要的資金。許多國家正拋售資產以彌補降低的油價，展現出吸引更多外來投資所需的紀律。它們更循環利用資產，租賃舊基礎設施給民間投資人，並利用收入來支應新基礎建設，因而避免提高稅賦。波斯灣經濟體仍然仰賴石油收入來支應支出，但若要提供推升經濟所需的資本，必須投資在長期的經濟多樣化上。沙烏地阿拉伯的國營石油、礦業和工程公司，從該國一九七〇年代的石油榮景後就已排擠了私人部門，支付的薪資高到沒有人想成為創業家。但隨著該國開始嚴厲打擊皇室家族的豪奢，和採取從只生產石油轉型到生產出口產品的戰略，私人企業將隨之成長。伊朗也正在私有化，以縮小貪腐且低效率的伊斯蘭革命衛隊關係企業的支配性角色。印度、泰國和菲律賓正把航空公司、酪農企業與賭場等各式國營公司私有化，以籌措資金並刺激工業與服務業的商業活動。和中國一樣，印度極高的企業債務（包括向金融業和非金融業舉債）迫使政府必須放鬆外國投資法規和加速私有化，這兩項措施應該能提升公司治理。印度也正改革過時的政策如破產法，藉由規範清算破產公司的時程，讓私人部門得以重整而不被政府的拖延耽誤，或浪費資源在不必要的紓困之上。

即使在中國、俄羅斯和越南等國家資本主義制度下，低效率的國營公司都已經過大力整頓，提供上市股票供大眾投資，或經營獨立化。中國已成功地利用國有資產監督管理委員會（ＳＡＳＡＣ）重整許多造船、鋼鐵、機械、電子和其他領域的國有企業，成為能發揮功能（甚至可以獲利）的實體。其結果不是完全的私人公司，而是新加坡式的政府關係企業（GLC），由政府資助的投資基金持有多數股權。亞洲的混和式資本主義正在從防守性的低效率大怪獸，進化為支持公司收購競爭者與其技術。中國政府鼓勵像百度和阿里巴巴等大公司收購中國聯通和其他國有企業的股權，並提供它們的技術以提振這些國有企業的績效。這凸顯出亞洲超大集團的寡佔正在讓位給在金融和科技傳統前沿營運的新一代公司。

亞洲國家正效法新加坡的模式，聰明地尋求外國投資人的資金和技術，而避免提高稅收。亞洲各國的外來直接投資每年正在創造成千上萬電子、資訊科技、汽車、房地產和商務服務業的工作，提高生產力並為經濟各部門增添價值。從利雅德到上海的亞洲摩天大樓現在有許多重量級的房客。這種情況已吸引全球的私募股權業者進入亞洲，使亞洲已經趕超歐洲，成為世界第二大的私募股權目的地（僅次於美國），全球私募股權資金有四分之一投資於此[26]。世界最大的私募股權基金有四家在亞洲——日本軟體銀行的願景基金、中國國有資本風險投資基金、中新互聯互通投資基金管理公司、中國互聯網投資基金——各有一千億美元以上的資金可供投資。霸菱亞洲投資基金（BPEA）是亞洲的老牌基金，也是完全以亞洲為根據地的最大亞洲私募股權基金，投資組合中有四十家公司。美國的私募股權公司每年在亞洲完成的交易數量已增加一倍。美國私募股權基金KKR從二〇一六年以來已買進十五家公司，行業涵蓋教育、金融服務、醫療照護、保險和餐旅業。另一家美國基金TPG資本已擴張其亞洲投資組合到三十七家公司，涵蓋的行業除了與KKR相同外，也包括房地產、科技和能源。貝恩資本（Bain Capital）在亞洲也有可觀的投資，包括日本風力開發公司（JWD）。歐洲的基金如EQT已在亞洲投資超過十年，其中瑞士夥伴集團（Partners Group）已把亞洲投資組合佔總資產的比率提高到一七%，且每次有新投資就繼續提高。西方和亞洲的基金也合作改組和擴張區域事業。在二〇一七年，紐約全球基礎設施夥伴公司和中國投資公司共同以三十七億美元，向新加坡的Equis集團買下一個亞洲風電和太陽能計畫的投資組合。由於英國脫歐後倫敦的光環褪去，把工廠賣給新加坡或亞洲投資人的印度工業大亨，已開始把他們龐大的收入放在杜拜。

隨著亞洲公司的專業化，以及在區域各國的物流、觀光、房地產和委外生產等產業規模化，它們的擴張已遠超過在母國的市場。成長速度最快的是亞洲人對亞洲人的銷售。印度年產值一千億美元軟體市場為微軟和思愛普（SAP）等西方科技巨人提供服務，但也與它們競爭，例如塔塔諮詢服務公司和Infosys也在全世界提供平價的高品質資訊科技服務。價格和品味也扮演重要角色。例如，麥當勞和肯德基在美國和世界各地有極為成功的速食餐廳，但兩家公司在菲律賓都無法取代炸雞連鎖店快樂蜂（Jollibee），後者的速食店家數是肯德基的三倍，而且顧客總是大排長龍；快樂蜂也擴張到東南亞和波斯灣各國，與麥當勞和肯德基競爭（並在美國開了數家餐廳）。香港的小公司維他奶以銷售對抗營養不良的豆漿起家，今日在四十個國家營運。西方零售商垂涎亞洲都市化中產階級顧客的潛力，但中國的四億名千禧世代對西方品牌的興趣卻不像他們的父母輩那麼高。南亞和東南亞人數超過十億渴望擁有冰箱的消費者，紛紛向海爾、樂金（LG）和高德瑞治（Godrej）購買。簡單地說：亞洲人購買的亞洲產品已遠多於西方產品。

雖然這對西方公司是一大隱憂，卻讓亞洲對創投資金來說更有吸引力。矽谷仍然是許多領域的先行者，但它只佔全球創投年支出的一七%。在二〇一六年，美國創投業的投資減少了一百億美元，只有七百六十億美元[27]。另一方面，根據資誠（PwC）的數據，二〇一七年亞洲對科技新創公司的投資已超過美國。美國的創投業者是這股趨勢的部分原因。許多最大的創投公司如紅杉資本（Sequoia Capital）和阿塞爾（Accel）已在亞洲紮根，以分散到成熟且過熱的美國市場以外的地方。它們的帶頭激勵了專注於亞洲的創投公司如金門創投（Golden Gate Venture）和東方創投（East Venture）崛起，同時政府支持的亞洲基金則入股矽谷的孵化器和加速器，如阿布達比金融公司投資舊金山的 500 Startups 公司。愈來愈多亞洲新創公司崛起已迫使像新加坡政府投資公司（GIC）等亞洲主權財富基金，增加它們的亞洲科技投資組合，且投資對象不局限於阿里巴巴和小米等超級巨星。波士頓科技私募股權業者 TA 聯合公司十年前沒有國際員工，但現在它的半數員工和投資對象是在美國以外的國家，尤其是從孟買到香港各地。

西方和亞洲間以及亞洲各國間的人才流動也愈來愈大。有俄羅斯祖克柏之稱的杜洛夫（Pavel Durov），把通訊應用軟體 Telegram 遷出俄羅斯時，將營運轉移到杜拜和新加坡。新加坡人陳映嵐畢業於卡內基美隆大學，不久前他還是紅杉資本東南亞和印度市場的首席合夥人，後來他離開紅杉並創立自己的科技基金禹徽資本（Insignia Venture Partners），幾週內就募集超過一億美元。陳映嵐告訴我：「今日完美的跨亞洲科技公司會有設在新加坡的總部、台灣的工程師、越南的使用者經驗設計師（UX designer）、以印尼為目標市場，並且在香港ＩＰＯ。」在亞洲營運的經驗讓他知道，即使美國和中國領導深度技術的創新，其他亞洲國家並非附庸。相反的，地方合資企業對利用大數據來打造新產品和服務極其重要。雅加達的電子商務公司 Sale Stock，正運用人工智慧來降低銷路不佳產品的成本，例如以運算法判斷並淘汰可能失敗的設計。

雖然許多西方經濟學家描繪亞洲的崛起是趕上西方，更正確地說可能是亞洲超越西方。亞洲在規模化任何產業的公司時不再面臨資金、技術或人才短缺的問題。舊世代的亞洲人習慣於接受西方技術，並思考如何用來滿足亞洲的需求，但今日的亞洲人正專注於尋找解決亞洲問題的亞洲方法。印度人現在不再抄襲矽谷公司，反而取法中國的經驗。紅杉資本印度公司總經理辛哈（Shailendra Singh）說，他從事的這個行業從未見過創新科技有這麼廣泛和深入的投資機會。新創公司 CeeSuite 為眾多沒有能力僱用華爾街銀行的亞洲中小企業，提供自動化的投資銀行程序，該公司的創辦人也創立一家虛擬加速器公司，並將創立新事業過程的階段和課程數位化，包括從群眾募資到首次代幣發行（ＩＣＯ）以及區塊鏈式的業務模式。網路安全公司在新加坡欣欣向榮，並從那裡往外擴張。亞洲人正彼此學習和適應，其規模不亞於、甚至超過向西方學習和適應西方的程度。

共乘業是西方公司在戰略上和文化上敗給亞洲對手的代表。直到二〇一五年 Uber 似乎還稱霸全世界，但拜軟體銀行持續支持一連串亞洲共乘公司所賜，包括如中國的滴滴出行、東南亞的GrabShare，和印度的Ola Cabs等，今日Uber的市值已跌到低於滴滴，而且滴滴已買下Uber的中國營運（後來軟體銀行又以低價收購Uber股權）[28]。在俄羅斯，Uber的營運已併入Yandex.Drive；在東南亞，Uber把營運賣給GrabShare，而GrabShare則接受豐田汽車注資十億美元。現在滴滴正擴張到巴西，Ola Cabs（滴滴也有入股）正跨入澳洲，而Careem則是波斯灣地區最大的共乘業者。這些亞洲企業不但佔有亞洲市場，而且在其他地方挑戰Uber。在許多亞洲城市，Uber已不再是市場領導者，而成了與本土領導業者合作的運輸解決方案。與Uber創辦人卡拉尼克（Travis Kalanick）成鮮明對比，剛登上中國五十位最富有女性排行榜的滴滴創辦人柳青，被視為培育區域同業的導師。GrabShare執行長陳炳耀曾說：「有一種同志的情誼，好像我們是在併肩作戰。讓我們展現亞洲的力量給他們看。」[29]

填飽亞洲的肚子和油箱

地緣政治的終極目標是自給自足，而不是征服。在自然資源、農業、工業和技術上達成自給自足的國家和區域，可以免於依賴外國的風險。北美在石油和天然氣可以自給自足，而歐洲正致力於建設替代和可再生能源，以取代對俄羅斯化石燃料的依賴。亞洲的經濟體整合得愈好，就愈有能力追求自給自足。

能源向來是亞洲最大的經濟弱點和地緣政治弱點之一，但即使亞洲的能源消耗與日俱增，競爭能源而引爆衝突的風險卻已降低，原因是供應的分散化和替代能源與可再生能源的興起。光是東亞就消耗全世界液化天然氣（ＬＮＧ）的八〇％，但因缺乏天然氣生產和輸送的基礎設施，使得亞洲支付的天然氣價格是歐洲的兩倍，更是美國的四倍。然而隨著卡達的液化天然氣流向東方，和俄羅斯天然氣輸送到中國和太平洋，以及澳洲（拜日本人的投資所賜）正取代卡達成為世界主要的天然氣供應國，亞洲人未來將獲得愈來愈多和愈便宜的能源。二〇一八年底，殼牌（Shell）和來自馬來西亞、中國、日本和韓國的合夥人宣布，將在加拿大西岸建造一座龐大的液化天然氣設施，可以在八天內把天然氣運送到亞洲，遠快於從美國墨西哥灣海岸運送所需的二十天。新加坡的吉寶企業是全世界建造離岸鑽油平台首屈一指的公司，它在二〇一七年部署世界第一艘海上天然氣液化船，以滿足日益增加的全球ＬＮＧ需求。亞洲國家也正加緊投資在石油、天然氣、核能、風電和太陽能等所有能源。

由於亞洲消耗了世界大部分的燃料、礦產和食物，商品也在亞洲進行交易是很自然的事。全球經濟中有十兆美元是由商品生產和消費組成，而亞洲現在消耗超過一半的全球煤礦、鋁、鎳、銅、鋅、棉花、橡膠和棕櫚油供應，並且進口世界大部分的鐵礦砂和其他鋼鐵生產的主要成分。一九八〇年代，八〇％的世界黃金交易發生在美國和歐盟，而今日大部分的黃金是在印度和中國交易[30]。

近幾十年來，西方公司和市場支配了商品交易，特別是西方卡特爾寡佔並支配定價和監管權力的礦業。但這個遊戲場正逐漸被剷平。新加坡已變成世界第二大的實體商品交易中心，處理龐大的購買、船運和儲存合約。該國的監管環境已成熟到可以處理供商品期貨和風險管理用途的衍生性金融商品，以及用來融資生產和貿易活動的債券市場。這給了亞洲人在商品業運用法律槓桿的信心。在礦業巨人BHP近日和中國發生的爭議中，新加坡則被選為仲裁地。

由於亞洲的主要燃料消耗產業是鋼鐵生產、工業製造和運輸，整體來說，亞洲距離綠能的理想還很遙遠。波斯灣國家、伊朗和俄羅斯名列世界最大的石油和天然氣生產國，一些酋長國每年從吉普車和冷氣機製造的人均碳排放量超過幾乎世界任何國家。另一方面，中國和印度已是世界前三大總能源消耗國（美國排名第二）。中國仍繼續在國內、巴基斯坦和伊朗興建燃煤發電廠，且使用部分美國出口到中國的煤。大多數世界大型的煤製造公司（和融資煤發電的銀行）是中國公司，同時世界汙染最嚴重的城市在南亞，包括喀拉蚩、德里和達卡。加爾各答現在是印度汙染最嚴重的城市，全印度每年有超過二百五十萬人死於汙染（相較於中國有一百八十萬人）[31]。

但亞洲也已加入歐洲的行列，採取積極措施以減少環境惡化，雖然面對的挑戰遠為艱鉅。在中國，煤和石油佔能源生產比率正逐漸觸頂[32]。中國每年在開發非化石燃料能源上花費逾一千億美元，且設定二〇二〇年達成這類替代和可再生能源佔總能源消耗一五％的目標。水力發電佔中國可再生能源的八〇％，和新發電容量的七〇％。風力發電的比率只佔一二％，但正快速增加中[33]。中國有

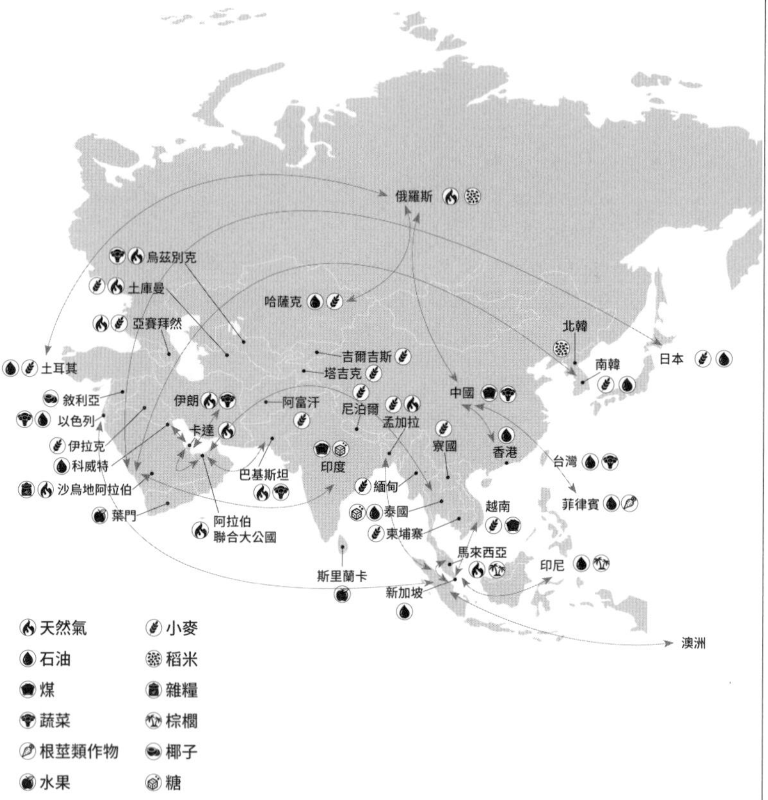

亞洲的資源系統

亞洲是世界糧食和能源最大的生產區和消費區。隨著農業技術愈來愈有效率以及基礎設施的連結擴張，亞洲國家將愈來愈能互補乾旱和作物歉收的災害，滿足彼此的糧食進口需求和區域內日增的能源需求。

逾二百萬人在太陽能產業工作，在建築物甚至新公路的路面上裝設太陽能板，相較於美國只有二十萬人從事該產業。二〇一五年，中國國家電網公司藉由可再生能源持續提供了青海省五百萬居民一整週的電力。在西方工程師和設計師協助下，中國正部署除霾塔以過濾煙霾和釋出清潔空氣，同時把濾除的廢物再製成寶石等產品，並推出可在腳踩踏板時產生清潔空氣的除霾腳踏車。中國也正在工業化程度較高的省份實施歐洲式的限制與交易（cap-and-trade）碳市場計畫。

除了工業生產，運輸業也是政府最積極清除環境足跡的首要目標之一。中國已設定到二〇二〇年其巨型城市的四〇%居民使用公共運輸工具，在交通堵塞較不嚴重的大、中、小型城市也設定較低比率的目標。中國也規定所有外國和本國的汽車公司必須銷售電動車，否則可能被禁止銷售柴油車輛。正如歐洲過去數十年制訂市場產品的高安全標準，中國強力的監管訊號也已震撼全球汽車業。當美國川普政府退出巴黎氣候協議時，加州州長布朗領導一個代表美國一半GDP的代表團到北京簽署一項聲明，保證他們將致力於達成氣候目標。

印度較晚起步的工業化，讓它得以專注於讓崛起的製造部門使用清潔能源。和中國一樣，印度計畫興建數十座新核能發電廠和太陽能電廠。可再生能源佔印度能源供應比率從二〇一二年的二%提高到二〇一五年的一三%，預計到二〇二二年，這個產業將生產二千億瓦可再生電力。印度還有二億五千萬人仍缺少電力或必須忍受夏季熱浪來襲時的斷電，政府正加緊推動新太陽能和生物質能發電計畫。

中國和印度愈快轉型到替代能源，它們從西亞進口的化石燃料就愈少。因此，在石油和天然氣價格下跌的同時，亞洲最大的能源生產國本身也正加速綠色轉型，使它們的出口收入最大化，並減少它們已不再負擔得起的國內燃料補貼。在日本軟體銀行的資金挹注下，沙烏地阿拉伯和阿聯酋正投資於碳中和的生態城和二千億瓦的太陽能電廠。中國和馬來西亞已共同佔有三分之二的全球太陽能板市場，使太陽能板生產成本降低達九〇％。電池是另一個亞洲支配並已降低全球價格的領域。中國、日本和韓國共同佔有全世界九〇％的鋰電池生產，讓這三國在發展電動車市場上佔有優勢[34]。中國的比亞迪汽車公司是遙遙領先的世界最大電動車製造商，並已吸引巴菲特的投資和聘請李奧納多．狄卡皮歐（Leonardo DiCaprio）作為代言人，比亞迪甚至正為倫敦製造下一代的雙層巴士。中國是特斯拉的第二大市場，但特斯拉在中國佔有率極低，且將進一步遭受蔚來（NIO）等新創品牌的挑戰，蔚來產品價格只有特斯拉的一半，而且提供遍布全國的電池交換站。最後特斯拉汽車可能和蘋果手機在中國的情況一樣，成為富人的必備品，而非大眾市場的汽車。更進一步，日本近日發現龐大的海底稀土礦藏，將使日本得以為全世界的顧客製造更便宜的電池和其他電子產品——包括為特斯拉生產；特斯拉的主要電池供應商是Panasonic。

所有亞洲人現在都接受「綠色成長」並非一個矛盾的概念。一個接一個的亞洲城市正邁向公共—民間共同融資清潔能源和運輸、降低電力成本、減少政府補貼、建造生態效率建築，以及使用智慧偵測器和量表的良性循環。中國的蘇寧集團正為它的所有商業網絡打造新的低耗能資料中心。今日走在街上可能一不小心就被摩托車撞上的河內，已計畫在二〇三〇年禁止摩托車並興建一條地下鐵。菲律賓已開始裝置潮汐發電廠，以利用海浪能源供應電力給遠離電力網的島嶼如卡普爾島（Capul）。而在澳洲阿得雷德，過去十年已把逾半數電力供應轉變成來自可再生能源，並以廢水灌溉推廣當地農業，這些成果已為亞洲其他地方提供都市資源最大化的最佳示範。

亞洲是世界最大糧食生產和消耗區，但很少亞洲國家使用現代機械、灌溉技術和肥料以提高農場的產能。中國的主要農企業公司擁有現代食品加工廠以提高產量，為它們擴張到亞洲各地奠立基礎。中國也正興建如西班牙式溫室一般的城鎮，可以全年生產新鮮水果。初具雛型的土地所有權和農場合作社也將使亞洲的近二十億農村居民，得以借貸必要的款項以投資在購買更高品質的種籽和清洗與包裝作物的工具。印度正使用空中測量、衛星和無人機來完成全國性的數位印度土地記錄現代化計畫（DILRMP），將很快為農民提供驗證服務。印度正大規模投資在增進農業生產和農村發展，以及連接農民到市場的基礎設施上：總理莫迪希望到二〇二二年使農民的收入增加一倍。

亞洲多樣的肥沃區已被納入一個泛亞環境系統，包括從底格里斯河和幼發拉底河流域，到布拉馬普特拉河和恆河流域，再到湄公河和黃河流域。從伊拉克和敘利亞到伊朗和巴基斯坦的乾燥帶，愈來愈仰賴遠自俄羅斯和南韓的食物進口。印度的可耕地和美國一樣大（各佔世界總可耕地的一二％），並且超過中國（九％），使印度的農業現代化是供應亞洲糧食的關鍵因素。但中國在西藏的源頭分流布拉馬普特拉河，對整個恆河文明將有重大的影響，正如中國在湄公河上游築壩影響了東南亞許多地區的農業生產週期。另一方面，中國過度消耗和汙染其主要河流，可能促使它積極籌劃從俄羅斯的大河流引水到中國城市和農地。

亞洲因為過度消耗而面臨用水匱乏的巨型城市數量最多。據預測，一些中國城市到二〇二〇年將耗盡乾淨的水源[35]。印度全國面臨地下水水位下降的危機；伊朗人對供水不足的示威抗議蔓延各地。亞洲各國必須投資數兆美元來解決水管漏水問題和舖設新水管、興建有效率的水管理系統和大規模的海水淡化設施。截至目前，只有最富裕的亞洲城市如新加坡，採用高水費、高效率供水設施，和倡導節約用水的公共意識等措施多管齊下。仰賴海水淡化廠供應五五％用水的以色列，將出售其高科技知識給大多數阿拉伯鄰國。巨型區域要想避免生態災難，就必須研發更多環境知識。

從達卡到雅加達的亞洲城市，也正面對海平面上升的威脅以及海岸洪水預防措施嚴重不足的問題。如果海岸洪水摧毀今日的預防措施，例如興建大型海堤、高架道路和疏導海水到地下蓄水池的計畫，都市難民將被迫撤退到內陸較適宜居住的高地。但對太平洋島嶼的居民來說，遷移到「內陸」緩不濟急，且將耗費龐大的成本。海洋對大洋國居民的重要性不亞於陸地，他們的民間傳說稱頌人類、土地和水的結合[36]。未來數十年將測試其他亞洲人是否也有相同的感受，因為將有愈來愈多氣候難民從被淹沒的太平洋島國遷移到較踏實的陸地上，例如索羅門群島、斐濟和吉里巴斯。快速攀升的亞洲溫室氣體排放已加劇他們的苦難，而現在亞洲國家必須決定如何重新安置他們以及安置在何處。赤道地區的亞洲人可能必須變成溫帶亞洲人，進而改變中亞、中國與東南亞間的肥沃交界區，甚至是俄羅斯東部地區的社會結構。

陸封的喜馬拉雅山王國不丹近年變成戰略焦點，因為大量源自該國冰河的融水注入仕布拉馬普特拉河，使它成為既是洪患也是水力發電的來源。要避免前者並轉化為後者，有賴於全新的水力技術跨境投資。在天山和帕米爾山脈，吉爾吉斯和塔吉克的水力發電潛能，使它們變成新疆日益增加的中國人口的重要電力供應者。另一方面，澳洲希望出售太陽能和風能電力給印尼，而蒙古也正為自己開發太陽能和風能電力並出口到中國。愈多亞洲人投資在電力共享科技，它們就愈能整合成一個區域生態系統以互補其經濟體系。

亞洲精神文明的復興一直是區域各地生態觀念改變的推手。在超高速的工業化讓從中國沿海到新德里的亞洲城市感到窒息的同時，愈來愈亞洲人選擇在巨型城市以外的地方過著步調較慢的生活，並轉而支持提倡永續生活的佛教和道教等生態倡議運動。在中國東部的道教聖地茅山，道院住持楊世華呼籲信徒崇敬老子的塑像為「綠神」。二〇一八年，中國佛教協會成功地遊說阻止一座聖山在交易所掛牌上市以避免過度開發。雖然宗教在中國受到嚴格監管，習近平已呼籲讓中國回歸它作為「生態文明」的根源[37]。近日的調查顯示，亞洲各國都有為永續來源產品支付更高價格的強烈意願[38]，年輕一代的中國人已不再喜歡魚翅湯。

提高地板、跨越階梯

如果亞洲是一個有近五十億人口的單一國家，它的所得不平等將遠比任何其他區域還糟。葉門人的年均所得不到二千美元，而卡達的年均所得已高達十二萬五千美元[39]；類似的差距存在於緬甸和新加坡的市民。但對亞洲人來說，貧窮仍然如此普遍，使它變成一個遠比不平等更嚴重的問題。南亞國家，尤其是印度和孟加拉，都有龐大的農村人口生活在赤貧中。近六分之一的印度人的身分位於賤民的種姓階級。數億名印度人營養不良，沒有有效的下水道設施系統，並在露天廁所排泄。該區域人口約十分之一的五億名亞洲人，稱得上極度貧窮。儘管如此，從一九八〇年迄今，有超過十億名亞洲人脫離貧窮。在一個世代就達成驚人快速財富增長的亞洲人，接受不平等是這種近乎雨露均霑的改變不可避免的結果之一，因此他們的辯論不在於降低財富的天花板，而是提高普羅大眾的地板。

亞洲人將剩餘的貧窮問題視為繼續達成消滅貧窮使命的機會，其方法是透過基礎建設投資、都市化、經濟成長、教育、金融和數位化的普及。愈來愈多亞洲國家加入這個經濟學家所稱的歷來規模最大的「後發優勢」：跨越傳統的技術和行為，躍升到最新的標準。在沒有固網電話前就擁有行動電話、沒有自動提款機前就使用數位銀行、沒有個人電腦就先有雲端運算、沒有收費站前就有電子道路支付，以及使用太陽能和風能電力而略過石油和天然氣。亞洲國家正從沒有身分證或不繳稅直接跨進生物識別身分證和數位化繳稅。過去迎頭趕上的國家攀爬的成長階梯，是從農業到製造業再到服務業，如今這種路徑已被金融化和數位化所破壞，使得即使是未開發的亞洲國家也可以藉由行動銀行、電子商務、點對點服務和其他創新跨躍階梯。事實上，今日亞洲明顯可見各種或舊或新的經濟成長驅力。

亞洲最窮的國家之一，緬甸，是在硬體和軟體各方面同時展開遲來但加速發展的好例子。緬甸省略繁複而疊床架屋的監管措施，建立一站式的投資窗口以便快速批核。該國的行動電話普及率在短短五年內就從一％提高到九○％。由於金融體系十分老舊，行動銀行業務在銀行分行和自動提款機設置前就已普及，並且在全部人口都使用銀行應用程式時，就效法較大的鄰國印度進行去貨幣化（完全捨棄實體貨幣）。由於薪資水準很低，緬甸、柬埔寨和寮國也吸引許多輕型製造業活動，協助它們邁向中等所得地位[40]。

消費水準往往在人均GDP達到三千美元後開始起飛，而以購買力平價計算，巴基斯坦現在已達到這個門檻。在巴基斯坦，平均可支配所得從二○一○到二○一七年增加一倍，使該國成為全世界成長最快的零售市場，零售商店的數量從二○一○到二○二○年預料倍增到一百萬家。二億一千萬名年齡不到三十歲的巴基斯坦人有三分之二正受益於麥當勞、荷蘭男孩塗料（Dutch Boy）等各種西方品牌，其中有許多已躋身都市消費者階級。拉哈爾和喀拉蚩大街客滿的咖啡店，代表巴基斯坦小說家哈米德（Mohsin Hamid）描述的「無限需求」正要展開。電子商務也隨著

4G和寬頻連線成長。阿里巴巴二〇一七年在巴基斯坦推出全國性的全球速賣通（AliExpress）購物網站。

總部設在香港的全球供應鏈管理公司利豐（Li & Fung），是南亞欣欣向榮的物流業和零售業絕佳的代表，借利豐財務長馮裕鈞的話來說，該公司的規模讓它就像是「眾多沙粒中的一顆保齡球」。隨著利豐從單純的薪資套利（成本優化）轉向地理套利（支出優化），它也愈來愈變成先是一家全球公司、其次才是中國公司。雖然中國佔利豐生產活動的近一半，現在它在六十個國家有生產活動，並透過八千家零售商在一百個國家銷售。利豐在印度和東南亞打造的銷售網絡愈大，像Zara和H&M這類西方公司就愈仰賴它的銷售來打進這些人口眾多且快速都市化的國家。巴基斯坦和孟加拉現在是利豐成長最快和利潤最高的市場。從棉花田到成衣工廠，利豐藉由應用有效率的農業和製造程序，協助類比國家轉變成數位國家：以數位遊戲訓練工人，用3D數位設計來減少藉由快遞和無人機運送實體樣品給販售商的麻煩。為了把握巴基斯坦勃興的物流業商機，美國的優比速（UPS）與巴國的物流領導業者TCS結盟，聯合利華（Unilever）近日也再投資巴國一億五千萬美元，以滿足該國對家庭用品日增的需求。

隨著利豐擴大透過網路直接銷售醫療設備到衣服等各種產品給消費者，它也已收購數十個亞洲本土品牌，並銷售給遍及亞洲各地的逾三千家商店，進而使它與仰賴其零售網絡的西方客戶直接競爭。

經過數十年的忽視後，印度正開始把預算的二〇%花在鐵路到下水道的各類基礎設施。據估計，印度從二〇一五到二〇三五年將需要在都市和交通上投資一兆美元，而在莫迪上任的頭三年，政府已興建五千座廁所，其中大部分是在農村地區。印度惡名昭彰的貧民窟如孟買達拉維（Dharavi）經過數十年未加控制的擴張後，在政府以零稅率鼓勵房地產開發商興建平價住宅後已大幅縮小。一如越南的作法，印度正尋求吸引離開中國的資金到它的沿海經濟特區生產製造業產品[41]。過去數十年孟買是印度唯一的大經濟中樞，今日安得拉省和塔米爾那都省等省份已是重量級的商務中心。南方的班加羅爾—清奈—海德拉巴工業三角已成為印度的珠江三角洲，擁有三千萬人口，並貢獻八〇%的印度資訊科技和以生物醫學工程與數位金融為主的產值。印度在過去十年成長最快的省份有些是以前最偏遠和落後的地方，例如錫金省和比哈爾省，在營建、發電和製造業（以及錫金省喜馬拉雅山區的觀光業）推動下，這兩個省每年成長一二%到二五%；果亞省在礦業和觀光業支持下也以雙位數比率成長。

印度正趁著工作年齡人口擴增（且預期直到二〇三〇年才會觸頂）的時機，逐步擴大只有區區一〇%的稅基。產品稅和服務稅結合去貨幣化，已使大部分灰色經濟正式化，並縮小了黑市的規模。在貨幣穩定和通貨膨脹受控制的情況下，印度已將經常帳逆差降低到只佔GDP的一%。印度的股市交易是世界表現最佳的市場之一，且印度人和外國人都踴躍地投入其中，尤其是印度正考慮完全開放盧比的資本帳兌換。印度以購買力平價計算的人均所得已達到約七千美元，顯示消費的發展階段因為金融化而獲得提升。雖然印度人向來以最喜歡囤積實體黃金聞名，但黃金佔家庭儲蓄的比率已從二〇一三年的一五%降低到二〇一六年的五%，原因是家庭在教育、醫療和保險產品上投資更多錢[42]。亞洲的保險市場正呈現巨幅的成長，反映亞洲人踴躍購買壽險、產險、汽車險和其他保險產品。

數位化和去貨幣化的結合，意味印度人在還沒有金融富裕之前就先在資訊上變富裕。拜信實Jio電信（Reliance Jio Infocomm）等公司的大規模投資所賜，印度全國到二〇二〇年將涵蓋在4G電話服務下[43]。Jio的對手Airtel在二〇一八年初的一百天行銷活動中，簽下了一億七千萬名新顧客。目前已有十億人（幾乎一〇〇%是成人）擁有阿達哈爾（Aadhar）身分證卡。去貨幣化加上規定阿達哈爾身分證卡必須連結銀行帳戶，一年內已使超過一千億美元流進銀行體系。阿達哈爾卡使補貼得以用數位方式轉移給貧民，數位錢包也使銀行分行變得多餘，電子支付則降低了交易成本和減少貪腐。還有IndiaStack公司把就業、醫療、住址、繳稅和其他紀錄，匯集在一個可藉由指紋（不久後還可以虹膜掃描）登入的平台。孟加拉正設置一站式的社群中心，處理從出生證明到企業執照的各種程序以消除貪腐。這類運用科技以達成金融普及的方法（特別是普及到女性使用者），已刺激孟加拉的經濟大幅成長，甚至超越了印度和巴基斯坦。

印尼是人口眾多、低所得、勞動生產力尚待發掘，但正快速成長的典型國家。與印度相同，新加坡是印尼首要的外來投資國，在印尼投資高品質的工業園區，提高印尼對尋求從中國分散生產的全球投資人的吸引力，印尼也正強迫外國投資人轉移技術給其礦業公司。外來投資提高了工業和服務業如電信業和餐旅業的勞動生產力，這些產業僱用逾六千萬人，它們的成長佔全國GDP成長的一半。利用雅加達五十萬輛非正式的摩托計程車，Go-Jek藉助新加坡和美國的投資，專業化成與行動支付系統國付寶（GoPay）整合的全方位物流營運。這家公司不僅在不到一年內超越自己的五年成長預測，而且吸引五十萬名駕駛人加入正規經濟體系和稅基。在二〇一七年，Go-Jek的估值達三十億美元；到了二〇一八年，它宣布擴張到東南亞各國的計畫。

亞洲數位整合的主要領域，包括社會媒體、支付系統、電子商務和共乘，從二〇一五年來迅速崛起，每年的使用者和營收都成長超過三〇％。在亞洲各國跨境人口居高不下的情況下，移工是最先受益的一群。馬來西亞的馬來亞銀行（Maybank）與新加坡區塊鏈新創公司Crosspay合作，讓數百萬沒有銀行帳戶的印尼和緬甸移工擁有支付工具。在馬來西亞，近一〇〇％的人口有銀行帳戶和行動電話——正如在南韓和中國，行動銀行的用戶成長遠超過網路銀行。在這些中等和低所得國家，貸款和保險類的金融科技產品普及率不到五％，意味有極其龐大的近二十億潛在顧客等著開發。從今日到二〇二五年，預估東南亞每年將在金融科技上投資約五百億美元。行動銀行業務也正在亞洲最貧窮的國家起飛，到二〇二五年可能不會再有「沒有銀行帳戶」的亞洲人。

中國在金融科技上的領導是這一切的重要原因。中國每年投資逾一千億美元在金融科技產品上（遠遠超過美國的三百五十億美元）[44]。中國人民銀行已經有一種與人民幣並行的數位貨幣在政府和銀行間流通，用以協助擴大可追蹤的安全金融交易。而中國每年進行的三兆美元行動支付也遠超過任何國家[45]。阿里巴巴、騰訊、百度和中國平安保險，推動金融和生活應用程式的涵蓋層面，遠大於微軟、亞馬遜、臉書和Google等西方對手的產品，它們提供支付、保險、貸款和信用評級等服務，還兼具投資貨幣市場基金、財富管理、群眾募資和兌換外幣等功能。這些平台在亞洲各國透過合資企業的散播也更快。阿里巴巴擁有東南亞電子商務市集來贊達（Lazada）的八〇%股權，阿里巴巴旗下的螞蟻金融也與韓國的KakaoPay、泰國的登高集團（Ascend Group）、菲律賓的Mynt、印尼的Emtek和Telenor巴基斯坦有合夥關係。騰訊入股新加坡的Garena（即Sea）已加速該公司在東南亞的成長，速度甚至超過騰訊早期在中國的發展。Sea現在是該地區最大的遊戲平台，它的線上市集蝦皮（Shopee）買家和賣家數量稱霸該地區，其Airpay無分行銀行服務在近二十萬個地點發放行動貸款。在二〇一七年，Sea集團在紐約證交所掛牌交易。因此，中國不是利用科技來征服鄰國，並且資助它們成功。

亞洲國家毫無保留地模仿彼此最好的作法。當日本和南韓邁向無現金時，中國也緊隨在後。阿聯酋和伊朗都模仿香港、台北和新加坡的無接觸支付系統。雅加達的One Card服務是中國式的全功能身分卡，支援公共交通支付、零售銀行業務、社會安全保險和汽車過路費。亞洲龐大的人口規模和經濟成長意味商業的大餅正在擴大。在中國，只有一五%的零售銷售透過電子商務，而且有半數已行動化。在亞洲其他國家，成長的空間還更大。由於還有廣大的顧客群尚未完全整合，亞洲的公司可望在亞洲的數位成長中搶得先機。亞馬遜和阿里巴巴在各自的國內市場佔有率大約為四○%，但阿里巴巴在全世界的成長遠比亞馬遜來得快。馬雲指出，阿里巴巴不只是一家公司，而是一個經濟體。它的電子世界貿易平台（e-WTP）把全球各地的供應商和販售商連結在一個無邊界的市集；它的天貓（Tmall）結合 eBay 的市集和亞馬遜的基礎設施，而它的支付寶生態系讓錢在其軌道中運行。阿里雲想在全球雲端運算市場挑戰亞馬遜的網路服務，計畫透過它的硬體基礎設施投資建立「一帶一路一雲」。

營建和製造成長

大量農民和鄉村人口正遷往亞洲欣欣向榮的城市。到二○四○年，從巴基斯坦到越南各地都市的人口將再增加十億人，相當於今日歐洲和北美所有都市人口的總和。亞洲佔全世界基礎建設支出的六○%左右，這些支出被用來建設城市以吸收流入的農村移民工。亞洲的都市建設是一個自我應驗的預言：愈多城市更新建設，它們吸引的人口就愈多，進而就需要更多支出來更新，以容納更多的移民。另一方面，都市化刺激更多人從事服務業而非製造業。亞洲的城市最需要的是營建工人、醫生、護士和教師。中國的老人主要集中在鄉下，但巨型城市則充滿年輕人。菲律賓的「建設、建設、再建設」計畫，創造對管理營建計畫和在大賭場工作的技術勞工的龐大需求，許多企業因而提高薪資以說服菲律賓人不到海外當傭工。從阿曼到緬甸勃興的觀光業則在餐旅業創造許多新工作，使這個行業變成亞洲國家經濟多樣化策略的重要成分。

在亞洲各地可以看到互相競爭的對手彼此模仿都市和經濟的發展計畫。印度想要有像中國的高效率工業區，巴基斯坦想要有像印度的科技中心，烏茲別克想要像哈薩克的閃亮新城市，馬來西亞想要像新加坡的自動化港口，杜哈想要像杜拜的先進金融中心，這類例子不勝枚舉。都市化競賽正協助亞洲努力建設以擺脫可怕的「石油詛咒」。馬來西亞已多樣化其經濟，並達成相對的高所得；沙烏地阿拉伯和哈薩克也是如此。裏海西岸富藏石油的穆斯林共和國亞塞拜然，從脫離蘇聯獨立以來的近三十年一直透過土耳其輸送石油到歐洲，但在油價（和它的石油蘊藏）下跌的情況下，亞塞拜然正歡迎中國和印度投資人進入其港口和其他基礎建設，希望變成一個歐亞大陸的貨物轉運中心。隨著巴庫從散發油井臭味的城市轉變成一個有著漂亮濱海公路的現代大都會，歐洲人、俄羅斯人和波斯灣阿拉伯人已把它當成一個觀光熱點，並以它道地的突厥式好客之道、清真美食和療癒石三溫暖著稱。

亞洲發展都市化，是一種因應過早去工業化的重要策略，它根據的理論是，服務經濟創造的高薪資工作不夠多，不足以推動國家擺脫所謂的中等收入陷阱。但亞洲的工業也沒有消失。工業部門的工作數量相對於勞動力規模可能比一個世代前少，但亞洲各地仍有超過一億名製造業工人。正在攀向中等收入地位的國家如印度和菲律賓，仍為它們的勞工抓緊所有可能的工業活動。隨著印度允許外國人持有航空、鐵路、金融和營建業更高的股權，它已變成世界最受歡迎的外來投資綠地，每

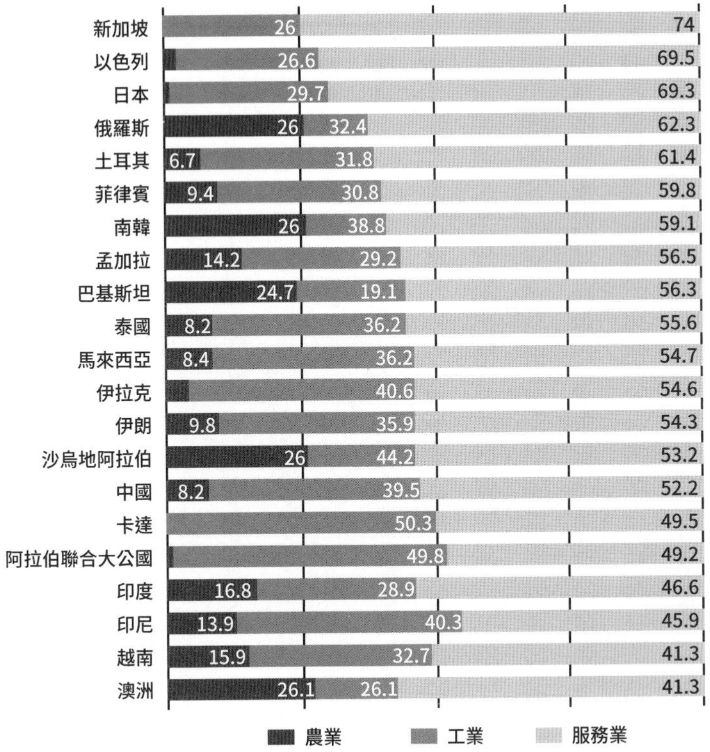

服務至上

雖然亞洲仍是世界的工廠，大多數亞洲經濟體的服務業成長速度卻遠超過工業，佔 GDP 的比率也愈來愈高。這種發展對適應工廠勞動快速自動化來說，極其重要。

年有逾六百億美元湧進運輸、資訊科技、電子和清潔科技等產業。投資印度和印度製造這兩項運動引導直接投資流入製造業，搭配的另一項技術印度運動則瞄準每年為各種工業訓練逾二百萬名新勞動人口。重要的是，印度的服務業已佔GDP的五五％，工業則只佔三〇％。印度的貿易佔GDP比率也和中國一樣快速下降，從五五％降至四〇％。菲律賓也計畫提振造船等工業，且工業對GDP的貢獻在二〇一七年已創下歷史新高。在西方和亞洲公司每年對東南亞的外國直接投資高達一千五百億美元（超過對中國）的情況下，這股製造業委外風潮似乎方興未艾[46]。

泰國是這些力量都匯聚在一起的亞洲中等收入國家範例，它已經是一個強大的製造業基地，每年出口成長達到雙位數比率，但生產力仍然低落。泰國軍政府發現對中國出口減緩是其經濟的弱點，於是透過革除投資的繁複程序，以吸引更多外國公司進駐，並強化訓練高品質的勞動力。泰國也已放鬆對中小企業的信用，以鼓勵它們購買較好的電腦和接受技術訓練課程。現在政府提供自己的自動化「工業四・〇」設施給來自發明這個詞的德國，以便德國的大型工程公司繼續在亞洲節約營運成本並接近它們的顧客。其結果是泰國的貿易佔GDP比率現在攀至超過一二〇％，而採用類似策略的越南更是攀至二〇〇％。

雖然亞洲仍是全球工業生產的中心，自動化已變成就業的威脅，其程度遠大於美國的關稅和近岸委外（生產回流到美國和歐洲）。自動化同時發生在西方和亞洲。亞馬遜和阿里巴巴都用機器人整理它們設施裡數以百萬計的產品。丹麥的輕型多工機器臂製造商優傲機器人（Universal Robots）

在亞洲的銷售每年以雙位數比率成長。總部設在新加坡和新德里的機器人公司GreyOrange有兩種分別取名為管家和整理者的倉庫機器人，每天可以裝卸數十萬個包裹，將使印度物流業迄今仰賴的廉價手工工人變得多餘。GreyOrange和Flipkart（原本由軟體銀行、老虎基金和騰訊持有，但現在沃爾瑪持有多數股權）結盟，將協助它抵擋亞馬遜積極侵入印度，讓企業經理人減少僱用人數並強化品質控制。快速成長意味亞洲擴張的不同部門不會互相併吞，不像西方的購物者轉向亞馬遜導致實體商場乏人問津，或者Google和臉書壓抑印刷媒體發行的現象。在亞洲，電子商務正在崛起，但商場仍然熙來攘往，報社仍然發行紙本報紙，儘管行動廣告快速成長。不管是實體或數位的一切東西，需求都有增無減。

因此，儘管機器人取代了愈來愈高比例的勞力，亞洲仍將留住世界的製造供應鏈。南韓目前在工業機器人應用上領先世界，每一萬名製造業工人就有近五百台機器人，相較於日本和德國的三百台，而中國只有三十六台。南韓工人也可以穿上外骨骼機器裝，讓他們以較少體力執行更困難的工作、持續更長的時間。隨著中國工作年齡人口老化，人數從二〇一五年的十億人，到二〇三〇年可能減少到九億人，中國正在工業自動化大規模投資以彌補日益擴大的勞力缺口，並且收購機器以及製造機器的外國公司。在二〇一七年，中國電器巨人美的（Midea）以六十億美元買下世界最大工業機器人製造商之一——德國Kuka機器人公司的八五%股權。從富士康分拆出來的富士康工業互聯網公司設計和製造自動化工廠設施，現在市值已超越Sony。自動化將使中國得以節省勞動成本、提高生產力，並強化與率先自動化的國家競爭。

即使中國最開放的部門如自動化製造業，也已變成由國內競爭推動市場的表徵。過去二十年來，福斯（Volkswagen）和豐田在中國的汽車銷售領先群倫，雖然是透過合資企業進行，但仍得以分享龐大的利潤。今日總部設在杭州的吉利汽車，設計並製造符合歐洲標準的汽車，甚至擁有富豪（Volvo）、蓮花（Lotus）等汽車公司；該公司也擁有一〇%戴姆勒（Daimler）股權，並因而決定斥資二十億美元興建一座專門生產高端汽車的工廠[47]。吉利汽車也將在研發上花費營收的一五%——包括與荷蘭感應器製造商恩智浦半導體（NXP）合資開發汽車使用的車載資通訊系統——以加速它取代外國汽車製造商的計畫，並提高它對全球的汽車出口。習近平已承諾對美國汽車製造商進一步開放中國市場，但中國人為什麼要買美國汽車？

中國三千億美元的二〇二五中國製造計畫目標是升級中國工業，以便在飛機零件、電腦晶片和醫療裝置等領域自給自足，同時在工程、醫療照護、食品加工和其他產業上提高生產力[48]。川普政府在二〇一八年禁止銷售設備給中國電信巨人中興通訊（ZTE）這類插曲，只有刺激中國更進一步追求科技的自給自足。隨著中國崛起成為最大的半導體市場，它已成立二百億美元的國家集成電路產業投資基金，使中國公司得以製造像三星和英特爾等公司所生產的十四奈米級超細晶片。在二〇一七年，小米放棄Qualcomm晶片並採用自己的松果處理器（Pinecone），停止仰賴外國供應商。中國的有機發光二極體（OLED）顯示器製造商京東方計畫於二〇二一年推出捲曲式螢幕。由於中國高度依賴高科技進口，它從歐洲、台灣、日本和南韓收購的科技比從美國收購的還多，因此川普政府的反中措施不太可能有意義地減緩二〇二五中國製造計畫。

為了維繫凌駕中國的優勢，南韓正訓練工人部署和管理高端感應器網路。這類技術和商業服務代表先進經濟體的生產力前線，同時其金融和工業集團則藉由積極出口它們的創新——特別是出口到亞洲鄰國——而創造了龐大的海外營收。根據世界智慧財產權組織（WIPO）的全球創新指數，新加坡和南韓是全世界兩個最有競爭力的經濟體，主要歸功於它們在工作場所應用科技和提升技術的計畫。三星公司在二〇一七年取代英特爾，成為全球最大半導體供應商，並拉下IBM而坐上最多專利申請公司的寶座。到二〇二一年，南韓大田市的國際科學與企業園區將開張，這個綜合園區將涵蓋十八所大學、科學園區、研究中心和一具離子加速器。

美國和歐盟都急於尋找對抗亞洲的積極創新策略和商務作法。它們都在世界貿易組織採取強硬立場，反對中國在全球市場上傾銷國家補貼的鋼鐵和化學品，並對中國投資敏感科技部門施加更多限制。美國國會（透過其外國對美國投資委員會）已阻擋無數次中國人嘗試收購美國的高科技公司（例如半導體製造商萊迪思半導體〔Lattice Semiconductor〕和記憶晶片製造商美光〔Micron Technology〕）、金融公司（例如速匯金〔MoneyGram〕）和芝加哥商業交易所，並對美國公司銷售軍事用途的先進科技增添嚴格的出口管控。雖然這可能減緩中國公司收購智慧產權——中國盜竊智慧產權估計每年使美國公司損失六千億美元的獲利[49]——但美國的出口也在亞洲公司積極促銷自己的科技產品之際減少了。美國公司因此希望這類併購案獲准進行，以便它們進入中國市場，並搭上中國擴張到全球的便車。所以速匯金計畫繼續與螞蟻金融合作，提供國際匯兌和數位支付服務。現在要想減緩亞洲改善經濟的任何作為都已為時太晚。

亞洲的人工智慧：社會升級

從亞洲流向西方的科技歷史提醒了世人，科學和技術不屬於任何人。西方的論述長期以來嘲笑亞洲文化只是模仿的結果，但創新不只與科學發明有關，也關乎社會適應。不管亞洲只是迎頭趕上（例如預期壽命和營養）或者是超越西方（例如在行動金融上），它正在順應最新的科技，例如機器人學、感測網路和合成生物學。從區塊鏈到基因編輯的各種科技，成功和優勢不取決於富國或窮國、民主或非民主，而是取決於誰最能把新科技和商業模式規模化。

正如世界上每個面對不同程度科技破壞的社會，亞洲擁有一項有利的心理關鍵因素：不害怕新科技。他們不把新科技視為主人，而是服務。從明治維新以來，日本的統治者就對科技十分著迷，所以今日的日本人在人類與機器人共存於家庭和工作場所上遙遙領先其他社會。對日本人來說，機器人意味可愛的原子小金剛，而非毀滅性的終結者。從無所不在的感測器到生物進化，亞洲人正投資在未來，且並不畏懼未來的毀滅性。

亞洲提高的研發支出，正轉化成國內市場的佔有率和在海外的成功。中國已把研發支出提高到與其GDP規模匹配的程度，對全世界的研發支出貢獻了二〇%，並與中國佔全球科學研究人員和發表研究成果的比率相當。中國佔亞洲研發支出金額約一半，達四千零九十億美元，相較於日本的一千九百億美元和南韓的一千二百億美元，以及印度的六百七十億美元和俄羅斯的四百三十億美元。全球十個申請專利最多的城市有三個在日本（東京、大阪和名古屋），領先深圳和聖荷西。韓國的頻寬速度快到實際上是一個雲端優先（cloud-first）國家。而藉由下載和上傳速度必須相同的規定（而非下載快過上傳），南韓已變成不只是一個文化消費者、也是製造者的國家，它生產的內容已散播並順應每一種亞洲語言市場。

首爾、台北、新加坡、東京、上海和深圳名列世界最高科技的城市。每個主要亞洲科技中心都有一個從其生態系興起的利基：特拉維夫以網路安全著稱，新加坡以金融科技見長，東京以機器人勝出，深圳則以感測技術領先，各有擅長。其他地方如杜拜並非科學先鋒，但現在已是無人機到無人駕駛汽車等先進科技的監管測試場。亞洲的城市已率先部署都會物聯網感測網路，使韓國半導體出口從二〇一六到二〇一七年成長了五五%。現在這類感測網路和高能源效率LED燈已裝設在二線地區如印度的波帕爾。在中國的銀川，垃圾桶因為採用太陽能供電的壓實機而增加一倍，垃圾桶上的感測器會提醒垃圾蒐集員何時該清空它們。亞洲也是城市規模最佳化的重要實驗場。在城市變得太大和太擁擠的地方如長沙，政府嘗試鼓勵人民遷移到二線城市，使人口獲得更好的分布[50]。

現在中國不再只有四個城市佔去全國近一半中產階級（像二〇〇二年時的北京、上海、廣州和深圳），到二〇二〇年，中國內陸地區的中產階級預料將佔全國的四〇%。

由於亞洲城市多半人口稠密，短程腳踏車共乘和自動車等領域成了亞洲人策略投資的重點，以繞過全民擁有汽車和交通阻塞的傳統發展路徑。摩拜單車和 Ofo 等公司實驗的腳踏車站和無樁式共享單車，正從中國散播到亞洲和歐洲。隨著亞洲城市準備迎接無人駕駛汽車與公車上街，政策制訂者、監管機構、都市規劃者和保險公司紛紛開發相關的管理架構。即便是最有可能搶先讓自動駕駛汽車上路的西方公司，包括福特、雷諾、戴姆勒、福斯和寶馬等，也想在亞洲這麼做。在南韓，現代和起亞汽車已與思科和其他美國資訊科技公司合作發展聯網汽車通訊。百度在無人駕駛汽車軟體開發的開放原始碼計畫阿波羅（Apollo），已吸引英特爾、戴姆勒和福特貢獻資源。百度的作法可能與滴滴出行衝突，或者百度最後可能乾脆買下滴滴。美國公司現在正模仿中國人的創新，加州的 LimeBike 正模仿由中國 Ofo 和摩拜單車首創的無樁式共享單車。滴滴開發的運算法可以預測哪些共乘使用者會在特定時間需要搭車和地點，並且正設計無人駕駛汽車的內裝，以便共享擴增實境經驗——Uber和其他業者肯定會模仿這種程式。蘋果準備效法騰訊的作法，透過 iMessage 傳訊軟體提供支付服務。亞馬遜現在有一套類似阿里巴巴的貸款服務。臉書計畫追隨微信，建立一個完整的數位服務生態系。這些例子顯示，在美國和中國的科技公司針對創新和亞洲市場的競爭中，亞洲人不但是帶頭者，而且也是贏家。

即使是在資本密集的領域如分子物理學和量子電算，中國應用美國的科技並吸引矽谷華裔美國人才回國，加上中國欣欣向榮的創業文化，這些因素已推動整體中國人的創新。自動駕駛汽車、高能源效率電網，以及都市監視系統都仰賴神經網絡等人工智慧的突破，而亞洲人在這些領域的發展至少已領先西方對手一年。Google 的 Brain 和 Coursera 平台共同創辦人、後來出任百度首席科學家的吳恩達說，中國字和音調的複雜性刺激百度在自然語言處理（NLP）和語音辨識的進步比西方同業快速。Google 的人工智慧建立在從電腦蒐集的文字上，而百度從一開始就專注於從行動裝置蒐集位置資料和影像。大數據是驅動人工智慧火箭的燃料。阿里巴巴擁有顧客的電子商務和銀行交易資料，而騰訊的資料則隨著它顧客服務的種類而擴充，同時納入語音和臉部辨識；而語音和臉部辨識領域的全球領導者，則是總部設在北京的商湯科技。

不同的人工智慧方法已刺激中國和美國的重大研究合作。Google 已在中國電子商務公司京東商城投資逾五億美元，並在北京設立一所人工智慧研究中心。美國領先的高效圖形晶片製造商輝達（Nividia）與百度合作，以強化該公司提供家庭助理和自動駕駛汽車的雲端服務。在此同時，百度和騰訊也在美國設立人工智慧實驗室，且中國投資人已在五十多家美國的人工智慧新創公司投資約七億美元，這些公司都想在亞洲最大的市場推廣它們的應用產品。亞洲開發銀行表示，這一切都有助於解釋為什麼人工智慧在亞洲創造的工作遠多於其所摧毀的工作。

中國在人工智慧領域的大步邁進令人刮目相看，以致於 Google 董事長史密特（Eric Schmidt）

預測中國的人工智慧到二〇二五年將超越美國。但人工智慧不像許多人描繪的軍備競賽。和許多科技一樣，人工智慧正散播和順應非由單一力量支配的多樣內容。騰訊和韓華投資在蒙特婁的Element AI，將協助該公司擴張到從新加坡到東京的亞洲各地。日本公司正在半導體製造上應用人工智慧，協助它們保有在關鍵零件的優勢。印度有數十家前景看好的人工智慧公司，Fractal Analytics研發的「消費者基因組學」方法支援許多世界最大的零售公司。印度人工智慧公司將支配印度市場，並在電腦視覺、醫療診斷、法律合約分析和顧客滿意度調查等領域與全球競爭。Google正投入愈來愈多資金於資助和收購印度人工智慧公司。巴基斯坦也有一家亞洲首屈一指的人工智慧委外公司Afiniti，擁有逾三千名員工，市值高達二十億美元。人工智慧並未由一個國家或少數公司獨霸，而是以「人工智慧即服務」的模式散播到亞洲各國，讓政府和公司可以選擇與提供最好價格和最有利資料共享條件的公司合作。如果中國對資料採取過度的保護主義——透過其投資和合資企業使用他人的資料，但不允許互惠地使用中國資料和進入市場——它將遭遇反彈，並輸給提供更開放平台的國內和國外競爭者。

錢花得更少、命活得更長

另一個提高勞工生產力的方法，是提高勞工本身的素質。優生學因為西方的納粹主義而招來應得的惡名，但今日在英國和斯堪地那維亞，因為利用產前篩檢以終止高風險懷孕，唐氏症幾乎已從人口中絕跡。日本也有疑似優生措施的歷史，可追溯到一九三〇年代強迫心智失常者絕育的作法。亞洲的監管環境愈來愈容許雄心勃勃地追求應用生物科技上的突破。中國已使用和蘇格蘭科學家一九九〇年代複製桃莉羊（Dolly）的相同技術來複製猴子；CRISPR 基因編輯技術率先在美國發展，但中國的醫院已開始人體實驗，而美國自己則還未進行。二〇一六年，新加坡科技研究局（A*STAR）開發一種加速ＤＮＡ編輯的新蛋白質，該國的淡馬錫生命科學實驗室也已成立一個大規模的合成生物學孵化所。產前基因干預未來在亞洲可能司空見慣。

由更短期的角度來看，亞洲人也正在全球對健康生活方式重要性的覺識，以及晚近的生物醫學科技與醫療照護方法上獲益。日本和新加坡有世界最長的預期壽命，只有加州和科羅拉多州的某些郡比得上。但從南達科他州、肯塔基州到佛羅里達州，有許多美國的郡預期壽命低於伊拉克、孟加拉，甚至北韓的一般平民。吸菸人口在亞洲各國逐漸減少（印尼除外），但中國人和波斯灣阿拉伯人現在卻呈現文明病大幅增加的現象，例如高血壓、糖尿病和肥胖。在東南亞，心臟病預料將在十年內趕上肺炎和肺結核，成為該地區的主要致死疾病。亞洲領導人知道因為人口眾多，他們負擔不起複製西方耗費二〇%ＧＤＰ的龐大醫療體系。中國的醫療支出不到ＧＤＰ的一〇%。與美國和英國人均醫療支出分別為九一四六美元和五〇〇六美元比較，亞洲人的人均醫療支出可望維持目前日本的四〇〇〇美元，和波斯灣地區的一五〇〇美元水準。超過七〇%的印尼人被納入該國雄心勃勃的全民健保計畫中，越南和菲律賓的比率則略低於印尼。

另一個大躍進的例子是，遠距醫療和低廉的醫療設備將藉由把診斷和治療地點地方化，甚至讓病患完全避免住院，而降低一般醫療和老年照護的成本。已經有三千萬名中國人使用春雨醫生應用程式，透過視訊接受醫生的看診，而阿里巴巴則已開始提供線上處方藥服務。印度新創公司HealthCube提供全面的診斷和雲端數位病歷，任何病患都可閱覽並透過智慧手機與可以遠距處方治療的醫生共用。對國內醫院不提供的治療來說，杜拜和新加坡已變成提供各類外科手術的醫療觀光中心，正如印度和泰國也有無數為許多西方家庭服務的代孕診所。日本和印度已是世界藥品業的大國，日本創新設計的低成本醫療設備，可以支援亞洲各國的老人醫療照護，並在歐洲和美國市場競爭。甚至牙科治療在亞洲也會日益便宜。二〇一七年，一具中國製造的機器人首度施行全自動化的植牙手術。

為生活而學習

不是所有亞洲人的社會工作倫理觀念都相同，但所有亞洲人都具有追求國家進步所需的協調一致的紀律。多年來，我見過巴勒斯坦人和約旦人辛苦地修理車輛和興建（或重建）整個城鎮，印度人和巴基斯坦人在營建工地做苦工，拉著滿載的人力車穿過壅塞的街道。東亞的專業人士連續加班工作，為了孩子的教育而存錢。他們承受極大的壓力是不得已，因為看到鄰近國家的成功，也因為他們了解自己的文明曾經偉大過，而且可以再度偉大。

沿街叫賣對亞洲人來說不是新鮮事。西方人直到現在才習慣生活在正式和非正式經濟中兼職多項工作的零工經濟，但數千萬印度人和巴基斯坦人很早就習慣於半年在低技術的產業工作，然後另外半年做季節性的採收工。在亞洲各國，非正式經濟佔ＧＤＰ和僱用的比率從一二％到五〇％不等[51]。但在善用晚近發展的另一個情況中，大多數亞洲社會有讓人們用來根據自己的技術找兼職工作的應用程式。在主要亞洲城市中，新型「家庭旅館」不斷冒出，提供低廉的長期住宿和共用工作空間等服務。

共用工作空間已成為南印度科技帶許多城市的熱門房地產，其原因不只是印度在全球軟體中心扮演的角色，也因為電話服務業僱用大量新員工，使印度幾已變成這個行業的同義詞。機器學習已逐漸取代班加羅爾饒舌的電話中心員工、自動化顧客服務、資料分析等工作。資訊科技業仍然是印度最大的僱主，在二〇一七年有四百萬名員工和一千五百億美元營收；但其每年的淨新僱用已從高峰的四十萬人劇減至零。頂尖的資訊科技公司如Infosys和馬辛達國際科技（Tech Mahindra）到了二〇二〇年將裁員近五十萬人。菲律賓後台辦公室員工面對同樣的電話中心工作流失的風險。新創業者正吸收一部分失業員工，同時吸引那些不想在企業巨無霸工作的人。班加羅爾是世界最大新創公司加速器的所在地，創立者是印裔美國連續創業家德許潘（Gururaj Deshpande），有一千二百名

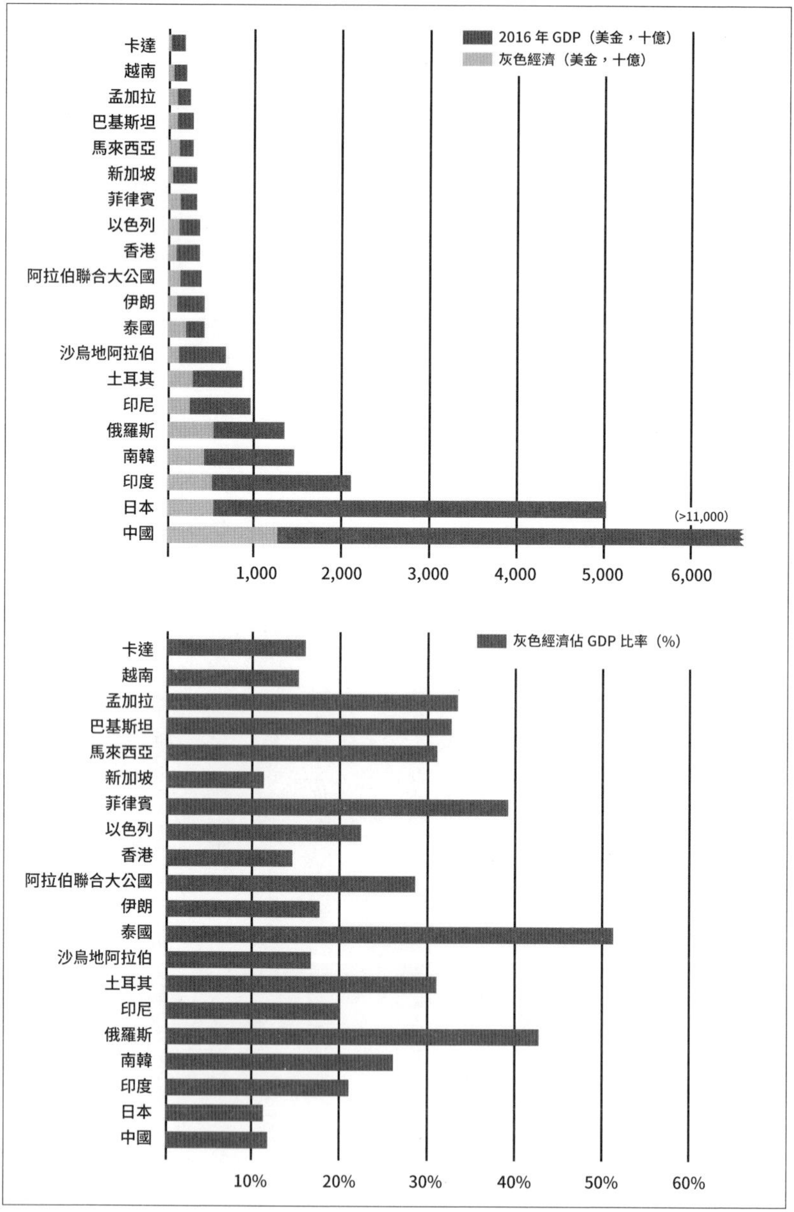
2016 年 GDP（美金，十億）
灰色經濟（美金，十億）
卡達
越南
孟加拉
巴基斯坦
馬來西亞
新加坡
菲律賓
以色列
香港
阿拉伯聯合大公國
伊朗
泰國
沙烏地阿拉伯
土耳其
印尼
俄羅斯
南韓
印度
日本
中國
(>11,000)
1,000
2,000
3,000
4,000
5,000
6,000
灰色經濟佔 GDP 比率（%）
10%
20%
30%
40%
50%
60%

創業家聚集在這裡工作。

亞洲國家正急切地想把數十億人轉換成高生產力的人力資本。南亞已達成近三分之二中等教育入學率。菲律賓直到五年前才有正式的 K-12（從幼稚園到十二年級義務教育）教育制度和教材。不過，大多數阿拉伯國家在高品質學校和專業訓練的投資仍然少得可憐，但它們的高青年失業率已迫使教育成為阿拉伯國家的優先目標。日增的中等教育支出是下一代亞洲人將在正式經濟中能更適任工作的跡象。印度和巴基斯坦有數十萬所私人中等學校散布在城市和鄉村。政府並未禁止這類教育企業，反而對入學採取補貼措施，並專注於提高文憑的標準。其結果是較好的學生和教師表現，以及政府省下大筆的支出。新設立的私人 Zoho 大學收容小鎮高中的輟學生，讓他們參加程式設計戰鬥營以便尋找程式設計工作。在高等教育方面，南亞和東南亞各國正積極提高它們的入學率為兩倍、三倍、甚至四倍，同時藉由補貼學費來避免美國式的學生貸款危機。菁英級的印度理工學院每年製造一小批世界級數學和工程系畢業生，其中有些學院如德里印度理工學院正出資協助把博士論文轉變成新創事業。

亞洲的灰市

數十億亞洲人習慣於在非正式經濟中生活，在國家未監管的部門或未登記的企業工作。這個灰色經濟在亞洲各國佔 GDP 和僱用的比率，從一二%到五〇%不等。

為了更深入發掘印度人數不斷增加的年輕族群，以及往上流動的中產階級，新種類的混合科技專業學校也應運而生。印度大型私人教育企業NIIT共同創辦人帕沃（Rajendra Pawar），已把他的實地和線上企業技術課程規模化，每年招收五十萬名學生，訓練他們以滿足從石油鑽探業到科技園區的印度和全球公司的需求，提供的課程涵蓋從保險、供應鏈管理到程式設計等各個部門。學生在完成一項派任後，可以回來再受訓以接受下一個派任。NIIT的座右銘是終身學習精神的體現：「沒有開始，沒有結束。」

東亞在為年輕人準備迎向不確定的專業前途上做得最好。嚴格的家庭教育奠定了大半的基礎，社會學家稱之為相互依賴式的親職教育，意即父母為小孩設定目標並敦促他們成功，相對於西方的親職教育較為依賴式。在此同時，機械學習在自動化世界的功用減少已使創造和團隊合作相形之下變得更重要，促使新加坡考慮廢除小學離校考試，因為這項學生深感畏懼的會考，需要嚴苛的學習和犧牲原本可能較歡樂的童年。中國人和南韓人也擁抱新一代較注重創造性教材的新學校。根據經濟合作發展組織（OECD）的年度國際學生評量計畫，這些亞洲國家似乎走在正確的方向。該計畫測驗數十個國家的學生，項目包括科學和數學，以及閱讀和協作解決問題。新加坡、南韓、香港和日本的學生不僅在傳統科目名列前茅，而且展現最高的團隊合作精神。

角色互換：西方依賴亞洲的成長

亞洲已證明可以在西方成長停滯的情況下自己成長，而且隨著其消費水準上升，也已變成許多西方跨國公司的重要成長動力。這是一個很了不起的角色互換。亞洲過去主要是為西方生產，讓西方得以享有低成本和高利潤。現在西方必須也為亞洲生產，滿足亞洲多樣的所得水準和品味——並且在亞洲生產，以符合政府對國內零件比率和創造就業機會的要求，以及在高度競爭市場中更貼近顧客的需求。

雖然以佔GDP比率來看，美國對出口的依賴度不高，但估計仍有四千萬人的工作與生產出口產品有關，美國高端產業如金融和科技所僱用的勞動力也有二〇％以亞洲為關鍵市場。西方企業長期以來就把希望寄託在中國的中產階級，但中國對合資企業和資料安全的嚴格要求，已削弱它們的獲利和技術優勢。同樣重要的因素是，中國的外國公司必須遵守「付費遊戲」的非正式要求，資助中國自己就能輕易負擔的智庫和政府研究，最後卻無法獲得它們預期中國回報的開放更大市場。中國已慢慢開始授予外國信用卡公司在國內營運的執照，但這是在中國銀聯已佔有八〇％市場，和微信支付與支付寶已在世界各國觀光勝地和其他地點被准許使用後的事。

因此，近日針對熱門市場的西方企業調查發現，它們正逐漸轉向印度、巴基斯坦、印尼和菲律賓，這四個國家的總人口略超過二十億人。和外國公司無法在中國支配市場佔有率不同，這些國家有較開放的經濟體和民主社會，它們提供西方公司自亞洲下一波成長中獲利的機會。從越南到緬甸，這些快速成長的經濟體允許在營建、房地產、金融和零售等高利潤的產業有一〇〇%的外資持股。換句話說，它們完全和中國相反。

幾乎所有的美國產業都從亞洲的崛起獲益。自從美國國會解除長達四十年對碳氫化合物出口的禁令後，中國已變成美國石油的最大進口國之一。美國賣給日本和韓國的天然氣也與日俱增。事實上，如果不是美國能源出口快速成長，美國與亞洲的貿易逆差會遠高於今日。西方公司也在亞洲進行它們最大規模的能源投資。雪弗龍（Chevron）帶頭的集團正投資近四百億美元在擴大哈薩克裏海卡什干油田的生產；法國的道達爾（Total）即將率先在中國以水力壓裂法開採頁岩油和天然氣；從黃豆到豬肉的北美食物出口已成長好幾倍，中國雙匯公司收購美國食品製造商史密斯菲爾德食品（Smithfield Foods），使中國市場為之大開。隨著黃豆取代玉米成為美國種植最廣的作物，北達科他州希望修建一條連接該州到太平洋岸的鐵路，以加速將黃豆出口到亞洲。

亞洲是美國大型消費者產品公司價格競爭力和營收展望的基礎。七〇%沃爾瑪的產品是在中國製造或採購的。雖然國際銷售只佔沃爾瑪總營收的三分之一，日本、中國和印度卻是它成長最快的市場。儘管近岸生產提供美好的許諾，沃爾瑪對在美國擴張並不熱衷，反而透過對京東商城的投資而在中國市場更進一步，並且收購印度的 Flipkart 並計畫把東南亞當作下一波大擴張的目標。大多數蘋果 iPhone 在中國製造，但九〇%在中國銷售的行動手機是由中國製造商生產，其中 Oppo 和

Vivo 以雙位數的市佔率領先三星、小米和蘋果（蘋果市佔率最多只有三%）[52]。中國手機製造商也正迅速改用高性能的5G晶片。隨著中國市場逐漸成熟，智慧手機銷售已開始下滑。因此，這也對美國大公司說明了，它們獲利仰賴的下一個戰略階段，是在中國以外的地方積極生產和銷售其家庭用品和裝置。

美國的主要科技公司也搶著幫助亞洲利用它們近來的發展。許多亞洲社會感謝臉書、微軟和Google 沿著它們的海岸舖設網際網路電纜並提高它們的頻寬。在印度，Google 地圖驅動一個價值二百億美元的定位服務和行銷業，也協助印度藉由提供公共廁所位置來改善公共衛生的目標。Google 的 Tez（快速）服務利用印度的統一支付介面平台，提供語音指令的行動支付功能，它的機器翻譯和語音轉文字應用程式，也將加速多語言印度和東協的商務通訊。Google 也正訓練十萬名印尼軟體開發師，並把美國 Udacity 公司的課程翻譯成印尼語。美國的網際網路和社群媒體巨人已長期投入大亞洲區，因為它們無法進入中國大陸。由於百度支配中國的搜尋引擎市場，Google、雅虎和其他美國公司必須從亞洲其他國家獲得行動廣告營收的市佔率。五分之四的臉書用戶居住在美國以外的地方，並以亞洲佔大多數：印度的臉書用戶比美國多，印尼用戶略比美國少。臉書在亞洲各國設立愈來愈多事業單位，以擴大企業對企業（B2B）和企業對消費者（B2C）業務。在成千上萬個例子中，有一個例子是 Ertos 美容保養公司，由一位處處碰壁的印尼媽媽創立，並把她挨家挨戶推銷的化妝品業務透過臉書廣告變成一家數百萬美元的企業，且開始與萊雅（L'Oreal）等主要西方品牌競爭。

一個較複雜的雙贏故事也說明了在亞洲熟悉科技的消費者間如何才能成功。設在洛杉磯的 Riot Games 公司藉由授權其主力遊戲「英雄聯盟」(League of Legends)給 SEA 集團而在亞洲崛起。Riot Games 在亞洲的成功為騰訊買下該公司鋪路,挹注的資金讓 Riot Games 得以在美國和世界各地設立更多開發辦公室、僱用更多遊戲程式設計師、製作新電子遊戲,和在世界各地舉辦更多競賽活動,尤其是在亞洲,電子遊戲競賽在這裡經常於架設了巨型螢幕的體育館裡舉行。同樣的,中國無人機製造商大疆,控制世界消費者無人機市場的八〇%,其中八〇%是在中國以外的市場。雖然大疆在硬體市場打敗了美國新創業者 3D Robotics,但兩家公司已合作把 3D Robotics 的 Site Scan 軟體納入大疆的無人機。在直接硬碰硬競爭失敗時,結盟合作往往行得通。

西方品牌長期以來知道它們必須從價格著手來接近亞洲的大眾,而這要靠在當地、而且以較小的批量生產。聯合利華的單次使用洗髮精包,已變成觸及底層十億人口的著名案例。亞洲的中低和中產階級收入以美元計算雖低於西方的相同階級,但他們是活躍的非必需性產品和耐久財產品的消費者,小汽車和大螢幕智慧手機是重要的順應措施(因為亞洲人不想區分手機和平板電腦)。西方藥品公司如默克(Merck)、阿斯特捷利康(AstraZeneca)和禮來(Eli Lilly),已在中國和印度設立實驗室(透過與和黃中國醫藥科技和百濟神州等公司合資的企業),以發展「B」線的低價藥品,供應亞洲的龐大人口治療日增的癌症、糖尿病、骨質疏鬆和其他病症。在此同時,從保德信、大都會人壽、安盛到英傑華等美國和歐洲大型保險公司，正透過在亞洲各國吸引顧客和提高保險費來蓄積資產。以吸塵器聞名的英國電器公司戴森（Dyson），在亞洲僱用的科學家人數超過世界其他地方的總和，在上海和新加坡設立研發中心，並在馬來西亞和菲律賓擁有生產設施。接觸更多亞洲顧客已促使西方品牌修改產品，例如不同形狀的吹風機手把，和可以適應不穩定電壓的微晶片。戴森的整體亞洲營收在過去十年增加了四〇％。在高端產品方面，奢侈品公司如路易威登（LVMH）和歷峰（Richemont）專注在亞洲愈來愈多的百萬富翁身上，但也開始收購由更了解亞洲顧客的本土設計師創立的亞洲品牌。

亞洲消費者的吸引力不僅是最大的西方零售商的現實，也是像Under Armour等新創運動衣供應商的前景。Under Armour的銷售有四分之三在美國，但既有業者的競爭阻礙了它的成長，該公司唯一的希望是加倍押注在銷售持續攀升的亞洲。二〇一七年一項DHL的客戶調查顯示，三分之一的美國中小企業把亞洲列為它們出口成長的首要目標，相較於只有四分之一瞄準歐洲。的確，亞洲的年零售市場已達到十兆美元，是美國的兩倍、歐洲的三倍。中國二〇一七年「光棍節」再度刷新世界最高單日零售支出的紀錄，在二十四小時內購買的產品超過二百五十億美元。阿里巴巴市集上銷售的品牌有四十％不是中國品牌。在印度，亞馬遜領先印度的電子商務市場，年銷售超過四千五百億美元，為美國販售商觸及印度的數位消費者提供了更多機會。印尼的Tokopedia是該國最大的電子商務市集，對西方產品也是敞開大門。亞洲的電子商務愈是擴張，外國公司就愈容易觸及亞洲顧客。

亞洲大部分國家需要挹注龐大資金以提高生產力，這為出口高品質的工業和科技至亞洲創造了龐大商機。對晶片製造商如高通來說，亞洲公司在手機市場崛起是一大商機：高通大部分營收來自銷售晶片和在中國的技術授權，而它的晶片也提高三星手機的處理能力，使三星得以提供新的擴增實境功能。同樣的，美國少數僅存的工業巨擘如奇異和漢威（Honeywell），對銷售到亞洲市場的燃氣渦輪發動機、核能發電廠和飛機零件的依賴日深。奇異從美國以外的地方獲得三分之二的營收。奇異成長最快的大市場依序是中國、沙烏地阿拉伯、土耳其、印度和巴基斯坦。奇異和西門子（Siemens）也在印度各地設立數十個研發中心，以便實驗低價的心電圖儀、核磁共振掃瞄儀、X光攝影機和血液分析儀器，先是為供應印度市場，然後將從印度出口。

航空業也仰賴亞洲。英國勞斯萊斯（Rolls-Royce）在東南亞有一條完整的噴射引擎生產供應鏈。由於中國商用飛機公司與波音和空中巴士競爭仍有一大段距離，這兩家西方飛機製造商高度依賴來自波斯灣國家如阿聯酋的航空公司，和亞洲的其他大型航空公司如土耳其航空、新加坡航空，以及中國及日本的航空公司。到二〇二四年，中國將超越美國成為世界最大的航空市場，每年有約十三億名旅客，相較於美國的十一億名[53]。屆時印度預估每年航空旅客將達到四億五千萬人，印尼將有二億五千萬人，越南則有一億五千萬人。在汽車業，美國的國內汽車銷售從二〇一六年開始逐年萎縮，而亞洲的汽車市場從二〇〇九到二〇一六年擴增近四倍。通用汽車在亞洲的銷售每年成長五%到一五%。亞洲也佔福斯汽車銷售近五〇%。此外，洛克希德馬丁（Lockheed Martin）和雷神（Raytheon）等國防承包商，在阿布達比到新加坡各地的亞洲航空展推出它們最好的武器，希望從波斯灣地區、印度和東亞的軍事現代化獲得無人機和飛彈等武器的大訂單。中國將不是這兩家公司武器的大市場，但其他亞洲國家已經如此。

亞洲快速的都市化，已激勵西方網路硬體巨人如思科系統和IBM，在亞洲部署它們最先進的科技。新加坡提供這些公司一個「活實驗場」，供展示使用感測網路的計畫，以有效率地為大量人口管理從交通到安全等系統。在新加坡，法國的達梭公司已建立世界最先進的3D地理資料平台，藉以設計可客製和符合能源效率的橋樑，並希望能銷售到亞洲各地。西方的技術知識因此正在加速亞洲宣稱成為未來「智慧城市」集中區的目標。洛杉磯的AECOM是世界頂尖的工程和設計公司，它在中國有三千名員工，在東南亞各國另有三千名員工，印度的員工數也逐漸增加，而它成長最快的辦公室則是在沙烏地阿拉伯和阿聯酋。來自芝加哥SOM建築設計事務所的傑出建築師，設計了杜拜的哈里發塔，而舊金山的Gensler設計了目前世界第二高建築物上海中心大廈。

雖然美國政府對一帶一路倡議抱持懷疑，美國的銀行卻把它看成前進亞洲的大好機會。花旗銀行近日提出一項「從亞洲到亞洲」的戰略，確立了六個最快速強化關係的亞洲內部貿易關係（南韓—越南、日本—泰國等），並把為這些跨境交易提供金融和諮詢服務列為目標。亞洲的併購活動佔全球比率，已從二〇〇五年的一六%，提高到二〇一六年的四〇%，其中中國佔亞洲的比率為三〇%

到六〇%不等。事實上，歐洲人和亞洲人已吸引美國公司把總部和技術移往歐洲和亞洲，而且美國公司在歐洲和亞洲也可支付較低的公司稅。美國公司很樂於移往歐洲和亞洲，儘管川普總統嘗試扭轉頹勢，但這個趨勢預料仍會持續。美國逐漸復甦的經濟成長、升高的利率，和降低公司稅率已鼓勵美國企業匯回數千億美元，但只有少數企業會投資在國內。美國公司可望利用這些現金進行全球併購，收買價值被低估和有龐大顧客群的亞洲企業，並藉以尋找低成本的技術員工。從加拿大企業Telus公司在馬尼拉的園區可以明顯看出這種跡象。Telus有超過一萬五千名員工，為美國大型科技公司和摩根大通及富國銀行（Wells Fargo）等銀行提供資料分析服務。同樣的，專業服務和諮詢公司如麥肯錫（McKinsey）、德勤（Deloitte）、安侯建業（KPMG）、埃森哲（Accenture）和安永（Ernst & Young），都擴大它們從基礎建設到金融科技等各類的亞洲營運，以協助亞洲客戶改善公司治理和對消費者的服務。

3D列印逐漸被應用於設計和生產汽車零件、醫療設備和消費者產品，可能取代亞洲大規模製造的產品，並且再進口到美國和歐洲。但因為這類產品最終還是在亞洲銷售，所以愈來愈多公司把這些技術同時定位在亞洲和母國。總部設在舊金山的偉創力（Flex，舊稱Flextronics）是世界最大且技術最精密的供應鏈管理商，現在正為思科系統到Nike等客戶提供先進的設計和量身打造的製造業解決方案——特別是在顧客所處的亞洲。

美國人不只是在亞洲銷售，他們以專業者和觀光客的身分旅行到亞洲也對美國公司有助益。隨著亞洲的娛樂消費激增，美國的流行音樂歌手、搖滾樂團和運動隊伍在亞洲巡迴表演數週之久，而且門票往往銷售一空。美國人的海外觀光有四〇%前往中國（包括台灣和香港），有二〇%前往印度，一五%前往日本，其餘則前往菲律賓、南韓、泰國、越南和新加坡。西方旅遊雜誌不斷為它們的讀者報導菲律賓和印尼的名勝美景，這兩國的海灘一直佔據評比的首位。萬豪飯店（Marriott International）在中國有一百多家旅館；在印度也有相同數量的旅館，超越 Taj 集團；在東南亞有三十多家，且有十多家新旅館正在興建。Airbnb 與阿里巴巴和騰訊在中國合作推廣住家共享訂房，但西方的旅遊和餐飲公司已學會對亞洲的敏感問題保持審慎。二〇一八年，萬豪飯店和達美航空都因為它們把西藏和台灣視為獨立國家，而向中國多次發表道歉聲明（萬豪飯店的中國網站還關閉一週）。西方人愈與亞洲人相處，就愈能學會順應彼此的偏好。

Chapter

5

亞洲人在美國和美國人在亞洲

Asian

美國是由來自大西洋對岸的移民所創立，但在十九世紀，亞洲人也從太平洋對岸湧進美國。最早抵達的是菲律賓人，在菲律賓為美國殖民地時，他們移民美國的人數穩定增加。中國人後來變成美國最大的亞洲裔人口族群，大多數移民到西岸，直到一八八二年通過排華法案為止。快轉一百多年到二〇一〇年，亞洲正式超過拉丁美洲成為美國新移民的最大來源[1]；另一方面，印度人是美國非法移民人數增加最快的族群，透過簽證逾期滯留或取道墨西哥進入美國等方式。

今日有二千一百萬名美國居民宣稱為亞裔，其中最大的族群是華人（四百八十萬人）、印度人（四百萬人）、菲律賓人（四百萬人）、越南人（二百萬人）和韓國人（一百八十萬人）[2]。另外估計有三百萬美國人是阿拉伯裔。阿拉伯人移民到美國已超過一世紀，其中底特律都會區吸引了第一波黎巴嫩人、敘利亞人、伊拉克人和葉門人，他們最早大多是店舖業主，後來在福特的汽車廠工作。一九七〇到一九八〇年代的黎巴嫩內戰、一九九〇到一九九一年的波斯灣戰爭，和二〇〇三年美國入侵伊拉克，都繼續驅使阿拉伯人移民到密西根州，即使汽車業已不再是該州最大僱主。雖然亞裔總人口只有西班牙裔不到一半，但這個差距正在縮小[3]。來自亞洲的移民每年取得綠卡的比率是來自其他地區的兩倍，取得公民身分的比率也是其他地區的兩倍[4]。

美國的亞裔人口有近半數住在西岸，加州就佔了三分之一。加州的亞裔人口最多，有近七百萬人，其次為紐約州的二百萬人[5]。從人口佔全州比率來看，夏威夷的比率最高，有超過一半（五六％）居民是亞裔（主要為菲律賓人和日本人），其次是加州（一六％），再次為紐澤西州、內華達州和華盛頓州，各有一〇%亞裔人口[6]。亞洲人的異族通婚（二九%）也比其他種族高[7]。到二〇五〇年，亞裔人口預估將取代西班牙裔成為美國最大移民族群，雖然拉丁美洲裔佔總人口比率仍最高[8]。

近幾十年來，亞裔在美國經濟的能見度變得比以往高出許多[9]，但亞裔的所得水準和他們的種族一樣多樣。印度裔的中位數家庭所得最高，其次為菲律賓裔和日裔，再次為華裔、巴基斯坦裔和韓裔[10]。整體來看，亞裔的中位數所得大約比白人多一萬九千美元，而白人則是第二富裕的族群。阿拉伯裔美國人的中位數所得也高於一般人口，而且敘利亞難民正快速加入勞動人口。

從印僑人數眾多和富裕的程度看，光是印僑婚禮業估計每年就為美國經濟貢獻五十億美元（超過印度人在印度舉行婚禮每年的支出）。雖然第二代印度人可能不習慣舉辦他們不太了解的宗教儀式，但他們對用上馬匹和鼓手的盛大婚禮似乎很感興趣。賓州大學教授卡普爾（Devesh Kapur）把這種混合美式和印式的儀式描述為「又肥又大的印度婚禮」[11]。為了抓住亞裔美國人的消費力，梅西（Macy's）等百貨公司現在每逢五月就積極舉辦亞太美國傳統月節慶，邀請亞洲廚師、時裝偶像和社會名流參與活動。

美國的學術成就因為美國的亞洲化而更上層樓。從全美拼字比賽（Scripps National Spelling Bee）到雷傑納榮天才少年科學論文競賽（Regeneron Science Talent Search competition）的許多學藝競賽，絕大多數贏家是第一代或第二代亞洲移民。頂尖的紐約高中如史岱文森高中（Stuyvesant

High School）和布朗克斯高中（Bronx High School of Science）在一九七〇年代有四分之三的學生是高加索人，現在則大部分是亞裔。美國晚近開始強調 STEM 教育（科學、科技、工程和數學），部分原因是承認亞洲社會在科學的競爭成就，以及回應美國亞裔父母的要求。同樣愈來愈凸顯的問題是學業壓力造成的青少年自殺率上升。亞洲人在大學入學的優異表現，已激起數樁備受矚目的哈佛等著名大學訴訟案例，感覺受侵害的白人宣稱亞洲人從平權政策受益，因此大學有必要保證白人學生入學的比率；反之亞洲人則要求入學標準要更以才能為重，而非以種族配額來限制[12]。

我們幾可確定沒有亞洲人的矽谷不會是今日的樣子。印度移民憑藉他們的教育程度（七二％的印度移民來到美國時擁有學士以上學位），現在佔美國每年 H-1B 簽證配額的七〇％以上。來自南印度的數十萬名科技員工湧入，使泰盧固語（Telugu）變成美國成長最快的語言。根據研究人員瓦多瓦（Vivek Wadhwa）的發現，從一九九五到二〇〇四年，矽谷的科技新創公司有五三％至少有一名外國裔創辦人，而且絕大多數是亞洲人[13]。Google 和臉書的園區就像聯合國總部，餐廳裡提供從阿拉伯餐到日本料理的各種食物[14]。印度人不僅在科技員工的比例特別高，而且透過印度企業家協會（TiE）等組織形成綿密的網絡。

亞洲人也逐漸在美國運動界嶄露頭角。從中國的姚明在籃球界到日本的鈴木一朗在棒球界，許多亞洲人在美國體壇達到傳奇性的地位。台灣出生的美國職業籃球（NBA）明星林書豪，以他的球衣銷售和在亞洲巡迴比賽時舉辦分享會而大受歡迎，被認為是亞裔美國人中的行銷天王；洛杉磯天使隊的日裔大谷翔平的投球和打擊能力，已被讚譽為未來的貝比．魯斯（Babe Ruth）。二〇一八年美國冬季奧運隊幾乎所有溜冰選手都是亞裔，贏得單板滑雪金牌的韓裔美國人克洛伊．金（Chloe Kime）也是亞裔。

美國人已愈來愈融入亞洲的信仰系統和精神。十九世紀末，印度僧侶兼哲學家維韋卡南達（Swami Vivekananda），藉由一八九三年他在世界宗教大會的演說和在美國各地巡迴演講，提升了全世界對印度教的認識。一九七五年卡普拉（Fritjof Capra）的暢銷書《物理學之道》（*The Tao of Physics*）讓印度教和佛教的神祕主義走入西方民間，並藉由宣稱它們的洞識能填補量子力學的不足而提升在西方的地位。凱倫．阿姆斯壯（Karen Armstrong）的書《佛陀和穆罕默德》（*Buddha and Muhammad*）以及喬布拉（Deepak Chopra）為現代人寫的吠陀哲學書，都變成暢銷書。十三世紀波斯神祕主義詩人魯米（Rumi）的作品是美國最暢銷的詩集[15]。自認是穆斯林的美國人每年以近十萬名的速度增加，其中包括從基督教改信伊斯蘭教，和來自巴基斯坦、孟加拉及印度的移民。美國的穆斯林人口從二〇〇〇年以來已增長為三倍，達到三百三十萬人，即使從九一一恐怖攻擊以後反穆斯林情緒高漲和對穆斯林的仇恨犯罪急劇增加。

目前對亞洲少數族裔的刻板印象稱頌他們的學術和經濟成就，但輕視他們在政治上的無能，這種情況也正在改變。雖然亞洲人活躍於美國政壇已經兩個世代之久，現在他們的能見度正在大幅提高。夏威夷曾出過幾個亞裔州長，最早是一九七〇年代的有吉良一。前路易斯安那州州長金達爾

（Bobby Jindal）二〇一六年參加總統競選。二〇一七年宣誓成為第一百一十五屆美國國會議員的亞裔美國人人數創下歷史紀錄，包括加州的眾議員貝拉（Ami Bera）和卡納（Ro Khanna），第一位在越南出生的眾議員佛羅里達州的墨菲（Stephanie Murphy），和第一位泰國裔的參議員達克沃斯（Tammy Duckworth）。[16]半印度裔的哈里斯（Kamala Harris）是代表加州的新參議員，而從二〇一三年以來夏威夷州半薩摩亞裔的佳巴德（Tulsi Gabbard）則是第一位信奉印度教的國會議員，她在眾議院按著一本《薄伽梵歌》宣誓就職，而非《聖經》。從州議會到學校董事會，亞洲人也愈來愈有信心地攀登地方政治階梯。二〇一七年紐澤西霍博肯市選出歷來第一位錫克教市長巴拉（Ravi Bhalla），儘管一些競選傳單為他貼上恐怖主義者標籤。這種趨勢從不久前加州的斯瓦米納拉揚神廟（Shri Swaminarayan Mandir）揭幕可見一斑，這座世界最大的印度廟之一完全以手雕大理石建成。在聯邦層次，諾貝爾獎得主朱棣文（Steve Chu）曾任歐巴馬總統的能源部長，印度出生的巴拉拉（Preet Bharara）是一位高知名度的美國地區檢察官，在紐約起訴許多白領罪犯，還有曾任南卡羅來納州議員和州長的哈萊（Nikki Haley）出生於錫克教家庭，現在擔任川普政府駐聯合國大使。

數世紀來，扮演全球移民磁石的美國，向來是一個外國內政透過僑民延伸的地方。超過三分之一的美國人有部分愛爾蘭傳承，而許多愛爾蘭裔美國人在一九七〇年代提供資金給分離主義北愛爾蘭共和軍購買武器，後來又在一九九〇年代支持柯林頓政府的和平倡議。全球五百二十萬名猶太人有七〇%居住在美國，他們也展現一種從支持以色列政治和財政顯而易見的遠距國家主義。晚近美國表現出涉入土耳其政治的核心問題，收留溫和派伊斯蘭教教士居連（Fethullah Gulen），而他的政治運動則被土耳其總統厄多岡視為恐怖主義活動。

移民美國的南亞和東南亞人，為美國的國際民族政治學增添一層新的複雜性。二〇一四年，總部設在美國的正義的錫克教徒團體向國會請願，要求把印度教民族主義團體國民志願服務團（RSS）列為恐怖主義組織，當時RSS所屬的印度人民黨（BJP）正在美國各地加強募款以支持莫迪的競選，而且莫迪已被美國禁止入境，原因是據稱他涉及二〇〇二年在他家鄉古吉拉特省的反穆斯林暴動。莫迪的全球草根運動最後把他送上總理寶座，禁令也因他的外交豁免權而解除。今日的印度裔美國人對他們在印度的政黨效忠和他們對美國的政黨效忠一樣分歧：科技超級巨星與民主黨菁英很融洽，而許多醫生、房地產專業人士和小企業主，則支持川普的強硬反恐怖主義論調和減稅措施。

一九九〇年代的中國，經常發現在外交上與美國扞格不入，美國批評它的人權紀錄，且經常要求釋放政治犯，但今日的中國已經在全世界翻轉情勢，開始懲罰接納流亡西藏精神領袖達賴喇嘛的國家。隨著中國異議人士散播到世界各地，中國的國內政治也延伸到全球。二〇一七年，逃亡的中國房地產大亨郭文貴，因為指控共產黨最高層的貪腐而聲名大噪。在社群媒體的放大下，海外華僑分成兩派，一派積極宣傳他的說詞，另一派則指責他（和他的支持者）是叛徒和黨間諜。

加拿大已變成一個很懂得與亞洲國內事務和諧共存的先進國家。一九七〇年代加拿大實施開放的移民政策，歡迎大批來自香港、南韓、菲律賓和台灣的移民，以及來自越南、柬埔寨和寮國的難民。不過，從二〇〇〇年代以來，中國大陸人和印度人移民已遠超過其他亞洲人（菲律賓人除外），而且亞洲人佔所有加拿大移民比率已超過五〇％[17]。加拿大多年來提供外國學生直接取得公民資格的管道，而且起始計算日從他們踏入大學校園就開始。現在每七個加拿大人就有將近一個是亞裔。

溫哥華現在是北美洲最多亞洲人的城市。近幾年來它已取代洛杉磯成為從中國飛往北美班機的首要地點，每週從十個中國城市有近一百二十班直達班機。在此同時，隨著來自中國大陸的移民人數超過來自香港的人數，華人之間的角力已成為家常便飯，這也表示「香哥華」（Hongcouver）已喪失它的廣東話優勢，呈現說普通話佔多數的新態勢[18]。與這些情況同時發生的是，加拿大遣返中國難民或非法偷渡移民的人數也持續攀升，中國的祕密國安人員也進入加拿大恫嚇前國有企業的員工，要他們返國自首和歸還據稱他們貪汙而來的錢。現在渥太華正面對北京施壓要求簽訂引渡協議，以便中國能迅速押回經濟罪犯和異議人士，來交換加拿大渴望的自由貿易協定。另一方面，加拿大總理杜魯道（Justin Trudeau）與加拿大錫克教社群的密切關係，在他二〇一八年二月訪問印度時造成尷尬的場面，因為印度人對錫克教分離主義運動仍記憶猶新。從加拿大政府熱烈討論如何讓人口從目前的三千五百萬增加到本世紀末的一億人看來，這類民族人口——外交事件可能方興未艾。

支柱或是機會主義者？

在美國各地的許多城鎮，房屋價格因亞洲家庭湧進房地產市場而節節攀升。房地產投資計畫如 EB-5 計畫已吸引逾五萬名中國、越南和南韓投資人，他們從二〇一五年以來，每年約貢獻三百億美元給美國經濟，以交換最終可望獲得公民身分的居留權。在川普政府減少授予專業技術人才的 H-1B 簽證後，印度人也已開始申請 EB-5「黃金簽證」（golden visa）。房地產開發商正在中國準備更多中文的推廣資料以加快簽約的速度。二〇一七年，波克夏公司（Berkshire Hathaway）與中國房地產網站居外網（Juwai.com）合作，以接近更多中國網民[19]。有人估計，每年到美國生育旅遊的女性生產的亞洲「錨嬰兒」（anchor babies）人數也一樣多[20]。

學生佔流入美國的亞洲人的大部分。其中中國人以每年有十萬人初次進入美國名列第一，目前在美國教育機構註冊的中國人總數約三十萬人。印度、南韓和沙烏地阿拉伯是美國外籍學生第二到第四多的來源國，排名第五則為加拿大。整體來看，亞洲人已超越歐洲人成為目前在美國大學研讀的逾一百萬名國際學生中最多的一群（超過總數的一半）[21]。在任何一天有最多亞洲人同時在美國的單一地點，可能是西岸美國大學的自助餐廳，他們往往聚集在一起，而且傾向於在學生會選舉中投票給彼此。

教育已經是美國最大的經濟部門之一，公共和私人在教育上的支出佔 GDP 近一〇%，二〇一四－二〇一五學年光是中國學生在美國支付的學費就將近一百億美元[22]。隨著亞洲學生人數膨脹，新宿舍業應運而生，以容納社區學校的亞洲學生，並提供加強他們英語能力和其他主題的教學服務。伊利諾大學僱用評論員以普通話播報該校的美式足球隊比賽。普渡大學為該校的心理衛生中心僱用說普通話的諮商師，愛荷華大學的商學院也僱用老師以教導教授中國姓名如何發音[23]。同化亞洲學生本身就是一項新的文化經濟。亞洲學生在美國對租屋市場、食品與飲料業和觀光業也有深遠的經濟影響。如果亞洲學生消失，美國將蒙受巨大的損失。

但亞洲學生的流向正在經歷一場巨大的改變。隨著美國大學削減預算和提高學費，同時學生簽證發放的數量從二〇一五年來急遽減少，許多亞洲學生選擇前往加拿大、英國、澳洲和其他國家。川普總統上任第一年，印度學生申請美國簽證減少了三〇％。對忠誠的懷疑也扮演重要角色。聯邦調查局聲稱該局所有地區單位都發現特別是中國學生從事間諜工作，蒐集資訊然後間接向北京回報的例子。在二〇一八年初，奧斯丁德州大學中止資助中國支持的美中文化教育基金會，川普政府也限制中國學生攻讀高科技領域的碩士學位。如果中國政府減少中國學生到美國求學的獎學金，他們的人數也會等比例減少。

當然，過去兩個世代已有數百萬名亞洲人定居在美國，並以亞裔美國人為榮。他們的子女——不管是美國出生的華人（ABC）或美國出生的印度人（ABCD）——大多數認為自己就是美國人，不需要在前面加個某某裔，而且將永遠只持有美國護照[24]。華人和韓國人都繼續取西方和基督教化的男孩名字如湯瑪斯、約翰和安德魯，以及薇薇安、露西和愛咪等女孩名字。前一代亞洲人不管移民到哪裡都集中在相同族群的社區，但今日的亞洲人則希望融入每個地方。

但和前幾代的華人和印度人離開貧窮和停滯的國家不同，今日取得學位返國的國際學生所佔比率正穩定攀升；其中中國人從二〇一二年的七二%，提高到二〇一六年的八二%[25]。亞洲人的校園社群關係緊密，許多學生往往只與相同族群交往，所以似乎許多（甚至絕大多數）在美國留學的亞洲人最後只與彼此建立網絡和關係，並促成回到亞洲母國後的創業合作。麻省理工學院（ＭＩＴ）或史丹福大學的學位和在矽谷的短暫實習，可以預期接著是返回班加羅爾或杭州等亞洲科技中心。亞洲人不再留在美國和對美國經濟做出貢獻，而是愈來愈傾向把在美國接受的教育帶回母國，一如自由派移民政策支持者宣稱應該鼓勵外國畢業生的作法，並立即授予綠卡作為獎勵。

這與美國一般人的觀點相違背，即認為人數眾多的亞洲學生代表美國永遠有吸引力，和在世界文化秩序的中心地位，好像在美國留學是追求自我實現的主要（或唯一）途徑，而且自動帶來一輩子採用美國的價值觀。顯然大多數亞洲學生來美國留學不是為了變成美國人、吸收美國價值，和否認他們的母國，而是為他們往後的全球性職業生涯（大部分可能回到亞洲）獲得一項重要、但並非不可或缺的資歷。

亞洲現在有眾多的「歸國僑民」，即回到母國的亞洲人。中國和印度都吸引數十萬名歸僑（或回流僑民），包括著名的成功故事如李彥宏在水牛城留學，並為 Infoseek 工作後回中國創立百度。

即使是落後的亞洲社會如巴基斯坦、烏茲別克、印尼和菲律賓也正吸引人才回國。在俄羅斯工作的二百萬烏茲別克人，可能因為該國推動新現代化計畫而回國。當僑民變成歸僑並帶回技術和現金時，他們可能變成大公司主管或設立新創公司、擔任政府改革計畫的顧問、購買房地產以重新開發，或者為缺少服務的人口興建學校和醫院。

因此大多數到美國留學的亞洲人不是美國的新亞洲支柱，而是機會主義者，他們把美國最好的學術專業知識和創業文化帶回自己的故鄉。在那裡，他們可以生活在眾多親人和同胞間，為他們祖國的未來做出貢獻。不管美國是不是有種族歧視，這都是大勢所趨。除此之外，亞洲各國政府都張開雙臂歡迎歸僑在數百座新工業園區帶領研發計畫[26]。中國的智庫也採用美國式的旋轉門方法進行積極的政策諮詢，吸引海外的社會科學家回國[27]。在前一世代的光環庇佑下，愈來愈多亞洲各國領導階層菁英擁有西方文學碩士或企管碩士學位（包括前印度首相辛哈〔Manmohan Singh〕和中國的新副總理劉鶴），或參加美國或英國的短期研習和學術課程，帶回西方知識的精華以用於自己的社會。有趣的是，雖然海外歸僑往往在就業市場享有優惠待遇，他們正逐漸遭遇從未離開中國的優秀學生日益激烈的競爭[28]。事實上，中國在二十年前就開始推行「九八五工程」，承諾投資逾二十億美元以加強建設近四十所大學，協助它們在全球最佳大學排名爭取一席之地。到二〇一七年，清華大學和北京大學已進入前二十名，另有八所中國大學也排進前一百名[29]。不過，印度仍然落後，只有兩所大學擠進全球最佳大學前一百名中。

另一方面，美國人在美國為亞洲公司工作已不是稀奇的事。美國人為日本汽車公司做事已數十年，而田納西州、肯塔基州、阿拉巴馬州和其他州，持續爭取豐田或現代汽車公司把工廠設在當地。許多州爭搶以數十億美元的減稅和退稅吸引富士康設廠，最後由威斯康辛州勝出。美國工人和亞洲人一樣，他們擔心薪資多過於擔心僱主的母國。在許多美國家庭的經濟情況惡化下，這不應該令人驚訝。像銀行、保險、住宅、房地產、醫療和娛樂等產業，造就美國成為一個龐大的經濟體，但財務問題在兩方面消蝕了人人有其屋的美國夢：財務沒有保障的千禧世代買不起他們的第一棟房子──而且隨著家庭單位規模縮小可能永遠買不起房子[30]；而財務困頓的老年家庭為了現金變賣房子給富有的亞洲人，改住較小的租屋以度過晚年。在此同時，電子商務已扼殺美國的零售業，每週都有全國各地的購物商場關門。消費佔美國經濟的六〇％，但美國人口有六〇％經濟困頓，且八〇％的美國工作屬於低技術和低薪資工作。升高的不平等已變成一觸即發的政治問題，頂層一〇％所得者擁有全國財富的比率愈來愈高。富者愈富而貧者愈貧，美國的中位數所得從二〇一〇到二〇一三年減少五％至四萬六千七百美元，同時中產階級所得持續停滯不前。

所有這些條件都使美國變成廉價亞洲產品的絕佳大眾市場，和世界各地數十億名其他顧客一樣。的確，數千萬貧窮的美國人沒有智慧手機可以讓他們使用低成本的行動銀行，只能為低餘額的銀行帳戶、簽帳卡、支票貼現服務，或發薪日貸款支付高額手續費。如果他們有廉價的亞洲智慧手機和微信，負擔就會減輕許多了，如果有低價的印度學名藥當然也是如此（印度學名藥已佔有三分之一的美國市場）。美國人浪費的消費習慣，不僅意味無盡的購買基本上不需要的商品，也表示在吃到飽餐廳狂吃大喝而加劇了美國的肥胖危機。即使是從豪奢消費轉變成「體驗經濟」（experience economy），對勤勉工作的亞洲人也有好處：他們逼迫自己在零工經濟中加班工作，而且有較低的藥物成癮率，可以在像是銷售程式設計課程或學習中文課程等熱門創業領域出人頭地。

即使前往美國和加拿大的房地產投資人、代理孕母和留學生的人數減少，北美洲人口的亞洲化仍會持續到相當程度。這大體上是一件好事。在從舊金山到匹茲堡的許多地方，受過教育的亞洲人是讓美國城市更加都會化和適合居住的關鍵因素之一。生氣蓬勃且人口眾多的城市，又有多樣種族的居民（例如溫哥華和多倫多），往往在適合居住和創造力的評鑑中名列前茅[31]。美國化向來是嚮往穩定生活和自由教育的亞洲人追求的目標，現在亞洲化正把生機帶進美國的社群，並且給了美國人在自己國內無法獲得的全球性機會。

從亞裔美國人到美裔亞洲人

除了亞洲人回到亞洲外，還有一個新的、而且深深影響西方人對亞洲態度的現象是，愈來愈多年輕時刻意接觸亞洲的美國人後來前往亞洲求學，並定居在亞洲。為數眾多的美國人正在中國學習普通話、在新加坡創立新公司、前往越南和緬甸當背包客。今日和三十年前的差別是，前往亞洲的西方千禧世代會不會回歸母國，尚難預料。

一些美國人與亞洲的因緣可能早在幼稚園時期就種下，例如中文浸入式課程在美國的大城市愈來愈受歡迎，甚至用來取代學生太擁擠的低品質公立學校。紐約市學費高得令人咋舌的愛文學校（Avenues）承諾畢業前就能說流利的中國話。在科羅拉多州，普通話已取代西班牙語成為學校裡最受歡迎的第二語言。在二〇一五年，歐巴馬總統推行「一百萬強」（1 Million Strong）計畫，希望在二〇二〇年以前有一百萬名美國學生學習中文——這是一個很高的數字，只不過比較之下估計有四億名中國人正在學習英文。

對大部分在大學前沒有深入接觸亞洲的美國人，亞洲的吸引力在大學一年級時向他們招手，學習義大利文的浪漫渴望，被更大和更有利可圖的語言機會所取代。美國各地的大學都在加強亞洲研究系和亞洲語言系的教學。亞洲思想也吸引愈來愈多人作為前往亞洲發展的起點。哈佛大學僅次於經濟學和電腦科學的最受歡迎課程是古典中國倫理與政治學說。除了已培養淵博的亞洲語言和歷史能力的美國學者外，愈來愈多大學僱用亞洲教職員，以及授予獎學金給帶進原創觀點的亞洲學者，並加強西方學者的訓練[32]。從薩伊德（Edward Said）的《東方主義》（*Orientalism*）宣言到後殖民研究的崛起，和許多亞洲才智之士如斯皮瓦克（Gayatri Spivak）、古德伊爾（Sara Suleri Goodyear）和巴巴哈（Homi Bhabha）對帝國主義遺緒的批判，亞洲學者移民西方已刺激有關全球社會動力和常態的必要辯論。對既有的學者來說，長期且有收獲的思想交流如哈佛－燕京研究所與北京大學的合作也已擴大，因此而有愈來愈多平台可供學術分享。

一旦受誘惑而頻繁接觸阿拉伯、南亞或東亞事務後，這些大學生接著將經歷海外留學的儀式，在過去十年間，這類留學生翻了一倍。歐洲仍然每年接受一半美國的海外留學生，但亞洲現在超越拉丁美洲成為第二大地點[33]。中國是世界第三受歡迎的海外留學目的地——而且如果不是有許多中國人在美國和英國留學，中國可能輕易超越美國和英國成為最受歡迎的地方。印度、日本和韓國在主要留學地點的排名也穩定攀升[34]。每年有近一萬五千名美國學生前往中國留學，前往其他亞洲國家的美國學生總數也接近這個數字。菲律賓和澳洲的的英語圈課程，每年吸引的美國學生呈現一〇%的成長。

亞洲學生不僅張開雙臂歡迎美國學生，也歡迎美國大學設立分校。特別是二〇〇一年九月十一日的恐怖攻擊使亞洲學生在申請美國的學生簽證上出現困難後，美國的大學開始積極展開國際擴張。喬治城大學、康乃爾大學和西北大學在杜哈有分校；紐約大學在阿布達比和上海有校區；耶魯大學的新加坡校區已經有好幾屆的畢業生；而杜克大學在北京附近有一套完整的大學課程。西方一流學校紛紛在亞洲設立校區，對亞洲年輕人前往美國接受高等教育的人數和人才水準可能產生重大影響。新加坡的頂尖畢業生（通常被稱為政府留學生）往往相當平均地前往史丹福、哈佛、牛津和劍橋深造，但現在他們可以選擇紐約大學上海分校，或他們自家後院的耶魯分校。此外，頂尖的中國、日本和韓國大學在過去十年都推出全英語課程，聘任混合了亞裔歸僑博士和尋求海外高薪機會的西方學者等教職員[35]。亞洲人愈來愈有能力在自己國內接受第一流的英語教育，這意味再過十年或二十年，亞洲最優秀和聰明的學生可能在亞洲就能完成整個教育過程。

愈來愈多美國人也會在亞洲完成他們的教育。由於許多亞洲的課程提供學費補貼和住宿、最尖端的設施和其他福利，愈來愈多一流的美國高中畢業生選擇一開始就在亞洲接受他們的「美國」教育。原本只在外國遊學一年，現在變成整個大學教育都在海外完成。想想這代表什麼影響。每年有數萬名西方學生不再吸收標準的西方論述和伴隨而來的優越感與傲慢。他們將保持開放的心智，而亞洲的思想將變成往前邁進的部分智識基礎。

大學畢業後，亞洲的機會俯拾皆是。過去十年每次我在北京的清華大學演講，我都注意到畢業生中有愈來愈多西方臉孔，他們知道利用清大高品質、低價格的文科碩士學位，課程是以英語和普通話雙語教學，並提供與跨國公司和中國企業的許多網絡機會。二〇一六年，清大也啟動蘇世民獎學金（Schwarzman Scholars）計畫，是一項優渥的捐贈獎學金，被視為二十一世紀版的羅德獎學金（Rhodes Scholarship），但提攜的是亞洲而非歐洲的頂尖人才。中國的評論家長期以來抱怨中國把最好的學生送到國外留學，而未吸引其他國家的最好人才到中國。現在情勢已經改觀。

同樣在研究生層級，商學院和它們的企管課程已開始在亞洲布局。哈佛商學院最近的課程創新——所謂的「全球浸入」體驗——要求學生為夥伴企業解決難題，然後前往並深入它們在亞洲的總部紮根。法國的歐洲工商管理學院（INSEAD）長期以來在新加坡設有校區，現在其他西方商學院已開始模仿，例如賓州大學的華頓（沃頓）商學院二〇一五年在北京設立賓大沃頓中國中心。

對西方那些受高等教育、專業和機動性的階層來說，沒有一個地區比亞洲更適合把握英國脫歐、反對川普，和西方菁英厭惡自己的政治所帶來的機遇。已經有一批老一輩的美國銀行家、英語教師和傭兵很熟悉在亞洲的僑民生活優勢。傳奇投資人如墨比爾斯（Mark Mobius）和羅傑斯（Jim Rogers）已策略性地落腳在亞洲的中心，以便取得如何善用亞洲快速成長的當地洞識。新一輩的外僑正在追隨他們的腳步，利用亞洲多樣的機會和便利性，並享受特有的外僑生活優勢，如低稅率、高品質生活、公共安全、嚴格的教育和有效的治理，這些優點都可以在被評為世界最安全城市的主要亞洲中心找到，如東京、大阪、新加坡、香港、墨爾本和雪梨等。

特別是在金融危機後，美國外僑的人數顯著地增加。住在海外的美國公民在一九九九年只有四百萬人、二〇一三年增加到六百八十萬人，但到二〇一七年已達到九百萬人[36]。在亞洲各國中，菲律賓、以色列、南韓和中國住了最大量的美國人，其中，中國和印度是前往海外居住的美國人增加最快速的地方。根據滙豐旅外人士調查（Expat Explorer），亞洲的外僑每年賺二十五萬美元的機率比在國內高出三倍[37]。亞洲的航空公司對在美國受訓的駕駛員幾乎有無盡的需求，並且提供他們高達三十萬美元的年薪[38]。在如此高的年薪下，無怪乎成千上萬的美國和英國金融專業人士與顧問選擇在亞洲退休，而不選擇回到紐約或倫敦前途茫茫、競爭激烈的職位或被強迫退休。他們寧選在亞洲聰明地管理自己的稅負、住房和醫療成本，並善用他們的區域網絡以繼續在私募股權、財富管理基金或商業銀行裡工作。美國教師也可以巡迴於亞洲城市中不斷冒出的新國際學校，賺進四倍於家鄉的薪資，還讓他們自己的小孩獲得更好的教育。

金融和能源市場重挫合起來影響了許多外僑家庭，因為承擔家計的外僑被銀行和石油與天然氣公司召回或裁員。但沒有刊登在西方媒體版面的是有更多外僑家庭留在亞洲，並在當地的地區性公司找到工作，讓他們的孩子繼續在當地學校求學。對這些外僑來說，從高壓的西方僱主轉向較有創意和雄心的亞洲公司，是從一個局外人更上層樓找到理想職涯的轉變。這個轉變已協助像在香港和新加坡這些地方的外僑和當地人之間，克服長期存在的社會差異問題，讓外僑愈來愈不將自己視為局外人和抱持優越感，而是社區的一份子。所以西方的經濟問題非但沒有讓外僑疏遠亞洲，反而鼓勵他們在生活方式上更亞洲化。而亞洲的現代化愈快速，西方外僑紮根的地點範圍就愈廣。曼谷、雅加達和胡志明市正在尋找曾經住在香港、台北和新加坡的有經驗美國人。普吉島和峇里島現在有方便的機場和高品質的國際學校，吸引了愈來愈多數位創業家成為當地居民。

亞洲政府知道，短期來看引進人才和刺激創新是明智之舉。波斯灣國家數十年來吸引了英國、德國和美國的人才。在沙烏地阿拉伯，阿布都拉國王科技大學（ＫＡＵＳＴ）提供優渥的薪資給美國學者，讓他們遷移到靠近麥加的沙漠，研究與沙國能源業和其他產業有關的迫切難題。

亞洲從未像此刻這般吸引美國千禧世代，八〇％的千禧世代相信亞洲是對他們的前途最重要的外國地區。亞洲各地都對美國的工程師和英語教師需求殷切，年輕的美國演員和特技演員都到香港蓬勃發展的電影業試運氣，美國人經常在街上被召募拍攝以亞洲消費者為目標的商業廣告角色。美國棒球和足球員加入中國、泰國的球隊，並賺進可觀的薪水。重要的是，今日亞洲召募的不是普通的年輕美國人，而是聰明、敢於冒險、願意承擔風險的創業型美國人。我在過去二十年頻繁地旅遊亞洲各國，目睹了年輕美國人跨越太平洋（而且往往留在亞洲）的人數大幅增加，不管他們有沒有具體的計畫，要在以外語溝通的異國成功都需要勇氣和才能。舉我認識的數百人中的兩個人為例，一個是年輕的加拿大人辛哈（J. T. Singh），他穿梭在新加坡、香港和上海間，建立起很賺錢的電影攝影師利基事業，為亞洲的城市和公司拍攝備受歡迎的品牌影片。另一個是喬菲（Benjamin Joffe），精力充沛的法國投資人和科技導師，在中國主持一家最大的新創事業孵化所。在全球社群媒體的時代，每一則這類成功故事都可以激勵五個（或五百個）新的成功故事。在東京、曼谷到峇里島各地短期住所紛紛興起下，愈來愈多西方人到亞洲碰運氣，而且沒有返回母國的計畫。亞洲人定居在美國會被稱為亞裔美國人，但我們會稱這些定居在亞洲的美國人「美裔亞洲人」嗎？

Chapter

6

為什麼歐洲愛亞洲，但(還)不愛亞洲人

Asian

亞洲與歐洲的關係可以追溯很久遠而且很緊密。從希臘軍隊到十字軍東征，再到歐洲殖民，過去一千年來，大亞洲一直是歐洲魅力和帝制設計的接收端。在相反方向，腓尼基人曾統治地中海，蒙古人曾劫掠東歐，阿拉伯人保留了古典希臘的知識，而中國產品和發明刺激絲路的興起。大多數西方人對亞洲文明、語言和宗教的知識來自歐洲探險家和傳教士，例如為南太平洋島嶼繪製地圖的英國航海家庫克（James Cook），和一八〇〇年代中期牛津大學的德國教授繆勒（Max Muller），對東方的浪漫化和對特別是印度的超越智慧的探究。還有俄羅斯神祕學家兼間諜洛里奇（Nicholas Roerich），曾遊歷西藏和印度喜馬拉雅山區，他相信這個地區的古代符號學提供了調和藝術、科學和宗教的理性結構。歐洲對亞洲長久以來的著迷，一直是亞洲自我發現的重要原因：在柬埔寨濃密的叢林裡偶然發現偉大吳哥窟的人是法國考古學家，後來出土的高棉文明遺蹟每年吸引數百萬名觀光客。

雖然歐洲所取的「亞洲」這個名稱，原本指的是歐洲以外的「其他」地方，但今日歐洲和亞洲關係快速的成長預告了一個大陸的超融合。華盛頓的主流看法一直是美國應該把衰落中的歐洲擺在後面，以專注於崛起中的亞洲。現在看來衰落中的美國及其失敗的亞洲政策，已使歐亞的匯聚變成前台和中心的發展。從倫敦到上海各地，高速鐵路網、貿易中樞和網際網路纜線，正支撐一條歐亞商業軸線，甚至顯示出演進成一個歐亞體系的跡象。

在整個一九九〇和二〇〇〇年代，身為交換學生、研究生、智庫分析師和博士候選人，我經常旅行於美國和歐洲各地，參與以加強這兩個西方文明根本關係為目的的代表團。就美國人來說，對西方聯盟的戰略投資是管理俄羅斯的難以預料性、阿拉伯的不穩定，以及「全球反恐戰爭」所不可或缺的。就歐洲而言，美國仍然是歐洲的主要安全傘和經濟夥伴，也是歐洲提倡人權和民主的主要政治盟友。簡單地說，歐洲把西方視為希望，把東方視為隱憂。

今日這種情勢似乎已經反轉。在布希和歐巴馬總統任內，災難性的伊拉克戰爭和美國竊聽最親近盟友的舉動被揭發，導致歐洲人感覺與美國的疏遠。在川普政府期間裂縫繼續加深，華盛頓要求歐洲國家支付高得難以接受的防衛支出，威脅對歐洲的核心產業課徵關稅，以及退出巴黎氣候協議。於是，對歐洲人來說，亞洲突然看起來具有比美國更穩定的長期價值。同樣突然的是，我受邀到歐洲發表的演說主題，也從華盛頓的看法轉向我對亞洲的見解。

亞洲已變成一個美國和歐洲之間的楔子。美國再度把歐洲視為一個前線地區，以對抗俄羅斯的擴張主義和東地中海國家的崩潰。但這些國家是追求歐亞大陸目標的地理橋樑。在美國禁止與俄羅斯官員的接觸並背棄與伊朗達成的協議之際，歐洲國家卻每個月舉行伊朗投資會議，並且每週與普京討論解決烏克蘭危機和恢復能源合作。有人甚至說，由於歐洲與美國的關係陷於停滯——枯燥但穩定的婚姻免不了鬧鬧脾氣——亞洲正成為家常聊天的熱門話題。的確，亞洲已被邀請進入家庭的飯廳。在菁英階層的慕尼黑安全會議（傳統上由跨大西洋的外交部長和國防官員於每年春季舉行），愈來愈常出席的俄羅斯和中國官員，是讓這個論壇免於變成一個無趣儀式的主要原因，這也是為何讓美國的副總統、國務卿和重量級參議員每年都出席的原因。

歐洲的轉向已證明比美國的東進更成功。從一九九〇年代以來，歐洲一直帶頭向東擴張，歐盟因為吸收東歐國家而成員國倍增，並且成立歐洲復興開發銀行（EBRD）等基金以促進東歐的現代化。歐洲理事會（Council of Europe）包括俄羅斯和高加索國家，而歐洲安全與合作組織（OSCE）也納入所有前蘇聯共和國，包括中亞的共和國。亞歐高峰會（ASEM）已經代表世界最大的全球性經濟集團，佔全球超過一半的GDP，和超過六〇%的世界貿易。亞洲與歐洲的貿易預估到二〇二五年將達到二兆五千億美元，大約是歐洲和北美洲或北美洲和亞洲貿易的兩倍[1]。

無疑的，歐洲從亞洲崛起的獲利將超越美國。由於歐洲和亞洲都害怕「美國優先」政策暗含保護主義，它們對以全新的歐亞大陸關係取代美國的渴望正持續增強。美國的保護主義措施結果是傷害美國的勞工和出口，而歐洲則趁機獲得美國與其他國家相互課徵關稅而損失的市場[2]。由於亞洲的需求吸收了歐洲的貿易順差，所以德國的部長敢於斷然拒絕美國對減少順差的要求。

歐洲人和亞洲人同意它們的集體優先要務是連接大西洋到太平洋。中國對德國宣戰一世紀後，德國與中國和其他亞洲國家的關係蓬勃發展，中國已取代美國成為德國在歐盟之外最大的貿易夥伴。所有歐洲領導人出訪亞洲國家的次數多過於出訪美國，例如德國總理梅克爾從二〇〇四到二〇一八年之間訪問中國八次。德國和中國的內閣成員每年舉行聯席會議。在梅克爾二〇一八年訪問中國時，習近平承諾對德國企業「開更大的門」。德國工程巨擘西門子大力支持一帶一路倡議，理由是西門子比中國企業更早活躍於德國到中國之間的各個市場，而中國也需要西門子的高科技產品以達成二〇二五年中國製造的目標。另一個例子是出售薄膜塗層給中國太陽能面板製造商如上海電氣集團的德國 Manz 集團。漢堡與上海締結姊妹市三十年，這層關係讓雙方的港口船隻往返愈來愈頻繁。柏林市政府已發起一項亞洲柏林新創公司（StartUp AsiaBerlin）計畫，派遣科技創業家代表前往班加羅爾、馬尼拉和雅加達，協助 Coolar（製造太陽能電冰箱，適用於仍然缺電的熱帶亞洲國家）等公司在遙遠海外的擴張。另一方面，一年一度的柏林亞太週，吸引來自亞洲的創業家前來調查和收購德國科技創新者的技術。

中國截至目前是最積極在歐洲銷售其產品的國家。在柏林會展中心巨大的展覽場中，有愈來愈多將在歐洲百貨公司販賣的最新中國平面螢幕電視和家庭電器。即使不到該會展中心參觀，你也可以從泰格爾機場以中國普通話發音的廣播聽到中國的銷售團隊已抵達柏林。隨著歐亞大陸的基礎設施連結愈深，以及旅遊與行銷的成本愈降低，在歐洲開設商店的亞洲人也會愈來愈多。

歐洲國家加速轉向亞洲最重要的發展是，它們不顧美國的反對而加入亞投行，並以它們的外交和商務影響力支持這個由中國創立的機構。但它們的行動完全合乎邏輯，因為歐盟是中國最大的貿易夥伴，而非美國[3]。在歐洲央行加緊買進人民幣作為準備貨幣，並允許在歐洲各國設立人民幣境外結算所的情況下，中國—歐洲正為未來更緊密的商務整合鋪路擴大流動性[4]。與此有關的是，歐洲國家現在專注於複製德國在高成長市場拓展出口的模式，尤其是在亞洲。由於歐洲國家看出一帶一路對其主要出口產品具有龐大的潛力，因此向北京發出警告，要求北京務必確保它們分到應得的大餅份額。

已經達成的龐大歐盟—亞洲貿易額確實難能可貴，因為這是在歐亞大陸間還沒有重大貿易協議以及大多數跨大陸貿易仰賴的長程貨運下達成的。現在，由於十幾個亞洲國家和十幾個歐洲大城市已鋪設五十條新貨運鐵路線，歐洲企業對亞洲商機的興趣正快速升溫。世界最大的貨運代理公司德迅（Kuehne + Nagel）正擴大其亞洲的營運，同時把技術知識應用在數位物流上，以加速在亞洲數十個港口和都會中心的物流服務。隨著火車從義烏開往馬德里、從成都抵達杜伊斯堡，每個月都有一帶一路的會議正在倫敦、米蘭和柏林舉辦。

德國最大的內陸港口杜伊斯堡，是中國人在運輸和物流作業廣泛投資的地點，也是每週二十班開往中國火車的起點。二〇一七年，德中文化交流委員會在杜伊斯堡推出哈薩克日活動，有十幾個國家設展示攤位並舉辦演講、音樂會、藝術展覽會和準備食物餐車，慶祝鐵絲路連結了歐亞大陸的許多國家。這個藍貨櫃節（Blue Container festival）的主角是火車。在這項貨運服務的頭兩年，許多火車廂漆著中鐵快運（CRE）鮮豔的藍色商標，裡面裝滿從東往西運送的貨物——筆記型電腦和手機——但回程到亞洲的車廂卻相對空蕩。到了二〇一七年，歐洲人發現隔絕溫度以保護中國電子產品的相同貨櫃，也可以保護運送法國葡萄酒、伊比利亞火腿和白俄羅斯牛奶的冷藏箱[5]。隨著亞洲對高品質歐洲冷凍食品的需求大增，跨歐亞大陸鐵路將更有效率地運送它們到亞洲的雜貨商店[6]。西歐最大的食品公司如雀巢（Nestle）和聯合利華（Unilever）在歐洲的營收都不超過二〇％；亞洲已是它們成長最快、甚至是最大的市場。

歐洲的零售業正積極搶進所有亞洲市場。德國運動產品巨人愛迪達（Adidas）光在上海所銷售的鞋子，就超過在瑞士和奧地利的總銷售。德國的跨國公司和中小企業愈來愈熟練於使用中國的企業對消費者（B2C）平台，例如阿里巴巴的天貓（過去的淘寶）。當歐洲的藥妝業者如迪姆藥妝（dm-drogerie markt）與阿里巴巴合作後，它們可以無縫地透過通往亞洲的火車出口高品質的嬰兒照顧產品如配方奶粉，節省數週的時間。法國也尋求促進與俄羅斯、中國和印度的貿易。在二〇一六年，法國光是與這三個國家的貿易就擴增到近一千億美元，雖然仍少於與英國和美國的一千四百二十億美元，但成長的速度卻比後者快得多。二〇一八年的世界盃足球賽為國際足球總會（FIFA）帶來破紀錄的獲利，因為它的贊助商有三分之一來自中國（相較於二〇一四年沒有任何中國贊助商），雖然中國未獲得參賽資格（南韓隊則擊敗上屆冠軍德國隊，把德國淘汰出局）。連續三屆奧林匹克運動會在亞洲舉行，包括二〇一八年冬奧於韓國、二〇二〇年夏奧在日本（譯註：已因新冠肺炎疫情而延期）、二〇二二年冬奧在北京，將使足球到滑雪板的各種歐洲製造商產品銷售為之大振。

歐洲企業專注於亞洲的覺醒是極其真實的。近幾年來，荷蘭電信營運商 Veon 在俄羅斯各地和哈薩克經營的網絡已涵蓋逾二億人。二〇一八年，挪威電信（Telenor）出售其東歐的營運以加倍押注它在孟加拉、緬甸、巴基斯坦、泰國和馬來西亞的營運，這五個國家合起來的市場規模有近五十倍大。英國的跨政府繁榮基金每年提供近二十億美元的發展投資協助計畫，最大筆的投資配置於土耳其、印度、中國和印尼。一些最深植歐洲的產業也已全球化到亞洲。英國、西班牙和義大利的足球球會以非球季的表演賽讓亞洲的運動場擠滿球迷。許多米其林星級的歐洲大廚擴張到杜拜、新加坡、香港和上海（馮格里奇頓〔Jean-Georges Vongerichten〕在上海的店是他最賺錢的一家餐廳）。義大利的私人銀行二百年來只在國內營運，現在它們從亞洲賺進半數營收。

在亞洲快速都市化的情況下，歐洲的主要出口產品之一，是把歐洲的永續城市模式推廣到亞洲不斷冒出的巨型城市。包括德國、義大利和西班牙的所有歐洲國家都已接近市電平價（grid parity），意即裝置風力、太陽能和其他再生能源電力的成本，對市民和企業來說都達到與使用一般電力相當。昔日被稱為「花園城市」的班加羅爾今日常被稱為「垃圾城市」，原因是過時的都市規劃和過度擁擠。烏煙瘴氣的新德里或擁擠的馬尼拉若要發揮潛力，就需要仿效像巴黎、維也納和柏林的腳踏車道、公園、平價住宅、綠色建築和垂直農業。隨著亞洲變得富裕和老化，人民想要的不只是工廠城鎮，而是可以散步的社區。德國的都市規劃師設計了中國天津的生態城，且正在蒙古大草原上進行一項類似的大計畫。西門子打造了曼谷的高架輕軌電車系統，且正延伸吉隆坡的系統，並競標亞洲各國十多個類似的系統。歐盟的國際都市合作（IUC）計畫對連結歐洲和亞洲的三十幾個城市，提供永續計畫的融資。歐洲和亞洲的城市現在共用像 Metropolis 這類指導和案例研究的平台，這些平台也舉辦城市官方會議，以建立跨歐亞大陸各地、城市對城市的直接政策轉移關係。德國建築師舍倫（Ole Scheeren）曾設計許多獲獎的東亞建築，例如新加坡的翠城新景、曼谷的大京都大廈，還有在胡志明市，帝國城市計畫的綠色設計將可以融入越南熱帶植物的天然綠景。英國建築師福斯特（Norman Foster）為印度安得拉省設計了一整座新的永續首府阿馬拉瓦蒂（Amaravati）。此外，十幾家歐洲公司已為亞洲的大眾開發出由扣接零件組成的3D列印住宅[7]。

歐洲人可以提供給亞洲人的另一種有價值的服務是跨境匯款。匯豐、渣打和其他有殖民淵源的銀行，數世代以來在數十個亞洲國家營運，並擁有亞洲的國營銀行尚未建立的廣大區域網絡。渣打實際上已變成一家絲路銀行，幾乎完全專注在中國和泛印度洋的一帶一路倡議相關計畫，只有名稱是英國的。

亞洲國家在歐洲的投資遠比在美國多。中國對歐洲的投資在二〇一六年達到四百億美元，產業類別包括消費者產品、娛樂、公用事業和電信，而且隨著中國分散投資到美國以外的地方，這個金額還會再增加[8]。光是中國化工集團收購瑞士農化公司先正達（Syngenta）的交易就高達四百億美元，這也是中國迄今最大的海外收購案[9]。經歷十年的併購和整合後，印度佔多數股權的阿賽洛米塔爾（ArcelorMittal）已是歐洲最大的鋼鐵製造商，緊跟著第二大是印度的蒂森克虜伯塔塔鋼鐵公司。在二〇一五年，沙烏地親王沙爾曼以三億美元收購了位於法國路維希恩的路易斯十四城堡，這椿引人注目的交易為歐洲本地的金融家、律師和其他專業者打開一扇大門，讓他們開始從為阿拉伯人在西歐各地進行大手筆投資而財源滾滾。

英國仍然是亞洲人在歐洲投資的首要目的地，其次為荷蘭、法國和西班牙。退休的香港大亨李嘉誠旗下的和記黃埔是英國最大的外國投資人，而中國的ABP集團也正將東倫敦的皇家阿爾伯特碼頭開發成為一個特別商業區，作為亞洲公司在英國建立橋頭堡的門戶。二〇一七年，兩艘中國海軍軍艦在友好訪問時停泊於倫敦，這可能是從鴉片戰爭以來帝國主義際遇反轉的象徵。在英國脫歐削弱英國經濟資產的情況下，亞洲的資金很快趁虛而入，現在成為新商業房地產交易的霸主。卡達持有價值五百億美元的英國資產，包括森寶利（Sainsbury's）和英國航空等旗艦英國公司的股權，持有的倫敦房地產比英國皇室家族還多[10]。脫歐後的英國急於想與亞洲簽訂金融和貿易協定，尤其是在佔其出口大部分的服務領域。英國金融行為監管局已提議一套新規範，目的在吸引亞洲的大型首次公開發行股票到倫敦證交所，而捨棄它的美國競爭者。前首相喀麥隆離開唐寧街後，立即接掌一個以加強英國與亞洲貿易關係的十億美元基金。一家倫敦與新加坡的「金融科技橋樑」公司，協助新公司順暢地在兩個管轄地籌措資金，尤其對想進入亞洲銀行市場的英國公司最有利。八家中國商業銀行在倫敦設有辦公室，以方便歐洲人投資中國和一帶一路計畫。在倫敦經常聽到的感嘆從未如此真切過：「英國正在跳樓大拍賣。」

中國分裂歐洲，歐洲重新發現亞洲

在二〇〇〇年代，美國外交政策菁英流行把歐洲區分為畏懼美國強硬外交政策（特別是像入侵伊拉克）的「舊歐洲」，和同意美國對全球威脅的現實主義和支持高國防支出及外國干預的「新歐洲」。阿拉伯人也利用它們的金融影響力來牽制歐洲的外交政策。現在中國已開始利用舊／新歐洲的分裂，其中「新」的東歐國家支持中國的投資，包括興建布達佩斯—貝爾格勒鐵路、塞爾維亞的發電廠和鋼鐵廠，以及羅馬尼亞的煉油廠，雖然它們可能不符合歐洲的採購透明度和環保品質的標準。像羅馬尼亞和保加利亞等國家正變成人口減少的後工業農村，在亞洲對糧食需求增加的情況下，中國和其他亞洲國家繼續收購歐洲農地，並建設運輸產品回亞洲以滿足未來數十年需求的走廊。對三十年前還封鎖在蘇聯勢力範圍內的這些國家來說，美國推銷軍事硬體、歐洲提供現代化資金，和中國的新投資看起來都像是時來運轉。

中國已創立一個稱為十六加一論壇的新外交集團，透過其祕書處和年度會議協調中國在東歐的各類投資，以及撮合中國的創業家和當地的中小企業[11]。從商務跨越到政治的作法達到了它預期的效果：中國在希臘比雷埃夫斯港和匈牙利工業與智庫的大手筆投資，已導致希臘和匈牙利淡化歐盟對中國人權紀錄的批評。匈牙利已表明「向東開放」是其外交政策的新基石，該國人民有時候自稱是「歐洲的亞洲人」，原因是他們的種族歷史和語言結構。東歐的社會主義政黨也是親中國的社會主義者與民主人士進步聯盟（PASD）的積極參與者，顯示中國與各層面的政治人物都建立起了關係，而不只是與國家領導人而已。這與美國在柯林頓政府期間支持的民主聯盟基金會的失敗成鮮明對比，該基金會在一九九〇年代曾嘗試扶持波蘭成為全球自由運動的主要支柱。二〇一二年，波蘭是第一屆十六加一高峰會的主辦國。

儘管二〇一〇年中國異議人士劉曉波獲得諾貝爾和平獎後，中國與挪威的關係冰凍了五年，但今日兩國的商務往來已重新啟動，讓曾遭中國人杯葛的挪威鮭魚養殖戶大感欣慰。中海油田服務公司再度獲得挪威國家石油公司的合約，中國和韓國在北極區的天然氣探勘也已恢復。中國商人曾嘗試收購挪威和冰島風景優美但具戰略重要性的北極區房地產，但迄今尚未成功。另一方面，冰島自稱為亞洲投資的北極區中心，其二五%的出口輸往亞洲。

歐洲的法規正迎頭趕上商業的現實情況。過去歐洲缺少健全的亞洲市場諮詢服務和監管機構，但現在從亞歐商業論壇、在中國的歐洲商會，到在柏林的墨卡託中國研究所（MERICS），都提供了最即時的資訊給歐洲企業、政策制訂者和情報機構。儘管習近平和國務院總理李克強總共訪問了歐洲三十次，歐盟仍然拒絕給予中國最想要的「市場經濟」地位。由於中國的遊戲場對進入的外國企業仍遠為不平坦，歐洲正要求中國消費者市場對等的開放，和對歐洲企業更週密的保護，以交換提升中國的地位。此外，和美國一樣，歐盟對允許中國收購可能應用於軍事用途的敏感科技變得愈來愈審慎，例如德國阻擋福建投資基金收購半導體設備製造商愛思強（Aixtron）的提議。對中國的不信任心理仍然強烈，尤其是在中國投資最多的國家。

但和美國與中國的緊張關係不同，對歐洲與中國的衝突最恰當的描述是競爭性的摩擦：歐洲的高品質產品和嚴格的法規，與亞洲的智慧財產權盜竊和不對稱的市場通路間的衝突。當歐洲國家面對成長減緩和中國侵犯智慧財產權的風險時，它們逐漸分散投資到亞洲其他國家。博世（Bosch）等德國工業巨擘，已開始把先進的反鎖死煞車系統和其他汽車零件的生產，轉移到勞動成本具有競爭力和技術逐漸改善的越南，在當地配置最新的科技並訓練工程師。新加坡已經有一千八百家德國公司，且每年平均增加逾一百家。歐盟每年有超過二百億美元的投資資金流入東協，已成為東南亞最大的投資來源國，累計的八百五十億美元外來投資超過世界任何地區。歐盟與東協每年逾二千五百億美元的貿易額，也已超過日本成為東協第二大貿易夥伴，僅次於中國——而且東協是歐洲的第三大貿易夥伴，僅次於美國和中國[12]。瑞士與中國從二〇一四年就已簽訂自由貿易協定，且正與多個東協國家談判類似的安排。靈活的瑞士所走的路，布魯塞爾通常會很快跟進，而且歐盟正根據與新加坡簽定的協定來和東協進行談判。

歐洲的天際線現在涵蓋了整個亞洲。繼南韓和日本之後，印度是下一個可能與歐盟簽訂自由貿易協定的主要經濟體。在二〇一七年的印度─歐洲高峰會上，歐洲投資銀行對印度的主要倡議如「印度技術」（Skill India）和「印度數位」（Digital India）做了歷來最大的合約承諾，將由歐洲公司透過再生能源計畫來推廣印度的「智慧城」。在此同時，德國和法國正銷售新潛艇等軍事硬體給印度。英國首相梅伊二〇一七年訪問印度後不久，倫敦市長薩迪克．汗（Sadiq Khan）緊接著帶著龐大的代表團拜訪印度和巴基斯坦。這是歐洲在競逐世界兩大成長最快的經濟體中——不再扮演殖民者，而是貿易夥伴——爭取優勢的計畫。

類似的情況也發生在波斯灣市場，歐洲人在那裡選擇以合作夥伴的身分，帶領邁向從石油經濟轉型到未來的高風險過程。例如，法國電力集團正在沙烏地阿拉伯和阿聯酋各地進行國家資助的太陽能計畫，以便降低石油和天然氣的消耗、減少燃料補貼和出口更多碳氫化合物能源。歐洲的工程公司支配波斯灣地區的巨型基礎設施計畫，其中德國建築事務所 SL Rasch 為麥加設計的鐘塔（比大笨鐘高六倍）只是最凸顯的例子；Volocopter 則為杜拜供應空中計程車。英國已積極加緊銷售飛彈和其他硬體給沙烏地阿拉伯，以補給沙國轟炸葉門的行動。

在波斯灣國家中，沙烏地阿拉伯特別厭惡歐洲人湧進伊朗，甚至因此取消即將給德國的合約。但受挫於美國違背逐步解除對伊朗制裁以交換伊朗凍結核子計畫的承諾，歐洲人正愈來愈公開地與美國和沙烏地阿拉伯決裂。儘管美國揚言對與伊朗做生意的歐洲公司關閉美國市場，歐洲國家已悄悄調整在美國的立足點，以便能合法地與伊朗增加生意往來，並且正建構一套平行的金融網絡以規避美國的干預。歐洲人也已容許伊朗的投資基金收購製藥和機械公司，協助伊朗儲備資產以度過制裁的難關。在伊朗海岸外漂亮的基什島自由貿易區，聯合國制裁鞭長莫及的當地歐洲銀行，與來自比利時、土耳其、印尼等國的企業，簽訂為在伊朗投資提供融資的合約。

制裁頂多延遲了終究會湧入的投資，而這些投資也終究會把伊朗捲入歐亞大陸的商業體系。伊朗航空已採購空中巴士的飛機，歐洲的能源公司正與亞洲的夥伴共同開發伊朗的天然氣田。挪威的Saga Energy正在伊朗興建價值三十億美元的太陽能電廠，賓士（Mercedes-Benz）也已銷售許多新巴士到伊朗。火車確實已駛離車站，載著歐洲人的豪華火車從布達佩斯開往德黑蘭，度假旅客可以在漫長的旅途中飽覽伊朗輝煌的歷史寶藏。前往伊朗的觀光客每年增加一倍，二〇一六年的外國旅客已超過六百萬人[13]。脫歐後的英國不能放過任何擴大貿易的選項和外國購買英國產品的機會，因此正積極爭取伊朗與英國的能源、基礎設施和其他產業簽訂合約。

歐洲人在絲路上貿易的歷史，可以追溯到遠比殖民時代更早的年代，而隨著新絲路時代展開，歐洲國家知道它們必須在亞洲市場中搶佔一席之地。英國人在印度不再有商業優勢，法國人在越南和荷蘭人在印度也是如此。一個又一個的歐洲城市也已擬出各自競逐亞洲現金的戰略。在航海中心威尼斯，商業聯盟正合併成更大的都會和省級團體，因為它們知道如果要引起來訪的中國和印度對手的注意，就必須不只代表二十五萬人，而是至少五百萬人。在此同時，威尼托省向羅馬要求更大的自主權，以便可以在與亞洲貿易夥伴發展更密切的關係時，減少聯邦官僚體制的牽絆。亞洲化因此意味歐洲城市更加緊密地團結在一起，即使這將導致歐洲國家下放更多權力。

亞洲人西征

從宣稱希臘後裔的阿富汗人到哈薩克的德國裔少數族群，中亞各地可以發現有許多源自歐洲的小聚落和族系後代。在近六千年期間，印度—雅利安人移民把印度文明散播到歐亞大陸北部和西部。直到今日，立陶宛仍有許多和古代梵語同源的文字。但這些歷史痕跡比起晚近的反向流動顯得微不足道。僅僅在過去幾個世代，亞洲人就已在歐洲形成龐大的移民社群。後殖民時代的移民潮把大量南亞人帶進英國。今日光是在英國就有二百萬名印度人和二百萬名巴基斯坦人，合起來（加上孟加拉人）佔超過五%的英國人口。截至二〇一五年，穆罕默德（Mohamed，和多種不同的拼音字）已超越奧利佛（Oliver）成為英國最常被用來為嬰兒取的名字。從一九五〇年代以來，土耳其的移民工也已成為德語系歐洲人口的重要組成部分。今日德國估計有四百萬名土耳其人，佔德國八千二百萬人口的近五%。一九九〇年代放寬公民權法後，許多人現在獲得德國國籍。還有一百萬名土耳其人在法國，另有六十萬人在荷蘭。許多阿拉伯人（和非洲人）在後殖民時代就已移民法國，而到了一九九〇年代，德國的阿拉伯人口開始增加，中國人、越南人和印度人在二〇〇〇年代也漸漸增多。杜塞道夫是中國中部巨型都市重慶的姊妹市，該市的華裔和日裔人口在西歐高居第一。柏林在統一後迅速吸收來自遠近的移民，成為一個兼容並蓄的文化城，很快就變成歐洲最具歐亞大陸風情的城市，在許多熱鬧的街區可以嚐到土耳其烤肉、阿拉伯炸鷹嘴豆餅、印度酸奶昔和中國鍋麵。這個歷史發展有諷刺的一面：隨著歐洲殖民亞洲的歷史消退，歐洲卻愈來愈呈現人口亞洲化的景象。

在歐洲的亞洲人不再只是貧窮的下層階級，他們正在政治和企業的階梯向上攀登。在英國，有半打下議院議員是南亞裔，在上議院的人數也差不多。在二〇一八年，雙親來自英國和巴基斯坦的賈偉德（Sajid Javid）出任英國內政部長。出生於達卡的巴塔查亞（Sushanta Kumar Bhattacharyya）在一九六〇年代來到伯明罕，於取得博士學位後創立華威製造集團（Warwick Manufacturing Group），進而推動了英國的密德蘭製造業復興。二〇一六年封爵的投資銀行家加迪亞（Jitesh Gadhia）在宣誓時使用印度的《梨俱吠陀》經。在沒有長久殖民歷史的歐洲國家中，亞洲人的能見度也愈來愈高。在德國，政治人物奧斯迪米爾（Cem Ozdemir）是第一位土耳其裔的德國聯邦議院議員，曾任綠黨主席；越南裔的羅西爾（Philipp Rosier）則在梅克爾的內閣擔任衛生部長。印度出生的安舒·雅（Anshu Jain）擔任德意志銀行的共同執行長三年。二%的瑞典人是伊朗裔，其中有許多在運動、藝術、科學、媒體和政治領域成為全國知名人物。挪威有超過五萬巴基斯坦人，其中包括該國歷來最年輕的部長（文化部）塔吉科（Hadia Tajik），和數位國會議員。亞洲運動員也已獲得極高的知名度，包括英國拳擊手阿米爾可汗（Amir Khan）和板球手莫恩·阿里（Moeen Ali），而阿拉伯、日本和韓國的足球員也已打入英格蘭足球超級聯賽和德國甲級足球聯賽。

亞洲觀光客湧入歐洲的人數穩定增加。中國觀光客偏好英國、德國和義大利，而印度人造訪東歐和西歐一樣多，尤其是像布拉格和布達佩斯等寶萊塢電影曾經當作場景的城市。巴黎中心區蓋普（Gap）商店的大海報上，有著可愛的中國小孩穿著漂亮的衣服。亞洲人也喜歡搭遊輪從斯堪地那維亞到亞得里亞海，挪威遊輪公司和義大利的MSC公司最近都訂購有七千個客房的新船，載客容量比以前擴增近一倍。闊綽的阿拉伯人向來是英國和法國的常客，在倫敦和巴黎的旅館一擲千金，並經營許多商業營運的馬廄。豪華的印度婚禮長期以來在英國引人注目，現在也在法國舉行：鋼鐵大亨米塔爾（Lakshmi Mittal）為女兒的訂婚宴租下凡爾賽宮（並僱用歌手凱莉．米洛〔Kylie Minogue〕）——還在艾菲爾鐵塔上放煙火。

一九九〇年代中期我住在德國時，從未想過有一天會看到說德語的印度人穿著皮短褲，在慕尼黑著名的啤酒節上端啤酒給顧客。但今日根據歐盟執委會歐洲氣壓計（Eurobarometer）的調查，南亞人和東亞人絕大多數對歐洲的政治穩定和權利保護有正面評價。然而許多歐洲人對亞洲人沒有相同的樂觀看法，尤其是中亞的幫派利用立陶宛鬆懈的邊界管制，進入有二十六個國家的人員和產品可以自由流通的申根區。較晚近的阿拉伯人口增加已引發激烈的反應，尤其是較保守的阿拉伯穆斯林。法國、荷蘭和比利時是全面或部分禁止女性在公共場所穿著罩袍或頭面紗的歐洲國家，而瑞士則禁止在清真寺上修建喚拜塔。奧地利已完全禁止興建外國資助的清真寺。二〇一七年的選舉，德國的右翼和經常反伊斯蘭教的另類選擇黨，在聯邦議會贏得略超過一〇%的席次，奧地利的一個反移民保守聯盟也贏得國會多數席次。

這些政治事件是深層的緊張逐漸升高的跡象，反映過去高同質性的歐洲社會已疲於應付移民、難民和尋求庇護者的湧入，尤其是二〇一一年阿拉伯暴動和敘利亞戰亂後，這些外來人口突然大增。光是在二〇一五年，德國就接受超過一百萬名難民。在柏林新克爾恩區陽光大道，每隔幾個店面就有一個招牌是阿拉伯文。瑞典有逾十二萬名敘利亞人，大多數是二〇一一年以後來的。他們的移入已刺激對移民友善的國家深思如何維繫它們的自由文化。

西亞的種族和教派動亂牽引歐洲境內的騷動並不是新鮮事。從伊朗宗教法庭下令刺殺英國作家魯西迪（Salman Rushdie）至今已經三十年，魯西迪被指控以他的書《魔鬼詩篇》（*Satanic Verses*）褻瀆伊斯蘭教。一九九〇年代，土耳其和庫德族在德國打起他們的內戰，對彼此的餐廳和加油站發動炸彈攻擊。蓋達組織對馬德里（二〇〇四年）和倫敦（二〇〇五年）的恐怖攻擊，凸顯出歐洲長期以來無法擺脫西亞動盪的牽連。每一次與伊斯蘭國（ＩＳＩＳ）有關的恐怖攻擊在倫敦、巴黎、布魯塞爾、柏林或巴塞隆納發生時，都引起世人注意歐洲的下層移民階級，並使他們流放的生活地位更加惡化；在東歐，反移民的情緒已導致匈牙利人和斯洛伐克人驅趕羅姆吉普賽人（一個在中歐和東歐各地有數百萬人的印度種族）離開他們的家園；斯洛伐克人甚至在公共廣場騷擾富有的阿拉伯觀光客。但隨著歐洲人開始嚴肅思考限制移民的議題，即使穆斯林以穩定的速度移入歐洲，到二〇五〇年，穆斯林將只佔歐洲人口七％到八％。因此，亞洲人口對歐洲的挑戰，仍然是文化遠多於數量。

事實上，歐洲迫切需要更多亞洲人以彌補龐大的勞力短缺。歐洲各地的旅館和設施人手嚴重不足，已迫使它們縮減服務（但仍抗拒自動化）。許多德國的工業省需要成千上萬只能由南歐或亞洲供應的勞工。德國全國到二〇二〇年將缺少二十萬名護士，而且正積極招募菲律賓人擔任照顧老年人的工作。在此同時，印度的科技員工已成為歐洲公司爭搶的對象。雖然戴森（Dyson）在英國設立研究所以訓練更多英國工程師，但這家大型製造公司在英國的工廠仍需要至少三千名工程師。在搶人才的戰爭中，亞洲人被爭搶一空。

在學生方面，英國仍然是亞洲學生最喜歡的國家，但英國脫歐後削減教育預算，使該國比以往更需要支付全額學費的亞洲學生。和美國大學一樣，數十所頂尖和二線的歐洲大學已在亞洲各地設置分校[14]。由於可以獲得學費補貼，和有機會在跨國產業擔任管理職務的務實誘因，亞洲學生認為在歐洲受教育具有真正長遠的價值。往返於本國和亞洲校區的歐洲學生也有相同的渴望。法國巴黎政治學院、義大利杜林大學和許多其他歐洲大學，都為他們的學生開闢在外國學習中文和中國式企業治理的特別課程，並推薦到華為和中國工商銀行等中國大企業工作，以便他們歸國後擔任經理人。在歐洲留學的亞洲人和在亞洲留學的歐洲人，因此成為未來共同歐亞大陸意識的先驅；他們共同建立的認同將比歐洲陣發的民粹主義更強大。

歐洲的政府已經落後、但正有系統地在公共意識上加緊提高對大亞洲區更廣泛的認識。從二〇〇〇年以來，亞歐基金會（ASEF）每年為藝術家舉辦大規模的創意相遇（Creative

Encounters）系列活動。巴黎羅浮宮與卡達燦爛的伊斯蘭藝術收藏有長期合作的展覽。柏林最新和位置最中心的文化紀念建築洪堡論壇（Humboldt Forum）二〇一九年底揭幕後，將以豐富的亞洲絲路器物收藏作為常設展覽。數十年來，土耳其人和阿拉伯人厭惡歐洲擁有其龐大文化寶藏，但現在這些收藏被視為提醒他們曾經的偉大、而且在歐洲人的支持下他們可望再度復興的紀念物。

歐洲人和阿拉伯人都已意識到，阿拉伯人在不知不覺中的到來具有半永久的性質。德國政府已承諾斥資數十億美元在一項大規模的緊急計畫上，目標是同化難民。歐盟已發起一項全區域的計畫，以協助大學保障移民在校園內的工作，這也提醒我們歐洲的難民政策比美國更慷慨許多。今日歐洲是世界最富裕的地區，擁有最高的平均生活水準，但無論如何歐洲都會繼續亞洲化。在未來幾十年，歐盟最後可能把新的亞洲成員如土耳其和亞塞拜然納入其共同體，且歐洲國家也可能吸納更多移民（儘管速度可能減緩）以彌補其低生育率，和照顧其老化的人口。或者歐盟可能既不增加亞洲成員也不吸納更多移民，但如此將使歐洲人口減少和變得貧窮，進而不得不進一步對亞洲投資人開放其房地產和企業部門。歐洲可以選擇自己的道路，但所有道路都通往相同的目的地。

Chapter

7

歐亞非大陸的復興

Asian

歐洲、俄羅斯和土耳其都正在轉向東方，非洲亦同。數世紀來，歐洲殖民主義和冷戰的操縱結合，讓西方維持掌控非洲戰略事務的地位。雖然蘇聯支持的安哥拉、蘇丹的馬克斯主義黨派，以及毛澤東保證中國將與開發中國家團結在一起，但終究大不列顛、法國和美國主導了非洲的命運。不過，從二〇〇〇年代以來，非洲快速地轉向亞洲。這種轉向最凸顯的驅力是二〇〇二至二〇一二年的商品超級循環，在這個循環中，亞洲和非洲的貿易增加近二〇〇〇％（是的，二〇〇〇％）。這段期間世界最快速成長的經濟體近半數在非洲。如果歐洲仍然是非洲糧食出口的唯一主要地點，非洲人今日將遠為貧窮。然而今日非洲超過一半的貿易是與亞洲進行。從東非洲到大洋洲這個廣大的印度洋世界已某種程度與西方脫鉤，原因是它內部的貿易和金融流動崛起。杜拜已取代巴黎和倫敦，成為非洲的首要境外中心。阿聯酋航空也超越法國航空，成為往返非洲的最大客運航空公司[1]。杜拜環球港務公司正在塞內加爾、阿爾及利亞、埃及、盧安達和許多非洲國家擴大港口設施和物流中心。中國人、印度人和其他亞洲貿易商及銀行家，最常在杜拜與他們的非洲客戶會談。

前殖民世界的學者稱呼跨越大印度洋的頻繁交互連結為歐亞非大陸界（Afroeurasian realm），反映出今日正重新恢復的非洲—亞洲關係具有長遠的歷史淵源。在西方媒體和經濟學家忽視非洲之際，亞洲在非洲的戰略利益不斷升高。好像是為了補償明朝未能善用它的海上軍力，今日的中國已積極尋求強化在東非的地位，以作為獲取非洲資源和市場的門戶。埃及、衣索比亞和肯亞是一帶一路倡議的台柱成員。在非洲，中國是來自亞洲的幸運符，它的存在象徵機會正在來臨。從港口到網際網路纜線，亞洲人建造的基礎設施已為未開發的亞洲國家奠立基礎，可以更有效率地參與世界經濟，多樣化它們的經濟，以及提振消費。非洲逐漸興起的都市中產階級，可以在拉哥斯、奈洛比、約翰尼斯堡和第二線城市如吉佳利、坎帕拉和三蘭港冒出的巨大新購物商場裡看到。如果西方公司很滿意它們在非洲的銷售蒸蒸日上，應該感謝亞洲。

但真正抓住這些商機的是亞洲公司。在衣索比亞，超過一百億美元的中國貸款和一億美元的投資，已投入紡織和製藥等工業化計畫。衣索比亞修改外來投資法規後，中國公司便大舉投入皮革製造業，現在僱用的衣索比亞勞工是任何本地公司的數百倍。在賴索托，中國公司和台灣公司已造就成衣製造（例如Levi's牛仔褲和銳跑〔Reebok〕運動鞋）成為該國最大的產業[2]。前非洲製造倡議的發起人海宇，把中國的成衣製造廠和其他輕製造業遷移到塞內加爾和盧安達等國家。比亞迪汽車公司正在摩洛哥的自由貿易區，興建一座大規模電動汽車製造設施，以跨入非洲和歐洲市場。

隨著中國在非洲的商業能見度增加，中國的新移民在許多非洲城市也處處可見，人數估計超過五十萬人。這些移民大多數不是國有企業的員工，而是跟隨國有企業員工而來的獨立移民工，主要從事從中國進口廉價產品供應給華人和當地社區的工作。那些由國家協助辦理簽證前往海外的中國人之中，有許多永久留在國外並開創自己的零售或製造事業[3]。除此之外，一個擁有高技術、說英語的中國經理人新階層，正透過中非卓越基金會主持的計畫積累非洲的經驗[4]。雖然商品價格下跌、地方競爭日趨激烈（包括與中國進口商建立關係的非洲企業），以及仇外心理導致光是安哥拉返國的中國人便超過十五萬人，但中國在肯亞等國家的製造業和未開發地區的投資仍然大幅增加。這些企業將把更多樣化的中國勞工帶進非洲[5]。

西方媒體對中國在非洲的大量足跡、錯置的大撒錢和新殖民剝削大肆報導，雖然反映出了一些令人印象深刻的事實，但卻歸結出推測成份居多和值得懷疑的結論。所有興建的鐵路、煉油廠、體育館和購物商場，都被描寫成中國人終將佔領非洲的戰略陰謀，特別是中國在吉布提的新軍事基地，以及中國人已取代杜拜環球港務公司在吉布提主要貨櫃港的營運，並計畫在納米比亞和安哥拉建立海軍支援設施。當然還有中國自己的宣傳，例如在最近的賣座電影《戰狼二》中，仁慈的中國軍隊和救難人員狠狠打擊了嘗試推翻合法非洲政府的美國傭兵。

非洲國家積欠中國的債務正在攀升。中國現在持有逾一半的肯亞外債，尚比亞正快速趕上[6]。中國對延遲償債問題提供各種複雜的選項，最常用的方法是重整債務：延展償債期限，以及有時候重新指定以人民幣為計價貨幣，取代美元或肯亞先令。中國也可以轉換債券成為地方企業的更多股權，或轉換成銀行和電信等產業的新投資。這些多面向的金融和商業關係，提供中國增加軍事參與的槓桿。除了吉布提外，中國也與莫三比克、安哥拉和奈及利亞協商擴大海軍使用設施的協議。

不過，目前就斷言中國在非洲進行砲艇外交的發展仍然太早。中國在一九九〇年代初並未以殖民全球為目標。然而中國發現自己成長如此快，幾乎一夕間變成全世界最大的進口國。即使在中國尋求確保它所仰賴的資源不虞匱乏之時，其首要目的仍然是降低它對不穩定且遙遠地區如非洲的依賴。在一些非洲國家的債務違約時，中國大可藉由佔領尋求賠償，並引發讓二十世紀反殖民運動相形失色的反中國浪潮；或者中國的銀行也可以把壞帳賣給其他亞洲人，例如對非洲市場仍然很感興趣的印度人。

的確，非洲是亞洲化遠大於中國化的展示區。中國是第一個升級非洲的港口、鐵路和礦場的國家，但那些資產讓其他亞洲國家更容易參與非洲市場。在中國打開大門的每個地方，其他亞洲國家便紛紛湧進並追求自身的目標。在中國從非洲進口的商品減少時，印度和東協的進口增加。中國向剛果購買製造手機需要的鈷正在減少，印度購買的量卻在增加。印度和非洲的貿易已達到每年一千億美元，且每年成長三五％，印度對外國的直接投資則有二〇％投資於非洲[7]。數十年來印度公司和鉅富利用模里西斯作為避稅地點，但現在印度已在非洲各國創立石油、旅館、再到釀酒廠的各種企業。在中國的基礎設施計畫和科技業收購案因為政治反彈而失敗時，印度正填補空缺，且被視為更好的新夥伴。無數接受中國人投資的衣索比亞工廠轉而接受印度人的建議，以提振它們的勞工生產力[8]。

在後殖民時代初期的數十年間，印度藉由以物易物支持非洲國家，避開使用它們缺少的美元準備。今日，奈及利亞是印度在非洲的最大貿易夥伴，且印度公司正在莫迪政府提供的一百億美元信用措施支持下大舉進駐該國。當奈及利亞的製革廠工人因為中國合成皮革廠的競爭而失業時，許多工人轉業去修理在非洲各地暢銷的塔塔汽車，或為印度的巴帝電信（Bharti Airtel）工作。該公司是十八個非洲國家的電信市場領導商，也是全非洲第二大電信公司。從阿富汗到喜馬拉雅山的各處工地，印度的鋪路工人也以適應艱困的環境著稱；印度的基礎設施租賃和金融服務公司（IL&FS）在衣索比亞等戰略國家獲得愈來愈多營建工程合約。

在亞洲人移民非洲方面，中國移民是新現象，但整體亞洲人移民總數仍佔很小比率。從十九世紀英國人帶進印度人興建肯亞到烏干達的鐵路以來，遷移到非洲的印度人已增加到超過三百萬人，主要集中在南非、模里西斯，以及肯亞等東非國家。南非的德爾班今日是印度以外的最大印度人城市，此處即甘地（Mohandas K. Gandhi）在一九二〇年代初期居住，並發起他對抗歧視的非暴力運動地點[10]。兩位出生於非洲的年輕億萬富豪，杜拜的塔卡（Ashish Thakkar）和坦尚尼亞的迪烏吉（Mohammed Dewji）都是印度移民後裔。印度國家信息技術學院的教育體系是非洲最著名的外國教育力量，把產業需要的整合課程帶進非洲大陸。

日本也透過日本國際協力事務團（JICA）在非洲各地有數十年的經驗，目前的目標是承諾對基礎建設和發展計畫投資四百億美元[11]。日本和印度在非洲各國享有比中國受歡迎的形象，兩國也合作承諾投資逾二千億美元，與非洲開發銀行共同建立一條新亞洲—非洲成長走廊[12]。馬來西亞、韓國和新加坡的公司，在非洲企業界的能見度也愈來愈高。亞洲農企業的投資雖然引來「土地掠奪」的指控，卻協助提高農業生產力；目前非洲的農業生產力仍遠低於世界其他地方，雖然非洲擁有世界可耕地的六〇%。迫切需要的綠色革命最終可能透過亞洲人對雜交種籽、農村道路等投資和有效率的貿易而普及於非洲[13]。的確，隨著非洲的農業生產承受氣候變遷和消費增加的壓力，非洲國家將從亞洲進口愈來愈多的糧食。

因此，非洲—亞洲恢復跨越印度洋合作的長期影響，是絕對有利的。亞洲人正為非洲打穩地基，以便因應比殖民時代增長三倍（或四倍）的人口，和以平等的立足點參與全球經濟。雖然西方基於自己在非洲的歷史，而無可避免地批評中國人的新殖民主義，但較好的類比（如果需要一個西方的同類例子來比較的話）將是一個大陸規模的馬歇爾計畫。把新殖民強權的標籤貼在中國之上最諷刺、最虛偽的是，中國投資在跨越六個國家的東非鐵路等跨境基礎設施，實際上協助非洲人克服了他們從歐洲殖民主義繼承的人為限制性邊界。亞洲人在非洲各國搶奪機會，並不意味歐洲十九世紀「瓜分非洲」的歷史重演。亞洲人搶著連結非洲，而非瓜分它，亞洲人正在為非洲打造數十年來西方多邊機構和非洲各國政府忽視的現代基礎設施。亞洲—非洲的連結可以追溯數世紀之久，但從未像此時這麼緊密。

主要強權積極與開發中國家建立關係，往往被假設為「逐底競爭」（race to the bottom），但隨著非洲國家的經濟成長和其領導人變得日益務實，競逐者間聰明的外交政策可能讓它變成一場逐頂競爭，使贏家從外國獲得最大利益。畢竟，亞洲人正以高價購買非洲資源，而非掠奪它們，他們正為非洲政府提供可以投資於經濟多樣化的收入。非洲的貪腐很普遍，尤其是在礦業和基礎設施業，但這在亞洲重返非洲之前早已存在，殖民主義、冷戰和竊盜統治是最主要的原因。談到賄賂非洲領導人，歐洲人有過之而無不及。幾年前，就有數個主要歐洲政府被強制遵守經濟合作發展組織（OECD）的反賄賂公約。亞洲強權和投資人對減少非洲貪腐能做的不多，但非洲人必須自己達成的卻很多。亞洲繼續支配全球製造業加上低成本的機器人自動化，意味即使非洲的薪資水準極低，也可能永遠無法吸引大規模的製造業。因此非洲必須有效地利用它的礦產，以投資在適合居住的城市和服務業工作，並教育創業者生產適合非洲市場的產品。非洲人愈觀察和與亞洲投資人合夥，他們就愈能學會如何保護自己的主要工業，並制訂愈多必要的合資企業、技術轉移和提升本國勞工技術的法律，這些正是由亞洲啟動的崛起公式。

一些非洲領導人談到對所謂中國模式的讚賞，意思是指不需要政治改革的經濟改革。但由五十三個後殖民國家拼貼而成的非洲擁有差異極大的政權，很類似後殖民的南亞。光是後殖民印度就有近三十個省（邦），反映多種族混合的內戰蹂躪破敗地區和奮起成長而勝出地區的鮮明對照。非洲和印度一樣，農業僱用的人口遠超過工業，企業與政府的關係視合作和衝突而差異極大，鉅富工業家提供了龐大人口迫切需要的服務。非洲穩定發展的主要亮點之一——盧安達已刻意模仿亞洲最成功的城市國家新加坡。向來仰慕李光耀的盧安達總統卡加米（Paul Kagame）已連續創造超過十五年的高成長，並同時進行大規模的社會投資。盧安達今日與模里西斯並列為非洲最具競爭力、政府效率最高的國家，並以女性擔任國會議員比率（六四%）領先全世界。不管非洲國家改善治理的模仿對象是哪個國家，它們都在亞洲。二〇一五年在南非約翰尼斯堡舉行的中非合作論壇上，習近平表示他支持讓「非洲人以非洲的方法解決非洲問題」[14]。但事實上，對非洲最有益的，將是學習亞洲之道。

Chapter

8

新太平洋夥伴關係

Asian

非洲的亞洲化，和跨越分隔亞洲與拉丁美洲的廣大太平洋的動力，兩者之間有許多類似性。拉丁美洲國家一度牢牢地固定在歐洲殖民軌道上，然後又屈服於美國的霸權，現在它們正愈來愈有效地與亞洲連結。商品流往一個方向；從反向流入的則是基礎設施、公共事業和其他工業的投資。商務關係緊密交織，債務增加，移民加速，不信任上升。以中國為中心的關係，逐漸擴散成較廣泛和較有成果的全亞洲性的來往。

不過，非洲和拉丁美洲的根本差別，是後者的亞洲化相當新。試想太平洋在歷史上是地球各大洲間頻繁接觸的最大阻礙，雖然古代人類跨越白令海峽陸橋從亞洲來到美洲是一萬七千年前的事，但亞洲和拉丁美洲的文明間的定期貿易，卻不像歐亞非大陸有超過一千多年的歷史。除此之外，美國在拉丁美洲的支配地位，從十九世紀的門羅主義以來幾乎未受威脅。卡斯楚統治的古巴（儘管一九六二年發生飛彈危機）或查維茲（Hugo Chavez）領導下的委內瑞拉，都未激發全區域的抗拒，加上拉丁美洲經濟幾乎完全仰賴美國的貿易和投資，使該地區的地緣政治操作受到嚴格限制。

但現在的情況已大為改觀。正當歐洲的經濟減緩、北美的能源革命，以及川普總統對西班牙裔移民的好戰姿態一一浮現之際，亞洲與拉丁美洲的關係卻逐漸開花結果。對大多數拉丁美洲國家來說，中國已經是最大的貿易夥伴，特別是因為它們出口牛肉、黃豆、石油和鋰到中國。從墨西哥到智利的太平洋聯盟國家，多年來都爭取與亞洲提升貿易關係，因此雖然美國退出跨太平洋夥伴協議（TPP）[1]，智利在川普宣誓就職短短幾週後，就召集所有拉丁美洲和亞洲的會員國開會，還讓中國以觀察員身分與會[2]。當美國和中國的貿易緊張危及黃豆出口時，南美洲反而從中獲利：巴西和阿根廷現在出口到中國的黃豆比美國多[3]。包含阿根廷、巴西、巴拉圭和烏拉圭等國的貿易集團南方共同市場（Mercosur），正與日本談判簽訂自由貿易協定，該集團甚至還沒有與美國簽訂這種協定。

由於亞洲是拉丁美洲出口獲利豐厚的地方，西進已成為戰略性的當務之急，這從智利和秘魯與亞洲國家簽訂近二十項自由貿易協定可見一斑。秘魯四〇%的出口跨越太平洋，而亞洲是阿根廷唯一有貿易順差的區域。雖然要穿透亞洲競爭激烈的商業環境對拉丁美洲公司來說極其困難，但像世界首屈一指的鐵礦砂和鎳生產商巴西淡水河谷（Vale），以及墨西哥的烘焙產品供應商賓堡集團（Grupo Bimbo）等開路先鋒，已大步躍進亞洲各國市場，並鼓舞其他公司追隨西進的腳步[4]。

不只是南美洲，而是整個西半球，現在對如何管理與亞洲日增的貿易與美國的作法不同。美國與中國的貿易每年達到近六千億美元，但每年的成長減速到低於二%，美國對許多中國產品（包括太陽能面板和鋼鐵）課徵關稅，嘗試壓抑其膨脹的逆差。雖然加拿大對中國也有龐大逆差，但它正推動一項自由貿易協定以促進其商品、機械和服務的出口。墨西哥也正尋求和中國間更開放的貿易，以出口其穩定成長的銅、積體電路和汽車。同樣的，美國、加拿大和墨西哥對日本都有貿易逆差，但只有加拿大和墨西哥正在與日本開放貿易。從日墨經濟夥伴關係協議二〇〇五年生效以來，墨西哥對日本的逆差已穩定降低，除了對日本出口成長外，也從快速成長的汽車製造業進口高品質汽車零件獲益。東協現在已超越日本，成為美國在亞洲的第二大貿易夥伴，而美國與東協、日本、南韓和印度的總貿易額也大幅超過與中國的貿易。但沒有加入跨太平洋夥伴協議（TPP）使美國對所有這些市場的影響力為之削弱。根據彼得森國際經濟研究所（PIIE）的研究，未加入TPP將使美國到二〇三〇年總共損失一千三百億美元的貿易和投資，加拿大和澳洲將取代美國在牛肉、豬肉、乳製品和穀物銷售的市場佔有率，而新加坡和澳洲也將侵蝕美國在金融顧問和通訊上的穩固地位[5]。關稅因為造成進口成本升高和就業損失，將使美國工業受到傷害，進而使川普政府後悔退出TPP。

正如亞洲國家與非洲的關係，即使是在商品價格下跌的情況下，拉丁美洲與亞洲的貿易和投資仍持續增長。中國繼續承諾與拉丁美洲進行巨額貿易和投資，目標是從二〇一五到二〇一九年達到五千億美元的貿易，以及二千五百億美元的投資[6]。中國國家開發銀行和中國進出口銀行合起來每年提供給拉丁美洲的融資，超過世界銀行、泛美洲開發銀行和安第斯開發協會（ADC）的總合。除此之外，還有另外三百億美元來自亞洲的工業和基礎設施合作資金[7]。在貨幣貶值和價格管制造成巴西公用事業倒閉時，中國的電力集團從二〇一五到二〇一七年收購超過二十家巴西的電力公司。中國資助的基金也在巴西的港口、物流業、礦業、科技業和農企業進行二百億美元的新投資計畫。在阿根廷，二〇一七年核發的一百七十億美元貸款將用以建造兩座核電廠，以及太陽能計畫和水力發電水壩[8]。在墨西哥，中國汽車製造商江淮汽車正興建一座大汽車廠，預計將僱用六千名工人。與東京及首爾相同，北京和廣州現在也有直飛墨西哥市的班機了。

與非洲的製造商一樣，拉丁美洲的製造商往往把亞洲公司視為不公平的競爭者，並厭惡中國市場設置的非正式壁壘[9]。他們也擔心進一步開放市場會使某些工業難以生存。例如，二〇一五年哥斯大黎加的主力英特爾工廠遷移到越南。中國對南美洲的貸款承受了和融資非洲政府類似的批評。中國對委內瑞拉的龐大貸款，已暫時讓馬杜洛（Nicolas Maduro）總統的竊盜統治政權不致倒台，但未能協助提高該國的債信。厄瓜多也積欠中國可觀的債務，必須以石油出口償付直到二〇二五年[10]。中國每年出口一億美元武器到委內瑞拉、玻利維亞、秘魯和阿根廷等國家也引起華府的關切。在美國削減其國際軍事教育與培訓計畫（IMET）預算的同時，中國正增加同性質的計畫，頻頻向拉丁美洲高級軍事將領示好。還有中國強力支持的巴西跨亞馬遜鐵路計畫引發社會和環保顧慮，該計畫可能加速砍伐森林和不公平對待原住民。

不過，和在非洲相同，新殖民時代並沒有來臨。中國的作為得到利弊參半的結果，而且都與根據過去歷史所做的線性預測無關。例如，中國並沒有把委內瑞拉變成前往拉丁美洲的橋頭堡，且因為投入的資金血本無歸而減少額外的貸款。委內瑞拉後來宣布一千六百億美元的債務違約，其中大部分是中國和俄羅斯的債務。巴西不允許中國要求大幅提高電價，而中國也不希望因此得罪數億巴西人。中國正在學習穩定和開放會比霸權和憎恨更符合其利益的概念。

隨著南美洲經濟體與中國展開活絡的關係，它們也毫無顧忌地與其他亞洲強權建立關係。對大多數拉丁美洲國家來說，印度已超越中國成為成長最快的出口地點。儘管相隔遙遠，拉丁美洲已供應二〇%印度的礦物進口，並且隨著印度開放被保護的農業部門而成為日益重要的糧食來源。從相反方向看，亞洲視拉丁美洲和加勒比的六億五千萬人口為一個龐大的市場，對從牽引機到電視的各種硬體需求愈來愈殷切。拉丁美洲是印度汽車出口的最大市場，並且每年進口逾十億美元的印度藥品。有二萬五千名拉美人為印度的資訊科技公司工作[11]。目前印度對墨西哥和巴西的出口值超過對印尼和俄羅斯的出口值。日本汽車製造商本田、韓國電子巨擘樂金（LG），和越南的主要電信服務商越南軍用電子電信（Viettel）集團，都在拉丁美洲投資並成長。這個時機對最近出版的一本亞洲人在拉丁美洲做生意的指南書來說是再好不過了，這本書是由委內瑞拉資深外交官哈迪博士（Dr. Alfredo Toro Hardy）寫的《了解拉丁美洲：解密指南》（*Understanding Latin America: A Decoding Guide*）。

亞洲人實際上在拉丁美洲有悠久的同化歷史，這意味著未來關係的發展可期。在十九世紀中葉，近二十二萬五千名中國「苦力」被送至古巴的農場和秘魯的礦場工作。到一九〇〇年代初，許多這些勞工在安地斯山脈各地的小鎮經營事業。今日秘魯的巨富有些來自王氏和吳氏家族，而利馬中區的中國城則是生意興隆的中國企業家族的所在地。過去一世紀以來，一波波的日本人移民到巴西，剛開始是取代了人數漸少的義大利移民，但很快變成中流砥柱的專業人士。日裔巴西人已成為最大的日僑群集，一百五十萬的人口超過居住在美國的日本人。日裔秘魯人藤森（Alberto

Fujimori）從一九九〇到二〇〇〇年擔任秘魯總統，女兒藤森惠子以些微差距在二〇一六年總統大選中落敗。阿拉伯人也已融入拉丁美洲各國，黎巴嫩的貿易家族成功地在墨西哥（億萬富豪施林〔Carlos Slim〕）、哥倫比亞到巴西等國建立基業。印度人從十九世紀中葉也在加勒比群島和南美洲落腳，最早是大英帝國在東印度群島的契約勞工。印度人佔千里達、蘇利南和蓋亞那人口的大多數，賈根（Cheddi Jagan）在一九六〇年代擔任蓋亞那總理，一九九〇年代擔任總統。

由於與亞洲有悠久的歷史淵源，南美洲的最大經濟體巴西，也在亞洲擁有最多的雙邊經濟足跡，儘管巴西沒有太平洋海岸線，其經驗對拉丁美洲與亞洲未來的關係都具有指標性。日本國際協力事務團（JICA）從一九六〇年代以來便支持巴西的工業化，協助讓巴西大草原（Cerrado）成為生產該國農產品七〇%的麵包籃[12]。雖然日本與拉丁美洲的貿易遠少於中國，它的投資卻更多，且更分散於各個產業，例如造船、紡織、鋼鐵和汽車業。拉丁美洲在與中國打交道時，可以從日本經驗汲取許多教訓，對正加深與西半球關係的中國來說也是如此。日本一開始專注於收購商品和出口製造業產品，但很快開始轉移其技術和管理知識給巴西經濟的各領域[13]。在中國是巴西最大貿易夥伴的過去十年間，巴西已把龐大的貿易逆差轉變成一百二十億美元的順差。事實上，除了韓國以外，巴西與所有亞洲國家都有貿易順差。

對出身號稱外交官訓練學院的巴西里約布蘭科學院（Rio Branco Institute）的巴西駐外大使來說，亞洲是優選的新地點。目前擔任巴西駐新加坡大使的達米科（Flavio Damico）簡單地描述：「我們是一個大西洋國家，但未來是在亞洲。」和其他拉丁美洲國家一樣，中國是最大的貿易夥伴，印度是成長最快的貿易夥伴，而東協則正在趕超日本。印尼是巴西在亞洲最大的單筆投資所在地，投資位在蘇拉威西島上的一座鎳礦場。對巴西和其他拉美國家來說，它們把重心轉往亞洲其他國家並未引起與中國的緊張。正如達米科說的，有的只是更好的發展。他說：「我們有資源，而它們有人。」

拉丁美洲國家必須確保它們利用亞洲的不只是硬體，而是也包括軟體，以使它們的資源發揮最大的生產力。像新加坡等國家在這方面扮演了重要角色。當墨西哥在南部開發經濟特區時，它聘請新加坡公司盛裕集團興建世界級的工業園區。新加坡也投資在提高墨西哥能源和餐旅業的生產力。每年新加坡舉辦的拉美亞洲企業論壇吸引太平洋兩岸的數十家公司，尋求加強雙方的商務關係。拉丁美洲的營建和建築公司開始使用新加坡 VRcollab 公司的虛擬軟體執行工地開發，而新加坡的 Educare 正在哥倫比亞的學校推出其數學教材。在此同時，新加坡的電子政府領導廠商 CrimsonLogic，正在智利、玻利維亞、秘魯、千里達和巴拿馬部署它的海關通關軟體，其中巴拿馬新擴建的運河，已使更多艘來自亞洲的貨櫃船得以更有效率地抵達美國東岸，以及更多來自東岸的液化天然氣輪抵達亞洲。一位巴拿馬大使總結該國的雄心壯志為：「我們想成為中南美洲的新加坡。」

Chapter

9

亞洲技術官僚統治的未來

民主已普及於亞洲，但它涵蓋各類光譜的國家，從民主品質比美國高的國家，到讓民主這個詞蒙塵的國家。亞洲有最高等級的民主國家，如澳洲和紐西蘭（兩國都傳承英國的議會政府傳統）、日本和南韓（兩國的戰後政治系統都由美國設計），以及受到中國密切注意（但並未效法）的台灣民主模式。南韓和台灣在貝塔斯曼轉型指數（BTI）都名列前茅，該指數衡量一國的民主強度和國家的有效性，法治在南韓穩固到有一個在位的總統遭彈劾並被判監禁二十多年，且正嚴格執行任期限制。另一方面，印度、印尼和菲律賓都已發展出民主政體，但巴基斯坦、孟加拉和緬甸的民主仍很脆弱。亞洲人並非對民主不感興趣，也不是沒有能力維持民主體制。但亞洲人確實偏好務實的政府，而且文化上對避免變成喪失集體紀律保持審慎態度。基於極端的歷史教訓，亞洲人總是小心地以權力可能過大的強勢領導人，來平衡強勢政府的進步主義野心。他們希望更有包容性，但不想以有效性作為代價。

民主這個詞已愈來愈與一個國家如何運作、以及運作是否良好無關，從墨西哥到義大利，今日的民主國家都是民調呈現人民最不信任和尊重政治人物和民主體制的地方。在俄羅斯、土耳其和伊朗，選舉只是安撫人民的工具，以及為政權爭取喘息空間的減壓閥。依法統治原本是法律高於執法者，但現在愈來愈像是被法律統治，政府濫用法律作為掌控權力的工具。近幾年來我注意到，連西方的分析師評論員在座談會或辯論中，被直接問到他們感覺哪些國家有令人佩服的未來願景和策略時，他們幾乎總是回答中國、印度和新加坡。世界各國的一般大眾似乎也有同樣的感覺，根據一項二〇一七年所做的二十一世紀調查，印度（五三％）和中國（四九％）都超前美國（四〇％），被認為是對全世界有正面影響力的國家[1]。

今日有關如何建構最佳形式的政府，和如何平衡個人自由與集體責任的辯論已不再是禁忌。所有社會都面對的挑戰，是地緣政治動盪、經濟起伏不定、科技破壞、社經不平等和環保壓力等日益加劇的複雜性。這是一個艱鉅的任務，而且沒有證據顯示西方政府最有能力滿足這些需求。和自然演化一樣，成功和失敗並不取決於既定的理論，而是適應的能力。

盎格魯—美國的失敗

星座的排列與上帝的恩賜不是同一回事，美國在二十世紀的崛起屬於前者。美國建立了世界最大的經濟體和軍事體，而歐洲陷入數十年的戰爭，亞洲和非洲的殖民地則仍然備受壓迫。在戰後數十年，美國維持了最有動力和創新的經濟體，並在領導自由世界經歷冷戰中抱持著使命感。即使在政黨更迭中，美國的治理仍保持連續性和強烈的國家精神。但過去三十年呈現出與過去強盛年代分道揚鑣的改變。自由化、去工業化、金融化和政治化結合起來，撕裂了美國的社會結構。二〇一四年的一項蓋洛普調查發現，不但大部分美國人對政府的表現不滿意，而且有六五％的美國人對政府的體制失去信心[2]。

許多西方政治人物看待世界的自滿態度讓千禧世代無法理解，因為他們無法從西方冷戰勝利主義的消退得到鼓舞。所有年齡層的一般市民都對他們的體制失去信任，不管是對白宮、國會、政黨、最高法院、大企業或教會都是如此。他們有充分理由相信美國體制已受到「操縱」，這是一個川普和美國偏自由派的學者都一致同意的看法。備受矚目的研究凸顯了美國已演變成有民主而沒有治理、有權利而沒有民主的悖離情況[3]。前者意味有權利的市民視獲得的服務是特權而非權利，後者則暗示自由社會的法律不是為公眾利益而制訂。另外，錯誤的重劃選區允許政治人物選擇他們的選民，而非反過來由選民選擇政治人物。而且這些結論是在川普贏得選舉前做出的，而這暴露出美國式的民主既是團結的工具，也是分裂的工具。二十年前蘇聯崩潰後，西方知識分子信心滿滿地假設，亞洲的強人統治會在經濟賦權和政治問責的要求升高後崩解，現在他們擔心自己的西方體制將倒退回強人統治，或者陷於群龍無首的民主混亂。

如果經濟成長是自由民主賴以建立的基礎，西方長期遲緩的成長預示了今日民粹主義的興起，儘管民粹不合邏輯和反建設性的理論和後果，但英國脫歐和川普當選的現象，顯示支配英語論述的盎格魯—美國菁英在自己社會的影響力多麼貧弱。他們進一步把美國和英國等同於西方自由秩序，但大多數歐洲人並不這麼認為。西方文化包含美國總統共和制到北歐君主立憲、西歐多黨議會民主制到東歐的自由政權。這不是一個意識形態集團。儘管有共同的歷史和重疊的利益，盎格魯—美國和歐洲大陸治理體制間仍有明顯的差異，而且加拿大親近西歐遠超過親近美國和英國。回想美國人和英國人如何信心滿滿地預測，民粹主義浪潮將在英國脫歐和川普之後席捲歐洲。但荷蘭、法國和德國二〇一七年的大選結果剛好相反：儘管面對民粹主義的壓力，保守黨和社會民主黨在改革和團結的目標下站在一起。歐洲大陸維持了一個較大的中產階級和較低的不平等[4]。歐洲國家已提高它們的退休年齡和讓勞動市場更有彈性，但它們並未拆解福利國。德國的多黨共識體制與美國國會有天壤之別。德國體制找到了移民、社會支出、基礎建設和其他黨派歧見等問題的妥協，但他們知道必須拿出進步主義的結果才能再度當選。因此，年齡老化、債務升高、工業基礎流失、財富集中、對體制的低信任度，以及社會結構脆化等西方共同的困境，在西方各國並非平均分布，也未獲得相似的管理。

美國的政治體制不是西方最好的治理典範。在過去十年，以中位數所得衡量的美國生活水準實際上呈現下滑的現象，同時教育、醫療、公共安全和其他領域也呈現弱化。根據社會心理學家平克（Steven Pinker）的研究，美國比起其他西方國家顯得「落後」。控制世界主要準備貨幣的過度特權，讓美國的金融得以在雙赤字下保持穩定，但這無法掩飾美國的高度不平等，以及對這些問題缺少有意義的矯治對策[5]。在政治方面，美國深受民意代表太多和行政太少的問題。美國的代表，如眾議員和參議員權力過度，而行政權力如州長和市場卻嚴重不足。受法律教育的官員太多，受政策教育的官員太少，花太多時間爭論而太少時間做事。其結果是，政治凌駕政策之上。已故參議員麥肯（John McCain）二〇一七年夏天怨懟說：「我們什麼事也做不成！」

不久前的說法還是中國人偏好物質穩定勝於民主不穩定，現在似乎每個國家都是如此。皮尤研究中心（Pew Research Center）過去對全世界的調查顯示，人民不希望民主的代價是貪腐和無能。相反的，現在不只在亞洲（包括民主國家）如日本、南韓和印度，有令人意外的高意願想採取非民主的政府形式，在西方民主國家也是如此，包括英國、法國和美國，每個國家都有超過五〇％的受訪者支持這個概念。一項著名的調查發現，從第二次世界大戰到今日，感覺「生活在民主體制是基本要求」的美國人比例，已從四分之三跌至不到三分之一[6]。

全球政治的討論正轉移到後意識形態領域，在這裡以高品質治理和市民滿意度為基準的績效，是成功與否的決定因素。所有社會都想平衡富裕與永續性、開放與保護、有效治理與市民表達意見、個人主義與和諧共處、自由選擇與社會福利。每個人都不是以他們的國家多民主來衡量這些事，而是以他們的城市感覺多安全、能否買得起房子、工作是否穩定、有養老計畫，以及與朋友和家人保持連結來衡量。隨著盎格魯—美國的政治星座偏離軌道，它可以從亞洲的主要體制學習專注於長程願景和集體利益，而非短期的過度個人主義和狹隘的特殊利益。的確，在英國脫歐公投後，許多英國部長和經濟學家提出英國將成為「歐洲新加坡」的願景，但他們沒有提到的是尋求一個前英國殖民地作為榜樣的諷刺。不過，也許美國和英國都可以從亞洲的主要技術官僚政權學到一些教訓。

新加坡：技術官僚統治的榜樣

太多民主可能有害的概念不是東方首創的。古希臘哲學家柏拉圖清晰地談論從貴族統治到暴君統治的各種政權，並描述民主政治是退化的前一個階段。柏拉圖認為，一個成功的古希臘城邦必備的要素是受過教育和參與的人民，以及明智的統治階級：民主和政治貴族的結合。他認為沒有這兩樣要素的民主，將導致自由但危險的無政府社會，容易淪入暴君之手。為避免這種敗亡，他偏好的政府是由一個有公共精神的「守護者」（guardians）委員會所領導。今日我們稱這種系統為技術官僚統治（technocracy）。

技術官僚政府是以專家分析和長期計畫為本，而非狹隘、短期的民粹狂想或私人利益。它是英才統治（推選有能力的領導人）和功利主義（尋求最廣大的社會利益）。技術官僚領導人的選擇方法是智商測驗多過於歡迎度競賽。他們是受過廣泛的教育、訓練和經驗豐富的專業者，不只是血統純正的菁英。技術官僚政治不只是為特定目的和被動的；相反的，技術官僚政治是政治科學變得名符其實的起點：一種制訂政策的嚴格方法。

技術官僚統治這個詞出現於現代的歷史，可以追溯到一八七〇年代法國羞辱地被俾斯麥（Otto Von Bismarck）的普魯士打敗後，設立巴黎自由政治學堂（今日的巴黎政治學院）以訓練政治和外交領導人，希望扭轉第三共和的頹勢。在十九世紀末，尚未當上美國總統的威爾遜（Woodrow

Wilson）雖然仰慕德國的組織設計，卻呼籲美國人嚴肅看待「行政的科學」[7]。美國人已忘記推動美國攀上強盛高峰的正是二十世紀的技術官僚干預：鍍金時代讓位給進步時代影響深遠的政策如安置貧民的移民之家，以及打擊聯邦機構和國會的貪腐；小羅斯福總統在大蕭條後實施的新政，創造了大量的專業官僚機構，如社會安全局；還有杜魯門總統在第二次世界大戰後設立的聯邦公路管理局完成了美國的運輸基礎設施。矽谷成為創新中心不是因為晴朗天氣和創投資金的偶然相遇，而是五角大廈戰略性地支持發展從雷達到半導體、網際網路和全球衛星定位系統（GPS）等工業。這是美國強盛的技術官僚基礎，即使它們現在被那些為專業官僚體系貼上「國中之國」標籤的人所鄙視。

如果今日美國有任何亞洲人想仿效的，那絕不會是華盛頓的政治，而是矽谷「管理創新」（managed innovation）的故事。世界各地數十億人對美國的活力和韌性充滿讚嘆：歷史上沒有其他國家（包括民主和非民主國家）曾為三億人創造如此高的生活水準。但地理的大小、資本市場深度、工業創新持續的時間和人才的規模比不上美國的國家（事實上即世界上所有其他國家），都負擔不起以寶貴的有限自然或人力資源任意進行實驗，除非它們碰上特別好的機運。當國家無法達成它們的戰略宏圖，或它們的人民目睹民主無法履行其承諾時，它們將轉向技術官僚統治以求把事情辦好。

在莫斯科到馬斯喀特，和杜拜到北京的亞洲各國，今日最受欽佩和密切學習的政府是新加坡

[8]。許多亞洲人可能聯想到新加坡議會制度的殖民傳承，不少亞洲國家也有很強勢的後殖民領導人帶領它們度過脆弱的早期年代，雖然沒有一個像新加坡的李光耀那麼富於魅力和有效率。李光耀相信「法律與秩序」這個詞應該反過來唸：秩序優先而且最重要，其次是法律。在早期，新加坡的市議會坐滿華人、塔米爾人和馬來人，以各自的語言彼此爭論，因此李光耀規定他們全都使用英語。土匪經常綁架和勒贖本地人和外國人，李光耀讓這類犯罪可被處死刑。今日新加坡不允許私人擁有槍枝，因此幾乎杜絕犯罪，使所有公眾享有安全。新加坡是世界名列前茅最富裕和教育程度最高的國家，有最高品質的基礎設施和最有效率的政府，而且是最容易創業的地方。根據救助兒童會（Save the Children）指出，只有斯洛維尼亞小孩成長的社會環境像新加坡那樣安全和健康。二〇〇五年《時代》雜誌讚譽李光耀為「哲人王」（philosopher king），因為他成功地把新加坡轉變成一個第一世界的轉口港和中國的靈感來源；這個讚譽確實實至名歸。有一個標準的反駁是，小國的經驗無法應用到大國。不過，今日有一些世界上最大、人口最多的國家正嘗試把自己變成大新加坡。

亞洲各國的人大多認為新加坡的技術官僚方法可以有效地回應市民的需求和偏好，在制訂政策時學習國際經驗，並利用數據和假設情況做長期規劃。雖然新加坡是先建立技術官僚體制才允許民主充分實行，但今日新加坡政府嘗試結合民主包容性和技術官僚管理的有效性。民主回饋攸關政府確保它們走在正確的道路上，但民主不是目的本身。許多西方評論家推崇政治戲劇好像它是純民主的體現，但民主並不保證達到有效治理和提升國家福祉的目標。的確，太多政治會腐化民主，而且太多民主會阻礙政策。政治與職位有關，政策與決定有關；民主產生妥協，技術官僚統治產生解決方案；民主只要求過得去，技術官僚統治則追求最佳化。

好的技術官僚統治遠比教條統治有彈性，而且比民主更有能力改變方向。李光耀原本有社會主義者的抱負，直到一九七〇年代才轉而採行較少監管的香港式勞動市場。看起來很矛盾的是，這在實務上行得通，理論上卻可能說不通。新加坡可以形容是自由開放（沒有貿易限制，而且娼妓是合法的），但它也是個保母國家：它有世界上最健全的政府補貼房屋所有權計畫、強制性的退休儲蓄，和合乎成本效益的全民醫療照護制度。它是一個排名頂尖的自由市場，但政府透過國家支持的公司管理半數的經濟。換句話說，它是一個自由放任主義的保母國家，在其中自給自足的資本家與重分配救濟融合，國家在市場上扮演較吃重的角色以確保政府收入穩定。它是大政府，但也是精實的政府。

新加坡公務員何彼得（Peter Ho）為追究罪責和解決問題的文化做了區別[9]。今日西方的民主國家有許願清單，而亞洲的技術官僚國家則有戰略。民主不保證能產生好想法，也不保證它們能確實實施。好的技術官僚國家同時注重投入與產出。它們的正當性來自選擇政府的程序，也來自能交付公民普遍要求的東西：堅實的基礎設施、公共安全、清潔的空氣與水、可靠的運輸、容易經營商業、好學校、高品質的住房、可靠的兒童照顧、言論自由、就業機會等。技術官僚的心態是，拖延做好這些事情本身就是一種貪腐。與其一直玩追究罪責的遊戲，優秀的技術官僚永遠設法解決問題。

新加坡遵循的技術官僚手冊專注在透過政府、產業和學界共同制定的策略，來建立社會的靈活性。對這麼小的國家來說，新加坡有高度分散化的經濟、失業率近乎零。SingPass系統把所有公共文件和功能放在伸手可及的網路上。新加坡政府設定合理的主要績效指標（ＫＰＩ），定期追蹤該系統的使用情況。沒有一個社會公共服務的提供像新加坡這樣頻繁地被以ＫＰＩ加以監視。從機場的護照檢查和公共廁所到銀行和大學行政建築，新加坡設置了許多觸控螢幕要求你為服務來評等，而且政府真的會關注評等的結果。新加坡政府也對自己的績效保持透明。從銀行到大學的所有公共機構和公共資助機構的年度審查，是一項公開點名批評的作業，任何委任職責或其他標準有瑕疵都會公布在網路和《海峽時報》頭版。

這展現出新加坡的特質是有很穩固的民主文化，雖然沒有很多民主選擇。投票是強制的，正如在澳洲、比利時和其他一些民主國家一樣（許多西方社會的投票率很低，它們的選舉結果幾乎不能被視為有民主上的正當性，除非它們也採取強制投票）；政治人物每週在公共住宅的庭院和活動廳進行對話；國會辯論和預算聽證會開放民眾旁聽，也經由電視轉播；市民可以公開表達從稅務、運輸到醫療支出等一切事務的評論。只要國家退休基金的投資組合報酬率比預期低一%，就會招致市民的強烈批評；政府也組織數百個評議性諮商會，對所有主要政策問題進行深入調查，並把線上請願轉達給國會委員會。一些人諷刺新加坡就像法國外交官和歷史學家托克維爾（Alexis de Tocqueville）所說的「好獨裁政權」，但正如柏拉圖所預見的，只有受良好教育的人口能負責任地承擔民主的權利。

這些包容性的對話並不代表過度商議。評議從未退化成癱瘓。擁有即時資訊的市民希望對政策表達意見，而且他們希望行動。由於新加坡的領導人享有大眾的信任，他們有能力自主地權衡各種因素並做出全面的決定。在短期導向的選舉民主國家，未來沒有選民，一切都必須像速效藥那樣「賣」給人民。但正如政治心理學家泰特洛克（Philip Tetlock）證明的，完全透明的政治評議也可能導致以受歡迎、而非正確為目的的決策[10]。因此民主必須有技術官僚工具的輔助，以達成考量長期影響性和正確的決定。

泰特洛克的研究也證明，專家無法正確預測一系列的政治和經濟事件。這不是反對技術官僚統治的理由。治理不是預測，而是如何做決定。技術官僚統治不應該在預測市場中競爭，而是要傾聽預測市場，以及領域專家和大眾，並制訂出整體性的政策。的確，有眾多證據證明新加坡的執政黨雖然未面對選舉競爭，卻能回應市民的關切，甚至在必要時扭轉政策的方向。例如，當大量移民為運輸系統帶來過大的壓力時，大眾的呼籲帶來重大的移民限制。當外國人被允許投資在公共住宅市場導致房價波動並激怒本國人時，政府立即改變政策。有關快速老化人口的老年照顧和生活成本升高的問題，促使政府大幅提高福利和社會支出。能自我修正比任何事都來得正確重要。

任何成功的政府背後的技術官僚骨幹都是專業的公務員體系。公務員是治理的管理員，知道如何管理聯邦機構。他們應擁有技術知識、充分的能力和官僚階層的自主權。根據柏林赫爾蒂行政學院（Hertie School of Governance）的研究，新加坡的公務員體系在強調公平任用和升遷、社會和經濟資料的統治診斷，以及僱用高學位公務員人數上，都是全世界國家中排名第一的。它的運作像一個螺旋形階梯：每個梯級都有一個公務員學習管理一套事務組合，獲得第一手經驗，並建立一個廣泛的知識庫。對照之下，美國的政治像一架電梯，人可以在底層進入，並直接上升到頂層，略過底層到頂層間所有的學習。

和公務員做什麼一樣重要的是如何做。每一個政府部會都設置假想情況的規劃者，這些「深謀遠慮的官員」進行自己的研究和全球性的個案研究，以建構公正的假想情況供領導人考量未來的決策。新加坡公務員學院已投資逾一千億美元在類似五角大廈兵棋推演的模擬上。假想情況的設計強迫領導人脫離舒適區，並發展維繫國家影響力的健全策略。為了擬訂最真實的假想情況和計畫，公務部門招募專精於經濟策略、基礎建設、環境管理、國防和社會服務的人才。例如，都市規劃團隊由建築師、經濟學家、人口學家、社會學家和許多其他專家組成。這種機制捨棄較垂直性的官僚體制，而以橫向的機制匯聚資源，並應用在解決像是監視邊界與航空、追蹤供應鏈、確保食品安全，和保護關鍵基礎設施等機能問題上。在這個過程中，通才逐漸變成專才，反過來專才也變成通才。整體來看，新加坡的公務員是一個由謙遜的完美主義者組成的人才濟濟的團隊。

李光耀強調有效的管理官僚體制對執行法治和杜絕貪腐極其重要。對抗貪腐的有效藥方之一是讓部會首長享有高薪，而且其動見觀瞻的地位要求他們把政府服務視為受託職責，而非日後牟利的管道。雖然內閣部長和其他高階官員的薪資在二〇一二年被大幅削減三分之一到二分之一，新加坡公務員的薪資仍在全世界名列前茅。公務員除了享有高薪外，還可依國家經濟表現獲得小額紅利。每年有數百名根據考績被評選為「管理官員」（administrative officers）的公務員，可獲得兩倍於標準薪資的收入。

現代政府科學之父韋伯（Max Weber）一定會對美國聯邦政府的公務員系統憂心忡忡，因為從一九八〇年代雷根政府以來，它的水準就持續滑落。各級政府機構的二百多萬名美國公務員（包括五十萬名郵政公務員）薪資過低且工作負擔過重，經常使用老舊的軟體，而且不時受到政府關閉波及。他們沒有明訂的要求或很少有誘因向其他國家學習。體制記憶（歷來的知識積累）隨著專業者退休而消失，但政治人物既不諮詢經驗庫藏，也不尋求有實務經驗的專家意見。國會圖書館的國會研究處（CRS）和政府問責署（GAO）對提供政策評估和不受產業遊說者影響的建議極為重要，但今日政府問責署的研究往往被忽略，而國會研究處則避免處理有政治爭議的問題。英國從柴契爾（Margaret Thatcher）時代拆解過去備受稱許的公務員體系後也每況愈下。不但卡麥隆（David Cameron）在二〇一六年的英國脫歐公投前並未諮詢公務員體系，以擬議萬一英國脫歐可能造成的衝擊，而且接替他的梅伊（Theresa May）政府也在毫無準備的情況下，匆匆組成一個協助英國規劃不可知前景的委員會。這是任何明智的亞洲國家都不會想模仿的程序和結果，不管是技術官僚國家或民主國家皆是如此。

在英才統治體系尋找並執行最好的構想，遠比在其他體系中更可能辦到。英才統治不只是思想上的成就，也意味有形的經驗。英才統治從內部提攜人才，而不以政治任命來跨越。英才統治降低革命的必要性，因為英才得到社會的肯定，且領導階層開放給有技術和勤奮工作者。儲備有技術的領導人需要堅定地投入公共教育。新加坡目前的總理是一位電腦工程師，曾擔任教育部長是他晉身更高職階的必要資歷。和技術官僚一樣，教師在新加坡備受尊敬且待遇優渥。

美國式的政治寡頭既不是技術官僚統治，也不是英才統治。在英才統治中，宣告一名候選人「不適任」或「不夠資格」不僅是一個競選口號，而且是可衡量的評估。川普贏得選舉，雖然大多數選民感覺他不夠格當總統。在美國，「可選舉性」顯然指的是有能力贏得選舉，然而在英才統治中那意味一個人值得當總統。此外，說違反憲法和不道德的話，不只是會讓一個人感覺上不夠格，而是會確實地失去資格。

即使像新加坡這樣的英才統治技術官僚國家，也必須小心不變成一個疏遠人民的寡頭統治。在二〇一一年，執政的人民行動黨長期控制國會的議員輸掉選舉，只因為在競選中倡導菁英主義。二〇一七年，許多市民很興奮有機會選舉（名義上的）總統，結果卻發現資歷標準遭限縮以偏袒一個候選人（作法是假借支持少數族裔女性雅各布〔Halimah Yacob〕的名義）。一些人只是希望新加坡的政治高層出現非主流背景的新面孔。這個趨勢意味它終究會發生。人民行動黨佔普選票的比率已從一九七〇年代的近九〇%，滑落到今日的不到七〇%。二〇一五年，國會的所有席次首度開放給多黨競選。儘管如此，人民行動黨在這次選舉中贏回過去輸掉的許多席次，原因是把在野工人黨投資更多交通基礎設施和公共住宅及限制移民的主張納入政綱。不管政黨在國會的佔比如何，有六個非選區議員席次規定被分配給商業界和公民社會，保障他們有機會定期對政府政策提出負責和批判性的意見。

由於繼承英國遺緒和一黨獨大，新加坡國會混合了牛津大學辯論社和協商大會的特質。在技術官僚體系中，國會民主的目的不只是選舉代表，也是要國會扮演隨時與市民協商的機制。別忘了選舉是回溯性的：它們往往懲罰而非開藥方。由於是對個人的公民投票，就像是對問題一樣，所以它們並不對公民提供具體政策的指引，因此投票本身絕不是持續掌握大眾情緒的最好方法。若要掌握大眾情緒，我們需要資料：定性的資料，像是調查、民意測試和社群媒體，以及定量的資料如人口和經濟趨勢。社會資料和感測資料可能比選舉結果更全面性，因為它在範圍上更廣泛（涵蓋問題的所有光譜，而不被熱門議題劫持），而且也更新（比頻率較低的選舉更定期蒐集）。科技的規模化比信任的規模化更容易，但前者可以是達到後者的路徑。

西方人把資料工具視為民主的輔助，但在新加坡民主式的商議（不管是選舉、倡議、調查或社群媒體）都提供資料，以協助技術官僚根據所有可得的證據來制訂政策。例如，代表貧民、老人或年輕人的資料，如他們的金融行為和教育程度，都是基本的輸入，供領導人確定他們把每個人的需求都納入考慮。新加坡不是它所蒐集資料的奴隸，但是力求平衡資料和民主，以發揮兩者互補的效果：資料可以決定哪些政策是必要的，而民主可以修正和確認它們，這正是該國提高健保支出和增加貧民補貼的過程。資料導向的技術官僚因此優於只有代表制的民主，因為它能抓住人民具體的渴望，同時避免潛在的貪腐代表和特殊利益的扭曲。

亞洲的技術官僚統治順應現代科技和「數位民主」要求的步伐帶著一種尖銳的諷刺。西方的評論家常說，通訊和社群媒體科技會讓中國的獨裁主義變得陳舊過時，因為每個人都有行動電話、衛星電視和其他資訊管道。但實際上這些科技和它們帶來的透明性，對反應遲鈍的民主領導人帶來壓力，同時強化能迅速回應公眾需求的技術官僚政權的正當性。

李顯龍總理說，新加坡正在變成一個「正常」國家，其民主「有進也有退」。但別誤會：新加坡人對實質的結果比為民主而民主的形式更感興趣，他們希望以可信的理性來檢視權威，而不要黨派對立的僵局。這是一個從技術官僚協商到民主的民粹主義的滑坡，而絕不應為了後者而犧牲前者。今日沒有一個國家負擔得起追求以選舉結果為目標的短期、狹隘的民粹主義，而付出國家績效低落和浪費數個月或數年陷於選前的「跛腳鴨」式癱瘓。

這是為什麼新加坡大眾在下一次大選之前好幾年，就如此密切注視下一代崛起中的領導人。和終身統治的獨裁者不同，李光耀在去世之前二十五年的一九九〇年就已卸任總理。他兒子李顯龍希望二〇二一年能如願退休。他可以高枕無憂地知道，十幾位不到五十歲或五十幾歲的部長已提早幾年準備一個協調的權力轉移。幾乎沒有人擔心很快（或真的會再出現）新加坡將不再由李光耀的後人來領導，反而正朝向一個遠為成熟的集體領導制演進，一個擁有既廣且深的各方面治理知識的民主—技術官僚委員會。

在穩定已經紮根和領導階層全面更迭即將到來的情況下，新加坡正逐漸接受嚴酷的法律已不再適用新的時代。社會正進行熱烈的公共辯論，考慮修改國內安全法，以限制政府的預防性羈押權、草擬資訊自由法案、取消對政治集會的限制、同性戀除罪化，和廢除把鞭刑變為正式的懲罰。這些法律都有各自的歷史和文化背景，不管是源自英國殖民統治、對冷戰時期共黨叛亂的恐懼，或是老一輩基督徒人口的價值觀。新加坡並不害怕改變它的道德規範，但它保持偏執有其道理。即使是在政府學習把愈來愈多自由的責任託付給大眾時，期待這個種族比創立之初更多樣化的國家，容忍以自由言論為名而濫用自由的行為如煽動集體仇恨，也是很愚蠢的想法。

正如新加坡社會學家蔡明發在他的書《被拒絕的自由主義》（*Liberalism Disavowed*）中指出，新加坡在公共住宅、多種族主義和國家主導的資本主義等事務上，都證明它獨特的、非西方的途徑[11]。多樣性和包容性間有一點差別。理論上，民主提供讓多種族社會和平相處的關鍵工具，因為所有人都可以公平表達意見。但光靠民主無法去除社會、經濟和政治決策中的種族因素。的確，印度和馬來西亞存在種族性和宗教性的政黨只會強化種族團體的競爭心態。成功地管理或超越這種緊張有賴於提高團結感，和積極凝聚多樣族群的政策。這就是為什麼新加坡要求公共住宅區要有足夠比率的華人、馬來人和印度人共同居住的原因，而且各級政治候選人必須由反映該國種族多樣性的個人組成。雖然領導階層確實還難以接受非華人的總理（目前最受歡迎的政治人物是一個塔米爾印度人），新加坡曾有過許多印度人總統和法官以及一位馬來人女性總統，同時目前的內閣有不成比例的印度閣員。

技術官僚統治很適合亞洲較順從的文化，但技術官僚統治不應藉由保持高不可攀而濫用其文化特權。它應該是文人統治而非軍事統治，具包容性而沒有黨派之私，資料導向而非教條導向，透明而非不透明。技術官僚統治擅長權衡手段和目的、成本與效益、原因和結果。但若要避免變成菁英主義者的漠不關心，技術官僚統治必須混合民主和資料、前瞻和感覺。技術官僚必須學習不只是用「頭腦」（才能）來領導，也要用「心」（悲憫）和「手」（經驗）——不只是勾選表單上的選項，也要經常走到街道上。

優秀的技術官僚信條因此必須是功利主義，分配資源以達成最大的社會流動性和公共利益。政府的目標不應該只是財富最大化，也要是福利最大化——混合亞當·斯密（Adam Smith）和邊沁（Jeremy Bentham）——兼具個人自由的發揚（和保護）以及公平與平等機會的促進。民主手段和功利目的之間不一定要有緊張；技術官僚必須遵守前者和交付後者。功利主義政府知道浪潮不一定要提高所有的船；事實上，大部分的船必須靠平價住宅和交通、低成本醫療和教育，以及最低工資和社會保險的額外助力。資訊充足的社會大眾可能尊敬並信任領導人的能力，但他們會從領導人的績效來下判斷，而不是看他們的資歷。

歐洲國家因應金融危機的撙節政策，是國家領導人和金融遊說的非功利主義思維的痛苦例子。過度削減支出既不人道，也會降低生產力，緊縮窮人的腰帶只會導致經濟萎縮且升高不安全感。緊縮政策無法創造就業、提高所得、創造稅收和提振消費。美國也有非功利主義思維的問題。聯邦準備理事會主席柏南克（Ben Bernanke）和財政部長蓋納（Tim Geithner）主導的華爾街紓困，被認為對挽救金融體系有功，但對一般商業沒有提出相應的穩健政策。只有功利主義思維可以為美國帶來另一個進步時代（Progressive Era）。

我在旅遊阿曼、喬治亞、阿聯酋、哈薩克和其他數十個新興亞洲國家時，總是有人給我一本封面上寫著二〇二〇年、二〇二五年、二〇三〇年，或更長期「願景」或「戰略」之類標題的宣傳手冊。這些手冊充滿大膽的文字和玻璃帷幕大樓、無人駕駛汽車、垂直農場和知識勞工的圖像。換句話說，它們都是從新加坡的總體規劃複製和剪貼的。經過數十年進口智力資本後，新加坡的模式已變成它最好的出口產品，每年從在中國、越南、印度和現在的阿拉伯與非洲國家興建數十個新加坡式的工業園區，以及管理設施和訓練地方技術等企業服務，賺進數十億美元。新加坡的治理是開源的。每年新加坡合作計畫（SCP）帶進數千名外國官員來研究其體制。另一方面，每週有來自亞洲各地的市長和官員來到李光耀公共政策學院參加主管訓練課程，學習他們得以帶回本國應用的技術官僚技巧。二十一世紀的國家建築師、都市計畫者和經濟戰略家都從李光耀身上獲得靈感，而不是從傑佛遜（Thomas Jefferson）。

中國的技術官僚化演進

在還沒有技術官僚統治這個名稱前，西元前二世紀中國漢朝實行的儒家官僚階層制度，也許是古代世界最接近柏拉圖理想共和國的體制。但較晚近毛澤東的教條主義和蘇聯的共產主義，因為它們災難性的中央計畫而被嘲笑地冠上「技術官僚統治」，使這個名稱遭到汙名化。儘管自詡為社會主義，這些政權證明並不特別功利主義，經常任意忽視與它們政策矛盾的證據，且未能順應國際經濟環境。

毛澤東之後的中國，恢復了（舊的和新的）技術官僚理論和實踐的部分優點。鄧小平欽佩新加坡的成功，激勵他務實地開放中國經濟，透過混合了震撼治療和小規模實驗的方法釋放其潛力。此後的中國已取得四十年的市場經驗，做出許多順應和路徑的修正。從鄧小平開始，歷經江澤民、胡錦濤和現在的習近平數屆的領導人，不僅在前任的成就基礎上繼續建設，而且把多樣的工程和管理背景帶進高層領導階層。

中國繼續遵循鄧小平「摸著石頭過河」的勸誡。共產黨仍保留它的名稱，但也繼續研究各種模式的傳統，包括西方的資本主義和社會民主模式，以學習其中的教訓供自己所用。在外界憂慮中國出口其獨裁模式到世界其他國家之際，中國把大部分精力用在進口外國的最佳運作，以建設現在許多人琅琅上口的「中國特色的社會主義」（甚至被列入中國的憲法中）。

其結果是，中國政府已比過去的年代更能自我修正，在處理內部和外部危機上展現更大的政策靈活性。省級首長、企業主管和學界專家協商以擘劃國家的經濟重整，全國各地帶來支持創新精神的改革[12]。學者泰茨（Jessica Teets）稱這個模式為「協商式威權主義」[13]。習近平被描述為主席兼執行長，結合了毛澤東的意識形態統治和胡錦濤的中央化管理[14]。透過把總統和黨主席合併正式化，完成了黨和國家的結合，在他可能再擔任一或兩個任期並退休前讓中國政治體系更統一[15]。他已把教條注入中國的官方意識形態，但其優先要務仍然是維繫秩序。和其他長期統治者不同，習近平並不是在拆解國家，而是強化它，使國家在他之後仍能長存。孤立的獨裁者可能從中國模式的一些面向中獲益，而這指的是專注於基礎設施、教育、醫療、科技和所有中國做得很好的其他事情。

加拿大政治理論家貝爾（Daniel Bell）在《中國模式》（*The China Model*）中正確地指出，英才統治、實驗和果斷已以民主可能辦不到的方式，推動中國的快速現代化。與古代儒家強調君王統治不同，中國共產黨的政策要求黨員每隔五年，在共黨的中央黨校接受一個月到一年不等的訓練，同時高層領導人每年到不同的省份研習城市和鄉鎮的進步與難題。貝爾主張進一步朝向一種「垂直民主英才統治」進步：底層的民主（因為市級領導人實際上受人民愛戴，且能回應快速的反饋）；中層的實驗（例如省級吸引投資和支持適合其自然資源和人力資本的產業）；和頂層的英才統治（如此才能有一致的長期政策執行）。貝爾也呼籲一種「悲憫的英才統治」，獎勵表現無貪腐行為和為公眾利益做事的官員[16]。這很可能是一個不僅適合中國的模式，也適合任何明智的國家。

中國是世界上唯一在官員獲准行使中央權力前必須經歷四十年磨鍊的國家。習近平曾經整肅對手，但從未針對人才。數以萬計的官員憑著才能攀登職涯階梯，以及累積重要的行政經驗。因此，儘管習近平的權力穩固，他仍然依賴政治局常委會的六名其他成員，和許多同樣在許多部門有豐富治理經驗的其他高階官員。和美國的行政機構比較，美國每當新總統上任時，就更換整個內閣和頂層的四千個職位，由新總統的新派任者取代，其中有些（或者很多）對自己的職責缺少了解。因此不意外的是，中國人民對他們的政府尊重的程度，遠高於美國人民對自己的政府。正如一位中國學者所說：「中國人民不愛他們的政府，但他們信任它。」

從民主畢業到技術官僚統治

數十年來，西方知識分子誇耀印度是「世界最大的民主國家」。另一方面，其他亞洲人如實在看待印度：一個骯髒的、人口過多的半社會主義第三世界貧窮國家；大但是不重要。從內往外看，在亞洲大部分國家的民主向來是投票部隊的運作多過於政治進步。國會向來不是真正民主的體現，而是地方貪腐和中央政治操作的連結點。這大體上是今日南亞和東南亞立法機構的角色。印度的國會選舉被學者描述成和拍賣會不相上下，以從稻米到電視機的各種東西交易選票的情況司空見慣。巴基斯坦政黨的榮枯，繫於它們的贊助家族或獨裁者的命運。孟加拉的民主和敵對家族的對賭沒有兩樣，這些家族一有機會就利用政府部會和法院來打擊彼此，只有在通過阻礙司法獨立和新聞自由的法規時才會意見一致。泰國的國會議員不治理國家，只忙於在選區發放救濟品和協助籌備葬禮。緬甸已正式變成民主國家，但軍方仍控制二五％國會席次，且實際上能否決所有立法。印度的工廠業主和地主用錢買下國會席次，以制訂對自己有利的法規。在民主的表相下，許多亞洲的國會和公私合營詐騙集團沒有多大差別。

亞洲的大眾很清楚他們的黑幫政治已經偽裝成民主多久了。由於印度、印尼和菲律賓都忍受過數十年已被遺忘的、或令人慨嘆的政府，近來都選出明白主張技術官僚統治的領導人。印度人、印尼人和菲律賓人不再滿足於由一個機能失靈的政府來管理活絡的商業社會。受夠了政客不關心政府施政卻奢談過好日子的老調，他們紛紛投票給提出明確承諾以提高公共事務可責性和消除貪腐的商務環境，以及大舉投資基礎設施、就業、教育和醫療為目標的領導人。另一方面，這三個國家在經濟學人資訊公司二〇一〇到二〇一六年的民主指數排名，是亞洲國家中政治包容性進步最快的國家。但不要誤解了其中的因果關係：它們變得更具包容性是因為採取技術官僚措施，而非因為選舉運作有任何改變。

所以，注意技術官僚有一個關鍵的原因：因為它是亞洲的未來。在意識到民主無法保證國家的成功後，技術官僚統治變成一種救贖的形式。民主終於對自己感到厭倦，並投票給技術官僚統治。想一想：這三個國家擁有民主國家的機制至少已一個世代，但現在世界才注意到它們引進數位身分證、減少繁複的程序，和建立經濟特區，所有這些創意都來自技術官僚領導人。許多亞洲國家的日常政治生活都耗費在擔心補貼、安全、營建、貨幣和其他基本實際問題上——大眾期待管理得更好的問題。亞洲三大民主國家的十七億人口正確地希望以技術官僚原則來平衡他們雜亂無章的政治。他們已經有足夠的民主，但離技術官僚統治還很遠。

對把政治體系視為國家最重要東西的人來說，印度很令人驚訝的是它是提倡中國式由上而下經濟改革的主要國家之一。但政治體制的差異並不會阻礙跨國的學習。畢竟，「共產主義」中國的一般人比「民主」的印度人在每一方面都過著好得多的生活。印度總理莫迪所發現的是，和中國不一樣，印度在建立統一國家前經歷過一次政治分權，意味它仍然遠少於各部分的總和。歷來的政府一直靠支付各省來收買忠誠，但這只會鼓勵進一步的分裂。在獨立時，印度只有十四個省；今日它有二十九省。莫迪不是想逆轉民主，而是想彌補這個削弱國家的分權過程，然後藉由協調全國的基礎建設、稅務和投資法規來進行現代化。他以聯邦創立的智庫印度國家轉型

亞洲政府可以既有效又兼容並蓄嗎？

大多數亞洲國家在二〇一〇到二〇一六年間，穩定地或大幅地提高它們的政府效率排名。在排名小幅下滑的國家如南韓和菲律賓，近來政府的更迭預示了恢復較正向的發展趨勢。（下頁圖）

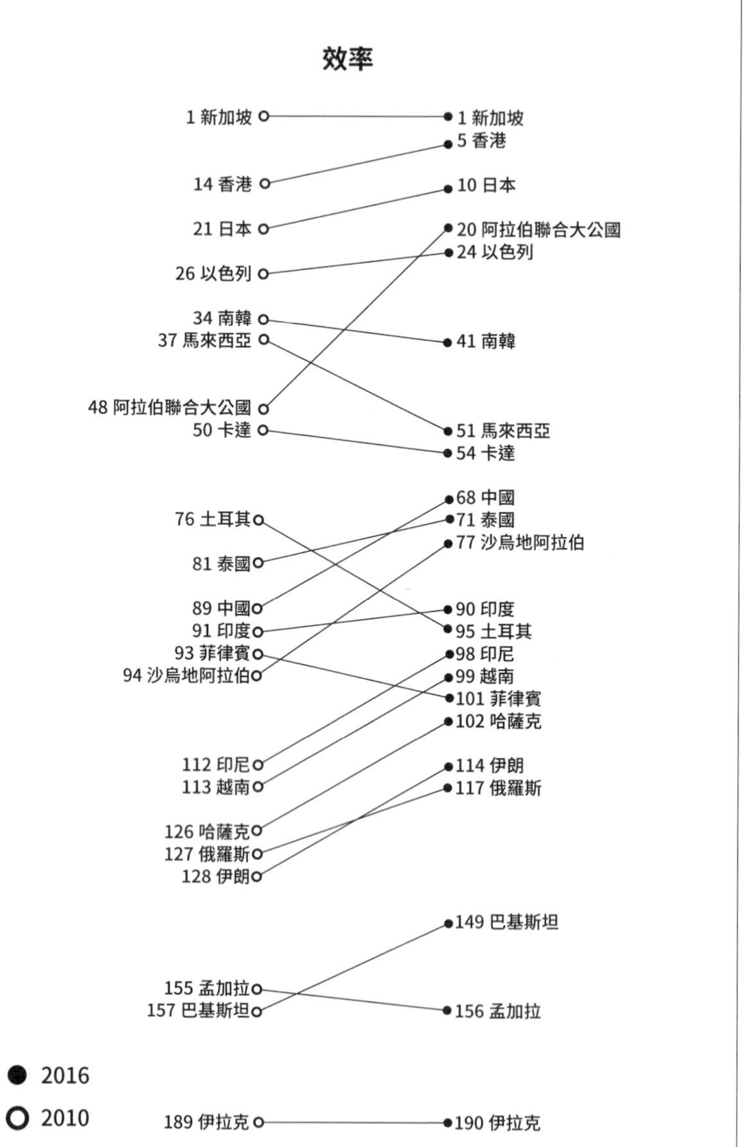
效率
1 新加坡
14 香港
21 日本
26 以色列
34 南韓
37 馬來西亞
48 阿拉伯聯合大公國
50 卡達
76 土耳其
81 泰國
89 中國
91 印度
93 菲律賓
94 沙烏地阿拉伯
112 印尼
113 越南
126 哈薩克
127 俄羅斯
128 伊朗
155 孟加拉
157 巴基斯坦
189 伊拉克
1 新加坡
5 香港
10 日本
20 阿拉伯聯合大公國
24 以色列
41 南韓
51 馬來西亞
54 卡達
68 中國
71 泰國
77 沙烏地阿拉伯
90 印度
95 土耳其
98 印尼
99 越南
101 菲律賓
102 哈薩克
114 伊朗
117 俄羅斯
149 巴基斯坦
156 孟加拉
190 伊拉克
2016
2010

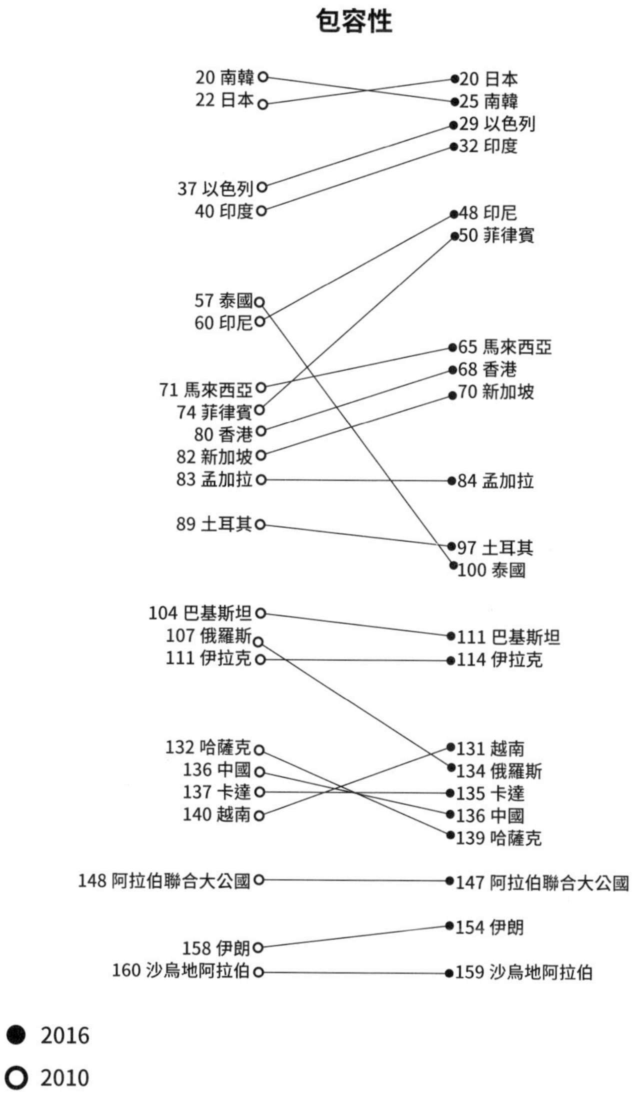
包容性
20 南韓
22 日本
37 以色列
40 印度
57 泰國
60 印尼
71 馬來西亞
74 菲律賓
80 香港
82 新加坡
83 孟加拉
89 土耳其
104 巴基斯坦
107 俄羅斯
111 伊拉克
132 哈薩克
136 中國
137 卡達
140 越南
148 阿拉伯聯合大公國
158 伊朗
160 沙烏地阿拉伯
20 日本
25 南韓
29 以色列
32 印度
48 印尼
50 菲律賓
65 馬來西亞
68 香港
70 新加坡
84 孟加拉
97 土耳其
100 泰國
111 巴基斯坦
114 伊拉克
131 越南
134 俄羅斯
135 卡達
136 中國
139 哈薩克
147 阿拉伯聯合大公國
154 伊朗
159 沙烏地阿拉伯
2016
2010

委員會（NITI Aayog）取代過時的規劃委員會，來指導國家的經濟轉型。他也竭盡所能藉由無情打擊貪瀆，來塑造自己成為印度版的李光耀。

民選技術官僚的崛起對亞洲大眾來說正是時候。印度的莫迪、印尼的佐科威（Joko Widodo），和菲律賓的杜特蒂（Rodrigo Duterte）在面對國內問題和測試構想時，都有曾擔任省長或市長的背景。他們向世人證明，即使出身貧苦、非菁英、但實際上有治理經驗的領導人，幾乎一定也是比富有的代議政治人物更好的選擇。人們很容易把這些突然崛起的領導人歸類為「民選強人」，與厄多岡和普京混為一談，正如許多西方評論家喜歡這樣形容他們。印度已經從一個數十年來極少經濟和社會進步出自於政府的國家，變成一個政府身為創新主要推手和國內與國際信心主要來源的國家。在莫迪當選之前，只有很少數印度人真正從一九九〇年代的自由化中政策獲益。莫迪把技術官僚心態和功利主義精神帶進一個真正需要它們的國家。儘管莫迪抱著不健康的文化反自由主義，並與危險的民粹政治夥伴結盟，他的技術官僚口號對印度來說是向前邁進一大步：「最小的政府、最大的治理。」

印度和印尼二〇一八年在「人民認為自己國家的民主是否運作良好」的國家調查中名列前茅，滿意度超過七〇%（與德國和加拿大一樣高）。印尼的佐科威和菲律賓的杜特蒂也有反自由主義的傾向，兩人在其反毒戰爭中都訴諸法律外的手段，但獲得資訊愈來愈充分的大眾普遍支持。杜特蒂是有關嚴格的亞洲領導人是否較好的辯論上呈現兩極化的例子。在西方媒體，他被嘲笑為亞洲的查維茲（Hugo Chavez）——一個粗暴的準社會主義強人、手上沾滿鮮血。另一方面，在菲律賓國內，他因為打倒毒梟和整頓街道而大受歡迎。新加坡嚴格的槍枝和毒品法律顯示，在國內犯罪幫派橫行的混亂下，政府仍有可能贏得抑制暴力的戰爭。不但亞洲大眾支持他們政府嚴厲的政策，而且西方的刑事司法正開始愈來愈像亞洲的若干法律，對毒品和槍枝攻擊規範更嚴格的懲罰，對恐怖主義犯行更是如此。

亞洲的領導人正確地專注於國家的能力，超過國會的程序主義。提升能力不表示建立龐大的官僚體系；亞洲政府的官僚體系已經夠大了。提升能力表示更精實和更有效的政府，方法從更合理化的稅務政策，到為企業登記和政府採購設置線上入口[17]。各國政府正聰明地計算從投資和稅務、就業和薪資、技術和科技等方面多邊夥伴關係所能帶來的利益。它們對國內既有企業的要求也愈來愈高，對不能準時履行合約的公司採取未完工不付款等強硬立場。在菲律賓，官員現在不僅談論公私合夥（public-private partership；ＰＰＰ），而且增添另一個「Ｐ」，即為「人民」（people）謀福利的公私合夥。

亞洲價值這個詞，過去常暗示順從高高在上的政府所代表的權威，但從一九八〇年代開始，亞洲人展現出一旦人民受夠了菁英肆無忌憚的尋租時，就應追究和罷黜他們。亞洲人已不再著迷於鍍金階級，而是一心一意要求高品質的治理。變得更自由民主並不表示他們無法推翻無效的民選領導人，並以肯做事的技術官僚來取代。二〇一四年奪得政權的泰國軍政府發現，高度自由的泰國社會強力支持它管理國家的方式——截至目前為止。莫迪在一些省份已遭到選舉挫敗。令人耳目一新的是，新崛起的政治運動，例如板球明星伊姆蘭（Imran Khan）創立的巴基斯坦正義運動，或泰國千禧世代組織的未來前進黨，正在給領導人帶來壓力，要求政府更大的透明度和可責性，並激勵年輕人更積極地參與政治。不過，若要讓人民願意投票給它們，這些新政黨需要有意義的政綱，和有能力履行政見的管理人才。即使過去被稱為過渡性民主的國家，如喬治亞和蒙古，仍然持續有競爭激烈的選舉，但對其治理品質來說更重要的是，它們也引進技術官僚統治來管理經濟、退休基金、基礎建設、投資和其他關鍵領域，以使重大的長期政策能在選舉的擺盪中持續不墜。處理亞洲政治的面孔會不斷改變，但技術官僚政策應該持續不墜。

西方人有一種看法，認為一黨統治國家裡的人民都是溫順的旅鼠，接受以政治自由交換基本救濟品的社會契約。但杜克大學教授馬萊斯基（Edmund Malesky）以越南為例證明，人民不是因為害怕執政黨而支持政府，而是害怕未知的替代選項。的確，他們務實、甚至真誠地支持政府，即便在他們面對假設的替代政黨提出合理的目標、但可信度和能力未經證實時也是如此[18]。越南正經歷快速的經濟進步和社會開放，雖然未能搭配激進的政治改革，仍然使它變成一個大多數開發中國家嘗試模仿的模式。

這些都意味當西方人展望未來的亞洲治理時，他們必須拋棄令人安心的日本、台灣和南韓等由美國戰後強力塑造的自由民主概念，並開始注意更審慎和成熟的民主技術官僚統治先鋒。過去一世紀發生過數十次政變和政府更迭的泰國能夠進步的原因，是它堅定地效忠君主傳統和中央化的官僚體制。泰國的秩序和改革都從該國的技術官僚背脊產生，而非它的民主器官。類似的，即使數十年來馬來西亞的政權都在長期活躍於政壇的政治人物間輪替，該國仍有一大群技術官僚機構，執行管理外國投資、基礎建設、科技和其他重要領域。這些國家都不是完全自由民主，但它們各自尋求在政治開放和目標導向的技術官僚統治之間的平衡。

根據獨立觀察機構自由之家（Freedom House），超過半數的亞洲政府被評為「不自由」。全世界執行率最高的國家都在亞洲：中國、伊朗、沙烏地阿拉伯、巴基斯坦、越南和伊拉克。除了中國和俄羅斯，東南亞國家如越南、泰國、柬埔寨和菲律賓都有全世界最嚴厲和暴力的監獄。亞洲政府很可恥地殘暴對待少數族群人口：以色列的巴勒斯坦人、土耳其的庫德人、緬甸的羅興亞人、中國的西藏人和維吾爾人，和斯里蘭卡的塔米爾人——這只是少數引人注目、遭到恐怖對待的亞洲族群。這些國家的政權有些公然追求族群、宗教或種族清洗，有些是假借政治穩定之名追求此一目標。

結論是，在亞洲各國，升高的所得、科技普及和世代交替，已經帶來更大的社會和經濟自由；但政治仍然受到相當地控制，因為政權喜歡如此，且大體上人民也喜歡如此。渴望穩定和社會秩序是人類的天性，一如渴望自由。多元化且脆弱的後殖民亞洲大國沒有意願採用美國式民主，因為那將帶來穩定性的風險，而穩定則是社會進步和成功民主化的必要條件。這是我們不應期待一個愈來愈自由的社會文化，和政府的管理反而變得更鬆散可以並存的原因。亞洲人意識到，太多自由不是好事，而責任對健康的社會極其重要。

亞洲由上而下的革命

幾乎所有今日的亞洲國家，都對把事情辦好這件事有一種焦慮感。亞洲人現在不再寄望大起大落的政府更迭，而是期待政府更迭不影響經濟和司法改革、基礎建設投資和安全網等核心事務的持續性。正如歐洲工商管理學院院長米霍夫（Ilian Mihov）從世界銀行的全球治理指標（ＷＧＩ）與經濟成長相關性變數的研究證明，法治是經濟表現最強力的推動因素，而不是民主。亞洲人已發現，私有財產保護、自由創業文化，和反應迅速的政府，是他們目前在上升軌道上最關鍵的推手。各國日漸增加的中產階級要求建立這類體制和運作，認為若不如此將危及社會和國家的演進。

這些教訓特別適合亞洲，因為亞洲有無數領導人實際上採取極權統治：沙烏地阿拉伯的沙爾曼、土耳其的厄多岡、敘利亞的阿薩德、俄羅斯的普京、亞塞拜然的阿利耶夫（Ilham Aliyev）、哈薩克的納扎爾巴耶夫（Nursultan Nazarbayev）、土庫曼的別爾德穆哈梅多夫（Gurbanguly Berdimuhamedow）和中國的習近平。由於沒有一個國家會選擇把權力民主化，所以我們只能期待它們是否變成更進步主義的技術官僚化。

「由上而下的革命」這個矛盾的概念在亞洲各地是一個事實，它仰賴願景的可靠性，和人民對領導階層信任的深度。根據二〇一八年的愛德曼信任度調查（Edelman Trust Barometer），只有亞洲國家的人民高度信任政府，以新加坡、中國、印度、印尼和阿聯酋的分數最高[19]。當政府獲得信任時，它們不僅可以追求長期轉型，也能在危機時採取果斷的行動，不管是遭遇經濟衰退或突發性的地緣政治震撼皆同。因為這類亞洲領導人是以世代作為思考的期間而非選舉任期，且權威的界限很明確，所以每個人都很清楚自己承擔的是什麼責任。政治和企業領導人都無法隱藏自己和洗白自己的罪惡。失敗可能被原諒，但它們永遠不會被遺忘。

在此同時，由於俄羅斯人知道他們無法改變政府，他們轉而專注於有形的產品，尋求在沒有民主形式下良好治理的內容。普京已帶來並維繫俄羅斯的穩定，協助該國度過區域的動盪（有些是他自己製造的）和石油價格下跌，並重振一些產業，興建購物商場和職業學校，以及恢復國家尊嚴感。從二〇一五年開始，普京指派幾位幹練的技術官僚管理國營公司和偏遠地區[20]。儘管普京巧妙地安排讓自己在二〇一八年的總統選舉輕鬆勝出，我們應該可以預期他會利用目前的任期廣泛培植一批專業行政人才，以便可以在二〇二四年退休（或半退休）。

另一方面，指派幾名技術官僚與建構一套技術官僚體系不同。由於我們聽到愈來愈多國家自詡擁有技術官僚體系，我們應該小心避免只從表面來了解，以免這個詞被人像民主一樣濫用。永遠要小心偽裝的寡頭統治。在俄羅斯和土耳其，強人自稱是技術官僚統治，實際上是複雜的酬庸式政權（黑幫國家的委婉表達方式）。他們可能任用有西方學位的經濟學家，來協助拉抬貨幣和避免國際收支危機，但他們不是英才統治或功利主義國家的打造者。真正的技術官僚統治不是穿著古馳名牌的惡棍，也不是披著羊皮的伊斯蘭主義野狼。他們不急著馬上致富或蓄積行政權力。技術官僚統治的精髓是改善治理，不是維護個人的統治權力。

但正如俄羅斯的例子顯示，許多國家的領導人將只有在他們的權力鞏固之後，才會擁抱從親信政治轉變成技術官僚決策。這就是正在轉型到技術官僚統治的亞洲國家：一些領導權是藉由奪取或繼承而來，而且民主很脆弱或柔順的國家，但國家中新一代年輕且通常在外國受教育的專家正在接手老一輩統治者的工作。他們聽從指派他們的統治者，但忠誠的對象是國家。在像亞塞拜然、哈薩克和烏茲別克等，我經常碰到這種新一代的技術官僚。這些國家在未來十年或更久都不太可能有競爭性的選舉，雖然如此，它們的政策正邁向正確的方向。

即使是阿拉伯灣地區僵化的君主國，也在尋找方法使其體制和社會現代化。沙烏地王儲沙爾曼追求激進的經濟轉型、教育投資、平價住宅、減少貪腐，和節制該國瓦哈比派教士的影響力等目標——全部同時進行。不過，他鎮壓任何批評者顯示政治改革還不在目標之列。雖然阿聯酋也是君主國，但在嘗試運用主權財富進行經濟多樣化，以及建立一個技術官僚階級以掌管關鍵政策領域和監督績效指標上，它更像新加坡。阿聯酋現在的競爭力在全球排名第七位，雖然政府過去常僱用外國人來管理它們的機構，但現在有夠多有才能和企圖心的年輕阿聯酋人競逐高階政府職位，所以已不再需要僱用外國人。二〇一八年，杜拜 ASDA'A BCW 針對二十個國家的年度阿拉伯青年調查公布，阿聯酋是最受喜愛的居住地點，超過任何西方國家。

在亞洲各地，年輕人是騷動浪潮的一大部分，他們支持像是沙烏地阿拉伯的轉型政府，或者是反對像伊朗這種失能政府。的確，伊朗的年輕人不到清真寺打發時間，他們上街抗議貪腐和不知民間疾苦的老人神權政權。在喬治亞和亞美尼亞也是如此，兩國的新政府被限定一年內證明它能改革治理，否則人民將揭竿起義和引爆無可避免的政治危機。民族主義無法取代法治或有效的公共服務。亞洲剛愎的政權如土耳其和伊朗只是在苟延殘喘。

還有一些國家已走到末路。在伊拉克，西方專注於民主而非國家建設導致無盡的教派傾軋，由什葉派取代遜尼派成為教士政治的最高階層。對亞洲飽受戰亂蹂躪的脆弱國家如葉門、敘利亞和阿富汗來說，印度官僚體系的SWAP團隊訓練的公務員遠比民主倡議者有用。今日所有的政策領域都已累積無比的歷史知識，足以驗證哪些政策有效、哪些無效，再加上擁有可以即時評估和順應政策的能力，使得即使是亞洲最艱鉅的角落，都可以利用技術官僚工具箱來解決問題。

亞洲的「公民」社會

在大多數亞洲國家，公民社會在獨立和政治的自由表達上都比不上西方，台灣、香港和南韓是重要的例外。在香港，公民社會團體在像是二〇一四年「雨傘革命」的政治騷動中扮演核心角色，並持續激烈反對北京的政治侵蝕。在南韓，二〇一七年社會團體湧上街頭要求罷免總統朴槿惠。在新加坡，非政府組織通常是致力於公民理念的志工團體，但不被允許從事政治活動。中國政府嚴格控制律師、倡議份子，和各式各樣的「社會組織」。二〇一七年中國通過一項法律，要求所有外國非政府組織向政府登記，並允許它們從事受到嚴密監視和規範的活動。在西亞，伊朗的公民社會冒著極高的風險為政治和社會目標進行動員，而在它的阿拉伯鄰國，這些活動幾乎不可能進行，土耳其的情況也是愈來愈有這樣的傾向。對照之下，在烏茲別克這個曾無情對政治異議者施加酷刑的前警察國家，政權的改變意味人權觀察組織被允許進入，以及一家新電視台公開挑戰政府[21]。印度長期以來被認為是「世界的非政府組織首都」，因為估計有二百五十萬個公民社會團體活動於社會、衛生、宗教和政府等領域，也包括印度教傳統主義教的國民志願服務團（Rashtriya Swayamsevak Sangh；RSS）運動，這個運動提供執政印度人民黨（BJP）的意識形態基礎，並尋求藉由從教科書到媒體等管道，對全國強加一種狹隘的人種宗教論述。

傳統的電視和印刷媒體，在亞洲各國仍受到不同程度的審查。新聞自由在中國、越南、寮國、柬埔寨和緬甸受到嚴格的限制。在伊拉克、敘利亞、俄羅斯、印度、巴基斯坦和菲律賓等國家中，近幾年來遭謀殺的新聞記者人數最多。在一些這類國家中（例如印度），遭到政治當局懲罰的是一個高度自由而敢於發聲的新聞業。在西亞，即使是政治上最不自由的國家現在都有更多樣化和堅持己見的電視輿論。設在卡達的「半島電視台」以批判該地區政府（自己的政府除外）與二〇一一年率先支持阿拉伯之春，以及激勵像「阿拉伯衛星電視台」等跟進者，改變了阿拉伯世界的媒體環境。

我發現特別是在年輕人中，愈來愈多亞洲人公開表達對所有議題的看法，除了少數用翻白眼或用眼神（或客製化表情符號）就足以評論的事情。社群媒體的興起提供給幾乎所有亞洲社會一個重要的壓力出口，許多網站和評論者往往住在缺少安全感的政府管轄不到的地方。這些政府佔有可以為個人和創業自由創造更大空間的數位網域，但它們也可以藉由審查網際網路內容來讓它變成政治控制的新領域。中國是這種兩面作法的代表。新浪微博和騰訊微信的部落格網站崛起突然打開了一個數位公共世界，並給中國人針對社會政策和貪腐發聲的管道。中國政府傾聽，既採納板上的建設性意見，又鎮壓批評的聲音。

保守的亞洲文化曾拖延賦予女性權利，但世代和科技的演進帶來社會的巨變。雖然印度、巴基斯坦和孟加拉都有女性國家首長（例如印度的英迪拉．甘地〔Indira Gandhi〕和巴基斯坦的班娜姬．布托〔Benazir Bhutto〕）和許多女性國會議員，但落後的宗教習俗仍造成廣泛的虐待、壓制和強暴。印度人偏好生育男性導致極度的兩性不平衡——三千五百萬剩餘男性面對社會疏離和找不到配偶的未來，即使政府頒布命令和倡議者大聲疾呼，這種情況仍可能繼續惡化。在最貧窮的阿拉伯和中亞國家如葉門和阿富汗，學校和公共生活中有最可怕的性騷擾和性別歧視。在阿拉伯國家如約旦，文化禁制仍禁止受過教育的女性工作，導致大量失業的女性大學畢業生。即使在最先進的亞洲國家如日本和南韓，女性的薪資仍比男性少。在中國，女性已擁有經濟上的權利，並在私人部門扮演重要角色；她們佔阿里巴巴管理階層的四〇%。不過，在政治上，新一波把女性視為生育者的宣傳——部分目的是在結束一胎化政策後嘗試增加人口——反映女性在政治上仍扮演無足輕重的角色。有一個經濟學家曾提出數名男性共有一名妻子的想法而引起軒然大波。

但已有一些進步的跡象。從約旦到巴基斯坦，榮譽殺人已被罪刑化。沙烏地女性利用推特和YouTube製造一場輿論風暴，促成一項允許女性開車的法令（雖然該運動的一些領導人後來仍遭到逮捕）。沙爾曼王儲已進一步允許女性參加運動比賽和上電影院。在阿聯酋和卡達，過去二十年來女性在社會中很活躍，尤其是在大部分教師是女性的教育界。阿聯酋內閣的女性閣員比美國內閣多，其中約半數接受過西方教育。阿拉伯世界的新創公司已有約三分之一由女性經營，而且隨著石油財富枯竭，受過教育的女性將是提高家庭所得、進一步現代化性別準則的關鍵。在伊朗，女性正公開拋棄她們的頭巾，大學裡都是女性學生，包括在傳統上由男性佔多數的電腦科學等領域。

亞洲人的教育水準愈高和愈富裕，他們就愈要求自己的聲音要被納入考慮——不管他們的政府是否變得更民主了。目前在許多亞洲國家發生的鎮壓公民事件，是愈來愈自信的媒體和新受教育階級的創業家、年輕人和女性厭惡貪腐和菁英不受懲罰的結果。歷史潮流仍然站在這些人這邊：政府知道鎮壓不是讓國家變得值得居住的方法。

亞洲的大亨和向上流動能不能買到已被殖民主義、社會不平等和低劣治理從他們的社會奪走的團結一致？慈善在佛教和可蘭經的教導中被奉為金科玉律，但比西方人的作法較缺少制度化且未廣為宣傳。根據世界捐助指數（World Giving Index），從二〇一四年以來慈善捐款持續保持最高比率（九〇％）的國家是緬甸——也是世界最貧窮國家之一，原因是該國虔誠的佛教信仰。同樣的，基於「天課」（zakat）的信條（伊斯蘭教五大信條之一的強制捐獻），二〇一六年有近九〇％的阿拉伯灣人民有慈善捐獻。

從李嘉誠到沙烏地親王阿瓦里德（Alwaleed bin Talal），一些亞洲最高知名度的億萬富豪都捐贈給研究區域事務的專業機構和中心，他們的名字裝飾在美國和歐洲主要大學的建築。不過在母國，文化傳統提醒他們不要誇耀財富，而是要隱祕且謙遜地捐獻。正在改變中的是捐獻的規模和形式，慈善變得更正式化和看得見，以便激勵其他人和創造更大的影響。從二〇一〇到二〇一六年，中國的前一百名慈善捐獻者承諾捐獻的金額增為三倍，達到四十六億美元。沒有一個亞洲國家像印度這麼迫切需要福利。甘地（Mohandas K. *Gandhi*）影響早期世代的印度工業家如塔塔和高德瑞治（Godrej）家族，他們捐獻超過一〇％的年盈餘給廣泛的項目如教育。晚近印度的財富開始大量累積，從二〇一〇到二〇一六年年的慈善捐獻增加為六倍，金額超過來自外國的捐獻。亞洲企業領導人在普惠金融（financial inclusion）上的努力逐漸在西方獲得肯定，例如印度工業信貸投資銀行（ICICI Bank）執行長科查哈（Chanda Kochhar）二〇一七年獲得伍德羅．威爾遜全球企業公民獎。

在此同時，亞洲的慈善不會走上和西方一樣的道路，因為公民社會團體缺少詳實記錄和監管，使得社會對它們是否值得信任仍抱持審慎態度。其結果是，大多數亞洲億萬富豪（除了一些阿拉伯人和印度人）並未搶著仿效比爾．蓋茲和巴菲特承諾捐獻大部分財富，而是投入在組織性的慈善。從一九六〇年代以來，菲律賓的阿亞拉基金會（Ayala Foundation）專注在教育、年輕人領導學、藝術和文化等計畫上。在中國，前二百名最富裕的個人有四十六名已設立基金會，私人銀行如瑞士信貸（Credit Suisse）已協助數十家客戶設立這類基金會。在二〇一五年，新加坡連氏基金會主席連宗誠創立亞洲慈善圈，以促進區域捐獻者間的合作。同樣在二〇一五年，中國第一家獨立的慈善訓練中心深圳國際公益學院，在來自中國和美國的慈善家支持下開始運作。除非先培養更多捐獻者，亞洲人將無法捐獻給創造改變者。

由於教育在幾乎所有亞洲的白手起家故事裡都扮演重要的角色，不令人意外的是，散播和提高教育機會是慈善家的主要專注項目，例如馬士禮格銀行（Mashreq Bnak）創辦人古賴爾（Abdulla bin Ahmad Al Ghurair）捐獻十一億美元給教育用途。威普羅公司（Wipro）董事長普萊姆吉（Azim Premji）捐獻八十億美元至慈善機構，冠以他名字的基金會則主要專注在改善農村教育。騰訊創辦人陳一丹二〇一三年離開公司，以全職奉獻於一個三億二千萬美元的基金，致力於以創意來改革教育，並捐款三億美元以更新專注於人文藝術的武漢大學。這批中國科技富豪先驅也擁有利用造就他們財富的科技優勢。阿里巴巴和騰訊的基金會都已架設網站供捐獻廢棄行動手機和桌上型電腦，共同為地方的科技普及計畫募集了數億美元。騰訊設於商店和機場的「捐款箱」有支付平台，讓小於一美元的捐款使用其備受歡迎的電子支付系統。天課也已數位化：二〇一三年齋戒月時，聯合國難民署（UNHCR）的一項線上募款從每個捐款人籌得七百美元。

影響力投資（impact investment）已變成亞洲慈善家一個重要的新方向。酋長國基金會（Emirates Foundation）、阿拉伯基金會論壇，和伊斯蘭開發銀行都籌募基金，並投資於採用創新醫療模式的社會企業，包括與蓋茲和梅琳達基金會的生命與生活基金（一項對抗小兒麻痺和河盲症的二十五億美元倡議，並已變成阿拉伯世界相關基金中規模最大的）等西方夥伴合作或單獨進行計畫。但富裕和有社會意識的亞洲人需要更多努力，才能解決貧窮、不平等和社會壓力的後果。印度、巴基斯坦和菲律賓有數百萬名無家可歸者和街童。斯里蘭卡、蒙古和哈薩克是世界自殺率最高的國家。邊界管制鬆懈和社會架構脆弱，也解釋了亞洲的人口走私氾濫，從沙烏地阿拉伯經由巴基斯坦和印度，到東南亞各國都很嚴重，大幅超過世界其他地區[22]。

亞洲膨脹的人口和大規模的挑戰，已提升了科技在社會治理上所扮演的角色。在亞洲各國都可以看到嫻熟於最新數位科技語言和應用的領導人。阿聯酋任命一位專精於人工智慧的部長，且正把所有政府資料和服務放在區塊鏈平台上，並將在二〇二〇年推出完全數位化的貨幣 em-Cash。在中國江蘇省，一公尺高的機器人在政府辦公室掃瞄、檢查和管理數以萬計的交通違規和欠繳帳單等標準案件判決。首爾市區的 mVoting 系統讓數百萬居民輕鬆地評估和投標與自己地區或利益有關的計畫。在此同時，美國仍然為網路中立性爭論不休，而義大利還不知道如何部署寬頻網際網路。

中國正走在利用大數據作為鼓勵從眾行為工具的最前端。當局從阿里巴巴、騰訊和其他平台提取資料，利用新的社會信用評分決定哪些市民從事不榮譽行為並給予懲罰。有些人被拒絕貸款，不准買機票和火車票，被暫停使用護照，或暫時不能連線網際網路。雖然外人看起來這是類似歐威爾式的作法，但許多（甚至大多數）中國人希望政府監視的內容更透明化——不管是好是壞，至少他們要有所了解。重要的是，社會信用評分也取締販售汙染食品的餐廳和賣仿冒品的商家。名譽在亞洲社會向來是重要的貨幣，現在它適用於社會和商業市場中的每一個人。

亞洲國家只是率先採用了西方政府如果不是被吹哨者阻止也會使用的這類科技。在美國國家安全局和其他情報機構違憲侵犯人民隱私遭到揭密後，西方的法治概念和東方濫用權力的界線已逐漸模糊。當中國公司運用它們的監視技術，包括臉部掃瞄和以行動應用程式在國內追蹤人員（尤其是在動盪的穆斯林新疆省），並且出口到亞洲和歐洲各國時，這些界線還會更加模糊。

亞洲人已看到數位科技在西方摧毀了就業、扭曲了政治、分裂了社會，而他們並不想步上後塵。他們的政府正要求像蘋果等西方科技公司移除虛擬私人網路（VPN）應用程式，和其領土上的人民位置資料。除了美國和巴西外，最大的臉書使用人口是在亞洲（印度、印尼、菲律賓、越南、泰國和土耳其），但這些國家不管民主與否，也是最堅持要求審查危害國家內容的國家。亞洲領導人如莫迪和佐科威在推特和臉書上有眾多跟隨者，因此推特和臉書已是亞洲各國市民管理、政策宣達和政治攻訐的重要平台。但在看到俄羅斯在二〇一六年美國大選操縱臉書，和瘋傳的影片引發印度和緬甸的暴動後，亞洲人已要求臉書和 WhatsApp 過濾和取締散播假消息，以確保「假新聞」

不致破壞公共和諧。正如經濟學家柯成興（Danny Quah）描述的，全民免費的民粹文化和線上報紙的評論區一樣：它們被叫囂的酸民綁架。較好的模式可能是自由社會中的官員行事像維基百科（Wikipedia）的編輯，他們會確保說真話和秩序感[23]。

在多樣文化和政權的亞洲社會，人們大體上似乎習慣於某些標準，例如資本主義、技術官僚治理和社會保守主義的混合。西方的理念不太可能勝過這種亞洲心態。相反的，在未來幾十年，全球競爭將懲罰西方人的一廂情願。社會若要證明它們能面對來自社會、政治、經濟、科技和環境壓力交匯的複雜性，將需要具備功利主義心態的能幹領導人。亞洲的技術官僚統治已證明它和西方民主一樣適合、甚至更適合這個任務。

以亞洲之道治理世界

亞洲的崛起也重新平衡了全球治理的論述。治理是提供秩序和法則，不只是規範，而且要供應公共財。亞洲長期以來是全球治理的接受者，但現在它已近乎是標準的塑造者和公共財的提供者。當美國在全球軍事力量上投入大量資金，而其他國家卻能夠降低預算時，這被稱作安全傘。當中國再循環它的貿易順差和外匯存底成為數十個國家的低成本基礎建設時，為什麼我們不能稱它是一個開發平台？當美國要求所有美元交易由美國銀行結算，以便美國財政部可以約束金融流動時，這被視為支撐金融體系。但當阿里巴巴為數百萬中小企業提供全球無縫交易的平台時，為什麼不將它視為全球點對點商務的突破？

西方人不想聽到亞洲人正逐漸扮演制訂全球規則的領導角色，正如他們不想聽到美國正與全球治理的重要面向脫鉤，但兩者都在發生。西方與其討論一些曖昧的話題，如獨裁主義挑戰他們的體制，倒不如觀察亞洲對區域和全球秩序與治理的實質貢獻會更有收獲。

全球公共財的提供是多極的，正如全球秩序本身也是如此。美國確實提供了世界的首要準備貨幣和維持海洋的秩序。不過，亞洲人（和許多其他人）不但認為美國濫用其戰略和金融力量，而且認為他們本身可以填補愈來愈多這類機能。在軍事領域，亞洲強權已進行自己的聯合海上巡邏。正如印度的描述，他們是「全球安全的淨提供者」。在全球經濟上，亞洲一直是西方長期經濟衰退時期抗循環支出和需求的主要來源，維繫了從商品到消費的整體產業於不墜。約半數的二十國集團（G 20）是亞洲國家，它們的央行攸關全球經濟政策的協調。

和歐洲一樣，亞洲強權的穩定是該區域對全球治理最大的貢獻。但亞洲還在更多基本公共財上扮演領導角色。拿安全和基礎設施兩類公共財如何部署來做比較會有幫助。軍事聯盟本質上是排外的，美國支持購買其硬體和保護美國利益的國家。對照之下，提供基礎設施比較是一種供所有人使用的平台服務。除了中國建造的各種道路、鐵路和港口（即使中國已不再需要它們，它們仍被繼續使用），中國已變成世界最大的船舶製造國，為開發中國家通達全球市場降低成本。中國也裝設電力網和網際網路光纖，並發射可以運用於從漁船導航到腳踏車共享等各種用途的衛星。這些投資可能有助於中國人的貿易，但這並不改變他們也在提升所有經濟體跨入二十一世紀的事實。當中國收購全球的鋰供應以製造便宜的電動車電池，並銷售低廉的太陽能面板到全世界時，它為中國企業帶來營收，但也對降低全球溫室氣體排放做出貢獻。的確，中國、日本和印度都是太陽能、風能、核能，以及其他可以減少全球碳足跡之能源科技的主要出口國。

這提醒了我們，在中國對全球治理做出許多貢獻時，這些貢獻只是漫長的亞洲人活動的一部分。日本曾經是世界最大外援捐款國之一，對一百八十五個國家提供逾三千億美元。它對人類開發捐款的慷慨程度一直保持在第二名。印度已為超過五十次聯合國維和運作提供逾二十萬名軍人（中國提供不到二千人）。日本和印度總共為其他國家發射超過二百顆衛星，為它們的國家通訊系統降低成本。在頭七十年的諾貝爾和平獎中，幾乎沒有亞洲人以他們的人道與和平努力獲得國際肯定。但從一九七〇年代以來，已有日本首相佐藤榮作致力於日本去核化、微型金融先驅尤努斯（Muhammad Yunus），以及巴基斯坦少女倡議者馬拉拉（Malala Yousafzai）等十多位亞洲人獲得該獎項。

但衡量亞洲國家對全球治理貢獻的標準，不是它們是否遵守與其生活無關的西方領導機構的規約。那種衡量法是傲慢且沒有意義的。重點不是要亞洲順應實際上已變成跨大西洋的組織，而是要反過來。隨著世界日漸多極化，體系的規則必須適應，否則舊秩序將崩潰。國際貨幣基金、世界銀行和聯合國安全理事會，不是真的能管理全球的金融、開發和軍事活動，而是這些組織和組織背後的強權同樣是一個遠為廣大的全球金融、經濟和安全服務市場的競爭者——亞洲人一樣有能力設計更符合他們需要的機構。區域全面經濟夥伴協定（RCEP）和亞洲基礎設施投資銀行（AIIB）只是兩個顯著的例子。如果聯合國安理會未能擴大到納入更多亞洲強權，它們將乾脆忽略它。

崛起的強權能塑造全球標準，也能選擇性地忽視和削弱全球標準——正如美國三番兩次這麼做一樣。美國已經以片面關稅規避和違反世界貿易組織的規範，而中國也以免除條款和不遵循來削弱這個組織。印度在世界貿易組織談判中領導開發中國家保護糧食補貼以對抗西方大企業的壓力。我們可以想像，西方會繼續推動加強智慧財產權保護的目標，但不會大幅改變西方公司定義它和保護它的方法。

隨著亞洲人更深入參與全球治理，我們已經可以看到許多其帶來影響的例子（無論好壞）。在聯合國人權理事會，大多數亞洲人（不管是以色列人、阿拉伯人或中國人）對西方國家（或對彼此）每年評比他們的人權紀錄並不感興趣；他們只要有機會就會關閉這個理事會（雖然二〇一八年完全退出這個理事會的是美國）。世界銀行一直嘗試在亞洲取得更多的影響力，除了從華盛頓撤出關鍵單位外，也擴張從伊斯坦堡到新加坡的辦公室。這些亞洲辦公室不只是執行總部設定的目標，而是把亞洲的基礎建設和清潔能源列為優先目標。國際刑警組織（Interpol）在新加坡設立另一個總部以專注於對付網路犯罪，但中國和俄羅斯正利用這個組織來發出更多政治性的「紅色通報」以逮捕國家的敵人，包括國際刑警組織本身的主席中國人孟宏偉，他在二〇一八年九月訪問中國期間失蹤。愈來愈多亞洲銀行參與環球銀行金融電信協會（SWIFT）的跨銀行網絡，已增加了這個協會促進全球金融流動的能力，但這些新參與者對排除伊朗的銀行採取反對的強硬立場，嘗試以這種作法來違抗美國。在與世界經濟論壇的合作關係中，日本、中國和印度已設立中心協助設計未來對人工智慧、區塊鏈、無人機和其他科技的規範。在國際電信聯盟（ITU），網際網路監管的未來正在成形，亞洲官員在資料隱私和電子商務監管等事務與美國人和歐洲人互相爭論。

全球監管的未來遠景，似乎將是主流西方規則和亞洲實務的混合。亞洲主權財富基金的投資將很踴躍，但對交易的更多審視將創造更大的透明性。美國和歐盟將更有自信心地阻擋中國在其領土上的投資，除非美歐的公司獲得互惠的准入，以及它們的創新獲得更大的保護。在此同時，其他亞洲強權將建立它們的科技和金融基礎，搶進中國人被拒絕的資產，並建立它們自己的全球投資組合。唯一會被接受的新全球規則，是亞洲人同意的規則。

Chapter

10

亞洲邁向全球化：文明的融合

Asian

形容某件事是「亞洲的」，往往有包含相反的意思：優雅的或粗糙的、精確的或混亂的、避險的或大膽的。不但局外人對「亞洲的」有分歧的了解，亞洲人本身也是如此。多樣的亞洲語言從阿拉伯語、土耳其語、波斯語、中國話、越南話到印尼語，提醒我們亞洲人始終難以使用同一種語言。歐洲殖民主義也持續對建立國家身分認同造成扭曲的影響，使原本的包容性轉向排他性。亞洲人以他們的來源國作為彼此的身分認同，即使在他們出國後也是如此：印度人、中國人和韓國人在世界旅遊時不會自稱「亞洲人」，因此「亞洲人」似乎是一個人為建構的概念。在亞洲人中，對身為亞洲人的意義不再有任何共識。雖然歐洲為亞洲的地理區發明了這個詞，但它已奪走亞洲的身分認同。難怪西方媒體對亞洲內部關係的描述可以總結為一個不難預料的詞——民族主義——通常加上一個惡毒和充滿敵意的形容詞。

雖然無疑的，亞洲社會和歐洲社會一樣，對種族純正有根深柢固的偏好，甚至帶著仇外心理，但根本的情況指向全區域逐漸加速的融合。亞洲人共享文化和物質的緊密關係可以追溯到古絲路時代，而殖民主義鍛造一種抵抗西方帝國的共同亞洲精神。儘管經濟停滯和政治昏睡，後殖民時代亞洲的緊密關係也遍地開花。從一九五〇年代以來，每一屆亞洲運動會都累積更多的投入和愈來愈大的國家隊，以及運動迷和媒體熱烈的支持。今日跨國境和教育和工作機會，加上異族通婚，正在改變亞洲的膚色——雖然龐大的人口規模讓它沒那麼明顯[1]。亞洲的民族和文化層次太過繁複，以致於亞洲國家難以像歐洲社會那樣以種族來定義。日趨緊密的亞洲內部連結也激發促進區域了解的對話。亞洲人正發現他們對技術官僚治理、社會秩序和保守正義的偏好，在一個西方社會不再是他們未來榜樣的時代，將他們結合在一起。

今日的亞洲是一塊海綿更甚於一個集團。突厥族的前蘇聯中亞共和國已拋棄西里爾字母而改用拉丁字母，以便與土耳其人和印度更容易溝通。另外，阿富汗的主要外國電視內容來自印度和土耳其。亞洲的僑民正在孟買、首爾、香港、雪梨、上海和新加坡（它的官方語言為英語、馬來語、普通話和塔米爾語）與當地人混居和通婚。亞洲人愈混合，他們就愈可能發現「亞洲人」比複雜的來源國連字詞更容易被辨識。

為亞洲打品牌

亞洲國家正處在一個向外界標記自己的全新階段，中國的形象動員已包括贊助農曆新年節慶和在全球設置五百多所孔子學院，也大手筆花錢在西方報紙的廣告式評論增刊，和在ＢＢＣ、Discovery 等頻道播放以中國為主題的紀錄片。從二〇〇九到二〇一三年，一個高階總統委員會討論如何推廣韓國的品牌，結果是韓國增加對全球救援機構的捐款。阿拉伯國家斥巨資在華盛頓和倫敦的遊說公司，以磨亮它們在政治人物和投資者間的形象。半島電視台、今日俄羅斯（ＲＴ）和中國環球電視網（ＣＧＴＮ）——都以英語播報——的崛起，代表亞洲人和西方人消費「全球」媒體的重大轉變：亞洲人不但已停止聽從西方新聞詮釋他們自己的事務，而且愈來愈多聰明而好奇的美國人和歐洲人藉由外國頻道了解全球觀點和選擇不同於母國的節目[2]。除了品牌預算以外，波特蘭傳播公司（Portland Communications）和ＵＳＣ公共外交中心（USC Center on Public Diplomacy）做的調查發現，在亞洲國家中，日本的全球形象排名最高（第六）[3]；另外，新加坡在亞洲民主動態調查（ＡＢＳ）中高居亞洲首位，是亞洲人希望看到自己國家模仿的榜樣[4]。

印度在主動自我推銷上仍然遠遠落後亞洲其他國家，但它被動的方法也有收獲。獨立後的印度令西方的嬉皮、詩人和作家著迷。「嬉皮之路」在一九五〇和一九六〇年代引領成群的歐洲漫遊者從陸路進入印度，在那個年代金斯伯格（Allen Ginsberg）花十五個月周遊印度尋找智慧，凱魯亞克（Jack Kerouac）在《達摩流浪者》（*Dharma Bums*）中傳述他閱讀的印度哲學，並寫了一本死後出版的佛陀傳記。一九六〇年代披頭四退隱印度學習超覺靜坐，被普遍認為是該樂團最多產的時期。在一九七〇年代中期，賈伯斯（Steve Jobs）赤足遊歷印度，只穿著一條印度布裙，成為一個尋求純淨和佛教啟發的苦行者，然後回到加州把他追求的內在完美應用在電算硬體，並共同創立了蘋果公司。同樣的，貝尼奧夫（Marc Benioff）在離開甲骨文（Oracle）的工作後，到印度周遊冥思一段時間，回來後創立雲端軟體巨擘 Salesforce，還在辦公室設置許多冥想房。

較晚近的暢銷小說如吉兒伯特（Elizabeth Gilbert）的《享受吧！一個人的旅行》（*Eat, Pray, Love*），再度使造訪印度的許多瑜伽村為之風行。寶萊塢不但滲入全球電影文化，而且在世界各地帶動舞蹈教室、DJ音樂混音和婚禮主題的風潮。很少有音樂家的名氣超過印度的西塔琴師拉維．香卡（Ravi Shankar），或曾指揮過蒙特婁、洛杉磯、紐約和以色列交響樂團的名指揮家祖賓．梅塔（Zubin Mehta）。

談到印度和中國間佛教交流的悠久歷史，著名的二十世紀中國學者兼外交官胡適說，印度沒有派一兵一卒跨越邊界就已征服中國兩千年。二〇一一年，中國捐款一百萬美元給印度復興曾盛極一時的那爛陀大學的計畫，該大學是古代世界最偉大的佛教研習中心。今日印度的精神遺產和實踐正吸引全球更廣泛的注意。印度最重大的文化勝利是聯合國指定六月二十一日為國際瑜伽日，現在被數百個城市的數百萬人慶祝。從二〇一二年以來，美國的瑜伽練習者增加了五〇%，達到近四千萬人，其中大多數人認為瑜伽增進了他們的體力、平衡、靈巧和心智的清晰。瑜伽也和靜心（mindfulness）的練習相得益彰，靜心即一種混合了源自佛教靜坐的反省、感激和活在當下的意識狀態，風靡了美國家庭、大學和企業園區（愈來愈多企業園區由中國的風水顧問設計）。一九八一年拉維．香卡創立的生活藝術基金會已成為一項全球靜心與和平運動，散播到一百五十六個國家。靜心課程是Google和通用磨坊（General Mill）職涯提升的一部分，微軟執行長納德拉（Satya Nadella）把他扭轉公司的策略歸功於靜心。靜心應用程式如10% Happier的下載次數已達數百萬次。下一個啟蒙運動會不會來自採用古代亞洲文化的教導？

由於許多亞洲文明可以提取超過五千年的文化傳承，所以恢復各自獨特的歷史財產自然更讓它們感興趣，而不是去創造一個統一的泛亞洲身分認同。即使亞洲人習於順從和彼此尊重，在這麼廣大和多樣的區域中，不太可能出現單一的亞洲文化復興。但有一個共同的復興正在亞洲社會間興起，而這要歸功於財富的增加和整合性的提升。亞洲人正愈來愈偏好亞洲，且這個趨勢反映在購物、飲食、藝術和娛樂，以及移民和觀光之上。有人推出「亞洲願景」歌唱比賽，只是遲早的事。

亞洲人穿梭於亞洲各地

和在十九世紀一樣，亞洲的移民、異族通婚和人口混合模式正在自我複製，只是規模愈來愈大。的確，亞洲自己的亞洲化可能是二十一世紀最重大的超級人口趨勢：亞洲人在其他亞洲國家聚居絕不是新現象。菲律賓的西班牙殖民政府一五九四年在馬尼拉岷倫洛區建立第一個中國城。今日亞洲是世界各地四〇%移民的來源地，而且根據聯合國二〇一五年的國際移民報告，從二〇〇〇到二〇一五年，亞洲接受的移民超過世界其他區域，有二千六百萬來自各區域的國際移民來到亞洲（超過歐洲的二千萬人）。因此，亞洲既是世界國際移民的主要來源地，也是主要目的地。

中國有超過五千萬名僑民，在東南亞處處看得到華人，他們的角色已從農場主和貿易商，演變成建築工人和企業主管與運動教練。雖然中國的僑民人數比印度僑民多，但三千萬名印度僑民分散得更廣。在毗鄰印度的國家中，四百萬名印度人佔尼泊爾人口的一五％、近一百萬名印度人佔斯里蘭卡人口的五%。在東南亞，二百五十萬名印度人佔馬來西亞一〇%的人口、三十五萬名印度人佔新加坡人口九%。在波斯灣地區，沙烏地阿拉伯的四百萬名印度佔人口的一五%、阿聯酋的三百五十萬名印度人則佔人口的四十%[5]。住在波斯灣國家的印度人每年匯逾一百二十億美元回印度，喀拉拉等印度省份的選舉，有時候要靠波斯灣匯回的錢供應競選活動。亞洲各地也有四百萬名巴基斯坦僑民，其中三百萬人居住在沙烏地阿拉伯和阿聯酋。此外，有二百萬名孟加拉人居住在波斯灣各國。

從一九七〇到二〇〇〇年代，在波斯灣地區大幅增加的南亞人口大多數是營建工人和低階文職人員。今日印度人和巴基斯坦人繼續擔任這類工作，但特別是在阿聯酋、阿曼和巴林，他們已形成一個經理人、主管、工業家和創業家的階級，在社會、甚至政界扮演擔任君王顧問的重要角色。長期來看，科技可能使低階亞洲勞工不再佔這些國家如此高的人口比率：杜拜已規定三分之一的住宅和辦公室以3D列印材料建造，這意味採用容易組裝的模組營建只需要很少的勞工，而阿曼則想用無人機取代孟加拉人來為公園灑水。許多低技術的南亞人將因此返回印度和巴基斯坦，因為他們母國的營建工資正隨著龐大的基礎建設投資而上漲。在此同時，有更多高技術的南亞人還會繼續流入波斯灣合作理事會國家，在那裡的新經濟特區和物流中心尋找經理人工作。

從杜拜到香港，數百萬名菲律賓人和印尼人繼續擔任傭人、清潔工、保母、店員、司機和其他低薪服務工作。這些南亞人和東南亞人形成一個半永久性的社群，並逐漸從被剝削轉變為被接受。

數十年來，來自南亞的營建工人護照被阿拉伯承包商沒收，而且據報導有三分之一的東南亞女傭工作過度、薪資過低和備受羞辱。但菲律賓政府已開始利用其僑民作為槓桿，暫時禁止公民到虐待其僑民的國家工作，例如科威特，直到允許其僑民自己保管護照，並保證及時獲得支薪和保險為止。印度政府已開始實施自己的藍領勞工保險計畫，納入在波斯灣合作理事會和十幾個其他國家工作的僑工。從杜拜到新加坡，鼓勵與客工分享餐食和交流以表達感激的地方運動（在政府的支持下）紛紛興起。

對現代化進行大規模投資的中等所得國家如泰國，是吸引外來勞工的磁石。據估計泰國有五百萬名移民工，主要來自緬甸、柬埔寨和寮國。二〇一四年取締無證件勞工的行動，迫使二十萬名柬埔寨人湧向邊界，但造成營建業的癱瘓，迫使泰國政府立即改弦易轍並提供特赦。馬來西亞也仰賴來自泰國、印尼和緬甸的移工，這些移工提升了馬來西亞的ＧＤＰ，並成為這些鄰國的農村家庭獲得國外匯款的主要來源。

亞洲的新舊國家間驚人的人口差距，意味年輕的亞洲人將繼續離鄉背井以滿足勞工的需求。即使是像中國、俄羅斯、南韓、日本和泰國等大國也有勞工短缺的問題——從現在到二〇三〇年它們的工作年齡勞動力將比現在減少三〇％，而巴基斯坦、印度、印尼和菲律賓則有眾多的剩餘勞工可以出口到亞洲和亞洲以外的國家。如果老化的中國就已出口這麼多人到世界各地，想像年輕的印度和巴基斯坦會出口多少人？印巴兩國加起來的人口超過中國人口，而且印巴兩國人民已使用英語或可以更快學會英語。

移民增加甚至在過去最嚴密的文化如日本和南韓也很明顯。今日在日本的澡堂、商店和酒吧外面，經常可以看到不服務外國人的標示。雖然在先進經濟體中，日本和南韓有最低比率的外國出生居民，但這個比率正快速攀升[6]。在一九九〇年，外國人只佔南韓人口的〇．一％；今日這個比率為三％，且估計到二〇三〇年將攀升到一〇％，和已經歷外來移民數十年的一些西方社會相當[7]。在南韓，跨國婚姻也大幅增加，從一九九〇年約超過一％增加到二〇一四年的一四％。從冷戰的敵對後才經過一個世代，越南女性現在已佔南韓男性異國聯姻對象的最多數，其次則為中國籍、韓裔中國籍、日籍、菲律賓籍和柬埔寨籍女性[8]。韓國的跨種族家庭現在接近一百萬個，是短短十年前的兩倍，大部分（佔近四〇％）居住在像是毗鄰安山市的城鎮婉曲（Wangok），這個城鎮也因為有三分之二非韓國人的居民而自稱為「無邊界村」。韓國媒體以「Kosean」這個詞來形容韓國—亞洲混種的未來。

在韓國和日本，同化已從一個禁忌的主題變成必要的改革。雖然整合所謂的「新韓國人」是困難重重的文化挑戰，但容許他們投票和進入地方議會，意味韓國準備修改向來以種族血統為門檻的公民法。即使是在視外國人為短期工業見習生的日本，調查也發現年輕人較不以種族為身分認同的必要條件[9]。亞洲人的身分認同顯然正在重新建構中，不再是外人描繪的僵化人種民族主義。

亞洲人也因為中國的經濟成長、人口不平衡和勞工短缺擴大而湧進中國[10]。在近幾十年，蓬勃發展的中國沿海地區仰賴龐大的農村勞動力擔任低薪營建業和工廠的工人、廚師和清潔工，但隨著中國人口老化，即使多達二億人的國內勞動力也將無法滿足需求。根據二〇一〇年官方的人口普查，從二〇〇〇年以來，在中國居留的外國人人數每年增加一〇%。而根據非官方統計，還有無數外國人已經散居在中國各地。菲律賓駐香港領事館估計，有超過二十萬未登記的菲律賓人在中國擔任家庭幫傭和看護工作。據估計每年春季有五萬名越南人非法跨越邊境，進入廣西省以擔任甘蔗採收工人。從二〇一五年來，廣西省政府甚至正式實施一項吸引越南人來廣西工廠工作的計畫。毗鄰國家的女性也被輸入中國，與中國三千五百萬名剩餘男性結婚。不過，中國的總外國人口不到一百萬人，還需要很長一段時間才會達到佔其龐大人口一%的比率。因此中國絕不會變成一個「熔爐」國家，外國居民終究只會像在沙拉碗中所灑上的胡椒。

移民和異族通婚已經是亞洲最多樣化的城市如杜拜、香港和新加坡的特徵。多年來新加坡的國民身分證容許填寫「CMIO」的種族選項：中國人、馬來人、印度人和其他種族。但異族通婚率從一九九〇年的七%到二〇一七年的二五%幾乎增為三倍，新加坡政府現在允許市民選擇兩個種族。新加坡已經有大量「中印人」（Ch-Indians），包括一些著名的部長。經過一世代後，政府勢必允許在身分證上選擇三個種族。在波斯灣，法律、宗教和文化的限制，避免了波斯灣阿拉伯人和南亞人或東南亞人間出現高比率的通婚[11]，但這未能阻止印度人和菲律賓人在杜拜等城市結婚並撫養新一代的「印菲人」（Indi-pinos）。

下一代的亞洲身分認同也在亞洲的學校和大學裡形成。二〇一六年，中國有四十萬名外國學生，比前一年增加五．五%。在中國的東南亞學生是美國學生的四倍，南韓學生是美國學生的三倍，而且印度和俄羅斯學生也逐漸增加中。巴基斯坦政府計畫規定，六年級以上的學生必須學習中文，這表示十年後中國的巴基斯坦學生可能比目前的二萬人增加好幾倍。日本的外國學生人數排第二，有十五萬人，而且每年增加近一〇%，其中大部分來自中國、越南和南韓。二〇一六年，南韓的外國學生突破十萬大關，原因是來自中國、越南和日本的學生。印度的外國學生人數也出現七%的增幅，達約四萬二千人，主要來自尼泊爾、阿富汗和不丹。馬來西亞大學吸引來自伊朗、印尼和中國的大量學生，而泰國的學生則散布到日本、中國和南韓。東協正準備通過互相承認成員國學位證書的規定，將使這個次區域的七億人邁向類似歐洲頗受歡迎的伊拉斯莫斯計畫（Erasmus Programme）的東協版。近幾年來，我遇見許多來自馬來西亞、寮國等國的男女伴侶，他們在日本求學時相識，並一起移民到多個國家追求職涯。愈多亞洲人在彼此的國家求學，他們就愈可能交往並形成一個有更大區域性認知和共同身分認同的泛亞洲世代。現在這種情況已延伸到波斯灣阿拉伯國家，例如杜拜已逐漸成為尋求在快步調企業環境實習的俄羅斯人和中國人喜愛的城市。在波斯灣地區各國，像倫敦商學院等西方企管碩士課程的分校，已使前往倫敦留學變得多餘。

在過去的世代，亞洲人目光往西方看，他們可能聽過或造訪過紐約和加州，但通常沒去過果亞或廣州。美國和歐洲向來是亞洲中產階級渴望到迪士尼世界度假和遊覽大蘋果（Big Apple），和在大笨鐘前與艾菲爾鐵塔上自拍，或到策馬特（Zermatt）或威士拿（Whistler）炫耀滑雪技術的主要受益者。拉斯維加斯賭場會在中國農曆新年等亞洲節日之前先打度假廣告。每年有創紀錄的亞洲人出國旅遊，以一億三千萬名中國人為首，印度人最近已超越日本人，且二〇二〇年的出國觀光客預估將達到五千萬人。來自中國、日本、韓國和印度觀光客的全球年營收已超過三千五百億美元，是美國觀光客支出的三倍[12]。

但新世代的亞洲人已平衡了區域旅遊和全球旅遊，今日世界最多人造訪的城市是香港、曼谷、新加坡和杜拜，都是亞洲城市（只有倫敦的造訪人數和這些亞洲城市相當）。這種情形的主因之一是，中國觀光客最愛的前八個目的地都是亞洲國家，接著是美國和義大利。從二〇一六年以來，巴黎實際上在亞洲人偏好的觀光目的地排名還退步。南韓仍然是中國觀光客的首選目的地（儘管南韓近日禁止中國人造訪甚受歡迎的濟州島），雖然中國人也大舉湧入日本和澳洲各地，並且在二〇一七年有破紀錄的一百五十萬名中國觀光客光臨俄羅斯。在簽證限制大幅放寬和廉價航空公司蓬勃發展的情況下，正有人數創下歷來最高紀錄的亞洲人在自己的區域內尋幽訪勝。前往印度旅遊的觀光客每年以雙位數比率增長，已突破一千萬人大關。從喜馬偕爾邦到果亞邦，處處可以看到日本人和以色列人。承辦到印度舉行婚禮是杜拜、曼谷和峇里島的熱門生意。伊朗以方便的落地簽證吸引中國人和日本人，每年有近五百萬名俄羅斯人前往土耳其旅遊，而感覺在歐洲較不受歡迎的阿拉伯知識分子和商業菁英，愈來愈喜歡到伊斯坦堡和安塔利亞度假。海南島等島嶼標榜混合夏威夷和杜拜的風情，吸引熙來攘往的亞洲人前往度過安全且成本低廉的假期，和第一次接觸中國的經驗。

隨著亞洲變成一個愈來愈有吸引力的觀光地點，它也學會不要破壞世人渴望探訪的棲息地，不丹已率先實驗高價值、低破壞的生態旅遊；在峇里島和其他印尼島嶼，遊客往往花一天時間與腰果種植戶一起工作，或認識脆弱的鯊魚棲息地；泰國和菲律賓也已發展永續觀光文化以支持地方社區；在二〇一八年，杜特蒂政府宣布關閉備受旅客青睞的長灘島，給度假業者時間整修基礎設施，減少觀光客活動造成的汙染。亞洲人和全世界都希望看到亞洲變得更朝永續發展邁進。

亞洲文化的再回收

今日的亞洲人遵循他們兼容並蓄的歷史發展，仍然繼續吸收西方的影響，通常是用來作為融接其自身社會多樣性的手段。語言是一個例子：聽聽今日說印度語和他加祿語的人，你會聽到「印英語」（Hinglish）和「他英語（Taglish）」。作為一種全球語言的美國英語，已變成亞洲內部重要的文化橋樑。微軟近日在將複雜的中英文即時翻譯上，有著重大的突破，此舉將大幅改善中國人、其他亞洲人和整體世界之間的溝通。

亞洲文化透過全球媒體和商務的傳播，正在加速亞洲的自我發現，綜合武術是這方面明顯可見的例子。中國、日本、韓國和泰國等亞洲國家都有排外的民族武術文化，透過他們純樸的道場傳承，各國間只有低階的競賽。但隨著美國的終極格鬥冠軍賽（UFC）、綜合格鬥（MMA）的訓練師和電視網出現，突然間混合了拳擊、摔角、泰拳、柔道和其他亞洲武術的競技，成為付費電視爭相轉播的熱門賽事。泰國裔的查特里．西尤堂（Chatri Sityodtong）從他在華爾街的工作返國後，於新加坡創立極為成功的ONE冠軍賽綜合格鬥，號召數十名亞洲選手在區域各地定期舉行賽事。過程中，亞洲人已變得更熟悉自己的武術傳統，也更引以為傲。另一方面，綜合格鬥的崛起也已提高了美國人對亞洲武術的了解。空手道、柔道和跆拳道在一九七〇和一九八〇年代風行於美國，但今日泰式拳擊（muay thai kickboxing）健身房正在美國各地興起。以亞洲武術為內容的娛樂現在已是大生意：「極限體能王」（American Ninja Warrior）只是日本原創節目「SASUKE」的國際版之一，表演功夫特技的少林武僧團定期在世界各地表演，而功夫學校則在歐洲到南非的各地紛紛冒出。

亞洲人也從全球認可他們的當代藝術作品而受益。在二十年前，亞洲畫家只有少數幾個人獲得廣大的認可，例如日本抽象畫家草間彌生，和普普藝術大師村上隆。但到二〇〇八年，古根漢美術館的中國藝術家蔡國強回顧展，以及一幅曾梵志的畫作刷新當代藝術作品的出售價格，把亞洲當代畫家推上了全球舞台，博物館和美術館爭相收藏他們的作品，目的不再純粹是為西方收藏品增添異國風情，而是看重他們的創作品質。在藝術品方面，全球流通也很重要。幾位最知名的日本和中國藝術家在西方長期工作時學會完全表達自己，例如艾未未在紐約展開同時作為藝術家和多產政治批評家的生涯。

亞洲的主要城市正加緊以變成文化中心為目標的投資。東京已經是學習建築設計和瞻仰隈研吾、安藤忠雄和伊東豊雄所設計建築的聖地。香港一年一度的巴塞爾藝術展的重要性，已達到和在瑞士和邁阿密舉辦的同名姊妹展等量齊觀。其他亞洲大都會也正進行一場藝術復興，許多荒廢的工廠區被改裝成高挑的工作室，例如台北的松山文創園區、北京的七九八藝術區，和上海的M五〇創意空間。沙迦和吉達已崛起成為透過前衛的藝廊培育阿拉伯藝術社群的中心，而杜哈和阿布達比則以壯麗的建築地標成為阿拉伯文化復興的象徵，這些建築地標包括杜哈的伊斯蘭藝術博物館，和阿布達比的羅浮宮分院。新加坡已揭幕一座藏有全世界最多東南亞藝術品的新國家美術館，並把一個舊軍營改裝成開放空間的互動藝術村。新加坡藝術週和新加坡藝術博覽會在區域內近一百名億萬富豪和日增的上層階級支持下，已激發對藝術的需求。隨著印尼等較貧窮的亞洲國家政治趨於穩定和文化自由化，它們也容許創立藝術學校，不但是在峇里島等熱點，也在較不為人知的新興城市如萬隆和日惹。備受推崇的聖德拉姆泰戈爾畫廊（Sundaram Tagore Gallery）現在推廣菲律賓攝影師、雕塑家和街頭藝術家。

這些都指向亞洲人本身比以往更注意、也花更多錢在亞洲藝術之上。中國億萬富豪和文化機構正在全世界搜尋數世紀以來流落海外的中國藝術品，並將它們帶回國。不管是想投資的阿拉伯人或尋找可炫耀的收藏品的亞洲大亨，從波斯灣國家到日本各國的亞洲人，都在累積他們的西方和亞洲藝術品，使蘇富比（Sotheby's）和佳士得（Christie's）等拍賣公司的營收呈雙位數比率成長，這些拍賣業者也更加期待下一波亞洲藝術品熱潮將帶動西方客戶的買氣，就像他們推廣的南韓極簡主義、印度的卡普爾（Anish Kapoor）等雕塑家，和印尼的普普藝術那樣。

同樣的，亞洲的音樂界也從採用西方的儀式如奔放的舞蹈節及虛擬YouTube影片而受益。十年前只有少數的活動，例如富士搖滾音樂祭，今日還有日本的夏日音速音樂祭（Summer Sonic）、韓國的仁川音樂節（Pentaport Rock Festival）、上海的電子動物園、新加坡的Zoukout，和光在東南亞就有近十個地點的全球超世代音樂節（Ultra Music Festival）。在進口這些西方的形式後，亞洲的文化出口開始反向流出。韓流是最顯著的例子。諷刺饒舌歌手PSY紅極一時的「江南Style」是YouTube上第一支點閱達到十億次（後來達到二十億次）的音樂短片，但他只是冰山的一角，並為後來的韓國流行音樂團體打下基礎，這些團體的歌迷俱樂部遠達匈牙利和秘魯，韓國流行音樂的比賽也在美國和法國舉行。二〇一八年五月，韓國男孩樂團防彈少年團（BTS）登上美國告示牌二百大專輯榜第一名。饒舌歌手Nichkhun成為韓國最受歡迎的男孩樂團明星——雖然他是泰國人，並在南加州長大。Nichkhun能說流利的泰語、韓語和普通話，是亞洲各地出現在廣告片和電影中愈來愈多的泛亞明星之一。為了搶佔更大的全球娛樂市場，韓國國際文化交流振興院（KOFICE）已變成致力於推廣南韓獲利豐厚之文化出口的強力機構。

亞洲食物也已在全球大受歡迎，包括從速食到高級料理。依照廣泛的定義，亞洲美食涵蓋各式各樣的食材和料理方式，從地中海鷹嘴豆、中亞燒烤羊肉、東南亞的椰奶和香料，到太平洋沿岸的醬油。每一種都反映歷經數世紀演進的獨特文化融合，且主要是在亞洲鄰國彼此之間。西方對亞洲料理的殖民影響，遠小於反向的影響。雖然越南人喜歡類似法式長棍麵包的越式法包（但以米粉製作），而且在寮國可以吃到蛋黃醬沙拉，但西方食物未曾改變亞洲人的口味。只有日本和中國有超過一千家麥當勞速食店，其他亞洲大國則各有兩百家到五百家。更重要的是，麥當勞在亞洲各國的菜單和它在美國的菜單大不相同；在印度它們有瑪撒拉捲餅漢堡，在日本有鮮蝦漢堡，在亞洲各國都有 McNoodles。麥當勞的亞洲菜單裡有數十種在美國不供應的菜色，這提醒世人，雖然亞洲人渴望西方生活方式的一些面向，但任何廠商想在亞洲成功就必須亞洲化。

對照之下，亞洲烹飪傳統正成為西方生活的一部分，而且這個部分愈來愈大。當然，茶葉源自中國，並由英國人帶進印度以與中國人在茶葉貿易的霸權競爭。番茄醬這個詞來自福建醃魚醬，最早可追溯到十八世紀初期由英國貿易商從越南帶回英格蘭的發酵魚醬（但以蕃茄取代基底材料）。在二〇一八年，瑞典媒體承認該國著名的肉丸食譜，是十八世紀卡爾十二世國王向土耳其借來的。在西方各地，販賣的稻米有許多品種，從印度的巴斯馬提米、泰國茉莉香米，到韓國短粒米等。

過去二十年來，各種亞洲食物已從僑民主食和低價外帶食物，轉變成主流速食和高級美食。日本壽司在平價商場和高檔餐廳、旅館處處可見，而拉麵一度只是大學生深夜填飽肚子的東西，現在則成為普及全國的餐廳料理。除了中國餐廳常見的左宗棠雞外，許多美國城市已出現供應韓國烤肉和韓式泡菜拌飯的餐廳（任何起亞汽車設立工廠的地方，附近餐廳的菜單一定會有泡菜）。熊貓快餐（Panda Express）光是在二〇一四年就創造了二十億美元營收，而台灣的珍珠奶茶也正在美國攻城掠地，全美各地有數百家新店開張。在歐洲，歐睿信息諮詢公司（Euromonitor International）報告，從一九九九年以來，亞洲速食餐廳的銷售成長五〇〇%。英國的印度咖哩餐廳僱用的員工超過英國鋼鐵、煤礦和造船業加起來的員工人數，而大不列顛群島上印度咖哩雞銷售量則超過炸魚薯條。在倫敦，以花俏的雞尾酒搭配廣東菜的客家山餐廳（Hakkasan），已贏得米其林的一星評鑑。

各國料理文化的融合正帶來創新和成功。中國和印度混合的料理在孟買和上海紛紛興起，在紐約和倫敦也是如此。在一年一度的馬德里融合美食展（Madrid Fusion）中，印度和泰國主廚如藍象（Blue Elephant）的索梅妮（Nooror Somany）獲得一致的推崇。接受過美國烹飪學院訓練的韓國主廚林正植（Yim Jungsik）以分子美食的技巧，創造新韓式烹調而一躍成為美食界明星。他混合異國和美國的風格，為他在紐約的餐廳贏得兩顆米其林星星，而他在首爾較傳統的餐廳只有一顆。在美國餐車界和商場刮起的新風潮之一是「韓墨」混搭風，它的起源是首爾的韓裔美國人渴望重溫童年時在美國享受的墨西哥口味，這又是移民回流和種族混合激發新文化的另一個證明。

在時尚的世界裡，亞洲正在維護並擴大自己的特色——既靠自己的努力，也透過聰明地與歐洲既有業者的合作。日本偶像三宅一生以紀梵希（Givenchy）在巴黎展開他的生涯，然後推出自己的品牌並讓東方的風格揚名於全球。今日揚名世界的亞洲時裝包括從街頭穿著到高端時尚。優衣庫（Uniqlo）是家喻戶曉的日本品牌，受到全球廣大消費者的忠誠愛用，而修改自百年前中國風格的上海灘，很早就被瑞士奢侈品集團歷峰（Richemont）收購，並推廣到全世界。Superdry 是極為成功的英國品牌，它在衣服上使用無厘頭的日本人物，以增加獨特的吸引力。「時尚週」現象愈是從杜拜、孟買和上海擴大到各地，地方設計師就愈努力吸引亞洲、歐洲和更廣大地區的注意力和顧客。有近兩百年歷史的香港高檔連鎖百貨公司連卡佛（Lane Crawford）基於西方顧客的偏好，過去只賣四種亞洲品牌產品，如今該公司的各類產品有三十種亞洲品牌。H＆M 的獲利從二〇一五年以來大幅下滑，原因是亞洲品牌擄獲亞洲人的品味。所有西方服飾品牌都希望獲得印度都會菁英的更多眷顧，但數十位印度設計師，包括馬拉特拉（Manish Malhotra）、塔利亞尼（Tarun Tahiliani）、庫馬爾（Ritu Kumar）和盧拉（Neeta Lulla），都已達到自己必須印度化才能競爭的崇高地位。簡單地說：亞洲現在很酷。問女神卡卡（Lady Gaga）就知道，她經常穿 Roggykei 的衣服，一個由大阪設計學院畢業生所建立的品牌。

亞洲的時裝模特兒也已登上全球伸展台。雖然拉克希米（Padma Lakshmi）和吳里（Yasmeen Ghauri）等南亞模特兒近二十年前就已躍入西方時裝雜誌，中國的劉雯才是在二〇一三年出任雅詩蘭黛（Estee Lauder）首位國際代言人，並成為《富比世》雜誌最高酬勞模特兒的第一位亞洲人。從此以後，日本、韓國和其他亞洲模特兒也在這個行業出人頭地。在化粧品業，韓國美容產品是新的全球標準，有 Dr. Jart+、Missha 和 Etude House 等品牌在美國展店和架設全球電子商務網站。看好中國女性密切注意韓國時尚，聯合利華二〇一七年以二十七億美元收購韓國化妝品製造商 Carver

Korea。從韓國流行音樂到化妝品，韓國儼然成為歐洲老牌公司在亞洲尋求併購標的的最熱門國家。

電影是另一個引人注目的領域。在好萊塢，亞洲主題並不新鮮，一九八〇年代就有《甘地》（*Gandhi*）、《末代皇帝》（*The Last Emperor*）和《印度之旅》（*A Passage to India*）等經典電影，還有一九九〇和二〇〇〇年代以亞洲為背景的知名電影，包括湯姆．克魯斯（Tom Cruise）的《末代武士》（*The Last Samurai*）、克林．伊斯威特（Clint Eastwood）導演的《來自硫磺島的信》（*Letters from Iwo Jima*），以及卡司都是亞洲人的《喜福會》（*The Joy Luck Club*）和《藝伎回憶錄》（*Memoirs of a Geisha*）。許多西方電影觀眾也熟悉台灣出生、在美國受教育、曾贏得奧斯卡金像獎的導演李安的憂鬱風格《斷背山》（*Brokeback Mountain*）、情色的《色，戒》（*Lust, Caution*）、創新特效的《臥虎藏龍》，以及充滿悲憫的《少年Pi的奇幻漂流》。香港的王家衛以他壓抑情慾的影片如《花樣年華》（*In the Mood for Love*）和續集《二〇四六》（*2046*），贏得全球讚譽。無數其他中國電影導演也取得全球成就，包括張藝謀改編莫言的《紅高粱》小說成為電影，並且導演二〇〇八年北京夏季奧運壯觀的揭幕和閉幕式。賈樟柯的電影《三峽好人》贏得二〇〇六年威尼斯電影節的金獅獎。王兵備受讚譽的紀錄片揭露敏感的社會問題如勞動營和緬甸少數族群，體現了亞洲電影製片家如何充滿自信地把地方主題以人道訴求呈現在全球觀眾眼前。這一切都是發生在《瘋狂亞洲富豪》二〇一八年夏季征服美國電影院之前。

對好萊塢來說，中國經濟的重要性有兩方面的影響，一方面中國每天有二十幾家新電影院開張

（包括一些電影院配備了可以享受4D觀影體驗的沉浸式環境），讓好萊塢對於票房銷售大增抱以厚望。亞洲整體和特別是中國已協助從《侏羅紀公園》、《星際大戰》，到《玩命關頭》和漫威（Marvel）超級英雄系列電影，在歷來最短的時間突破十億美元的全球營收。不過，中國的商業和政治觸角已滲入好萊塢，既幫助了電影產業融資更多電影，也抑制了它的藝術自由。大連萬達收購美國AMC電影院和歐洲歐點電影院（Odeon）以及傳奇影業（Legendary Entertainment）的製片廠，已為雄心勃勃的製片提供資金並確保觸及中國廣大的觀眾。但確保觸及也必須付出代價，例如電影劇情轉向有利於親中國的敘事，像是在《絕地救援》（*The Martian*）裡中國航空局進行一項星際救援行動，或在《奇異博士》（*Doctor Strange*）中以一名北歐人外表的角色取代一名神祕的西藏人。

其他亞洲國家的電影業，採取較商業和較少涉入的方法。阿布達比的印象國公司（Image Nation）已為好萊塢電影如《MIB星際戰警3》和《直播風暴》（*The Circle*）提供資金，而且該國政府已吸引紐約大學在當地的學術園區設立一所電影學院。南韓採取純商業的方法。南韓的電影出口在二〇一六年光靠延尚昊的喪屍賣座片《屍速列車》和朴贊郁的《下女的誘惑》就激增八二%，還有許多韓國影片被Netflix和亞馬遜選中納入流通——兩家電影串流服務業者也正在印度激烈競爭，其中Netflix已推出數部原創印度連續影集，例如由寶萊塢一線明星主演的《神聖遊戲》（*Sacred Games*）。

好萊塢正尋找更多與亞洲電影交會的區塊。《貧民百萬富翁》（*Slumdog Millionaire*）拿下二〇〇九年八項奧斯卡大獎（包括英國導演博伊德〔Danny Boyle〕和印度作曲家拉赫曼〔A. R. Rahman〕各得一個獎項）的成功，開闢了跨越美國和亞洲電影文化的一扇大門。但亞洲電影品味的最大改變是跨亞洲合作的熱潮。文化的敏感區向來是亞洲主要文化市場交會的障礙，儘管有過一些引起矚目的例外，例如日本與台灣混血兒金城武——有人封他為「亞洲的強尼．戴普」——在中國電影和日本電影跨界演出。二〇〇六年泰國製作的《無形海浪》（*Invisible Waves*）由一位日本演員飾演主角，其他卡司則來自香港和韓國，並在澳門拍攝。中國和韓國的製片業主管推出一連串聯合製作，例如《分手合約》（*A Wedding Invitation*）和3D運動動作片《王牌巨猩》（*Mr. Go*）。更不容易、但也更賺錢的作法是寶萊塢與中國電影的結合。成龍二〇一七年的《功夫瑜伽》由中國和印度的明星主演，他們在必要時說各自的語言（加上許多字幕），並隨著從杜拜到北極區發展的劇情加入英語和阿拉伯語。這部電影的目標是創造跨越亞洲兩大市場的泛亞洲吸引力，而且儘管這項努力面對重重的文化複雜性，它在全球獲利約二億美元。二〇一六年，印象國公司和中國五洲傳播中心成立三億美元的基金，以便在從沙烏地阿拉伯到中國之間的國家推廣聯合製作中國和阿拉伯語言的內容。現在已有人開始談論一個泛亞洲的「亞細亞塢」（Asiawood）了。

印度商業電影對全球觸角並不陌生。早自一九四六年，印度電影就已在坎城影展以阿南德（Chetan Anand）的印度—烏都語電影《下層都市》（*Neecha Nagar*）獲得大獎而備受全球讚譽。孟加拉電影製片家雷伊（Satyajit Ray）獲得史柯西斯（Martin Scorsese）的禮讚，並在一九九二年獲得奧斯卡榮譽獎。亞洲各地的非印度觀眾數十年來著迷於寶萊塢電影。從一九五〇年代以來，卡浦爾（Raj Kapoor）的電影風靡蘇聯，被視為好萊塢毒藥的解方。寶萊塢仍然在中亞和高加索地區大受歡迎。在一九八〇年代，寶萊塢電影在埃及受歡迎到危及當地電影的營收，導致政府限制印度電影的上映。今日有三十多個阿拉伯電視頻道播放寶萊塢電影，還有脫口秀節目專門訪問印度電影明星。隨著獲得國際讚譽的寶萊塢電影如沙．魯克．罕（Shah Rukh Khan）的《有時歡笑有時淚》（*Kabhi Khushi Kabhie Gham*）和阿米爾．罕（Aamir Khan）的《三個傻瓜》（*Three Idiots*）推出，寶萊塢影迷俱樂部紛紛在歐洲興起。二〇一〇年，維也納大學舉辦一場為期三天的國際會議，討論沙．魯克．罕和全球寶萊塢現象[13]。阿米爾．罕二〇一六年的傳記電影《我和我的冠軍女兒》（*Dangal*）敘述印度女性角力選手的故事，在中國的票房收入超過印度國內。當沙烏地阿拉伯再度開放電影院（包括允許女性觀賞），巴基斯坦電影是首批上映的影片，「樂萊塢」（Lollywood，拉哈爾〔Lahore〕的寶萊塢）正計畫瞄準沙烏地市場的新製作。

寶萊塢的北美觀眾主要局限於印度僑民，雖然那已足以在寶萊塢明星巡迴美國表演綜藝秀時填滿紐澤西的整座體育館。儘管如此，從《辛普森家庭》裡的卡通角色阿普（Apu）、亞洲刻板鬧劇《哈洛德與庫馬》（*Harold & Kumar*）裡的韓國和印度雙人組，到《菜鳥新移民》（*Fresh Off the Boat*；根據黃頤銘的傳記改編）的全部亞裔卡司，每個十年都有愈來愈多亞洲明星躍上美國主流電視和電影，以及主流亞洲問題變成美國的社會議題。寶萊塢小明星喬普拉（Priyanka Chopra）演出美國廣播公司（ABC）的黃金檔動作影集《諜影行動》（*Quantico*）的主角，和台灣歌手周杰倫在《青蜂俠》中的角色都吸引大批亞洲觀眾。大多數主要的美國電視網都有眾多的南亞和東亞主播。

印度的文化出口最遠已達到拉丁美洲，在那裡有自稱的印度大師教導大批信徒在「瑜伽唱頌」中靜坐冥想，還有印度搖滾樂團在巴西的音樂節慶中巡迴表演。墨西哥女明星芭芭拉．森（Barbara Mori）二〇一〇年在寶萊塢動作片《風箏》（*Kites*）的突破後，一波拉丁美洲女明星尋求在印度電影業發展的熱潮隨之興起[14]。有十幾齣寶萊塢電影在波哥大國際電影節中播映，里約熱內盧的年度電影節有一年專以寶萊塢電影為主題。二〇〇九年一齣獲獎的巴西肥皂劇在齋浦爾上映後，巴西演員開始躍入寶萊塢的熱賣影片，超過三千萬名巴西人曾觀賞印度影片，前往印度旅遊的巴西人到二〇一六年已增加八倍。每一部在曼谷或杜拜、瑞士或西班牙、冰島或紐西蘭拍攝的印度電影，都在一年後為那些國家帶來一波波的印度觀光客。難怪從芬蘭、波蘭、以色列到斐濟的政府機構，都為印度電影製片廠提供大幅退稅優惠。

說寶萊塢扮演了印度社會的倫理媒介一點都不誇張，它的多語言特性成功地透過電影劇情溝通了印度社會，而非透過新聞翻譯和政府命令。今日的大多數熱門議題，從性別刻板觀念、政府貪瀆到種姓的怨怒，都最先透過影片表達也最有影響力。電影巧妙地藉由重新創造史詩神話和讚頌反殖民起義，而激發民族的自尊，例如阿米爾．罕的《榮耀之役》（*Lagaan*）中描述印度的下層村民勤奮學習打板球，最後打敗一個由英國殖民官員組成的經驗豐富的球隊，獲得免除沉重稅負的獎賞。

重要的是，雖然政治屈服於宗教沙文主義，寶萊塢依舊堅守世俗的陣營，據估計有三分之一明星演員為穆斯林（是穆斯林佔人口比率的兩倍）。阿米爾．罕和其他主要電影界人士喚起了社會堅持包容的「市民職責」精神。

民族文化自尊也以其他方式替代順服於長期根深柢固的殖民標準。本土語言開始再度興盛，不只是在電影，在文學方面也是。此外，南亞（和東南亞）對皮膚美白的偏執正遭遇一波萌芽中的「棕即是美」運動挑戰。亞洲人發現，因循舊想法或把今日的社會病態歸咎於過去都毫無益處。他們不再被分化和統治，而知道應該停止繼續彼此分化。

亞洲人怎麼想

岡倉天心、泰戈爾和梁啟超提出泛亞洲理想主義的一百年後，亞洲人正重新發現他們的知識協同性並重寫論述，嚴正地挑戰西方不加批評的自我評估，和現代西方政治歷史和思想的根本假設。為什麼西方自封為全球人權的捍衛者卻曾經支持那麼多獨裁政權？不受節制的個人自由真的是商業創新和成功的基石嗎？究竟資本主義是民主的根本條件，還是民主是資本主義的根本條件？在選擇政治領袖上，英才訓練應該比群眾支持度更重要嗎？和亞洲的冷戰時期民族主義者一樣，亞洲人在西方接受教育製造出來的不是親美國的傀儡，而是能了解西方語言並起而對抗西方的知識分子。

今日泛亞洲的思想匯合，不再像是缺少安全感的後殖民尼赫魯式兄弟情誼的願景，而是更有建設性的。今日的領導人不渴望一種幻想的「亞洲合眾國」，而是更謙虛、但更有實益的商務與學習的聯邦。即使很少在亞洲出生、長大和受教育的亞洲人在西方有輕重量級的發言地位，但他們經常因為對亞洲的脈動有真切了解而證明自己的真知灼見。

但亞洲人仍需要更了解彼此。雖然亞洲人共有互相關聯的歷史，但文化和語言的差異仍限制了泛亞洲觀念的穿透。西方刊物已填補了這個缺口[15]。在西方，從九一一恐怖攻擊到中國崛起的許多地緣政治事件，已使阿拉伯和亞洲研究的贊助大幅增加。資金雄厚的北美大學和學術刊物，例如設在密西根州安娜堡（Ann Arbor）的亞洲研究協會的代表刊物《亞洲研究期刊》（*The Journal of Asian Studies*），持續在這個領域上領先。由亞洲大學的亞洲學者編輯的刊物，如新加坡國立大學出版的《亞洲社會科學期刊》（*Asian Journal of Social Science*），在亞洲內和在西方的普及程度都遠為不及。亞洲現在有許多學術中心創造豐富的學術產出，西方學術界應該更加關注它們，而非只在自己的參考迴圈中引述彼此。光是在過去幾年來我已注意到氣氛的改變：現在有許多美國「專家」來亞洲上課，而非講學。

有無數以亞洲為中心的努力，嘗試從亞洲內部來報導亞洲。自一九四〇到二〇〇〇年代，《遠東經濟評論》（*Far Eastern Economic Review*）在亞洲以廣泛的亞洲商務報導吸引眾多的關注者。在一九七〇年代，兩位前《遠東經濟評論》通訊員創立《亞洲週刊》（*Asia Week*），明確地以「透過亞洲人的眼睛看亞洲」為宗旨。到一九八〇年代，隨著西方雜誌推出亞洲版如《時代亞洲版》、《財星亞洲版》和《亞洲地理雜誌》，亞洲書報攤上對眼球的競爭也日益激烈，雖然這些亞洲版主要是進口自西方，本地的內容仍然很少。一九九五年在曼谷創刊的《亞洲泰晤士報》（*Asia Times*），標榜為「全數位化的泛亞洲網站，特別瞄準英語使用者」。它的讀者群是半亞洲、半歐洲和北美人。在華語圈，中文版的《亞洲週刊》專注於從華人觀點看國際事務。不過，整體來說，這些泛亞洲刊物的觸角遠小於使用地方語言的國內媒體。

亞洲人在全球文學界遠比新聞界成功。由於有共同的語言和文化傳承，東亞人數世紀來嫻熟彼此的文學傳統。日本貴族紫式部十七世紀初寫的《源氏物語》被公認是世界最早的心理小說，並帶給後代的許多作家靈感，包括波赫士（Jorge Luis Borges）。中國四大古典小說（水滸傳、三國演義、西遊記和紅樓夢）的寫作跨越六百年，在南韓和日本被普遍閱讀和教導。

過去兩個世代見證了對亞洲文學的認識大幅提升。中國、日本和印度出現眾多獲得全球讚譽的作家。泰戈爾（Rabindranath Tagore）一九一三年成為首位贏得諾貝爾獎的亞洲人，然後是一段沉寂直到一九六八年日本的川端康成再度獲獎。一九九四年大江健三郎獲得該獎，二〇〇〇年由中國的高行健獲得，二〇一二年中國的莫言，和二〇一七年日裔英國作家石黑一雄也相繼獲獎。西亞以色列的阿格農（Shmuel Yosef Agnon）一九六六年贏得諾貝爾獎，土耳其小說家帕慕克（Orhan Pamuk）在二〇〇六年贏得該獎。崇高的布克獎（Man Booker Prize）曾由許多亞洲作家獲得，如魯西迪、雅迪嘉（Aravind Adiga）、德塞（Kiran Desai）和羅伊（Arundhati Roy），他們都增加了西方讀者對亞洲主題的認識，而這個獎項的國際獎則由韓國小說家韓江以其作品《素食主義者》獲得。

特別是印度和日本作者吸引了廣大的全球讀者，其中最著名的有村上春樹（《挪威的森林》）和葛旭（Amitav Ghosh；《玻璃宮》〔*The Glass Palace*〕），以及阿富汗裔的胡賽尼（Khaled Hosseini；《追風箏的孩子》〔*The Kite Runner*〕）。在流行文化中，處理種族交會帶來社會壓力問題的亞洲—西方混合文學，因為譚恩美（《喜福會》）、拉希莉（Jhumpa Lahiri；《醫生的翻譯員》〔*Interpreter of Maladies*〕）、伍綺詩（《無聲告白》〔*Everything I Never Told You, Little Fires Everywhere*〕），和關凱文（《瘋狂亞洲富豪》〔*Crazy Rich Asians*〕）的成功而紅火。深入鑽研奇異亞洲的美國作家如鄺麗莎（Lisa See；《蜂鳥道的採茶女》〔*The Tea Girl of Hummingbird Lane, Shanghai Girls*〕）也證明他們長留暢銷書榜的實力。金庸的《射鵰英雄傳》常被比擬成中國版的《魔戒》（*Lord of the Rings*），翻譯成英文歷經數十年，但也獲得熱烈的迴響。

亞洲人在科學領域亦達成顯著的成就，通常是專注於最迫切的社會需求。日本科學家長期以來領導亞洲對全球研究的貢獻，獲得許多次醫藥和物理方面的諾貝爾獎，在生命科學領域也獲得崇高的邵逸夫獎和拉斯克獎（Lasker Prinze）。贏得二〇一二年諾貝爾醫學獎的日本山中伸彌，以在幹細胞研究的革命性貢獻成為最受推崇的亞洲科學家；二〇一六年大隅良典以對自噬機制（細胞衰變）的研究獲得諾貝爾獎。二〇一五年諾貝爾醫學獎分給中國藥理學家屠呦呦，以肯定她發現瘧疾治療藥物——青蒿素；她的共同得獎人之一是日本生化學家大村智。重要的是，屠呦呦完全在中國的傳統中醫學院受教育和進行所有研究。這個獎只是近來對傳統中醫和古印度醫療法一連串令人矚目的臨床認可之一，例如阿育吠陀（Ayurveda）的整體療法認為除了身體外，也應該同樣著重於心智和精神。還有更多亞洲融合科學與精神的例子，像是全球的醫療和環境社群愈來愈強調素食對心理和生態的益處。換句話說，如果每個人的飲食都像印度教徒，世界將變成一個更能永續的地方。

結語
亞洲的全球前景

Asian

亞洲曾稱霸舊世界，而西方領導新世界，現在我們正進入一個真正全球化的世界。想從今日多極、多文明的秩序回到過去已不可能。時鐘也已無法往回撥。西方的世界秩序已不存在，而且將無法恢復。這種轉變和過往任何年代一樣都是因緣際會，而如果我們致力於達成一個更包容和穩定的未來將對我們最有利。要小心那些認為歷史總會重複和以固定的節奏演進的人。歷史巨輪的轉動帶來新方向的運動。過去從未有過一個全球體系像今日深深刻劃著多文明、多區域和跨越所有大陸的多極權力的特性，也未見過各個文明和區域的成功如此仰賴彼此的全球化世界秩序。正如季辛吉（Henry Kissinger）在其著作《世界秩序》（*World Order*）中提出的，我們的任務是溝通「多樣的歷史經驗和價值……成為一個共通的秩序」[1]。

全球化已創造一個全球社會，但一如杜克大學哲學教授弗拉納根（Owen Flanagan）指出，近幾個世紀的正統道德指南是出自於最不具代表性的群體：西方、教育普及、工業化、富裕的民主國家（Western, Educated, Industrial, Rich, Democracies；WEIRD）。在此同時，社會心理學家尼斯比特（Richard Nisbett）指出，佔全球人口大多數的亞洲人有很獨特的認知過程，特別是東亞人，他們對主題和背景不作嚴格的區分。東方哲學主張自我和他人、人和自然的統一，而西方哲學則強化它們的區別，並把個人放在中心勝過家庭和社群。文化學者杜贊奇（Prasenjit Duara）指出，西方的方法尋求真正或客觀的知識，而亞洲的超越信仰則是開放的：知識不一定要有永遠不變的形式，而是可能跟隨情況而調整，而且知識的目的在於追求像是和諧這類普遍的目標。這似乎是一個適合今日時代的複雜相對論。

全球思維需要的，不只是創造聆聽其他人創意的空間或並列不同的文化。亞洲已達到完全檢視西方歷史對其現在的影響，現在西方必須檢視亞洲崛起對其未來的意義，浸入亞洲的世界觀以嘗試超越自我和他人，在像是國際法和科學倫理等事務上尋求廣泛的融合。

有一些正面的證據顯示，愈來愈多這類整合性的對話已經展開。佛教的達賴喇嘛已展現他是經驗主義者，他表示如果科學駁倒若干佛教信仰，那麼人們應該相信科學。教宗方濟各已和伊斯蘭教當局及中國政府展開對話，尋求共同的基礎。全球的主要宗教當局很清楚這個世界無法改變的精神多極性；他們必須接受彼此無法撼搖的力量，並尋找未來共同能接受的安排。在全球生活各層面都有從對話跨向融合的必要：西方的原子論和東方的整體論、人文主義和科學唯物主義、自由和和諧、民主和技術官僚統治，都豐富了我們共有的經驗。

全球秩序不是藉由聖諭傳遞下來的，它是一個複雜的、不斷演進的過程。亞洲今日已恢復能重振昔日偉大的精神：對其價值觀和擁抱知識的信心。亞洲甚至已跨越從學習到應用的門檻，創造許多分享全世界的發明。世界重心間的關係牽涉到循環利用資本、提煉創意，和以讓各方受益的方式採用科技。歐洲從殖民亞洲蓄積了龐大的權力和利潤，亞洲從美國和歐洲的委外生產創造了驚人的成長，而現在美國和歐洲正從亞洲注入的投資和人才而得到支撐。這才是全球體系真正的本質，而非多極競爭。

我們還在全球亞洲化的早期階段；因此必須繼續探討未來數十年會如何演變。亞洲將如何管理當前的地緣政治、經濟、社會和科技的轉型？資本主義、社會保守主義和技術官僚治理的混合仍會是神奇的公式，能用來提振那些還未採用它的社會嗎？西方和其他強權將如何因應亞洲的崛起，而亞洲人對那些因應將做出什麼調整？

全球歷史的新章節正在我們眼前展開，亞洲和西方文明、北美和歐亞大陸，都扮演極其重要的角色。今日西方人偏好「基於規則的全球秩序」，而亞洲人則偏好中文的「命運共同體」。明日我們將發現，它們是一個銅板的兩面——規則和命運都必須一起創造。那就是我們在全球歷史巨輪之上所處的位置。

致謝

二〇一二年搬到新加坡，是我開始深深浸入當代亞洲的美好開端。雖然之前長達二十年旅行於該地區，後來這段期間才終於讓我真正從內部看見它——與世界。我希望，我獲得的觀點能讓所有亞洲人既感到寬慰而又受到鼓舞。

我想感謝我在李光耀公共政策學院備受敬重的同事，為他們提供的全力支持和對本書寫作計畫的見解，尤其是前院長 Kishore Mahbubani 和 Centre on Asia and Globalisation 主任 Kanti Bajpai 教授，他們慷慨的財務支持為本書提供了寶貴的研究協助。Danny Quah、Razeen Sally、Yuen Foong Khong、Tan Kong Yam、Siddharth Tiwari、James Crabtree、Francesco Mancini、Blake Berger、Byron Chong 和眾多其他同事，為本書呈現的創意提供了珍貴的反饋。

新世代的學者也是研究和新創意的寶貴來源。Adnan Ahmad 和 Ian Reinert 都是李光耀學院的畢業生，他們對貿易模式和財務政策做了極為傑出的蒐集和資料分析工作。Allen Cho 聰明地拼湊出東北亞的工業全貌。Aditya Rama-Chandran 對亞洲和美國世界觀的嫻熟，提醒我新一代的亞洲人有多麼全球化。我特別感謝 Xia You Mok，他是新加坡人，取得日本的學位，現在正在美國攻讀博士學位，他的泛亞洲美學敏感度、鉅細靡遺的研究技術和流暢的思想表達，在本書留下深刻的印記。這些亞洲的千禧世代讓我對這個區域的未來充滿希望。

我的新加坡朋友總是隨時關注亞洲的脈動，他們是我全書見解的主要來源之一：Pavel Bains、Beh Swan Gin、Alexander Bernard、Umej Bhatia、Ernesto Braam、Chan Chun Sing、Sangeet Paul Chaudary、Calvin Cheng、Eng Cheong Teo、Brooks Entwistle、Shaokai Fan、Nick Fang、Mark Fogle、Amol Gupte、Peter Ho、Tarun Kataria、Ron Kaufman、Gaurang Khemka、John Kim、Joshua Kuma、Ann Lavin、Frank Lavin、Lien Chen Lien、Joseph Liow、Kevin Lu、Eddy Malesky、Aaron Maniam、David Marx、Law Chung Ming、Daniel Lee、Adam Levinson、David Mann、Sopnendu Mohanty、Vignes Sellakannu、Caesar Sengupta、Satvinder Singh、Michelle Tan、Yinglan Tan、Sudhir Vadaketh、Sriram Vasudevan、Michael Vatikiotis、Ravi Velloor、Karsten Warnecke、George Yeo 和 Mikhail Zeldovich。特別謝謝澳洲科技創業家 Philip Lutton 為我提供科技將在亞洲區域呈指數成長的廣泛了解，Neeraj Seth 對亞洲經濟廣博的知識，還有 Ravi Chidambaram 對亞洲如何運作的宏觀

思維。在有關拉丁美洲對亞洲崛起的看法上，我很感激 Flavio Damico、Mauricio Baquero-Pardo、Braz Baracuhy、Federico Barttfeld、Manuel Talavera Espinar、Fredesman Turro Gonzalez、Alfredo Toro Hardy、Alfonso Murillo、James Sinclair 和 Natan Wolf 給我的意見。

許多對亞洲歷史、哲學、政治和經濟和有關亞洲的全球思維方面的專家，提供我極為有用的資訊和洞識：Graham Allison、Arjun Appadurai、Zubaid Ahmad、Richard Allen、Ali Aslan、Genevieve Bell、Karan Bhatia、Penny Burtt、Cliff Coonan、Patrick Cordes、Jack DeGioia、Prasenjit Duara、Jack Dwyer、Casper Ellerbaek、Andrew Field、Gordon Flake、Spencer Fung、Mishaal Gergawi、Alison Gilmore、Brad Glosserman、Martin Gray、Michael Green、Steve Grubb、Guoliang Wu、Blair Hall、Nat Hansen、Jonathan Hausman、Rupert Hoogewerf、Ann Julian、Kosmo Kalliarekos、Robert Kaplan、Gerry Keefe、Kevin Kelly、Claudio Lilienfeld、Peggy Liu、Manish Kayshap、Suat Kiniklioglu、Udai Kunzru、Wolfgang Lehmacher、Scott Malcomson、Anna Marrs、Avinash Mehrotra、Simon Milner、Pankaj Mishra、Siddharth Mohandas、Yascha Mounk、Alexandre Parilusyan、Safdar Parvez、Chris Patten、Joseph Phi、Kai Poetschke、Noah Raford、Julia Raiskin、Laurent Ramsey、Sean Randolph、Rahul Reddy、Gideon Rose、Dan Rosen、Jim Rowan、Manuel Rybach、Richard Samans、Rana Sarkar、Jonas Schorr、Elliot Schrage、Chris Schroeder、John Seely Brown、Reva Seth、Clara Shen、Philip Shetler-Jones、Lutfey Siddiqui、Ben Simpfendorfer、Sarita Singh、Lauren Sorkin、

Shantanu Surpure、Didi Kirsten Tatlow、Richard Threfall、Vijay Vaitheeswaran、Hal Varian、Andy Ventris、Steve Walt、Wang Gungwu 和 Justin Wood。Scott Malcomson 再一次值得我特別感謝他思想和編輯方面的建議。

研究和寫作本書時，我在柏林的 Robert Bosch Academy 享受一學期令我神清氣爽的研究時光，因此我想謝謝他們的熱情招待和 Sandra Breka、Jannik Rust、Korbinian Bauer 和 Madeleine Schneider 這個美妙的團隊。我也感謝他們召集的圓桌會議參與者，討論歐洲與亞洲的關係，以及我在那段期間相處的其他德國高層人士和專家：Thomas Bagger、Laurence Bay、Bjoern Conrad、Patrick Donahue、Wolfram Eilenberger、Mark Hauptmann、Sebastian Heilmann、Julian Hermann、Hanns Guenther Hilpert、Wolfgang Ischinger、Josef Janning、Alex Kugel、Undine Ruge、Eberhard Sandschneider、Ulrich Sante、Wolfgang Schmidt、Frank-Walter Steinmeier、Tan Tah Jiun 和 Jan Techau。

我也想對來自歐洲的專家為他們提供的思想和分析表達感謝之意：Valerie Amos、Giovanni Andornino、Ricardo Borges de Castro、Peter Burian、Carlotta Clivio、Norbert Czismadia、Peter Eigen、Theresa Fallon、Enrico Fardalla、Alex Fox、Giuseppe Gabusi、Thomas Geisel、David Giampaolo、Christoph Goeller、Nik Gowing、Jan-Friedrich Kallmorgen、Sebastian Kaempf、Daniel Korski、Taavi Kotka、Leah Kreitzman、Christin Kristofferson、Mark Leonard、Bruno Macaes、

Stanislav Matejka、Ann Mettler、Helmut Morent、Martina Poletti、Ulrich Schulte-Strathaus、Jeremy Shapiro、Kristin Shi-Kupfer、Francesco Silvestri、Pawel Swieboda、Irene Tinagli、Paul Unschuld、Taleh Ziyadov 和 Felix Zulauf。

每次我訪問日本都是很特別的經驗，而最近我從與 Shiro Armstrong、Tetsuro Fukunaga、Yoichi Funabashi、Daisuke Iwase、Tadashi Maeda、Gen Miyazawa、Hiro Motoki、Sachio Nishioka、Kazumi Nishikawa、Teru Sato、Akihisa Shioaki、Makoto Takano、Tatsuya Terazawa、Hirotaka Unami 和 Takashi Yokota 的討論讓我學到許多新東西。在我很幸運的訪問蒙古之旅，我很榮幸從許多舊朋友和新朋友汲取寶貴的智慧：Ariunaa Batbold、Khaltmaagiin Battulga、Lundeg Bayartuul、Zorigt Enkhbat、Tsetseglen Galbadrakh、Tuvshinzaya Gantulga、Dulguun、Nomin Chinbat、Ganhuyag Hutagt、Ben Moyle、Ogi Moyle、Baatar Navaan、Lundeg Purevsuren、Erdenebold Sukhbaatar 和 Ganzorig Vanchig。我也很榮幸參與二〇一七年坎培拉舉辦的 Crawford Leadership Forum，並希望向澳洲的主辦人、參與者和其他朋友致謝，他們提供了來自「南方大陸」的觀點：Stephen Bartos、Gareth Evans、Michael Feller、Evelyn Goh、Allan Gyngell、Greg Hunt、Sung Lee、Martine Letts、Jason Yat-Sen Li 和 Peter Singer。對於在迷人的不丹王國招待我（和我愛冒險的女兒）的朋友，我想對總理 Tshering Tobgay、Chewang Rinzin、Sigay Dem 和 Adrian Chan 致上最深的謝意。

至於我許多次到中國、俄羅斯、印度、巴基斯坦、中亞、波斯灣和所有東協國家的訪問，我已在之前寫的書中對這些國家的許多朋友和連絡人致謝。此處我想特別謝謝下列較晚近對本書有助益的談話者：Rashid Amjad、Aluf Benn、Daniel Bell、Bing Song、Azam Chaudhry、Brahma Chellaney、Alisher Ali Djumanov、Dong Wang、Michael Eisenberg、Hassan Fattah、Yasar Jarrar、Angelo Jiminez、Mishaal Gergawi、Karl Gheysen、Mallika Kapur、Anusha Rehman Khan、Nasrullah Khan、Eric X. Li、Mersole Mellejor、Afshin Molavi、Antonio Morales、Roland Nash、Ramon Pastrana、Lubna Qassim、Abhijnan Rej、Jorge Sarmiento、Irina Schwarzburg、Jen Zhu Scott、Shahbaz Sharif、Aditya Dev Sood、Dmitry Suslov、Mudassir Tipu、Dmitri Trenin、Antonio Ver、Chris Weaver、Brian Wong、Tarik Yousef、Saadia Zahidi、Artem Zassoursky 和 Taleh Ziyadov。

我已無法想像沒有地圖和資訊圖表的書，而在製造本書清晰明瞭的圖表上，我很感謝哈佛 Center for Geographical Analysis 的 Jeff Blossom，以及 University of Wisconsin-Madison 的 Tanya Buckingham 和 Casey Kalman。

ＩＣＭ的 Jennifer Joel 現在知道沒有她我絕無法做任何策略決定，因為她不但是我的經紀人，也是真正的朋友。以她特有的策略嫻熟度，Jenn 引導我轉換一家出版商，把本書交到 Simon & Schuster 幹練的 Ben Loehnen 手中，就像命中注定那樣，他從我出版第一本書時就認識我。Ben 和他的團隊非常親切愉悅，不但極其專業，更是效率超群。

每一本書都不會因為是較晚寫的而變得更容易，但每次的努力都提供任何時候與家人餐桌上討論的新鮮題材。我很感謝我的雙親 Sushil 和 Manjula Khanna、我的岳父母 Javed 和 Zarene Malik、我的弟弟和弟媳 Gaurav 和 Anu Khanna，當然還有我親愛的妻子 Ayesha，和我的孩子 Zara 和 Zubin，我很感激和他們一起建立了我們亞洲的未來。

圖片來源

15 頁：Graphic by Casey Kalman

18 頁：World Bank; graphic by Casey Kalman

21 頁：World Trade Organization; graphic by Casey Kalman

159 頁：United Nations; graphic by Casey Kalman

161 頁：OAG; map by Jeff Blossom

166 頁：United Nations, *Atlas of Economic Complexity*; graphic by Casey Kalman

190 頁：World Bank; map by Casey Kalman

205 頁：*CIA World Factbook*; graphic by Casey Kalman

218 頁：World Bank; graphic by Casey Kalman

316-317 頁：World Bank, Economist Intelligence Unit; graphic by Casey Kalman

White, Hugh. *The China Choice: Why We Should Share Power.* London: Oxford University Press, 2013.

Wood, Francis. *Great Books of China.* New York: BlueBridge, 2017.

World Atlas. "Asia." World Atlas, November 14, 2016. https://www.worldatlas.com/webimage/countrys/as.htm.

World Bank. "World Development Indicators." World Bank, 2017. http://databank.worldbank.org/data/reports.aspx?source=world-development-indicators.

World Economic Forum, "The Inclusive Development Index 2018: Summary and Data Highlights." World Economic Forum. http://www3.weforum.org/docs/WEF_Forum_IncGrwth_2018.pdf.

Wright, Robert. *Why Buddhism Is True: The Science and Philosophy of Meditation and Enlightenment.* New York: Simon & Schuster, 2017.

Wright, Tom. *All Measures Short of War: The Contest for the 21st Century and the Future of American Power.* New Haven, CT: Yale University Press, 2017.

Wu, Ellen. *The Color of Success.* Princeton, NJ: Princeton University Press, 2014.

Wu, Kang, and Jane Nakano. "The Changing Political Economy of Energy in China." Center for Strategic & International Studies, December 2016. https://csis-prod.s3.amazonaws.com/s3fs-public/publication/161214_WuNakano_PoliticalEconomyEnergyChina_Web.pdf.

Xuetong, Yan, Daniel A. Bell, and Sun Zhe, eds. *Ancient Chinese Thought, Modern Chinese Power.* Trans. Edmund Ryden. Princeton, NJ: Princeton University Press, 2011.

Xuetong, Yan. "The Instability of China-US Relations." *The Chinese Journal of International Politics* 3, no. 3 (2010): 263–92.

Yamamura, Kozo, and Yasukichi Yasuba, eds. *The Political Economy of Japan 1: The Domestic Transformation.* Stanford, CA: Stanford University Press, 1987.

Young, Louise. *Japan's Total Empire: Manchuria and the Culture of Wartime Imperialism.* City: University of California Press, 1998.

Youngshik, Bong, and T. J. Pempel, eds. *Japan in Crisis: What Will It Take for Japan to Rise Again?* Seoul: Asan Institute, 2012.

Zahidi, Saadia. *Fifty Million Rising: The New Generation of Working Women Transforming the Muslim World.* New York: Nation Books, 2018.

Zhao, Tingyang. "Rethinking Empire from a Chinese Concept 'All-under-Heaven' (Tian-xia, 天下)." *Social Identities* 12, no. 1 (2006): 29–41.

Studwell, Joe. *How Asia Works: Success and Failure in the World's Most Dynamic Region.* New York: Grove Press, 2014.

Su, Fei, and Lora Saalman. "China's Engagement of North Korea: Challenges and Opportunities for Europe." Stockholm International Peace Research Institute, February 2017. https://www.sipri.org/sites/default/files/Chinas-engagement-North-Korea.pdf.

Sun, Yun. "Rising Sino-Japanese Competition in Africa." Brookings Institution, August 31, 2016. https://www.brookings.edu/blog/africa-in-focus/2016/08/31/rising-sino-japanese-competition-in-africa/.

Sunstein, Cass R. *Can It Happen Here? Authoritarianism in America.* New York: HarperCollins, 2018.

Tan, Chee Beng, and Walton Look Lai, eds. *The Chinese in Latin America and the Caribbean.* Leiden, Netherlands: Brill, 2010.

Tanaka, Nobuo. "What Should China and India Do to Cooperate Globally in Energy Policies?" Lee Kuan Yew School of Public Policy Research Paper no. 14-02, March 31, 2014.

Teets, Jessica C. *Civil Society Under Authoritarianism: the China Model.* Cambridge, UK: Cambridge University Press, 2014.

Tellis, Ashely J., Alison Szalwinski, and Michael Wills, eds. *Strategic Asia 2016–17: Understanding Strategic Cultures in the Asia-Pacific.* Seattle: National Bureau of Asian Research, 2016.

Tharoor, Shashi. *Inglorious Empire: What the British Did to India.* London: Hurst, 2017.

Trenin, Dmitri. *What Is Russia Up to in the Middle East?* London: Polity Press, 2018.

Unschuld, Paul U. *The Fall and Rise of China: Healing the Trauma of History.* London: Reaktion Books, 2013.

Vaitheeswaran, Vijay. "What China Can Learn from the Pearl River Delta." *The Economist*, April 8, 2017.

Vlastos, Stephen. *Mirror of Modernity: Invented Traditions of Modern Japan.* Berkeley: University of California Press, 1998.

Vogel, Steven K. *Japan Remodeled: How Government and Industry Are Reforming Japanese Capitalism.* New York: Cornell University Press, 2006.

Wan, Ming. *The Political Economy of East Asia: Striving for Wealth and Power.* Washington, DC: CQ Press, 2008.

Weatherford, Jack. *Genghis Khan and the Making of the Modern World.* New York: Broadway Books, 2004.

Westad, Odd Arne. *The Global Cold War: Third World Interventions and the Making of Our Times.* Cambridge, UK: Cambridge University Press, 2007.

——. *Restless Empire: China and the World Since 1750.* New York: Basic Books, 2012.

Westerfield, H. Bradford. *Foreign Policy and Party Politics: Pearl Harbor to Korea.* New Haven, CT: Yale University Press, 1955.

Sen, Tansen. *India, China, and the World: A Connected History.* New York: Rowman & Littlefield, 2017.

——. "The Intricacies of Premodern Asian Connections." *The Journal of Asian Studies* 69, no. 4 (2010): 991–99.

Shambaugh, David. *China Goes Global: The Partial Power.* New York: Oxford University Press, 2013.

——. *China's Future.* Cambridge, UK: Polity Press, 2016.

——, and Michael Yahuda, eds. *International Relations of Asia.* New York: Rowman and Littlefield, 2008.

Sharma, Ashok. "Australia-India Relations: Trends and the Prospects for a Comprehensive Economic Relationship." ASARC Working Paper, February 2016. https://acde.crawford.anu.edu.au/sites/default/files/publication/acde_crawford_anu_edu_au/2016-09/asarc_wp_2016-02_sharma.pdf.

Shin, Gi-Wook, Michael H. Armacost, Takeo Hoshi, Karl Eikenberry, et al. "President Trump's Asia Inbox." Walter H. Shorenstein Asia-Pacific Research Center, Feb. 10, 2017. https://fsi-live.s3.us-west-1.amazonaws.com/s3fs-public/president_trumps_asia_inbox.pdf.

Simpfendorfer, Ben. *The New Silk Road: How a Rising Arab World Is Turning Away from the West and Rediscovering China.* New York: Palgrave Macmillan, 2011.

Singh, Daljit, Norshahril Saat, Malcolm Cook, and Tang Siew Mun. "Southeast Asia Outlook 2017." ISEAS Yusof Ishak Institute, January 2017. https://www.iseas.edu.sg/images/pdf/ISEAS_Perspective_2017_1.pdf.

Sioris, George A. "Buddhism in Asia: Tolerance and Syncretism." *The Tibet Journal* 13, no. 1 (1988): 20–29.

Smith, Patrick. *Somebody Else's Century: East and West in a Post-Western World.* London: Pantheon, 2010.

Sneider, Daniel C., Yul Sohn, and Yoshihide Soeya. "US-ROK-Japan Trilateralism: Building Bridges and Strengthening Cooperation." National Bureau of Asian Research Report no. 59, July 2016. http://www.nbr.org/publications/specialreport/pdf/sr59_trilateralism_july2016.pdf.

Spence, Jonathan. *The Chan's Great Continent: China in Western Minds.* New York: Penguin, 1999.

——. *The Search for Modern China.* New York: W. W. Norton, 1990.

Stanislaw, Joseph, and Daniel Yergin. *The Commanding Heights: The Battle for the World Economy.* New York: Free Press, 2008.

Steinfield, Edward S. *Playing Our Game: Why China's Rise Doesn't Threaten the West.* Oxford: Oxford University Press, 2012.

Stockwin, Arthur, and Kweku Ampiah. *Rethinking Japan: The Politics of Contested Nationalism.* Lanham, MD: Lexington Books, 2017.

——. *From Reform to Revolution: The Demise of Communism in China and the Soviet Union.* Cambridge, MA: Harvard University Press, 1994.

Pempel, T. J. *The Economic-Security Nexus in Northeast Asia.* New York: Routledge, 2012.

——, ed. *Remapping East Asia: The Construction of a Region.* New York: Cornell University Press, 2004.

——, and Keiichi Tsunekawa, eds. *Two Crises, Different Outcomes: East Asia and Global Finance.* New York: Cornell University Press, 2015.

Plummer, Michael G., Peter J. Morgan, and Ganeshan Wignaraja, eds. *Connecting Asia: Infrastructure for Integrating South and Southeast Asia.* London: Edward Elgar Publishing, 2016.

Pollack, Jonathan D.. "Order at Risk: Japan, Korea and the Northeast Asian Paradox." Brookings Institution Asia Working Group Paper 5, September 2016. https://www.brookings.edu/wp-content/uploads/2016/09/fp_20160901_northeast_asian_paradox_v2.pdf.

Pomeranz, Kenneth. *The Great Divergence: China, Europe, and the Making of the Modern World Economy.* Princeton, NJ: Princeton University Press, 2000.

Porter, Michael E., Jan W. Rivkin, Mihir A. Desai, and Manjari Raman. "Problems Unsolved and a Nation Divided: The State of U.S. Competitiveness 2016." Harvard Business School, September 2016. https://www.hbs.edu/competitiveness/Documents/problems-unsolved-and-a-nation-divided.pdf.

Rachman, Gideon. *Easternisation: War and Peace in the Asian Century.* London: Bodley Head, 2016.

Rein, Shaun. *The War for China's Wallet: Profiting from the New World Order.* Boston: Walter de Gruyter, 2017.

Roberts, Anthea. *Is International Law International?* New York: Oxford University Press, 2017.

Roberts, John Morris, and Odd Arne Westad. *The History of the World.* New York: Oxford University Press, 2013.

Robinson, Andrew. *India: A Short History.* London: Thames & Hudson, 2014.

Samuels, Richard J. *Securing Japan: Tokyo's Grand Strategy and the Future of East Asia.* New York: Cornell University Press, 2007.

Sanyal, Sanjeev. *The Ocean of Churn: How the Indian Ocean Shaped Human History.* New York: Penguin Random House, 2016.

Sato, Kazuo, ed. *The Transformation of the Japanese Economy.* Armonk, NY: M. E. Sharpe, 1999.

Schroder, Christopher. *Startup Rising: The Entrepreneurial Revolution Remaking the Middle East.* City: Palgrave Macmillan, 2013.

Schuman, Michael. *The Miracle: The Epic Story of Asia's Quest for Wealth.* New York: HarperBusiness, 2010.

Nadella, Satya. *Hit Refresh: The Quest to Rediscover Microsoft's Soul and Imagine a Better Future for Everyone*. New York: HarperBusiness, 2017.

Nakane, Chie. *Japanese Society*. Berkeley: University of California Press, 1970.

National Geographic. "Asia: Human Geography." National Geographic, Jan. 4, 2012. https://www.nationalgeographic.org/encyclopedia/asia-human/.

National Geographic. "Asia: Physical Geography." National Geographic, Jan. 4, 2012. https://www.nationalgeographic.org/encyclopedia/asia/.

Needham, Joseph. *Science and Civilization in China*. Vol. 1. Cambridge, UK: Cambridge University Press, 1954.

Newland, Sara A. "Growing Apart? Challenges to High-Quality Local Governance and Public Service Provision on China's Ethnic Periphery." Harvard Kennedy School Ash Center for Democratic Governance and Innovation, July 2016. http://ash.harvard.edu/files/ash/files/growing_apart.pdf.

Nijman, Jan, Peter O. Muller, and Harm J. de Blij, eds. *Geography: Realms, Regions, and Concepts*. 17th ed. New York: Wiley, 2016.

Nisbett, Richard E. *The Geography of Thought: How Asians and Westerners Think Differently . . . And Why*. New York: Free Press, 2003.

Nussbaum, Felicity A., ed. *The Global Eighteenth Century*. Baltimore: Johns Hopkins University Press, 2003.

Ocampo, Anthony. *The Latinos of Asia: How Filipino Americans Break the Rules of Race*. Stanford, CA: Stanford University Press, 2016.

Orekhanov, Serafim. "Generation Youtube: How Millennials Are Shaping Russian Politics." Carnegie Moscow Centre, Apr. 2017.

Osnos, Evan. *Age of Ambition: Chasing Fortune, Truth, and Faith in the New China*. New York: Farrar, Straus and Giroux, 2014.

Pan, Zhongqi. "Guanxi, Weiqi and Chinese Strategic Thinking." *Chinese Political Science Review* 1, no. 2 (2016): 303–21.

Park, Cyn-Young Park. "Developing Local Currency Bond Markets in Asia," Asian Development Bank Economics Working Paper no. 495, August 2016. https://www.adb.org/sites/default/files/publication/190289/ewp-495.pdf.

Park, Jehoon, T. J. Pempel, and Gérard Roland, eds. *Political Economy of Northeast Asian Regionalism: Political Conflict and Economic Integration*. London: Edward Elgar, 2008.

Park, Yeonmi. *In Order to Live: A North Korean Girl's Journey to Freedom*. New York: Penguin, 2015.

Pei, Minxin. *China's Crony Capitalism: The Dynamics of Regime Decay*. Cambridge, MA: Harvard University Press, 2016.

——. *China's Trapped Transition: The Limits of Developmental Autocracy*. Cambridge, MA: Harvard University Press, 2006.

——, and Jeffery Sng. *The ASEAN Miracle: A Catalyst for Peace.* Singapore: National University of Singapore Press, 2017.

Manuel, Anja. *This Brave New World: India, China, and the United States.* New York: Simon & Schuster, 2017.

Mao, Joyce. *Asia First: China and the Making of Modern American Conservatism.* Chicago: University of Chicago Press, 2015.

Masterson, Daniel M., and Sayaka Funada-Classen. *The Japanese in Latin America.* Urbana: University of Illinois Press, 2004.

McGregor, Richard. *Asia's Reckoning: China, Japan, and the Fate of U.S. Power in the Pacific Century.* New York: Viking, 2017.

McNeill, William Hardy. *The Rise of the West: A History of the Human Community.* Chicago: University of Chicago Press, 1964.

Miller, James, ed. *Chinese Religions in Contemporary Societies.* Santa Barbara, CA: ABC-CLIO Press, 2006.

Miller, Tom. *China's Asian Dream: Empire Building Along the New Silk Road.* London: Zed Books, 2017.

Millward, James A. *Eurasian Crossroads: A History of Xinjiang.* New York: Columbia University Press, 2007.

Mishra, Pankaj. *From the Ruins of Empire: The Intellectuals Who Remade Asia.* New York: Farrar, Staus and Giroux, 2012.

Mittal, Sachin, and James Lloyd. "The Rise of FinTech in China: Redefining Financial Services." DBS and Ernst & Young, November 2016. https://www.ey.com/Publication/vwLUAssets/ey-the-rise-of-fintech-in-china/$FILE/ey-the-rise-of-fintech-in-china.pdf.

Miyoshi, Masao, and H. D. Harootunian, eds. *Japan in the World.* Chapel Hill, NC: Duke University Press, 1993.

——, eds. *Learning Places: The Afterlives of Area Studies.* Chapel Hill, NC: Duke University Press, 2002.

——, eds. *Off Center: Power and Culture Relations Between Japan and the United States.* Chapel Hill, NC: Duke University Press, 1991.

——, eds. *Postmodernism and Japan.* Chapel Hill, NC: Duke University Press, 1989.

Morichi, Shigeru, and Surya Raj Acharya, eds. *Transport Development in Asian Megacities: A New Perspective.* New York: Springer, 2012.

Morris, Ian. *Why the West Rules–for Now: The Patterns of History, and What They Reveal About the Future.* New York: Profile, 2011.

Morris-Suzuki, Tessa. *Re-inventing Japan: Time, Space, Nation.* Armonk, NY: M. E. Sharpe, 1998.

Mounk, Yascha. *The People vs. Democracy: Why Our Freedom Is in Danger and How to Save It.* Cambridge, MA: Harvard University Press, 2018.

——. "Why Europe and the West? Why Not China?" *Journal of Economic Perspectives* 20, no. 2 (2006): 3–22.

Lankov, Andrei. *The Real North Korea: Life and Politics in the Failed Stalinist Utopia.* London: Oxford University Press, 2013.

Lapidus, Ira. *A History of Islamic Societies.* Cambridge, UK: Cambridge University Press, 1988.

Levitsky, Steven. *How Democracies Die.* New York: Crown, 2018.

Lewis, Martin M., and Karen Wigen. *The Myth of Continents: A Critique of Metageography.* Berkeley: University of California Press, 1997.

Li, Cheng. *Chinese Politics in the Xi Jinping Era: Reassessing Collective Leadership.* Washington, DC: Brookings Institution Press, 2016.

——, and Lucy Xu. "Chinese Think Tanks: A New 'Revolving Door' for Elite Recruitment." Brookings Institution, Feb. 10, 2017. https://www.brookings.edu/opinions/chinese-think-tanks-a-new-revolving-door-for-elite-recruitment/.

Lieberthal, Kenneth. *Governing China: From Revolution Through Reform.* New York: W. W. Norton, 1995.

Lipman, Jonathan. *Familiar Strangers: A History of Muslims in Northwest China.* Seattle: University of Washington Press, 1998.

Liu, John Chung-En. "Assembling China's Carbon Markets: The Carbons, the Business, and the Marginalised." Harvard Kennedy School Ash Center for Democratic Governance and Innovation, June 2016. http://ash.harvard.edu/files/ash/files/assembling_chinas_carbon_markets.pdf?m=1466106853.

Lockard, Craig. *Societies, Networks, and Transitions: A Global History.* New York: Houghton Mifflin , 2010.

Ma, Debin. "The Great Silk Exchange: How the World was Connected and Developed." In *Pacific Centuries: Pacific and Pacific Rim History Since the Sixteenth Century*, ed. Dennis O. Flynn, Lionel Frost, and A.J.H. Latham. London: Routledge, 1999, 38–69.

Ma, Laurence J. C., and Carolyn Cartier, eds. *The Chinese Diaspora: Space, Place, Mobility, and Identity.* New York: Rowman & Littlefield, 2003.

Macaes, Bruno. *The Dawn of Eurasia: On the Trail of the New World Order.* London: Allen Lane, 2018.

MacFaquhar, Roderick. *The Politics of China: Sixty Years of the People's Republic of China.* Cambridge, UK: Cambridge University Press, 2011.

Maddison, Angus. *Contours of the World Economy, 1–2030 AD: Essays in Macro-Economic History.* New York: Oxford University Press, 2007.

Mahbubani, Kishore. *The Great Convergence: Asia, the West, and the Logic of One World.* New York: Public Affairs, 2013.

——. *The New Asian Hemisphere: The Irresistible Shift of Global Power to the East.* New York: Public Affairs, 2008.

Kavalski, Emilian. *The Guanxi of Relational International Theory.* New York: Routledge, 2018.

Keen, Andrew. *How to Fix the Future.* New York: Atlantic Monthly Press, 2018.

Kikuchi, Tomoo, and Wang Zi. "The Missing Link: Financial Development and Technology in Southeast Asia." Brink Asia, Feb. 23, 2017. http://www.brinknews.com/asia/the-missing-link-financial-development-and-technology-in-southeast-asia/.

King, Stephen D. *Grave New World: The End of Globalization, the Return of History.* New Haven, CT: Yale University Press, 2017.

Kissinger, Henry. *On China.* New York: Penguin, 2011.

——. *World Order.* New York: Penguin, 2014.

Koo, Richard C. *The Other Half of Macroeconomics and the Fate of Globalization.* London: John Wiley & Sons, 2018.

Korolev, Alexander. "The Strategic Alignment Between Russia and China: Myths and Reality." Lee Kuan Yew School of Public Policy Research Paper no. 15–19, April 15, 2015.

——, and Jing Huang, eds. *International Cooperation in the Development of Russia's Far East and Siberia.* New York: Springer, 2015.

Kroeber, Arthur. *China's Economy: What Everyone Needs to Know.* New York: Oxford University Press, 2016.

Kulke, Hermann. "The Naval Expeditions of the Cholas in the Context of Asian History." In *Nagapattinam to Suvarnadwipa: Reflections on the Chola Naval Expeditions to Southeast Asia*, ed. Hermann Kulke, K. Kesavapany, and Vijay Sakhuja. Singapore: ISEAS-Yusof Ishak Institute, 2009.

Kumar, Niraj. *Asia in Post-Western Age.* New Delhi: KW Publishers, 2014.

Kushida, Kenji. "Japan's Startup Ecosystem: From Brave New World to Part of Syncretic 'New Japan.'" *Asian Research Policy* 7, no. 1 (2016): 66–77.

Kynge, James. *China Shakes the World: A Titan's Breakneck Rise and Troubled Future.* New York: Houghton Mifflin, 2006.

Lach, Donald F. *Asia in the Making of Europe.* Vol. 1: *The Century of Discovery.* Chicago: University of Chicago Press, 1965.

Lahoud, Nelly, and Anthony H. Johns, eds. *Islam in World Politics.* New York: Routledge, 2005.

Lai, Walton Look, and Tan Chee-Beng, eds. *The Chinese in Latin America and the Caribbean.* New York: Brill, 2010.

Lal, Vinay. *Empire and Knowledge: Culture and Plurality in the Global Economy.* London: Pluto Press, 2002.

Landes, David S. *The Wealth and Poverty of Nations: Why Some Are So Rich and Some So Poor.* New York W. W. Norton, 1998.

——, eds. *The Political Economy of Pacific Russia: Regional Developments in East Asia.* New York: Palgrave Macmillan, 2017.

Hu-DeHart, Evelyn, and Kathleen López. "Asian Diasporas in Latin America and the Caribbean: An Historical Overview." *Afro-Hispanic Review* 27, no. 1 (2008): 9–21.

Huebner, Stefan. *Pan-Asian Sports and the Emergence of Modern Asia, 1913–74.* Singapore: National University of Singapore Press, 2016.

Huntington, Samuel P. *The Clash of Civilizations and the Remaking of World Order.* New York: Simon & Schuster, 1996.

Ikeda, Satoshi. "The History of the Capitalist World-System vs. the History of East-Southeast Asia." *Review* 19, no. 1 (1996): 49–77.

Ito, Takatoshi, Hugh Patrick, and David E. Weinstein, eds. *Reviving Japan's Economy: Problems and Prescriptions.* Cambridge, MA: MIT Press, 2005.

Jansen, Marius B. *The Making of Modern Japan.* Cambridge, MA: Harvard University Press, 2000.

Jaros, Kyle A. "Urban Champions or Rich Peripheries? China's Spatial Development Dilemmas." Harvard Kennedy School Ash Center for Democratic Governance and Innovation, April 2016. http://ash.harvard.edu/files/ash/files/261226_ash_jaros_web.pdf?m=1461696669.

Johnston, Alastair I. *Cultural Realism: Strategic Culture and Grand Strategy in Chinese History.* Princeton, NJ: Princeton University Press, 1995.

Joseph, Mathew C. "China-South Asia Strategic Engagements–2: Bhutan-China Relations." National University of Singapore Institute of South Asian Studies Working Paper no. 157, August 23, 2012. https://www.files.ethz.ch/isn/152366/ISAS_Working_Paper_157_-_Bhutan_-_China_23082012174042.pdf.

Kang, David C. *East Asia Before the West: Five Centuries of Trade and Tribute.* New York: Columbia University Press, 2012.

——. "Hierarchy and Legitimacy and International Systems: The Tribute System in Early Modern Asia," *Security Studies* 4, no. 19 (2010): 591–622.

——. "Why Was There No Religious War in Premodern East Asia?" *European Journal of International Relations* 20, no. 4 (2014): 965–86.

Kaplan, Robert D. *Marco Polo's World: War, Strategy, and American Interests in the 21st Century.* New York: Random House, 2018.

——. *Monsoon: The Indian Ocean and the Future of American Power.* New York: Random House, 2010.

Katzenstein, Peter J., ed. *Sinicization and the Rise of China: Civilizational Processes Beyond East and West.* City: Routledge, 2013.

——, and Takashi Shiraishi, eds. *Beyond Japan: The Dynamics of East Asian Regionalism.* New York: Cornell University Press, 2006.

Gupta, Anil K., Girija Pande, and Haiyan Wang. *The Silk Road Rediscovered: How Indian and Chinese Companies are Becoming Globally Stronger by Winning in Each Other's Markets*. London: Jossey-Bass, 2014.

Hamid, Shadi, and William McCants, eds. *Rethinking Political Islam*. New York: Oxford University Press, 2017.

Hansen, Valerie. *The Silk Road: A New History*. New York: Oxford University Press, 2012.

Hardy, Alfredo Toro. *Understanding Latin America: A Decoding Guide*. London: World Scientific, 2017.

He, Baogang. *Contested Ideas of Regionalism in Asia*. New York: Routledge, 2017.

Hellenthal, Garrett, George B. J. Busby, Gavin Band, James F. Wilson, et al. "A Genetic Atlas of Human Admixture History." *Science* 343, no. 6172 (2014): 747–51.

Herberg-Rothe, Andreas, and Key-young Son. *Order Wars and Floating Balance: How the Rising Powers Are Reshaping Our Worldviews in the Twenty-first Century*. New York: Routledge, 2017.

Hobsbawm, Eric J. *The Age of Empire, 1875–1914*. New York: Pantheon, 1987.

Hodgson, Marshall G. S. *Islam: Conscience and History in a World Civilization*. Chicago: University of Chicago Press, 1974.

——. *Rethinking World History: Essays on Europe, Islam and World History*. Cambridge, UK: Cambridge University Press, 1993.

Holcombe, Charles. *The Genesis of East Asia, 221 B.C.–A.D. 907*. Ann Arbor: Association for Asian Studies and University of Hawai'i Press, 2001.

——. *A History of East Asia: From the Origins of Civilization to the Twenty-first Century*. Cambridge, UK: Cambridge University Press, 2010.

Hong, Euny. *The Birth of Korean Cool: How One Nation Is Conquering the World Through Pop Culture*. London: Picador, 2014.

Hoodbhoy, Pervez. "Saudizing Pakistan: How Pakistan Is Changing and What This Means for South Asia and the World" In *Routledge Handbook of Contemporary Pakistan*, ed. Aparna Pande. Abingdon, UK: Routledge, 2018.

Hopkins, Antony G., ed. *Globalization in Word History*. London: Palgrave Macmillan, 2006.

Hopkirk, Peter. *The Great Game: The Struggle for Empire in Central Asia*. London: Kodansha International, 1992.

Horsley, Jamie P. "Will Engaging China Promise Good Governance?" Brookings Institution John L. Thornton China Center Strategy Paper no. 2, Jan. 2017. https://www.brookings.edu/wp-content/uploads/2017/01/fp_201701_will_engaging_china_promote_good_governance2.pdf.

Huang, Jing, and Alexander Korolev, eds. *International Cooperation in the Development of Russia's Far East and Siberia*. New York: Palgrave Macmillan, 2015.

Ferchen, Matt. "China, Economic Development, and Global Security: Bridging the Gaps." Carnegie-Tsinghua Center for Global Policy, December 2016. https://carnegieendowment.org/files/CP_289_Ferchen_China_Final.pdf.

Fingar, Thomas. *The New Great Game: China and South and Central Asia in the Era of Reform*. Stanford, CA: Stanford University Press, 2016.

Flanagan, Owen. *The Geography of Morals: Varieties of Moral Possibility*. New York: Oxford University Press, 2017.

Frank, Andre Gunder, and Barry Hills, eds. *The World System: Five Hundred Years or Five Thousand?* New York Routledge, 1994.

Frankopan, Peter. *The Silk Roads: A New History of the World*. London: Bloomsbury, 2015.

Freier, Nathan P. "At Our Own Peril: DoD Risk Assessment in a Post-Primacy World." Strategic Studies Institute and Army War College Press, June 2017. https://ssi.armywarcollege.edu/pdffiles/PUB1358.pdf.

French, Howard. *Everything Under the Heavens: How the Past Helps Shape China's Push for Global Power*. New York: Victoria Scribe Publications, 2017.

Friedrich, Johannes, Mengpin Ge, and Thomas Damassa. "Infographic: What Do Your Country's Emissions Look Like?" World Resources Institute, June 23, 2015. http://www.wri.org/blog/2015/06/infographic-what-do-your-countrys-emissions-look.

Frost, Ellen L. *Asia's New Regionalism*. Boulder: Lynne Rienner Publishers, 2008.

Fujitani, Takashi. *Race for Empire: Koreans as Japanese and Japanese as Americans During World War II*. Berkeley: University of California Press, 2013.

Fukuyama, Francis. *Political Order and Political Decay: From the Industrial Revolution to the Globalization of Democracy*. New York: Farrar, Straus and Giroux, 2014.

Fuller, Graham. *World Without Islam*. San Francisco: Back Bay, 2012.

Gabuev, Alexander. "China and Russia: Friends with Strategic Benefits." The Lowy Institute, April 7, 2017. https://www.lowyinstitute.org/the-interpreter/china-and-russia-friends-strategic-benefits.

Gerges, Fawaz. *Journey of the Jihadist: Inside Muslim Militancy*. New York: Houghton Mifflin Harcourt, 2006.

Golden, Peter B. *Central Asia in World History*. London: Oxford University Press, 2011.

Goody, Jack. "Eurasia and East-West Boundaries," *Diogenes* 50, no. 4 (2003): 115–18.

——. *The Eurasian Miracle*. New York Wiley, 2013.

Gordon, Andrew. *A Modern History of Japan: From Tokugawa Times to the Present*. New York: Oxford University Press, 2003.

Graham, Allison. *Destined For War: Can America and China Escape Thucydides's Trap?* New York: Houghton Mifflin Harcourt, 2017.

Green, Michael. *By More than Providence: Grand Strategy and American Power in the Asia Pacific Since 1783*. New York: Columbia University Press, 2017.

Cunningham, Edward. "China's Most Generous: Understanding China's Philanthropic Landscape." Harvard Kennedy School Ash Center for Democratic Governance and Innovation, 2015. http://ash.harvard.edu/files/ash/files/china_philanthropy_report_final.pdf?m=1453851156.

Daly, Jonathan. *The Rise of Western Power: A Comparative History of Western Civilization.* London: Bloomsbury, 2013.

Desvaux, Georges, Jonathan Woetzel, Tasuku Kuwabara, Michael Chui, et al. "How a Private-Sector Transformation Could Revive Japan." McKinsey Global Institute, March 2015. https://www.mckinsey.com/featured-insights/employment-and-growth/how-a-private-sector-transformation-could-revive-japan.

Di Cosmo, Nicola. *Ancient China and Its Enemies: The Rise of Nomadic Power in East Asian History.* Cambridge, UK: Cambridge University Press, 2002.

Dikotter, Frank. *Mao's Great Famine: The History of China's Most Devastating Catastrophe, 1958–62.* London: Bloomsbury Publishing, 2010.

Dollar, David. "China as a Global Investor." Brookings Institution Asia Working Group Paper 4, May 2016.

Donald S. Lopez, Jr. *Living in the Chinese Cosmos: Understanding Religion in Late-Imperial China (1644–1911).* Princeton, NJ: Princeton University Press, 1996.

Dower, John. *Embracing Defeat: Japan in the Wake of World War II.* New York: W. W. Norton, 1999.

Duara, Prasenjit. *The Crisis of Global Modernity: Asian Traditions and a Sustainable Future.* Cambridge, UK: Cambridge University Press, 2015.

Dychtwald, Zak. *Young China: How the Restless Generation Will Change Their Country and the World.* New York: St. Martin's Press, 2018.

Ebinger, Charles K. "India's Energy and Climate Policy: Can India Meet the Challenge of Industrialization and Climate Change?" Brookings Institution Energy Security and Climate Initiative Policy Brief 16-01, June 2016. https://www.brookings.edu/wp-content/uploads/2016/07/india_energy_climate_policy_ebinger.pdf.

Economy, Elizabeth, and Michael Levi. *By All Means Necessary: How China's Resource Quest Is Changing the World.* New York: Oxford University Press, 2014.

Ehteshami, Anoushiravan. *Dynamics of Change in the Persian Gulf: Political Economy, War and Revolution.* New York: Routledge, 2013.

Eichengreen, Barry, and Masahiro Kawai, eds. *Renminbi Internationalization: Achievements, Prospects, and Challenges.* Washington, DC: Brookings Institution Press, 2015.

Ellis, Peter, and Mark Roberts. *Leverage Urbanization in South Asia: Managing Spatial Transformation for Prosperity and Livability.* Washington, DC: World Bank, 2015.

Emmerson, Donald K. "ASEAN Between China and America: Is It Time to Try Horsing the Cow?" *TRaNS: Trans-Regional and National Studies of Southeast Asia* 5, no. 1 (2017): 1–23.

Brautigam, Deborah. *Will Africa Feed China?* New York: Oxford University Press, 2015.

Brierley, Saroo. *A Long Way Home: A Memoir.* New York: Penguin Books, 2014.

Bulman, David J. "Governing for Growth and the Resilience of the Chinese Communist Party." Harvard Kennedy School Ash Center for Democratic Governance and Innovation, April 2016. http://ash.harvard.edu/files/ash/files/261226_ash_bulman_web.pdf?m=1461352909.

Bunton, Martin, and William L. Cleveland. *A History of the Modern Middle East.* New York: Avalon Publishing, 2009.

Buzan, Barry. *Regions and Powers: The Structure of International Security.* Cambridge, UK: Cambridge University Press, 2003.

——, and Richard Little. *International Systems in World History: Remaking the Study of International Relations.* London: Oxford University Press, 2000.

Chakravorty, Sanjoy, Devesh Kapur, and Nirvikar Singh. *The Other One Percent: Indians in America.* New York: Oxford University Press, 2017.

Chaudhuri, Kirti N. *Asia Before Europe: Economy and Civilisation of the Indian Ocean from the Rise of Islam to 1750.* Cambridge, UK: Cambridge University Press, 1990.

Chellaney, Brahma. *Water, Peace, and War: Confronting the Global Water Crisis.* New York: Rowman & Littlefield, 2013.

Chong, Ja Ian. "Diverging Paths? Singapore-China Relations and the East Asian Maritime Domain." Maritime Awareness Project. April 26, 2017. http://maritimeawarenessproject.org/wp-content/uploads/2017/04/analysis_chong_04262017-1.pdf.

Chou, Rosalind, and Joe Feagin. *Myth of the Model Minority: Asian Americans Facing Racism.* New York: Paradigm Publishers, 2008.

Chua, Beng Huat. *Liberalism Disavowed: Communitarianism and State Capitalism in Singapore.* Singapore: National University of Singapore Press, 2017.

Clarke, Michael E. *Xinjiang and China's Rise in Central Asia–A History.* City: Routledge, 2011.

Coedès, George. Walter F. Vella, ed., Susan Brown Cowing, trans. *The Indianized States of Southeast Asia.* Manoa: University of Hawai'i Press, 1968.

Cohen, Warren I. *East Asia at the Center.* New York: Columbia University Press, 2000.

Cole, Bernard. *China's Quest for Great Power: Ships, Oil and Foreign Policy.* Annapolis: Naval Institute Press, 2016.

Coll, Steve. *Directorate S: The CIA and America's Secret Wars in Afghanistan and Pakistan.* New York: Penguin, 2018.

Conrad, Sebastian. *What Is Global History?* Princeton, NJ: Princeton University Press, 2016.

Cotterell, Arthur. *A History of Southeast Asia.* London: Marshall Cavendish, 2014.

—— and Asian Development Bank Institute. *Infrastructure for a Seamless Asia*. Manila: Asian Development Bank Institute, 2009.

Auslin, Michael. *The End of the Asian Century: War, Stagnation, and Risks to the World's Most Dynamic Region*. New Haven, CT: Yale University Press, 2017.

Ayoob, Mohammed. *Will the Middle East Implode?* London: Polity, 2014.

Ayres, Alyssa. *Our Time Has Come: How India Is Making its Place in the World*. New York: Oxford University Press, 2017.

Bagchi, Prabodh Chandra. *India and China: Interactions Through Buddhism and Diplomacy–A Collection of Essays by Professor Prabodh Chandra Bagchi*. Compiled by Bangwei Wang and Tansen Sen. Delhi: Anthem Press India, 2012.

Balazs, Étienne. *Chinese Civilization and Bureaucracy: Variations on a Theme*. Trans. H. M. Wright. New Haven, CT: Yale University Press, 1964.

Balwin, Richard E. *The Great Convergence: Information Technology and the New Globalization*. Cambridge, MA: Harvard University Press, 2016.

Banomyong, Ruth. "Supply Chain Dynamics in Asia," ADBI Working Paper no. 184, Asian Development Bank Institute, January 2010. https://www.adb.org/sites/default/files/publication/156039/adbi-wp184.pdf.

Basu, Prasenjit K. *Asia Reborn: A Continent Rises from the Ravages of Colonialism and War to a New Dynamism*. New Delhi: Aleph, 2017.

Bayly, Christopher. *The Birth of the Modern World, 1789–1914*. London: Blackwell, 2004.

Beckwith, Christopher I. *Empires of the Silk Road: A History of Central Eurasia from the Bronze Age to the Present*. Princeton, NJ: Princeton University Press, 2011.

Bell, Daniel. *The China Model: Political Meritocracy and the Limits of Democracy*. Princeton, NJ: Princeton University Press, 2015.

Benedict, Ruth. *The Chrysanthemum and the Sword*. New York: Houghton, Mifflin, 1946.

Bennett, Bruce W. "Preparing North Korean Elites for Unification." Santa Monica, CA: RAND Corporation, 2017.

Berger, Mark. *The Battle for Asia: From Decolonization to Globalization*. New York: Routledge, 2004.

Bestor, Theodore C. *Tsukiji: The Fish Market at the Center of the World*. Berkeley: University of California Press, 2004.

Bhabha, Homi K. *The Location of Culture*. New York: Routledge, 1994.

Biran, Michael, and Amitai Reuvan. *Nomads as Agents of Cultural Change: The Mongols and Their Eurasian Predecessors*. Manoa: University of Hawai'i Press, 2014.

Bose, Sugata. *A Hundred Horizons: The Indian Ocean in the Age of Global Empire*. Cambridge, MA: Harvard University Press, 2006.

Bourdaghs, Michael. *Sayonara Amerika, Sayonara Nippon: A Geopolitical Prehistory of J-Pop*. New York: Columbia University Press, 2012.

參考書目

Abu-Lughod, Janet L. *Before European Hegemony: The World System, A.D. 1250–1350.* London: Oxford University Press, 1989.

Acharya, Amitav. "Asia Is Not One." *Journal of Asian Studies* 69, no. 4 (2010): 1001–13.

——. *The End of American World Order.* London: Polity Press, 2014.

——, and Barry Buzan. *Non-Western International Relations Theory: Perspectives on and Beyond Asia.* City: Routledge, 2010.

Alden, Edward. *Failure to Adjust: How Americans Got Left Behind in the Global Economy.* New York: Rowan and Littlefield, 2016.

Alexievich, Svetlana. *Secondhand Time: The Last of the Soviets.* New York: Random House, 2017.

Allen, Barry. *Vanishing into Things: Knowledge in Chinese Tradition.* Cambridge, MA: Harvard University Press, 2015.

Allison, Graham, Robert D. Blackwill, Henry Kissinger, and Ali Wyne. *Lee Kuan Yew: The Grand Master's Insights on China, the United States, and the World.* Cambridge, MA: MIT Press, 2012.

Amrith, Sunil. *Crossing the Bay of Bengal: The Furies of Nature and the Fortunes of Migrants.* Cambridge, MA: Harvard University Press, 2013.

——. *Migration and Diaspora in Modern Asia.* Cambridge, UK: Cambridge University Press, 2011.

Amyx, Jennifer, and Peter Drysdale, eds. *Japanese Governance: Beyond Japan Inc.* New York: Routledge, 2003.

Asian Development Bank. *Asian Development Outlook 2014: Fiscal Policy for Inclusive Growth.* Manila: Asian Development Bank, 2014.

——. *Asian Development Outlook 2016: Asia's Potential Growth.* Manila: Asian Development Bank, 2016.

——. *Asian Economic Integration Report 2016: What Drives Foreign Direct Investment in Asia and the Pacific?* Manila: Asian Development Bank, 2016.

和一八九八年美國在菲律賓打敗西班牙後，就在太平洋地區的存在逐漸增長。

結語｜亞洲的全球前景

1. Henry Kissinger, *World Order* (New York: Penguin Press, 2014)。

達人口的一六%。

6. Jung-Mee Hwang, "Local Citizenship and Policy Agenda for 'Foreign Residents' in East Asia," in *Multicultural Challenges and Sustainable Democracy in Europe and East Asia*, ed. Nam-Kook Kim (New York: Palgrave Macmillan, 2014), 129-52。
7. Katharine H. S. Moon, "South Korea's Demographic Changes and Their Potential Impact," East Asia Policy Paper no. 6, Brookings Institution, October 2015, https://www.brookings.edu/wp-content/uploads/2016/06/South-Koreas-demographic-changes-and-their-political-impact.pdf。
8. 不過，在此應該指出，許多嫁給韓國男性的中國女性是韓裔中國人，即所謂的朝鮮族。一九九二年開始，韓國政府實施從中國引進朝鮮族女性的政策，很快就擴大為有執照的婚姻介紹所和沒有執照的婚姻旅遊掮客賺錢的生意。
9. Mark" Hudson and Mami Aoyama, "Views of Japanese Ethnic Identity Amongst Undergraduates in Hokkaido," *The Asia-Pacific Journal* 4, no. 5 (2006)。
10. Heidi Østbø Haugen, "Destination China: The Country Adjusts to Its New Migration Reality," Migration Policy Institute, March 4, 2015, https://www.migrationpolicy.org/article/destination-china-country-adjusts-its-new-migration-reality。
11. 以民眾回答「是否能接受其他宗教或種族的人作為鄰居」的問題來判斷，阿拉伯人表現出的種族歧視感居全球之冠。參考 Roberto Foa, "Creating an Inclusive Society: Evidence from Social Indicators and Trends," presention at the UN Department of Economic and Social Affairs Expert Group Meeting, 2015。
12. UN World Tourism Organization, *UNWTO World Tourism Barometer*, vol. 15, March 2017, http://cf.cdn.unwto.org/sites/all/files/pdf/unwto_barom17_02_mar_excerpt_.pdf。
13. 印度語寶萊塢電影佔印度每年製作二千部電影中的不到一半，歷來票房最高的電影是泰盧固語（Telugu）電影《帝國戰神》（*Baahubali*）（第一集和第二集）。
14. R. Viswanathan, "India and Latin America: A New Perception and a New Partnership," Elcano Royal Institute, July 22, 2014, https://www.files.ethz.ch/isn/182336/ARI37-2014-Viswanathan-India-Latin-America-new-perception-new-partnership.pdf。
15. 值得一提的是，歷史上專以「亞洲」為主題的西方期刊涵蓋整個亞洲地理區，而不只是東亞。最顯著的是《英國皇家亞洲學會期刊》（*British Journal of the Royal Asiatic Society*）從一八三四年開始刊出從阿拉伯半島到東南亞各文化的文學和藝術文章。《荷蘭皇家東南亞及加勒比海地區研究所》（*The Royal Netherlands Institute of Southeast Asian and Caribbean Studies*）由萊登大學發行，從一八五一年就匯集特別是印尼的人類學材料，且成為該區域研究人員的重要刊物。第一份涵蓋較廣亞洲地理區的美國刊物取名為《亞洲》（*Asia*），是美國亞洲學會的期刊。從一九二〇到一九四〇年代，它提供有關歐洲帝國的陰謀操縱，以及美國對這個地區的覬覦，

2018, https://www.washingtonpost.com/news/theworldpost/wp/2018/04/02/xi-term-limits/?utm_term=.8b093d3d5c96。

16. Daniel Bell, *The China Model: Political Meritocracy and the Limits of Democracy* (Princeton University Press, 2015)。
17. 據世界銀行的全球治理指標（WGI），大多數亞洲國家從二〇一〇到二〇一六年在國家能力指數上呈現穩定進步，其中改善最多的國家是中國、印尼、泰國、沙烏地阿拉伯、越南、伊朗、哈薩克和阿拉伯聯合大公國。退步最多的國家是土耳其和馬來西亞。
18. Edmund Malesky, "Sincere Preference by Default: An Alternative Theory of Public Support for Party Labels in Single-Party Regimes," Presentation at Yale-NUS College, Singapore, November 22, 2017。
19. Tonia E. Ries, David M. Bersoff, et al., 2018 *Edelman Trust Barometer*, Edelman, 2018, p. 6。
20. Tatyana Stanovaya, "Rotating the Elite: The Kremlin's New Personnel Policy," Carnegie Moscow Center, Jan. 30, 2018, http://carnegie.ru/2018/01/30/rotating-elite-kremlin-s-new-personnel-policy-pub-75379。
21. Neil Buckley, "Once-Repressive Uzbekistan Begins a Post-Karimov Opening," *Financial Times*, Feb. 12, 2018, https://www.ft.com/content/6c37419c-0cbf-11e8-8eb7-42f857ea9f09。
22. US Department of State, *Trafficking in Persons Report, June 2017*, https://www.state.gov/documents/organization/271339.pdf。
23. Danny Quah, "When Open Societies Fail," *Global Policy Journal*, Nov. 7, 2017, https://www.globalpolicyjournal.com/blog/07/11/2017/when-open-societies-fail。

Chapter 10 ｜亞洲邁向全球化：文明的融合

1. Hyuk-Rae Kim and Ingyu Oh, "Migration and Multicultural Contention in East Asia," *Journal of Ethnic and Migration Studies* 37, no. 10 (2011): 1563-81。
2. 在二〇一七年，美中經濟與安全審查委員會建議中國的新聞記者重新歸類並登記為外國代理人。
3. Jonathan McClory, "The Soft Power 30: Global Ranking of Soft Power," Portland Communications and USC Center on Public Diplomacy, 2017, https://softpower30.com/wp-content/uploads/2017/07/The-Soft-Power-30-Report-2017-Web-1.pdf。
4. Kai-Ping Huang and Bridget Welsh, "Trends in Soft Power in East Asia: Distance, Diversity and Drivers," *Global Asia* 12, no. 1 (2017): 112-17。
5. 印度人也佔科威特人口的二二%，和各佔阿曼人口和巴林人口的二〇%，以及佔卡

World Inequality Report (Cambridge, MA: Belknap Press, 2018)。

5. 麥肯錫公司前首席經濟學家James Henry曾寫過，美國對白領犯罪的刑法是一套「有組織的有罪不罰體系」，在這個體系中，前二十大西方銀行和數十家會計和顧問公司共謀從事數百樁大規模的金融犯罪，導致一九九八到二〇一七年間遭三千億美元的罰款，但沒有一家公司被吊銷營業執照，且沒有一個資深主管因而入獄。相反的，犯罪者透過美國「銀行黑幫」系統的旋轉門變成監管者。參考 James S. Henry, "The Economics of the Global `Bankster' Crime Wave," *The American Interest*, Oct. 25, 2017, https://www.the-american-interest.com/2017/10/25/economics-global-bankster-crime-wave/。
6. Roberto Stefan Foa and Yascha Mounk, "The Signs of Deconsolidation," *Journal of Democracy* 28, no. 1 (2017): 5-16。
7. Woodrow Wilson, "The Study of Administration," *Political Science Quarterly* 2, no. 2 (1887)。
8. 我在二〇一二年遷移到新加坡之前就提出這個看法。例如，我的書《第二世界》（*The Second World*）（2008）的標題是 "Singapore: Asia's First-World Inspiration"。
9. Peter Ho, "The Challenge of Governance in a Complex World," IPS-Nathan Lecture Series, Singapore, May 17, 2017。
10. Philip Tetlock, *Expert Political Judgment* (Princeton, NJ: Princeton University Press, 2017)。
11. Chua Beng Huat, *Liberalism Disavowed: Communitarianism and State Capitalism in Singapore* (National University of Singapore Press, 2017)。
12. Cheng Li and Lucy Xu, "The Rise of State-Owned Enterprise Executives in China's Provincial Leadership," Brookings Institution, Feb. 22, 2017, https://www.brookings.edu/opinions/the-rise-of-state-owned-enterprise-executives-in-chinas-provincial-leadership/; Cheng Li and Lucy Xu, "Chinese Think Tanks: A New 'Revolving Door' for Elite Recruitment," Brookings Institution, Feb. 10, 2017, https://www.brookings.edu/opinions/chinese-think-tanks-a-new-revolving-door-for-elite-recruitment/; David J. Bulman, "Governing for Growth and the Resilience of the Chinese Communist Party," Harvard Kennedy School Ash Center for Democratic Governance and Innovation, April 2016, http://ash.harvard.edu/files/ash/files/261226_ash_bulman_web.pdf?m=1461352909。
13. Jessica Teets, "Let Many Civil Societies Bloom: The Rise of Consultative Authoritarianism in China," *China Quarterly*, March 2013。
14. Sebastian Heilmann and Matthias Stepan, eds., *China's Core Executive: Leadership Styles, Structures and Processes Under XiJinping*, Mercator Institute for China Studies, June 2016, https://www.merics.org/sites/default/files/2018-01/MPOC_ChinasCoreExecutive.pdf。
15. Eric X. Li, "Why Xi's Lifting of Term Limits is a Good Thing," *Washington Post*, April 2,

7. Kevin P. Gallagher, "China Steps into the Latin American Void Trump Has Left Behind," *Foreign Policy*, March 6, 2017, https://foreignpolicy.com/2017/03/06/china-steps-into-the-latin-american-void-trump-has-left-behind/。
8. "China Makes a Power Play in Brazil and Argentina," Stratfor, June 2, 2017, https://worldview.stratfor.com/article/china-makes-power-play-brazil-and-argentina。
9. Philippe Le Corre, Yun Sun, Amadou Sy, and Harold Trinkunas, "Other Perceptions of China: Views from Africa, Latin America, and Europe," Brookings Institution, May 27, 2015, https://www.brookings.edu/blog/order-from-chaos/2015/05/27/other-perceptions-of-china-views-from-africa-latin-america-and-europe/。
10. Zhang Chun, "Latin America's Oil-Dependent States Struggling to Repay Chinese Debts," Chinadialogue, April 12, 2017, https://www.chinadialogue.net/article/show/single/en/9730-Latin-America-s-oil-dependent-states-struggling-to-repay-Chinese-debts。
11. R. Viswanathan, "Trump Triggers Greater Latin American Interest in India," The Wire, March 9, 2017, https://thewire.in/external-affairs/donald-trump-triggers-greater-latin-american-interest-in-india。
12. Akio Hosono, "Asia-Pacific and Latin America: Dynamics of Regional Integration and International Cooperation," UN ECLAC International Trade Series no. 132, 2017, https://repositorio.cepaLorg/bitstream/handle/11362/41813/1/S1700439_en.pdf。
13. Antoni Estevadeordal, "How Trade, Investment, and Cooperation Between Japan and Latin America and the Caribbean Can Inspire Our Future Trade Relationship with Africa," Brookings Institution, Dec. 22, 2016, https://www.brookings.edu/blog/up-front/2016/12/22/how-trade-investment-and-cooperation-between-japan-and-latin-america-and-the-caribbean-can-inspire-our-future-trade-relationship-with-asia/。

Chapter 9 ｜亞洲技術官僚統治的未來

1. "Dangerous World 2017," IPSOS, June 14, 2017, https://www.ipsos.com/en/dangerous-world-2017。
2. Justin McCarthy, "In U.S., 65% Dissatisfied with How Gov't System Works," Gallup, Jan. 22, 2014, https://news.gallup.com/poll/166985/dissatisfied-gov-system-works.aspx。
3. Martin Gilens and Benjamin I. Page, "Testing Theories of American Politics: Elites, Interest Groups, and Average Citizens," *Perspectives on Politics* 12, no. 3, (2014): 564-81。
4. John Helliwell, Richard Layard, and Jeffrey Sachs, eds., *World Happiness Report 2017*, Sustainable Development Solutions Network, 2017, https://s3.amazonaws.com/happiness-report/2017/HR17.pdf; Facundo Alvaredo, Lucas Chancel, Thomas Piketty, et al., eds.,

Migration, http://gmdaciom.int/global-migration-trends-factsheet。

10. 他的祖父艾拉・甘地（Ela Gandhi）一九九四年被選為南非結束種族隔離後的第一屆國會議員。
11. Yun Sun, "Rising Sino-Japanese Competition in Africa," Brookings Institution, Aug. 31, 2016, https://www.brookings.edu/blog/africa-in-focus/2016/08/31/rising-sino-japanese-competition-in-africa/。
12. Wade Shepard, "India and Japan Join Forces to Counter China and Build Their Own New Silk Road," *Forbes*, July 31, 2017, https://www.forbes.com/sites/wadeshepard/2017/07/31/india-and-japan-join-forces-to-counter-china-and-build-their-own-new-silk-road/#563e3aeb4982。
13. Amadou Sy, "What Do We Know About the Chinese Land Grab in Africa?," Brookings Institution, Nov. 5, 2015, https://www.brookings.edu/blog/africa-in-focus/2015/11/05/what-do-we-know-about-the-chinese-land-grab-in-africat/。
14. Lily Kuo, "China's Xi Jinping Pledges $60 Billion to Help Africa Solve Its Problems Its Own Way," *Quartz*, December 4, 2015, https://qz.com/africa/565819/chinas-xi-jinping-pledges-60-billion-to-help-africa-solve-its-problems-its-own-way/。

Chapter 8 ｜**新太平洋夥伴關係**

1. 在美國退出後，跨太平洋夥伴協議（TPP）被跨太平洋夥伴全面進步協定（CPTPP）取代。
2. Rosalind Mowatt, "Trade Policy Issues in Latin America and the Caribbean: Views from Country Authorities and Current State of Pay," International Monetary Fund, March 2017, https://www.imforg/7media/Files/Publications/CR/2017/cr1766-ap-1.ashx, p. 11。
3. 黃豆是豆腐的主要成分之一，也是烹飪油的原料，亦可壓榨成豆粉當作雞、豬和魚的飼料。
4. Daniel Bellefleur, "Spanning the Economic Gap Between Asia and Latin America," *The Diplomat*, March 16, 2017, https://thediplomat.com/2017/03/spanning-the-economic-gap-between-asia-and-latin-america/。
5. Peter A. Petri and Michael G. Plummer, "US Must Get Back into the Game in the Asia Pacific," Peterson Institute for International Economics, Oct. 23, 2017, https://piie.com/commentary/op-eds/us-must-get-back-game-asia-pacific。
6. David Dollar, "China's Investment in Latin America," Geoeconomics and Global Issues Paper no. 4, Brookings Institution, January 2017, https://www.brookings.edu/wp-content/uploads/2017/01/fp_201701_china_investment_lat_am.pdf。

www.wttc.orgHmedia/files/reports/economic-impact-research/countries-2017/iran2017.pdf。

14. 歐盟已把高達二〇%的科學與研究援款給非歐盟實體，特別是給亞洲實體，促成愈來愈多學術交流和知識合作。

Chapter 7 ｜歐亞非大陸的復興

1. 不過，波斯灣國家顯然未協調它們的非洲政策。在二〇一七年波斯灣合作理事會國家與卡達的爭端中，衣索比亞、蘇丹和索馬利亞等國陷入外交的交火中，被迫在已成為該區域主要政治勢力和援助國的卡達，與向來是主要貿易夥伴的沙烏地阿拉伯之間選邊站。
2. Irene Yuan Sun, "The World's Next Great Manufacturing Center," *Harvard Business Review*, May-June 2017, https://hbr.org/2017/05/the-worlds-next-great-manufacturing-center。
3. Yoon Jung Park, "One Million Chinese in Africa," *SAIS Perspectives*, May 12, 2016, http://www.saisperspectives.com/2016issue/2016/5/12/n947s9csa0ik6kmkm0bzb0hy584sfo。
4. Jacqueline Musiitwa, "Despite Slowdown, China's Migrants Rooted in Africa," *This is Africa*, March 30, 2016, https://www.thisisafricaonline.com/News/Despite-slowdown-China-s-migrants-rooted-in-Africa?ct=true。
5. Tom Hancock, "Chinese Return from Africa as Migrant Population Peaks," *Financial Times*, Aug. 28, 2017, https://wwwit.com/content/7106ab42-80d1-11e7-a4ce-15b2513cb3ff。
6. Lily Kuo, "China Now Owns More Than Half of Kenya's External Debt," Quartz Africa, June 15, 2016, https://qz.com/africa/707954/china-now-owns-more-than-half-of-all-of-kenyas-debt-2/。
7. Pavithra Rao and Franck Kuwonu, "India, Africa Rekindle Trade Ties," *AfricaRenewal*, August-November 2016, https://www.un.org/africarenewal/magazine/august-2016/india-africa-rekindle-trade-ties; "China, Africa Trade, Investment 'Off to a Flying Start' in 2017," Reuters, May 11, 2017, https://af.reuters.com/article/africaTech/idAFKBN1870LJ-OZATP。
8. "Data: Chinese Workers in Africa," China Africa Research Initiative, January 2018, http://www.sais-cari.org/data-chinese-workers-in-africa/; Deborah Brautigam, Margaret McMillan, and Xiaoyang Tang, "The Role of Foreign Investment in Ethiopia's Leather Value Chain," PEDL Research Note, ERG Project 106, 2013, https://cms.qz.com/wp-content/uploads/2016/11/08072-researchnote_brautigam_mcmillan_tang.pdf, p. 1。
9. Rao and Kuwonu, "India, Africa Rekindle Trade Ties"; IOM Global Migration Data Analysis Centre, "Global Migration Trends Factsheet," International Organization for

Chapter 6 ｜為什麼歐洲愛亞洲，但（還）不愛亞洲人

1. Wilhelm Hofmeister and Patrick Rueppel, eds., "The Future of Asia-Europe Cooperation," Konrad-Adenauer Stifung and European Union, 2015, http://www.kas.de/wf/doc/kas_40559-1522-2-30.pdf?160317100039, p. 6。
2. Max Bouchet and Joseph Parilla, "How Trump's Steel and Aluminum Tariffs Could Affect State Economies," Brookings Institution, March 6, 2018, https://www.brookings.edu/blog/the-avenue/2018/03/06/how-trumps-steel-and-aluminum-tariffs-could-affect-state-economies/。
3. "Countries and Regions: China," European Commission, April 16, 2018, http://ec.europa.eu/trade/policy/countries-and-regions/countries/china/。
4. European Central Bank, "ECB Completes Foreign Reserves Investment in Chinese Renminbi Equivalent to €500 million," June 13, 2017, https://www.ecb.europa.eu/press/pr/date/2017/html/ecb.pr170613.en.html。
5. 德國食品公司正投資於深度冷藏冷凍技術，以便延長食品的保鮮期數週之久，可進一步擴大它們對遙遠的亞洲市場的供應。
6. Feng Xin, "China Railway Express: Freight Network Facilitates Trade Between China and Europe," CGTN, April 28, 2017, https://news.cgtn.com/news/3d55444f31597a4d/share_p.html。
7. 在二〇一八年，多西（Balkrishna Doshi）成為第一位贏得普立茲克建築獎（Pritzker Architecture Prize）的印度人，他的建築計畫向來提導永續與平價住宅。
8. 從二〇一五到二〇一七年，中國的外國直接投資有四〇%投資在歐洲、二四%投資在美國、一二%投資在東亞。
9. Aoife White and David McLaughlin, "ChemChina Gets EU Nod for Syngenta Deal One Day After US," Bloomberg, April 5, 2017, https://www.bloomberg.com/news/articles/2017-04-04/chemchina-wins-u-s-approval-for-43-billion-syngenta-takeover-j13z8ty8。
10. Jamie Robertson, "Qatar: Buying Britain by the Pound," BBC News, June 9, 2017, https://www.bbc.com/news/business-40192970。
11. "China Launches $11 Billion Fund for Central, Eastern Europe," Reuters, Nov. 6, 2016, https://www.reuters.com/article/us-china-eastern-europe-fund/china-launches-11-billion-fund-for-central-eastern-europe-idUSKBN13105N。
12. Mission of the European Union to ASEAN, "40 Years of EU-ASEAN Partnership & Prosperity: Trading and Investing Together," 2017, https://eeas.europa.eu/sites/eeas/files/eu_asean_trade_investment_2017.pdf。
13. World Travel & Tourism Council, *Travel & Tourism Economic Impact 2017: Iran*, https://

27. Cheng Li and Lucy Xu, "Chinese Think Tanks: A New 'Revolving Door' for Elite Recruitment," Brookings Institution, Feb. 10, 2017, https://www.brookings.edu/opinions/chinese-think-tanks-a-new-revolving-door-for-elite-recruitment/。
28. Ka Ho Mok, "What Can We Learn from Returning Chinese Students?," *University World News*, July 7, 2017, http://www.universityworldnews.com/article.php?story=20170627134055924。
29. Liu, Cecilia, "Chinese Universities Ranked Among Global Elite," *China Daily*, May 31, 2018, http://www.chinadaily.com.cn/a/201805/31/WS5b0ef93ea31001b82571d42b.html。
30. Jacob Passy, "Why Millennials Can't Buy Homes," MarketWatch, Oct. 30, 2017, https://www.marketwatch.com/story/student-debt-is-delaying-millennial-homeownership-by-seven-years-2017-09-18。
31. Tamara Hardingham-Gill, "The World's Most Liveable Cities in 2018," CNN Travel, Aug. 14, 2018, https://www.cnn.com/travel/article/worlds-most-liveable-cities-2018。
32. Van Jay Symons and Suzanne Wilson Barnett, eds., *Asia in the Undergraduate Curriculum: A Case for Asian Studies in Liberal Arts Education* (New York: Routledge, 2015)。
33. NAFSA, "Trends in U.S Study Abroad: Study Abroad Participation and Demographics Data," https://www.nafsa.org/Policy_and_Advocacy/Policy_Resources/Policy_Trends_and_Data/Trends_in_U_S_Study_Abroad/。
34. Institute of International Education, "Open Doors 2016 Regional Fact Sheet: Asia," 2016。
35. Asian Development Bank Institute, "Labor Migration, Skills & Student Mobility in Asia," 2014, https://www.oecd.org/migration/Labour-migration-skills-student-mobility-in-Asia.pdf。
36. 美國是世界少數未系統性地追蹤其海外市民的國家之一，但一九九九、二〇一三、二〇一六年的估計是由國務院分別根據以下的來源製作和報告的：Jason P. Schachter, "Estimation of Emigration from the United States Using International Data Sources," United Nations Secretariat, November 2006, haps://unstats.un.org/unsd/Demographic/meetings/egm/migrationegm06/DOC%2019%2OILO.pdf; US Department of State, Bureau of Consular Affairs, "Consular Affairs by the Numbers," January 2013, https://travel.state.gov/content/dam/ca_fact_sheet.pdf; US Department of State, Bureau of Consular Affairs, "Consular Affairs by the Numbers," March 2018。
37. HSBC, "Expat Explorer Report 2014," https://www.expatexplorer.hsbc.com/survey/files/pdfs/overall-reports/2014/HSBC_Expat_Explorer_2014_report.pdf。
38. Angus Whitley, "Chinese Airlines Wave Wads of Cash to Lure Foreign Pilots," Bloomberg, Aug. 17, 2016, https://www.bloomberg.com/news/articles/2016-08-17/chinese-airlines-lure-expat-pilots-with-lucrative-pay-perks。

15. Jane Ciabattari, "Why Is Rumi the Best-Selling Poet in the US?," BBC, October 21, 2014, http://www.bbc.com/culture/story/20140414-americas-best-selling-poet。
16. Charles Lam, "The 115th Congress is History-Making for Asian Americans and Pacific Islanders," NBC News, Jan. 4, 2017, https://www.nbcnews.com/news/asian-america/115th-congress-history-making-asian-americans-pacific-islanders-n703261。
17. Statistics Canada, "Data Tables, 2016 Census: Citizenship, Place of Birth, Immigrant Status and Period of Immigration, Age and Sex for the Population in Private Households of Canada, Provinces and Territories, Census Metropolitan Areas and Census Agglomerations, 2016 Census-25% Sample Data," January 16, 2018, https://www12.statcan.gc.ca/census-recensement/2016/dp-pd/dt-td/Rp-eng.cfm?LANG=E&APATH=3&DETAIL=O&DIM=O&FL=A&FREE=O&GC= 0&GID=O&GK=O&GRP=O&PID=110525&PRID=10&PTYPE=109445&S=0&SHOWALL=0&SUB=0&Temporal=2017&THEME=120&VID=0&VNAMEE= &VNAMEF=。
18. Wanyee Li, "More Mandarin than Cantonese Speakers in Metro Vancouver: Census," *Metro News*, Aug. 3, 2017。
19. Joshua Bateman, "China's Real Estate Investors on a $200B Global Spending Spree," CNBC, June 16, 2017, https://www.cnbc.com/2017/06/16/chinas-real-estate-investors-on-a-200b-global-spending-spree.html。
20. 出處同上。
21. Institute of International Education, "Open Doors 2016 Executive Summary," https://www.iie.org/Why-IIE/Announcements/2016-11-14-Open-Doors-Executive-Summary。
22. Bethany Allen-Ebrahimian, "Chinese Students in America: 300,000 and Counting," *Foreign Policy*, Nov. 16, 2015, https://foreignpolicy.com/2015/11/16/china-us-colleges-education-chinese-students-university/。
23. 出處同上。
24. Pew Research Center, "Race and Social Connections-Friends, Family and Neighborhoods," June 11, 2015, http://www.pewsocialtrends.org/2015/06/11/chapter-5-race-and-social-connections-friends-family-and-neighborhoods/。
25. Eva Li and Sarah Zheng, "Seeking Better Job Options, More Chinese Students Are Returning Home After Graduating," *South China Morning Post*, April 17, 2017, https://www.scmp.com/news/china/policies-politics/article/2088088/seeking-better-job-options-more-chinese-students。
26. Cai Muyuan, "Hangzhou a Top Choice for Overseas Returnees," *China Daily*, Sept. 5, 2016, http://www.chinadaily.com.cn/business/2016hangzhoug20/2016-09/05/content_26698859.htm。

2. United States Census Bureau, "Asian Alone or in Any Combination by Selected Groups: 2015 American Community Survey 1-Year Estimates," https://www.census.gov/history/pdf/acs15yr-korean62017.pdf。
3. United States Census Bureau, "Annual Estimates of the Resident Population by Sex, Race Alone or in Combination, and Hispanic Origin for the United States, States, and Counties: April 1, 2010 to July 1, 2016," https://factfinder.census.gov/faces/tableservices/jsf/pages/productview.xhtml?src=bkmk。
4. Department of Homeland Security, "Persons Obtaining Lawful Permanent Resident Status by Region and Country of Birth: Fiscal Years 2013 to 2015," table 3 in *Yearbook of Immigration Statistics 2015*, https://www.dhs.gov/immigration-statistics/yearbook/2015/table3。
5. 出處同上。
6. Gustavo Lopez, Neil G. Ruiz, and Eileen Patten, "Key Facts About Asian Americans, a Diverse and Growing Population," Pew Research Center. Sept. 8, 2017, http://www.pewresearch.org/fact-tank/2017/09/08/key-facts-about-asian-americans/。
7. Pew Research Center, "Intermarriage across the -U.S. by Metro Area," May 18, 2017, http://www.pewsocialtrends.org/interactives/intermarriage-across-the-u-s-by-metro-area/。
8. Pew Research Center, *Modern Immigration Wave Brings 59 Million to U.S.*。
9. Pew Research Center, "Chinese in the U.S. Fact Sheet," Sept. 8, 2017, http://www.pewsocialtrends.org/fact-sheet/asian-americans-chinese-in-the-u-s/; United States Census Bureau, "Los Angeles County a Microcosm of Nation's Diverse Collection of Business Owners, Census Bureau Reports," Dec. 15, 2015, https://www.ce-nsus.gov/newsroom/press-releases/2015/cb15-209.html。
10. López, Ruiz, and Patten, "Key Facts About Asian Americans"。
11. Shalene Gupta, "Big Fat Indian Weddings Get Bigger and Fatter," *Fortune*, Aug. 8, 2014, http://fortune.com/2014/08/08/indian-weddings/。
12. Sari Horwitz and Emma Brown, "Justice Department Plans New Project to Sue Universities over Affirmative Action Policies," *Washington Post*, Aug. 1, 2017, https://www.washingtonpost.com/world/national-security/justice-department-plans-new-project-to-sue-universities-over-affirmative-action-policies/2017/08/01/6295eba4-772b-11e7-8f39-eeb7d3a2d304_story.html?noredirect=on&utm_term=.808b27e06276。
13. Vivek Wadhwa, "The Face of Success, Part I: How the Indians Conquered Silicon Valley," *Inc.*, Jan. 13, 2012, https://www.inc.com/vivek-wadhwa/how-the-indians-succeeded-in-silicon-valley.html。
14. 出處同上。

45. 根據 EY FinTech Innovation Index, 2017，在提供大規模數位消費者銀行服務和其他金融產品給大眾上，中國和印度領先英國、德國和美國。https:// www.ey.com/Publication/vwLUAssets/ey-fintech-adoption-index-2017/$FILE/ey-fintech-adoption-index-2017.pdf。
46. Mayuko Tani, "Asia's 'Tiger Cubs' Will Feast on FDI for the Next Decade," *Nikkei Asian Review*, August 2, 2017。
47. 吉利汽車二〇一六年在歐洲銷售八十萬輛汽車，低於福斯的四百萬輛，但對吉利汽車來說，歐洲的重要性遠不如其核心市場中國本身。吉利汽車把海外銷售視為紅利，而非絕對必要。
48. Jost Wübbeke, Mirjam Meissner, Max J. Zenglein, et al., "Made in China 2025: The Making of a High-Tech Superpower and Consequences for Industrial Countries," Mercator Institute for China Studies, December 2016, https://www.merics.org/sites/default/files/2017-09/MPOC_No.2_MadeinChina2025.pdf。
49. Commission on the Theft of American Intellectual Property, "Update to the IP Commission Report: The Theft of American Intellectual Property: Reassessments of the Challenge and United States Policy," National Bureau of Asian Research, 2017, p. 4, http://ipcommission.org/report/IP_Commission_Report_Update_2017.pdf。
50. Kyle A. Jaros, "Urban Champions or Rich Peripheries? China's Spatial Development Dilemmas," Harvard Kennedy School Ash Center for Democratic Governance and Innovation, April 2016, http://ash.harvard.edu/files/ash/files/261226_ash_jaros_web.pdf?m=1461696669。
51. 非正式經濟佔 GDP 比率最高的國家是俄羅斯、泰國、菲律賓、巴基斯坦和孟加拉等國。
52. Emma Lee, "Nearly 90% Phones Sold in China in 2016 Came from Domestic Makers," TechNode, Jan. 12, 2017, https://technode.com/2017/01/12/nearly-90-of-560m-phones-sold-in-china-comes-from-domestic-makers-2016/。
53. Chris Cooper, "China to Surpass U.S. as World's Largest Aviation Market by 2024," Bloomberg, Oct. 20, 2016, https://www.bloomberg.com/news/articles/2016-10-21/china-to-surpass-u-s-as-world-s-largest-aviation-market-by-2024。

Chapter 5 ｜ 亞洲人在美國和美國人在亞洲

1. Pew Research Center, *Modern Immigration Wave Brings 59 Million to U.S., Driving Population Growth and Change Through 2065*, September 28, 2015, http://www.pewhispanic.org/files/2015/09/2015-09-28_modern-immigration-wave_REPORT.pdf。

https://www.scientificamerican.com/article/china-blows-past-the-us-in-wind-power/。

34. 由於鈷價大幅攀升，所有鋰電池製造商都在研究新的鎳—錳—鈷比率，以提高較便宜的鎳比率，和降低鈷含量。

35. Yiting Sun, "China's Massive Effort to Purify Seawater Is Drying Up," MIT Technology Review, July 11, 2016, https://www.technologyreview.com/s/601861/chinas-massive-effort-to-purify-seawater-is-drying-up/。

36. 在西里伯斯海附近，南菲律賓群島和印尼北摩鹿加群島的人種都是相關聯的。

37. Xi Jinping, "Secure a Decisive Victory in Building a Moderately Prosperous Society in All Respects and Strive for the Great Succss of Socialism with Chinese Characteristics for a New Era," 發表於二〇一七年十月十八日中國共產黨第十九次全國代表大會的演講中，http://www.xinhuanet.com/english/clownload/Xi_Jinping's_report_at_19th_CPC_National_Congress.pdf。

38. The Nielsen Company, "The Sustainability Imperative: New Insights on Consumer Expectations," October 2015, http://www.nielsen.com/content/dam/nielsenglobal/co/docs/Reports/2015/global-sustainability-report.pdf。

39. 拉丁美洲和非洲都有遠比葉門貧窮的國家，例如海地和剛果，兩個區域也都沒有人均富裕程度比得上卡達或新加坡的國家。

40. 低所得國家的標準是人均年所得介於一千美元到四千美元（印度、巴基斯坦、印尼、越南和菲律賓）；中等所得國家是人均年所得介於四千美元到一萬二千美元（土耳其、伊拉克、伊朗、中國、馬來西亞、泰國）；高所得國家是人均年所得超過一萬二千美元（新加坡、日本、南韓）。

41. "New 2025 Global Growth Projections Predict China's Further Slowdown and the Continued Rise of India," The Growth Lab, Center for International Development, Harvard University, June 28, 2017, https://growthlab.cid.harvard.edu/news/new-2025-global-growth-projections-predict-china%E2%80%99s-further-slowdown-and-continued。

42. Cristian Badarinza, Vimal Balasubramaniam, and Tarun Ramadorai, "The Indian Household Savings Landscape," paper presented at India Policy Forum 2016, July 12-13, 2016, http://www.ncaer.org/events/ipf-2016/IPF-2016-Paper -Badarinza-Balasubramaniam-Ramadorai.pdf。

43. 信實工業執行長安巴尼（Mukesh Ambani）是亞洲首富，淨資產估計達四百五十億美元。

44. 支付寶佔有約六八%的第三方線上支付，騰訊遠遠落後，雖然騰訊佔有二〇%的行動支付市場。微信從二〇一四年成立純線上銀行微眾銀行（WeBank）後，已從通訊軟體跨進支付和個人金融軟體。支付寶和微眾銀行總共佔中國銀行存款的五〇%以上。

20. Gemma B. Estrada, Donghyun Park, and Arief Ramayandi, "Taper Tantrum and Emerging Equity Market Slumps," ADB Economics Working Paper Series no. 451, Sept. 2015, https://www.adb.org/sites/default/files/publication/173760/ewp-451.pdf。
21. 清邁倡議（CMI）和後續的亞洲債券市場倡議（ABMI）促成了東南亞國協國家及其三大貿易夥伴中國、日本和南韓間的本國貨幣債券交換。
22. Amy Lam, "China Drives Asia's Record International Bond Issuances for 2017," Nikkei Asian Review, Dec. 28, 2017, https://asia.nikkei.com/Business/Markets/Nikkei-Markets/China-Drives-Asia-s-Record-International-Bond-Issuances-For-2017-Dealogic。
23. 外國人現在可以從事銀行間借款（目前已是規模超過十兆美元的市場）和在國內的政府、央行、金融機構和企業債券市場交易，也可以在次級市場交易定期存單和資產擔保證券。
24. International Monetary Fund, *Regional Economic Outlook, April 2015: Stabilizing and Outperforming Other Regions*, April 2015。
25. 新加坡、馬來西亞和泰國在二〇一二年建立東協交易平台（ASEAN Trading Link）以提供三個參與的交易所買賣單轉移的機制，在二〇一四年擴大成一個結算與交割的共同架構。亞洲監管機構也採用中央化的交易對手結算所，作為二十國集團資本市場的一部分。
26. Preqin, "Preqin Special Report: Asian Private Equity & Venture Capital," Sept. 2017, http://docs.preqin.com/reports/Preqin-Special-Report-Asian-Private-Equity-and-Venture-Capital-September-2017.pdf。
27. Crunchbase, *Global Innovation Investment Report: 2016 Year in Review*, https://static.crunchbase.com/reports/annual_2016yf42a/crunchbase_annual_2016.pdf。
28. 蘋果公司也在二〇一七年投資滴滴十億美元。
29. Judith Balea, "Grab's Anthony Tan on His Unforgettable Meeting with Masayoshi Son, brotherhood with Didi," *Tech in Asia*, May 25, 2017; https://www.techinasia.com/grab-anthony-tan-on-his-unforgettable-meeting-with-masayoshi-son-and-brotherhood-with-didi。
30. 印度的黃金交易和消費主要是在民間進行，中國的黃金交易主要是公開交易，因為中國是世界最大的黃金生產國和消費國。
31. Philip J. Landrigan. Richard Fuller, Nereus J. R. Acosta, et al., "The *Lancet* Commission on Pollution and Health," *The Lancet* 391, no. 10119 (2017): 462-512。
32. Ye Q,i and Tong Wu, "Putting China's Coal Consumption into Context," Brookings Institution, Nov. 30, 2015, https://www.brookings.edu/blog/up-front/2015/11/30/putting-chinas-coal-consumption-into-context/。
33. 中國預測到二〇二〇年的風力發電將達到二百五十個十億瓦（GW）。參考 Daniel Cusick, "China Blows Past the U.S. in Wind Power," *Scientific American*, Feb. 2, 2016,

surpasses-japan-as-asia-s-top-high-tech-exporter-adb-says。

7. PricewaterhouseCoopers, "China's Impact on the Semiconductor Industry: 2016 Update," January 2017。
8. 截至二〇一五年，東南亞國協的最大投資來源是歐盟（七百億美元）和東南亞國協本身（六百五十億美元），其次是日本（六百億美元）、中國（和香港合計五百五十億美元）以及美國（三百五十億美元）。
9. 大東亞地區間的貿易大體上呈現平衡：中國直到最近才對南方的鄰國有小幅的四百億美元貿易順差。日本和東南亞國協也有平衡的貿易，每年貿易額近二千五百億美元，南韓與東南亞國協的貿易額雖落後，但仍高達一千三百億美元。
10. OAG, "*Busiest Routes*," February 2018; https://www.oag.com/hubfs/Free_Reports/Busiest%20Routes/OAG%20Busiest%20Routes%202018-A4.pdf?hsCtaTracking=5cf02a77-684e-42e5-aa7f-d56bbc799a4e%7Cd12dd304-c189-4484-9bf0-590a339253db。
11. Wee Kee Hwee, Jaya Prakash Pradhan, Maria Cecilia Salta et al., *ASEAN Investment Report, 2017: Foreign Direct Investment and Economic Zones in ASEAN* (Jakarta: ASEAN, 2017), http://asean.org/storage/2017/11/ASEAN-Investment-Report-2017.pdf。
12. 日本對（中國以外的）亞洲的外國直接投資仍然遠超過中國：二千六百億美元，中國只有五百八十億美元。
13. 日本最大的黑幫組織極道以類似的方式運作，有二十幾個組會下的五萬三千名成員，據估計年營收七十億美元，參與的事業包括娛樂、營建、房地產和金融業。
14. 中國的債務佔 GDP 比率已攀至二六〇%，其資本產出率（創造額外收入所需的投資量）從二〇〇〇年代中期以來增加一倍。
15. 服務業也已變成就業的最大驅動因素（三六%，相較於工業只有三三%、農業三〇%），並創造比國有事業還高的工資和獲利。另一方面，私人消費現在佔 GDP 超過一半，而投資佔 GDP 已降至三分之一。
16. David Bain, "The Top 500 Family Businesses in the World," in *EY Family Business Yearbook 2015*, Ernst & Young, 2017, 182-87, https://familybusiness.ey-vx.com/pdfs/182-187.pdf。
17. "IMF Sees Room for Rising Tax-to-GDP Ratio for Indonesia," Indonesia-Investments, February 8, 2018, https://www.indonesia-investments.com/news/todays-headlines/imf-sees-room-for-rising-tax-to-gdp-ratio-for-indonesia/item8577?。
18. 只有最脆弱的亞洲經濟體如喬治亞、伊拉克、約旦、阿富汗和吉爾吉斯與 IMF 有備用信用安排。
19. 日本仍然是亞洲最大的淨外國債權國，有三兆五千億美元的海外資產，但在中國每年順差一兆美元和擁有三兆美元外匯存底的情況下，中國在二〇二〇年將趕上日本。日本和中國加起來總共持有近七兆美元外國資產，包括外匯存底、投資組合、和直接投資。就總外國直接投資而言，中國有近一兆四千億美元，小幅超越日本。

16, 2017, https://money.cnn.com/2016/11/16/technology/fukuoka-startup-city/index.html。

25. "Singapore, Korea and Japan Most Innovative Countries in Asia," HRM Asia, June 19, 2017, http://www.hrmasia.com/content/singapore-korea-and-japan-most-innovative-countries-asia。
26. Kenji E. Kushida, "Japan's Startup Ecosystem: From Brave New World to Part of Syncretic 'New Japan.'" *Asian Research Policy* 7, no. 1 (2016): 67-77。
27. 雖然日本從二次大戰以來遵守非核政策，但在二〇一七年日本國會通過一項出售核子反應爐技術給印度的協議，而印度卻長期以來拒絕簽訂核武禁擴條約。
28. Doug Bandow, "Time to Let Japan Be a Regular Military Power," *The National Interest*, Oct. 29, 2017, https://nationalinterestorg/feature/time-let-japan-be-regular-military-power-22954。
29. Zhao Tingyang, "Rethinking Empire from a Chinese Concept All-Under-Heaven' (Tian-xia, 天下)." *Social identities* 12, no. 1 (2006): 29-41。
30. Zhang Weiwei, *The China Wave: Rise of a Civilizational State* (World Century Press, 2012)。
31. 中國禁止進口韓國化粧品和停止中國人前往韓國甚受歡迎的濟州島旅遊，也對文在寅政府帶來壓力。

Chapter 4 ｜亞洲經濟學

1. Stuart T. Gulliver, "Seizing the Asian Opportunity," Speech at the Asian Business Insights Conference, Duesseldorf, Germany, February 7, 2017。
2. World Trade Organization, *World Trade Statistical Review, 2016*, 2016, https://www.wto.org/english/res_e/statis_e/wts2016_e/wts2016_e.pdf。
3. 不過，值得一提的是，各亞洲次區域間的貿易未必增加，原因是內部的摩擦或沒有足夠的比較優勢。例如，印度與在南亞區域合作聯盟內的鄰國間貿易量不大，波斯灣合作理事會國家間的貿易量也是如此。
4. 的確，因為全世界對低價中國電子產品的需求如此高，中國、南韓和台灣間的貿易只佔它們貿易量的三四％，相較於歐盟國家間的七〇％，和北美自由貿易協定區內的五〇％。所有數據來自世界貿易組織和國際貨幣基金。
5. 為了方便經濟統計，世界銀行的資料組區別香港、台灣和中國。台灣與中國、日本、南韓和東南亞國協有密切的貿易關係，每年達近三千億美元。香港的全球出口每年高達五千億美元。
6. Karl Lester M. Yap, "China Surpasses Japan as Asia's Top High-Tech Exporter, ADB Says," Bloomberg, Dec. 7, 2015, https://www.bloomberg.com/news/articles/2015-12-08/china-

13. https://www.timesnownews.com/international/article/pakistan-elections-2018-united-states-of-america-used-pakistan-as-hired-gun-pakistan-tehreek-e-insaf-imran-khan-nawaz-sharif-pakistan-muslim-league/257073。
14. https://en.dailypakistan.com.pk/pakistan/pakistan-should-not-become-scapegoat-for-us-policy-failure-imran-khan/。
15. James Leibold, "China's Minority Report: When Racial Harmony Means Homogenization," *Foreign Affairs*, March 23, 2016, https://www.foreignaffairs.com/articles/china/2016-03-23/chinas-minority-report; Sara Newline, "Growing Apart? Challenges to High-Quality Local Governance and Public Service Provision on China's Ethnic Periphery," Harvard Kennedy School Ash Center for Democratic Governance and Innovation, July 2016, http://ash.harvard.edu/files/ash/files/growing_apart.pdf。
16. 東南亞國協成員國包括印尼、越南、泰國、新加坡、緬甸、馬來西亞、菲律賓、寮國、柬埔寨和汶萊。東帝汶和巴布亞新幾內亞預料未來幾年會加入東南亞國協。
17. "Laos: On the Borders of the Empire," Al Jazeera, May 25, 2017, https://www.aljazeera.com/programmes/peopleandpower/2017/05/1aos-borders-empire-170522105221541.html。
18. 富藏石油的汶萊對南海主張一小部分權利，因為它佔據有爭議的南通礁，但一直保持緘默，因為該國對中國的出口從二〇〇三年的幾近零成長到二〇一五年的近二十億美元，主要拜汶萊—廣西經濟走廊完成所賜。
19. 似乎有意模仿東亞國家積極的鼓勵創新策略，澳洲教育和培訓部二〇一八年發出一項指示，獲得公共經費贊助的大學必須證明它們的研究對經濟、社會或文化的貢獻，否則將由審查小組決定未來是否繼續贊助。
20. Leo Lewis and Shunsuke Tabeta, "Japan Business Leaders Urge Real Globalisation," *Financial Times*, Jan. 12, 2016, https://www.ft.com/content/80bb0344-78d6-11e5-a95a-27d368e1ddf7。
21. Takako Taniguchi and Kazunori Takada, "Japan Notches $18 Billion of Soured Deals amid M&A Boom," Bloomberg, June 6, 2017, https://www.bloomberg.com/news/articles/2017-06-05/japan-notches-18-billion-of-soured-deals-amid-record-m-a-boom。
22. "Record 2.38 Million Foreign Residents Living in Japan in 2016," *Japan Times*, March 17, 2017, https://www.japantimes.cojp/news/2017/03/17/national/record-2-38-million-foreign-residents-living-japan-2016/#.W37WGooh2Uk。
23. Shusuke Murai and Tomoko Otake, "`Bakugai,"Toripuru Sufi' Share Top Honors as This Year's Most Memorable Buzzwords in Japan," *Japan Times*, Dec. 1, 2015, https://www.japantimes.co.jp/news/2015/12/01/national/bakugai-toripuru-suri-share-top-honors-years-memorable-buzzwords-japan/#.1AT37WUooh2Uk。
24. Kate Springer, "Japan's Fukuoka Poised to Be the Country's Next Silicon Valley," CNN, Nov.

二十五億人。

Chapter 3 ｜重振大亞洲

1. KinLing Lo, "US Take Note: Chinese, Russian Militaries Are Closer than You Think, China's Defence Minister Says," *South China Morning Post*, April 4, 2018, https://www.scmp.com/news/china/diplomacy-defence/article/2140301/us-take-note-chinese-russian-militaries-are-closer-you。
2. 俄羅斯的最大外僑族群是烏克蘭人，每年匯回的錢佔烏克蘭 GDP 的五％。
3. Margaret Coker, "Hoping for $100 Billion to Rebuild, Iraq Got Less than a Third," *New York Times*, Feb. 14, 2018。
4. 同樣的原因，以色列的新創公司以新加坡為區域中心，把先進科技出口到成長中的東南亞市場。
5. Niv Elis, "Private Ashdod Port Building Ahead of Schedule, Says Ports Company," *Jerusalem Post*, April 12, 2016, https://www.jpost.com/Business-and-Innovation/Private-Ashdod-port-building-ahead-of-schedule-says-ports-company-451039。
6. Benjamin Netanyahu, "Full Text: Netanyahu's Speech on Iran in Munich," Feb. 18, 2018, https://www.haaretz.com/middle-east-news/full-text-netanyahu-s-speech-on-iran-in-munich-1.5826934。
7. 上海期貨交易所及其子公司國際能源交易所已推出人民幣計價的原油合約。
8. "GCC Needs to Invest $131bn to Meet Five-Year Power Demand," Arabian Business, Jan. 18, 2018, https://www.arabianbusiness.com/energy/387887-gcc-needs-to-invest-131bn-to-meet-five-year-power-demand。
9. Carlotta Gall, "In Afghanistan, U.S. Exits and Iran Comes In," *New York Times*, Aug. 5, 2017。
10. Ziad Haider, "Can the U.S. Pivot Back to Asia? How Trump Should Respond to China's Belt and Road Initiative," *Foreign Affairs*, May 23, 2017, https://www.foreignaffairs.com/articles/china/2017-05-23/can-us-pivot-back-asia。
11. Xi Jinping, "Secure a Decisive Victory in Building a Moderately Prosperous Society in All Respects and Strive for the Great Success of Socialism with Chinese Characteristics for a New Era"，二〇一七年十月十八日中國共產黨第十九次全國代表大會發表的演講， http://www.xinhuanet.com/english/download/XiJinping's_report_at_19th_CPC_National_Congress.pdf。
12. 二〇一七年，美國以巴基斯坦未遵守在阿富汗的反恐怖主義目標為由停止對巴基斯坦的軍事協助。

Reborn: A Continent Rises from the Ravages of War and Colonialism to a New Dynamism (New Delhi: Aleph, 2017)。

10. Barry Buzan and Richard Little, *International Systems in World History: Remaking the Study of International Relations* (London: Oxford University Press, 2000)。
11. 美國是加拿大和墨西哥的最大貿易夥伴，但對美國來說，歐盟和中國的貿易額排名超過加拿大和墨西哥。
12. Yoichi Funabashi, "The Asianization of Asia," *Foreign Affairs* 72, no. 5 (November-December 1993): 75。
13. "GCC Trade with Asia Growing and Diversifying," *The Report: UAE: Dubai*, Oxford Business Group, 2015, https://oxfordbusinessgroup.com/analysis/gcc-trade-asia-growing-and-diversifying。
14. 習近平二〇一四年五月二十一日在上海的 Fourth Summit of the Conference on Interaction and Confidence Building Measures in Asia 發表 "New Asian Security Concept for New Progress in Security Cooperation"。Ministry of Foreign Affairs of the People's Republic of China。取自 http://wwwImprc.gov.cn/mfa_eng/zxxx_662805/t1159951.shtml。
15. "Kevin Rudd, Toward an Asia-Pacific Union," Asia Society, June 4, 2008, https://asiasociety.org/kevin-rudd-toward-asia-pacific-union。

Chapter 1 ｜亞洲觀點的世界史

1. Sebastian Conrad, *What is Global History?* (Princeton: Princeton University Press, 2016)。
2. 對照之下，東周較為分歧，天子仍仰賴封建諸侯和對立的諸國來維繫權力。
3. 同一時期的另一個王子 Vardhamana Mahavira 也展開自我獻祭和冥想之旅，激勵了所謂耆那教（Jainism）的非暴力精神解放教義。
4. 在為全球殖民帝國尋找人力時，葡萄牙人、西班牙人和阿拉伯人把既有的奴隸貿易路線擴大到跨越撒哈拉沙漠，經過埃及和衣索比亞，渡過紅海到印度洋，並在橫渡大西洋後不久從加勒比抵達巴西。這些十六和十七世紀的奴隸貿易，轉變成歐洲強權間征服和瓜分非洲的鬥爭。

Chapter 2 ｜亞洲歷史對亞洲和世界的教訓

1. "The 112th Canton Fair Closes with US$30 Billion Turnover, Showing Stable Overall Trade Situation," PR Newswire, Nov. 12, 2017. http://www.prnewswire.co.uk/news-releases/the-112th-canton-fair-boosting-trade-with-asia-pacific-markets-170463406.html。
2. 到二〇五〇年，全世界信仰伊斯蘭教的人口預估將和基督教人口相當，各超過

註解

前言：亞洲優先

1. 只有聯合國非洲集團有多達五十四個成員國。亞洲有二千三百零一種語言，非洲排名第二，擁有約超過二千一百種語言。
2. Branko Milanovic, "Global Income Inequality by the Numbers: In History and Now-An Overview," World Bank Policy Research Paper no. 6259, November 2012, http://documents.worldbank.org/curated/en/959251468176687085/pdf/wps6259.pdf。
3. Kishore Mahbubani, *Can Asians Think? Understanding the Divide Between East and West* (New York: Steerforth Press, 2001)。
4. Asian Development Bank, *Key Indicators for Asia and the Pacific, 2015* (Manila: Asian Development Bank, 2015), https://www.adb.org/sites/default/files/publication/175162/ki2015.pdf。
5. Homi Kharas, "The Unprecedented Expansion of the Global Middle Class: An Update," Global Economy & Development Working Paper no. 100, Brookings Institution, February 2017, https://www.brookings.edu/wp-content/uploads/2017/02/global_20170228_global-middle-class.pdf。
6. 由於大多數古文化自認是世界的中心，亞洲各文明都有自己的名稱，但沒有「亞洲」這個詞。今日中國人使用「亞細亞」這個詞，日本人使用「アジア」（Ajia）代表這個區域。
7. 地理學者 Harm de Blij 把世界地圖畫分十二個區塊，其中一半明確地位於亞洲：西南亞、南亞、東亞、東南亞、大洋洲和太平洋島嶼。俄羅斯被視為另一個區塊，雖然它大部分在亞洲。
8. 南美和北美合起來有數量相當的大國：加拿大、美國、巴西和阿根廷。
9. 正如學者 P. K. Basu 在《亞洲再生》（*Asia Reborn*）一書中所述：「殖民主義的大傘及其後殖民和冷戰影響，掩蓋了亞洲大陸根本的連結。」Prasenjit K. Basu, *Asia*

全球視野

亞洲未來式：全面崛起、無限商機，翻轉世界的爆發新勢力

2021年2月初版

定價：新臺幣480元

著　　者	Parag Khanna
譯　　者	吳國卿
叢書編輯	陳冠豪
校　　對	鄭碧君
內文排版	李偉涵
封面設計	江宜蔚

出版者	聯經出版事業股份有限公司
地址	新北市汐止區大同路一段369號1樓
叢書編輯電話	(02)86925588轉5315
台北聯經書房	台北市新生南路三段94號
電話	(02)23620308
台中分公司	台中市北區崇德路一段198號
暨門市電話	(04)22312023
台中電子信箱	e-mail：linking2@ms42.hinet.net
郵政劃撥帳戶第	0100559-3號
郵撥電話	(02)23620308
印刷者	文聯彩色製版印刷有限公司
總經銷	聯合發行股份有限公司
發行所	新北市新店區寶橋路235巷6弄6號2樓
電話	(02)29178022

副總編輯	陳逸華
總編輯	涂豐恩
總經理	陳芝宇
社長	羅國俊
發行人	林載爵

行政院新聞局出版事業登記證局版臺業字第0130號

本書如有缺頁，破損，倒裝請寄回台北聯經書房更換。　ISBN　978-957-08-5695-8 (平裝)

聯經網址：www.linkingbooks.com.tw

電子信箱：linking@udngroup.com

國家圖書館出版品預行編目資料

亞洲未來式：全面崛起、無限商機，翻轉世界的爆發新勢力/Parag Khanna著．吳國卿譯．初版．新北市．聯經．2021年2月．424面．14.8×21公分（全球視野）

ISBN　978-957-08-5695-8（平裝）

1.經濟發展　2.經濟預測　3.亞洲

552.3　　110000240